U0930783

Samuel Pollard
Pioneer Missionary in China

塞缪尔·柏格理

——在华传教士的开拓者

1864—1915

[英] W.A.格里斯特/著

东人达　东旻　东潇/译著

图书在版编目（CIP）数据

塞缪尔•柏格理——在华传教士的开拓者/(英)
W.A.格里斯特著;东人达，东旻，东潇译著.--北京:
中国文史出版社，2018.3
ISBN978-7-5205-0336-5

Ⅰ.①塞… Ⅱ.①W…②东…③东…④东… Ⅲ.①
塞缪尔•柏格理（1864-1915）－传记Ⅳ.
①B979.956.1

中国版本图书馆CIP数据核字(2018)第127364号

责任编辑：窦忠如

装帧设计：曹琼德

出版发行：**中国文史出版社**

社　　址：北京市海淀区西八里庄69号院　邮编：100142

电　　话：010－8136606　81136602　81136603（发行部）

传　　真：010－81136655

印　　装：廊坊市海涛印刷有限公司

经　　销：全国新华书店

开　　本：880×1230（mm）　1/32

印　　张：12

字　　数：350千字

版　　次：2018年11月北京第1版

印　　次：2025年1月第2次印刷

定　　价：52.00元

目录

序

东人达父女的新译著《塞缪尔·柏格理——在华传教士的开拓者》就要在国内正式出版了，值得庆贺。

自“礼仪之争”以后，1807年传教士马礼逊再度来华，揭开了近代新教一派来华传教的历史，其中戴德生先生的内地会尤为引人注目。而以柏格理为代表的石门坎传教史又是循道公会中一枝独秀的奇葩。

这本书的作者格里斯特于1897年随柏格理来到中国，与柏格理一起在昭通传教，是柏格理的同事兼好友，所以这本书被公认是一部最好的柏格理传记。对于关注柏格理，关注石门坎文化，关注百年前那段历史的人们来说，这部译著非常重要，有助于我们加深对柏格理这个人物的认识。

以前的柏格理传记，大多描绘的是柏格理开拓苗疆的历史，甚至直接从1904年柏格理向苗族人传教开始写起，当然也非常客观，但本书最重要的一点，就是它对柏格理在昆明、昭通等地的17年也做了十分详尽的描述。我们如果想要了解柏格理在1905年进入石门坎之前的历史，这本书所提供的信息是非常丰富、非常有研究价值的。

我从最早开始接触柏格理和石门坎，到今天为止，差不多已经七年时间。这七年里，我和同道者发起石门坎后援团，并正式成立石门坎教育公益基金会，定期举办柏格理精神研讨会、评选柏格理园丁奖，不断推动与柏格理和石门坎有关的教育、文化公益项目，使百年前的尘封历史再度呈现于公众视野。

2011年，我第一次去石门坎，是源于在一次活动上，偶然听到了柏格理的故事。这个故事深深打动了我，让我忍不住要去实地探访。去到石门坎的艰难路程，和那里依然艰苦的环境，让人难以想象为什么会有人愿意去那里长久地生活，为什么柏格理和他的同伴会有如此坚韧的毅力，长久地在那里帮助苗族人走出蛮荒，在那片贫瘠的土地上播下爱的种子，培育出灿烂的文明之花。

进入石门坎的道路是异常艰难的，冬天大雪封山，无法通行，夏天下雨又导致公路塌方或是巨石滚落，使交通中断。有一次，我们的汽车不小心撞上了从山上滚落的石块，汽车严重受损，车胎爆裂，我们被困在遥远的赫章，就是古代被称为“夜郎国”的山区县城，天下着雨，外面漆黑一片，我们想找到一个修理厂换下轮胎，但是整个县城都不到同样的轮胎，只好困守在“夜郎国”，等待救援。还有一次，因为食物中毒，我连夜被送到云南昆明第三人民医院紧急抢救……。

当然，这些危险和艰辛只不过是一种非常态，但相对于柏格理牧师和他的同伴们在石门坎的经历，艰难困苦却是一种常态。而就是在那样艰险的环境之下，柏格理和他的同事们竟然创造了不朽的历史功绩：帮助苗族人发明文字，即今天还在流行的“老苗文”；用苗文翻译了《圣经》，在这里传播基督教的文明和理念；为苗族人修建足球场、游泳池，举办运动会，改变了苗族人的生活方式；在苗区办起平民医院、麻风病院，为消灭山区的地方病做出了极大的努力。特别值得一提的是，他们在乌蒙山区总共创办了100多所学校，辐射范围远达黔、滇、川几十个县，让千千万万贫苦的苗族人受到了现代教育，改变了他们的命运。柏格理自己，却在1915年石门坎的一场瘟疫中献出了自己的生命。

遗憾的是，因为历史的原因，柏格理的形象和石门坎的故事曾经长久被尘封、被埋没。我们今天之所以能慢慢还原柏格理的形象，还原他和他的同伴们艰苦卓绝的努力，还原百年来的石门坎历史，是近些年来许多正直的学者、基督徒和普通的当地人士从各方面不懈努力的结果。其中的代表包括沈红女士关于石门坎持久而详尽的田野调查及其研究成果《石门坎文化百年兴衰》，张坦先生的学术著作《“窄门”前的石门坎——基督教文化与川滇黔边苗族社会》，作家阿信的著作《用生命爱中国——柏格理传》，以及东人达、东旻父女的译著《在未知的中国》等等。

特别值得一提的是《在未知的中国》，这部译著是七部英文原版书的中文版合辑，包括柏格理的《中国历险记》《苗族纪实》《在未知的中国》，王树德的《石门坎与花苗》，埃利奥特·甘铎理的《在云的那一边——柏格理传记》，柏格理撰写、甘铎理编辑的《柏格理日记》，以及张绍乔、张继乔的《张道惠夫妇在石门坎》。这部译著之所以重要，就是因为它集中再现了20世纪上半叶黔、滇、川广大民族地区特别是苗族聚居区的基督教信仰、教育改革及社会改良运动，集中再现了柏格理和他的伙伴们在这段历史中的奋斗历程，为我们认识柏格理等人提供了第一手的资料。

翻译这部合辑的东人达教授，是我国南方民族研究领域著名的专家，研究范围包括西南、中南民族历史、经济、文化，在中国彝族、苗族的民族史研究以及西南少数民族地区基督教传播的历史与现状等领域，有着丰富的研究成果。他的女儿东旻女士，传承了父亲的民族情怀与学术基因，长期关注石门坎，关注柏格理在石门坎的事业，并以实际行动支持石门坎的乡村建设；近期她又接受《百年石门坎》纪录片的邀约，参与纪录片的策划，再一次沿着柏格理的足迹，甚至远赴英伦，探寻柏格理活动过的许多地方，修正了《在未知的中国》里一些地名翻译误差。这些修正过的地名，也将在这本即将出版的新书中得到体现。

很早以前，石门坎基金会就关注到格里斯特的这本书。去年收到东旻女士的出版申请，基金会决定资助这部新译著的出版。在出版申请中，东旻女士这样描述道："格里斯特仔细地整理了大量史料，包括日记、书籍、文章、信件、便条、随笔等等，使得这本书无论在基础性资料方面，还是在具体的历史细节上，都包含了大量目前国内尚未面世的内容。该书平铺直叙、客观真实，没有华丽的语言，也没有过多的赞美，用一颗很平常的心态去观察柏格理，复原他的人生，把柏格理这位创造了奇迹的平常人全方位地展现在读者面前。"

我非常同意东旻女士对于柏格理的定位。柏格理最早给人的印象，其实是一个神一样的存在，经过这么多年的了解和探求，我们的确可以把他定位为一个创造了奇迹的"平常人"，而他坚韧不拔的毅力，源自背后坚定的信仰。在这样坚定的信仰之下，一代又一代的“平常人”成为柏格理，沿着柏格理当年的足迹，行走在大石门坎地区，播下文明的种子，等待文明的花开。他们是昭通李氏家族，是张约翰、杨雅各，是王志明、吴性纯、朱焕章，是英国人张道惠、王树德、高志华，是澳大利亚人费立波，是今天的卞淑美、张赐安、管毓红、梁俊，是层出不穷的志愿者，是千千万万为大石门坎奉献的人们。

从这样一个维度来看，柏格理其实就在我们中间，他的精神永在。

让我们期待这部新作品，期待一个形象更为饱满的柏格理。

深圳市石门坎教育公益基金会理事长

译者前言

使徒，在基督宗教的信众中，是一个非常崇高的称号。例如《新约圣经》记载，耶稣在众门徒中间挑选出12个人，称他们为使徒，这就是最早的12使徒。至于使徒的地位，在《新约·哥林多前书》中规定：“神在教会所设立的：第一是使徒，第二是先知，第三是教师，其次是行异能的，再次是得恩赐医病的、帮助人的、治理事的、说方言的。”

塞缪尔·柏格理（SamuelPollard），就获得了“使徒”的称号。“历来的说法乃卫理公会有五名使徒，他们是约翰·卫斯理、弗朗西斯·阿斯伯里、托马斯·科克、戴维·希尔、塞缪尔·柏格理。这是一组大家感兴趣的伟人姓名精选。[①]”

柏格理，是基督宗教英国卫斯理宗的一个小规模地方教会“圣经基督教教会”的传教士，该教会于1815年在康沃尔郡成立，1907年加入循道公会。循道公会是基督教新教卫斯理宗的教会，是为了适应英国产业工人阶级诞生的需要，由卫斯理兄弟创建的。卫斯理宗的产生顺应了新时代的趋势，因此迅速发展成为世界基督教新教的六大宗派之一。

在华传教服务期间，柏格理创建了石门坎（今贵州省毕节市威宁彝族回族苗族自治县石门乡）宗教、教育中心，该中心在云南、贵州、四川毗邻的30多个县份产生了巨大影响。石门坎在当时被称为“西南苗族最高文化区”。《毕节地区志·人物志》记述了柏格理在当地的历史活动。

柏格理(1864～1915)，原名柏撒母耳，英籍传教士。1887年冬到云南昭通布道传教。

1904年7月，柏格理接待威宁羊街的4位苗民后，威宁一带的苗民便常去昭通找柏格理交往奉教。1905年柏格理到威宁石门坎建筑教堂和学校，1910

①《在未知的中国》，第445页，云南民族出版社2002年版。

年建成光华小学。

石门坎教堂和学校建立后，当地及附近的地主豪绅见苗族子弟努力求学，深恐将来妨碍他们的统治，便逼迫苗民搬家，没收苗民土地财产。柏格理知道后，即申报英领事向外交司交涉，迫使云南总督、贵州巡抚责令地方官员查办。风波平息，恢复了苗族子弟读书的自由。

柏格理在石门坎，尊重苗族生活习惯并拜杨雅各为师，勤学苗语。其妻，英籍护士韩素珍主持医院工作并在校兼课，免费为苗族群众看病发药。

1906年，柏格理同汉族教徒李司提反和苗族老人张约翰、苗族教徒杨雅各等人认真研究苗族语言，以拉丁字母为基础，为苗族创造了文字。这套文字现称“老苗文”、“坡拉字母”，仍然是当地苗族的通用文字。

柏格理在石门坎，听说某些地方竟把麻风病患者烧死或活埋，即写文章在报上发表，为麻风病人呼吁，引起强烈的社会反响。世界麻风总会汇一笔款到石门坎，柏格理决定用来修建麻风病院。1913年开始筹备，由于院址难以确定，只得将这笔款购买粮食、布匹等物分发给贫穷患者。

1913年，石门坎小学已有苗族毕业生。此后，柏格理选送苗族毕业生赴成都协和中学及华西大学深造。这些学生毕业后，有的回石门坎任教。

1915年，石门坎伤寒病流行。学生患伤寒病者多，柏格理夫妇为患者精心治理。因护理学生，柏格理染上伤寒病，于1915年9月16日病逝于石门坎，终年51岁。①

关于柏格理的生平，他最小的儿子欧内斯特曾为译者提供《塞缪尔 · 柏格理年谱》，现抄录如下：

1864年：4月20日，出生于康沃尔的卡米尔福特。

1876年：进入希贝尔学校。

---

①《贵州省毕节地区地方志编纂委员会编：《毕节地区志 · 人物志》，第 19 ～ 20 页，贵州人民出版社 1991 年版。

1879年：在牛津地区的会考中获最优异成绩。

1881年：以优异成绩通过国家文官考试。开始在伦敦克拉彭的邮政储蓄银行任职。

1886年：与弗兰克·邰慕廉（FrankDymond）参加在中国的服务。

1887年：1月27日，在提尔堡搭乘舟山号轮船启程。改乘白夏瓦号轮船，3月14日抵吴淞，继续前往上海。易中国服装并学习汉语。以高分通过语言考试。11月12日溯江而行。在青滩遇险船毁，12月17日前往夔府（奉节——译者）。

1888年：1月7日抵重庆。2月8日到昭通。3月19号，弗兰克·邰慕廉染天花。8月到云南府（昆明——译者）。

1890年：3月，向埃玛·韩素音（EmmaHainge）求婚。

1891年：12月，与埃玛·韩素音结婚。

1892年：传教团移驻昭通。

1894年：长子塞姆出生于东川（今会泽县城——译者）。

1895年：第一次休假。中国发生动乱。

1898年：次子伯特伦出生。

1900年：云南府义和团起义。逃往香港。

1901年：在上海。9月23日儿子沃尔特出生于重庆。11月27日返回昭通。

1903年：进入诺苏地区（四川凉山——译者）旅行。

1904年：苗族求道者来到。

1905年：在苗区寻访。得到赠送的石门坎土地。

1906年：儿子欧内斯特于4月16日出生。

1907年：4月8日几乎被打死。被杨世和救下。

1908年：经西伯利亚回国。在哈尔滨被偷走钱包。获准使用阿辛顿基金。

1910年：1月，返回中国。

1912年：同埃玛汇合。中国发生革命。在迟滞后返回石门坎。多次在苗族人中巡访。紧张地用柏格理文字把《新约圣经》译成苗语。营建石门坎学校。

1914年：爆发世界大战。萨姆·柏格理担负着巨大的工作重担。

1915年：撰写《在未知的中国》。完成此书及《新约圣经》的翻译。仍在巡回布道，但明显身心憔悴。9月16日殉职于沙门氏菌属伤寒。

关于这个翻译项目，最早与艾莉森·路易斯（R.AlisonLewis）女士的建议有关。她是《在云的那一边——柏格理传记》作者、《柏格理日记》编辑者埃利奥特·甘铎理（R.ElliottKendall）牧师的女儿。甘铎理牧师曾参加在中国西南的传教服务，是一位学者型的历史亲历者。

艾莉森·路易斯女士在1998年10月31日给译者的一封信中谈到：

写这封信是为了告诉你们，我将把一本由W.A.格里斯特牧师所著的《塞缪尔·柏格理》的复印件邮寄过去。我们共同的朋友肯尼斯·帕森斯（张继乔）牧师告诉我，你们做研究需要这本书，而他只有一本，所以我就把自己的书拿来复印给你们。

格里斯特的文笔相当好，他细致地整理了大量史料。格里斯特和萨姆·柏格理的私交甚笃，曾在中国传教，像柏格理一样亲身经历过那个年代的中国和中国人。格里斯特也同样来自英国的圣经基督教教会，所以，他持有和柏格理类似的神学观点和传教方式。

我的研究领域之一，是1886至1915年间驻昭通传教士在信仰和使命上的特征。他们不同于那些生活、工作在安顺和贵阳的传教士。昭通的传教士对基督有着独特的理解，他们所秉承的圣经基督教教会的组织传统，及其在英国的成长环境，使之特别容易同生活在大山里的花苗产生共鸣。而在安顺的中华内地会传教士，诸如詹姆士·党居仁和塞缪尔·克拉克都来自苏格兰，具有一种迥然不同的对《圣经》的理解和社会传统。

关于圣经基督教教会的详细情况，在此不做赘述，一是因为故事太长，二是由于基思·帕森斯（张绍乔）牧师懂得更多，再者或许你们早已知晓。我相信你们知道英国圣经基督教教会于1907年加入了循道公会联合会，但是作为一个组织，在昭通的传教士群体中，包含了许多圣经基督教教会的成员，当中有些人就是来自于英国山区的少数民族，他们的故事本身就与众不同。

正如艾莉森·路易斯女士所介绍，《塞缪尔·柏格理——在华传教士的开拓者》的作者W.A.格里斯特牧师具有和柏格理相同的社会文化背景，他于1896年11月随同第一次休假返回的柏格理来华，志愿参加了在昭通的圣经基督教传教团的宣道工作。格里斯特的这本书于1921年在伦敦、纽约、多伦多和墨尔本同时出版发行，是公认的关于柏格理的权威性著作。无论在基础性资料方面，还是于具体的历史细节上，书中都包含了大量目前在国内尚未面世的内容。

由于种种原因，这本书的翻译工作一直未能启动。直到2011年，出身于传教士世家的约翰·帕森斯（JohnParsons）先生，为我们提供了《塞缪尔·柏格理——在华传教士的开拓者》一书英文原稿精确的电子文本。约翰的祖父母是与柏格理一同开创石门坎中心的张道惠牧师夫妇，他的父亲是张继乔牧师，都是这段历史的亲历者。

在此，特对于两位英国朋友提供的帮助表示衷心感谢！

翻译过程中，专有名词的考证是一大难点。历经百年，许多名称已然发生变化，在最大限度尊重原文的基础上，译者采取了最适合现代读者阅读习惯的用法。比如“彝族”，这一族称确定于1956年，之前为“夷”，书中的诺苏、葛泼均为彝族的支系。

又如地理名称，书中的“云南府”、“叙府”，译者采用了今日之称呼即“昆明”、“宜宾”；“扬子江”是长江的别称，这一称呼至今仍为现代读者熟知，因此保留了原文；“东川”，即今日之会泽县城，译者用注释标明；重复出现的小地名，在每章第一次出现时注释；无法考证的地名用“音译”或“意译”进行标记。

注释中，没有注明译者的，为原作者格里斯特之注解。

原书中共有11幅图片，译者在此基础上将图片增加至30幅，其中大部分都是2017年从英国拍摄回来的。卷名页背后的图片以及注明拍摄、翻拍时间或注明提供者的，均非原书中的图片。

《塞缪尔·柏格理——在华传教士的开拓者》共分为四卷，翻译组成员及分工情况如下：

东人达：博士，重庆三峡学院民族研究所原所长、教授。翻译、注释第一卷、第三卷，并撰写序言；

东旻：博士，翻译、注释第四卷，以及全书统稿，并撰写后记；

东潇：硕士，贵州工程应用技术学院副教授，翻译、注释第二卷。

塞缪尔·柏格理

作者序言

成千上万的人一直对塞缪尔·柏格理的历险文章和各种小书神往；但他们对这位作者并没有深入的了解。追述有意义并且充满闪光点的人生是一件很有价值的事情；每个人的思想里面都会有些与众不同之处。站在成年的门槛上，传教士的英勇精神深深地吸引着柏格理；在他看来，所有挂满花环的人生入口处，只有通向传教领域的那条路才是最迷人的。数年的开拓工作打破了青年时期的幻想，但柏格理却从未后悔过投身于这种艰苦和严格、肩负重任和永无休止的辛劳生活。在将近30年的岁月里，柏格理如同一位年青的骑士，带着侠义和忠诚坚守着当初奉献的誓言，用行吟诗人般的快乐感染着周围的人。年轻的时候，他就好比是处于熔化阶段的金属，而等到成年以后经过岁月的历练和打磨，他已经变成了一块纯金和锻造好的钢铁。

近30年间，这位传教士的先驱在本子上记录下自己的观察和经历——匆忙写下的文字中处处都有缩写和片段。最初写日记是为了帮助记忆；后来就变成了他文章的采摭场；最后柏格理则计划根据这些内容写成一本书。这些源自内心和大脑的手稿对我而言是无价之宝，向我们充分展示了柏格理，帮我们窥探、了解他曾经生活和工作过的那个国度及其人民。在这些手稿的帮助下，我们看到了一个随时都会遇见意外和危险的人生经历，我们看到了人生的高尚追求，从狭隘的窄门出发，跟随着光明的潮流越走越宽阔、越深远，最终成就了绝无仅有的伟大事业。

在信仰上柏格理是福音振兴运动[①]的追随者，而在气质和精力上他则是20世纪的产物。他并没有什么创新或伟大的思想给我们留下深刻的印象；但是他的坚强意志和炽热激情却牢牢地吸引着我们。柏格理的数学天分极高，组织能力极强。他讲述的故事中处处体现了仁慈与博爱。柏格理主要对具体的人和事感兴趣；抽象的理论和深奥的思索对他而言是枯燥乏味的。他很诙

① 18世纪欧美基督教界发起的运动。——译者

谐，常说些奇妙的话，也喜欢略带夸张地描述。他是个率真的人，情绪高涨时活泼乐观并满怀希望；但骨子里却非常固执，常常让他的同事感到惊讶甚至惶恐不安。他和终身的朋友弗兰克 · 邰慕廉一起，心甘情愿地过着贫穷的生活，就像热心的圣弗兰西斯[①]那样。柏格理是一位5.4英尺高[②]的小个子男人，稍长的苍白脸庞，黑头发，突出的前额，一双深陷的、大大的、坚定的灰色眼睛。从外表上看他是一个柔弱的人，没有安全感的人；但对于成千上万热爱和崇敬他的人而言，柏格理就是他们精神上的父亲——是无形基督在现实生活中的存在和象征。

和同时代传教士相比，柏格理的与众不同之处在于他欢快的激情、强烈的斗志和深刻的演讲。有时他像玻璃一样透明单纯，有时又复杂多变，朋友们时常为他的情绪变化之快而感到惊讶。柏格理是一个内在的激进主义者，有时候他会因自己的观点足够震惊教会里他认为是比较冷漠的人而感到高兴。他的信仰非常坚定，满怀着巨大的宗教热情，年轻时的活跃程度堪比布雷[③]。他是一位谦虚的人，同时也拥有令人不可思议的自信；一年年悄无声息地流逝，很显然柏格理的自信果断更多地是表现在他的行动中而不在他的语言里。回顾柏格理的生平我们不得不承认，相比之下有少数人选择放弃了耶稣基督。柏格理的个性中有一种罕见的魅力，他很早就对自己的伙伴产生了巨大的影响力，不过有时候他也会一视同仁、一针见血地去责备热爱他的人。柏格理所有的心境和品性，都展示了他的骑士风度，他全心全意、喜欢冒险，珍惜真正传教士的激情和壮志，他有着永恒的英雄气概，却也不失像一个活泼的在校男学生。

我们追随柏格理来到迷宫般云南和贵州的大山里，土著牧羊人守护着他们的牲畜，防备狼群和老虎的袭击，野生的杜鹃和各色花朵把山坡染得鲜艳

---

① 圣 · 弗兰西斯 · 波吉亚（1510 ～ 1572），西班牙人，第三任耶稣会总会长，向世界各地派遣传教士，个人生活极为俭朴，于 1670 年 6 月 20 日被封为“圣徒”。——译者

② 约 165 公分。——译者

③ 比利 · 布雷（1794 ～ 1868），英国康沃尔郡人，一位反传统的传教士。——译者

美丽，一片片黄色的芥菜花如此耀眼，于是我们把目光转向并不突兀的荞麦花。在这里柏格理为成千上万的土著人施洗，建成许多小教堂和学校，为忏悔的巫师祈祷，护理伤寒病人和麻风病人，最后在服务他人的过程中献出了自己的生命。经石灰粉刷过的一系列小教堂在大山里朦胧的雾气中闪烁着白光，这便是耶稣使徒的纪念碑，见证着信心、牺牲和爱。最后我们追寻着柏格理的脚步，驻足在一座孤独的坟茔前，墓碑矗立在他钟爱的小山顶上；一个白色的十字架宣示此地躺着他疲惫的身躯，他的工作完成了：

直到破晓之前，

让苍白的寂静结束一切！[1]

W.A.格里斯特

① 《致曾与我拥火而谈的人》中的诗句。作者：叶芝（1865～1939），爱尔兰诗人、剧作家、散文家，1923 年获诺贝尔文学奖。——译者

石门坎

第一卷

大胆的冒险经历［1864～1894年］

柏格理牧师（左）和邰慕廉牧师（右）最初来华工作时

第一章　父母亲情与早年岁月

从某种程度上来说，每个人生都是遗传和环境的产物；人品的形成与传统习俗和时代背景息息相关，个人和社会之间不断地相互作用。这种作用往返穿梭，在人类社会这个巨大的织机上把个人的生活和发生在那些岁月里的重大事件编织在一起，所以我们就不能将一个人和属于他的时代背景割裂开来。一个人生活中的方方面面和各种力量，对于此人性格的形成，有时会起到积极的作用，有时则会起到消极的作用。一个时代的精神浓缩在人们的意识里，人们的言行中便渗透了各种运动、事件、激情和潮流的印记，然而，每个人都拥有一种强大的力量，足以参与时代精神的塑造。“我们全部都是从前生活碎片无穷尽的混合体。”我们将在塞缪尔•柏格理的冒险生涯中发现足够多的贴切例子来证明上述真理。

塞缪尔•波拉德，本书所介绍的传教士的父亲[①]，是一位土生土长的帕兹顿[②]人，出生于1826年3月1日。他属于工人阶级，曾作为一名机修工在查塔姆船舶修造厂工作过若干年。他受福音派教义的影响极深，试图通过个人信仰的重建来进行社会改革，并且痴迷于一些圣经基督教教会传教士的宗教热情。他本人志愿作为传教士的候选人，于1852年成为一名巡回传道者。圣经基督教教会于英国国教和循道宗的共同作用下产生，在英格兰的西部和南部颇具知名度。一位德文郡[③]希贝尔教区的乡村传教士，热忱的丹尼尔•埃文斯牧师，唤醒了人们的宗教精神，为詹姆斯•索恩的坚定信仰做好了心理和思想上的准备，也点燃了威廉•奥布莱恩的传道激情，于是便在1815年创建了圣经基督教教会。生机勃勃的信仰如一股清泉从德文郡的北部流出，越流越宽，汇成一条美丽的河，穿越了英国南方的乡村和城镇。圣经基督教教会的牧师

① 柏格理为中文名字，他与父亲同名，其姓氏音译为“波拉德”。——译者

② 位于英国西南部的康沃尔郡。——译者

③ 位于英格兰西南部。——译者

不是满腹经纶的神学家，在神学思想上也没有多少创新之处，但他们的确是非常成功的传教士。他们身体力行，用实际行动来宣传和验证上帝的恩典、信仰的坚贞和基督徒的担当，他们用权威的声音重新解读基督教教义。

许多年过去了，燃烧的宗教狂热日趋冷静，然而圣火却从来没有熄灭，圣经基督教教会自始至终都保持着传教的激情和英勇无畏的信念。1907年，圣经基督教教会和新关系教会、卫理公会独立教会共同组成了循道公会联合会。但是各教会的联合，无论是已经联合的，或是将要联合的，都不能让我们忘记那些曾经为宗教理想和生活道德规范做出重要贡献的小教会。

老塞缪尔•波拉德①在精神和行为上都属于福音传道者。他继承了凯尔特②人丰富的情感和鲜活的想象力，把诗人般的敏感融入到宗教热情当中。命运没有给他成为优秀学者的机会，但终其一生老塞缪尔•波拉德都在孜孜不倦地学习《圣经》，都在向大自然学习。他相信福音，是一位对寂静再熟悉不过的神秘主义者，他用身体的每一个部分信奉着神圣的教义。他极具天赋十分聪慧，擅长用优美得体的语言引发听众对高尚的观点产生共鸣并得到内心的宁静和欢愉。他游刃有余地穿梭在基督教教义的高层领域，宣讲了《新约圣经》中的大量真理。他的整个牧师生涯都在为唯一的目标而奋斗——“为基督赢得更多的灵魂”——并认为一名牧师最大的荣耀就是为上帝争取更多的皈依者。

32岁的时候，他和怀特岛③上的女教师埃伦•黛博茵结婚。埃伦•黛博茵生性活泼，具有加拿大和法国血统，是一位非常虔诚的基督徒，在后来的许多年里作为“本地传教士”参与教会工作。他们一共有六个孩子，本书所介绍的传教士排行第三，于1864年4月20日出生在康沃尔的卡米尔福特。“年轻的萨姆”继承了凯尔特人的想象力和父亲的深切感情，而母亲则把机敏的才智、清晰的思维和务实的能力遗传给他。萨姆•柏格理从一出生就被烙上了家

① 姓名前加“老”，是父子同名时对父亲的称呼。——译者

② 凯尔特人，活跃在包括不列颠在内的欧洲古代民族。——译者

③ 英国南部岛屿，英格兰的一个郡。——译者

族的精神印记，宗教信仰在这个家庭中占据了至高无上的地位。老波拉德每天要祷告好几个小时，不仅仅是在静静地沉思，而是执著地在和那位“看不见的朋友”对话。他患有耳疾，但他内心里的耳朵却能够倾听大多数人都听不到的声音。全体家庭成员一日三次聚在一起进行礼拜，晚餐后大声诵读《圣经》，在一家之主的主持下祷告，然后孩子们再重复自己简短的祷告。

白色房屋为柏格理的出生地点，右边为原教堂，2017 年摄。

贫穷是这个家庭的“特征”，所有的家具都十分简陋，看不到任何值钱的东西。“家里满满的都是爱，”他的一个姐妹写道，“只是没有钱。”当谈及萨姆的童年时他的妈妈说：“他还是个小不点的时候，开家庭会议只要涉及到怎样‘挣钱和节约’，他就会表现出浓厚的兴趣。每次想起他说的那些稀奇古怪的话，我们的心就会变得很温柔，他努力地做事情去挣一点小钱，然后把自己挣的钱全部交给我……他帮别人送信、买东西；还在奇珀斯特德（肯特郡[①]）的一家农场里送过牛奶，就为了挣几个便士[②]。”他是个敏感的小家伙，比大多数孩子都敏感，从很小的时候就这样。随着年龄和知识的增长，一颗坚强而又活泼的启明星冉冉升起。他的兄弟姐妹们都叫他“老好人”。萨姆三岁时全家搬迁至怀特岛的赖德。刚到新家，萨姆最先做的事情之一就是从传教士海报上学习认字。有位在镇上当校长的叔叔送给他一些有趣的故事书。四

① 位于英国东南部。——译者

② 英国货币辅币单位，类似于中国的“分”。——译者

岁的时候他最喜欢的游戏就是把很多小木棍摆成三角形或圆形——所以朋友们据此预测说他将来很可能会成为一个数学家。

七岁那年他父亲被任命到彭林在康沃尔巡回传教。小男孩的宗教意识在这个地方被“唤醒”，开始产生浓厚兴趣，并对各种奇妙的皈依故事耳熟能详。下一个变化发生在他父亲被任命到肯特郡的奇珀斯特德供职时期。频繁的搬家必然会打断孩子们的学校教育，但家庭教育完美地给予了补偿，如果说教育的主要目的是为了让孩子们变得敏捷、机智、聪慧、有主见的话，那么这个家庭是彻底做到了。在彭林小萨姆上了一座卫斯理①走读学校。在奇珀斯特德，他先是被送进一所由老妇人主办的家庭小学，然而，当他开始纠正老师的错误发音时，父母就很明智地把萨姆和他的兄弟沃尔特转送到国立小学去了。第三年年底当他离开这所学校的时候，校长送给萨姆一个小放大镜作为礼物，萨姆特别高兴，因为这样他就能够更加仔细地观察大自然了。

11岁那年在奇珀斯特德，发生了一件影响萨姆一生的事情，成为他精神上的里程碑。40年之后，传教士的母亲——一位眼睛明亮、个子小小的女士，86岁高龄但记忆却依旧清晰——完整地叙述了儿子皈依时的情景。皈依之前的几个月里，萨姆开始祈祷神的恩典可以降临在自己身上，每当父亲提及神的恩典时，他都充满了敬畏和喜悦。那天晚上萨姆和沃尔特上楼准备睡觉，父亲也随后上来，一如往常，吻孩子们并道“晚安”。萨姆跪在床上对父亲说他还不准备道“晚安”。父亲感知到了孩子内心的涌动，大喜过望地离开。然后又第二次来到孩子的卧室，再离开。等父亲第三次上来的时候，年轻的塞缪尔趋于平静，并确信自己已经得到了上帝的宽恕，毫无疑问地成为了上帝的一个孩子。

---

① 卫斯理宗，又称循道宗，基督教新教宗派之一，以英国神学家约翰 · 卫斯理的宗教思想为依据。——译者

第二章　学校生活和文职服务

循道宗给人的印象就好比是一棵印度榕树，其枝条向下伸展扎进地面好似新的树干，老树和它的众枝干形成一片小规模的森林；如同约翰·卫斯理建立的教会，其分会根植于不同社区，直到遍布整个英格兰并向其它地方继续传播。第一个圣经基督教教会于1815年在希贝尔湖滨农场的厨房里创建，倡导者是詹姆斯·索恩，一位颇具天赋、品德高尚的男子。F.W.伯恩牧师，索恩传记的作者这样说道："他天生高贵举止不凡，天资聪慧学识渊博，是千里挑一难得的人才。"这位睿智的领导人意识到，小教会应该配备一所中学，用来解决牧师和信众子弟的上学问题。于是便进行了基本的准备工作，圣经基督教教会的文法学校于1841年在希贝尔成立，旨在培养神职人员和教徒的孩子，H.C.奥唐纳多牧师，剑桥大学的文学硕士，担任第一届校长。学校的辉煌时期开始于1864年，从这一年起托马斯·纳德担任校长，他把毕生的精力都倾注到这里。萨姆·柏格理的父母节衣缩食，于1876年把萨姆送进这所学校读书。

纳德校长品德高尚，个性极强，是位很有主见的人。机灵的孩子们用挑剔的眼光去评价他，私下里都叫他"汤米"。学生们并不能随时随刻地接受他那异乎寻常的观点和简单生硬的做法；可是却没有哪一个长期在希贝尔读书的学生最终不会变成校长的忠实拥戴者。柏格理认为"汤米"对聪明的男孩子倾注了太多的注意力，而对其他学生则顾及不够。当柏格理听到大约30年前奥利弗·洛奇爵士发表的一篇关于纳德先生的演讲时，我们的传教士再次回忆起他的校长，心里充满了敬重。萨姆，在信仰上虽然十分虔诚，但绝对不是一个"道学先生"，圣洁的父亲对他的影响极大，甚至还影响到他的学校生活。萨姆曾承诺过绝对不打架，而现在的小男生要做到这一点则是几乎不可能的。他的父亲对他说，如果他能做到每天阅读"一节"的话，就会送一部《圣经》给他。萨姆答应了，他恪守诺言，于无数次的宿舍"嬉戏"之后，从装着各种宝贝的口袋里拿出一本折了角的《圣经》，在一闪一闪的灯下阅读他的"每日一节"。他是学校唱诗班的成员，用真诚甜美的高音在

今希贝尔学院，位于德文郡，2017 年摄。

柏格理读书时期的老校舍，2017 年摄。

湖滨教堂，2017 年摄。

湖滨教堂内的康沃尔郡旗和中国国旗，2017 年摄。

湖滨教堂里演唱。他从不将自己的宗教观念强加于人，但所有的同学都知道他的信仰。曾经有个男生很恶劣地嘲笑他的家庭，被柏格理轻蔑地厉声呵斥，在场的全体同学永远都忘不了他那激动的样子。终其一生柏格理于绝大多数场合下都能够战胜恶言相向的人，在那种情景下，他的大眼睛好似会喷出愤怒的火焰，脸色苍白凝重，突然间伸出手指谴责对方，其威力远远超出一记呼啸而来的重拳。不过，在争执并不激烈的情况下，他就能把自己与生俱来的幽默发挥得淋漓尽致，也会做奇怪的鬼脸惹对方哈哈大笑；哪怕是一桌子人都和他作对，他也依旧乐观幽默。

1879年，萨姆·柏格理、G.P.戴蒙德和W.M.霍金在牛津大学的地区考试中获得了一等奖。从那时起他就立志成为一名文职公务员，后来17岁那年他在国家文官考试中获得了第七名。他的校长希望他进一步学习深造，可是年轻人却选择了去挣钱贴补家用，因为他只要踏上工作岗位，就能够挣到比当牧师的父亲更多的薪水，这样他会感觉很开心很自豪。对父母的孝顺和爱，终其一生，都是首要和主要的。

1881年萨姆前往伦敦的一家邮政储蓄银行任职，在克拉彭[①]的圣经基督教教会受到朋友们的欢迎，大家都十分爱戴萨姆的父亲，他父亲在这里的威望很高。在此期间，F.W.伯恩牧师对柏格理的影响极大，这是一个比较大的教会，应该在全国范围内都享有一定的知名度。伯恩牧师精力充沛、才智过人、道德高尚，其内心世界里带有一种神秘主义倾向。从1881至1887短短的数年时间里，伯恩先生的人品和工作方式给柏格理留下了深刻的印象。在后来的传教生涯中，每当柏格理遇到挫折，他就会想起伯恩先生，伯恩先生如巨人般鼓舞着他，给他面对困难的勇气，他会想起在很久以前，在每个礼拜一至礼拜五的夜晚，20个人聚集在一个昏暗的教堂里，聆听伯恩先生孜孜不倦的教诲。

每次听伯恩先生发言，柏格理的思想就会升华，一种新的使命之火在他内心点燃。他开始用崭新的视野和价值标准去审视人生。就像柏格理在克拉

① 位于英国伦敦西南部。——译者

彭所领悟到的那样，人的生命可以不止一次，甚至还可以获得两次以上的重生。朦胧的意识渐渐清晰，他看见了世界的永恒。柏格理开始憧憬一种更有意义的生活，虽然这样会亏欠自己的父母和老师，但他已经感受到了灵魂深处的渴望，而只有传教才可以满足这种渴望。他不是一个能够长期呆在办公室里重复单调工作的人，冒险的欲望唤醒了他，不过当时他的具体目标和方向还不甚清晰。他在等待召唤，在他的潜意识里，他确信上帝的时钟必将敲响，那时他便会知晓上帝为自己安排好的道路。

第三章　召唤

萨姆·柏格理成为公务员，朋友们都替他高兴，因为职业很稳定，不用再为生计发愁了。不过有迹象表明，这位11岁的时候就皈依了基督的小伙子，将在11年之后被第二次唤醒；而事实上，上帝正召唤他去进行更崇高的服务。这一时期萨姆的想法可以从一封信中的片段里反映出来。

亲爱的父亲，

我估计这个时候沃尔特弟弟已经回到家中，他可以好好享受一阵子了。我好想自己也能在家里啊。美妙的夏天让我们这些“可怜的伦敦人”梦回故乡，十分想念大海和乡间的林荫小道。很想念旧时的小海湾，“汹涌愤怒的海浪”拍打着岸边！最近老是幻想能有精灵或神明之类的把我送到皮纳尼尔海湾，然后脱掉我的衣服，将我丢进大西洋中10英尺[①]深的地方。可是我没有阿拉丁神灯[②]，我们用的任何一盏灯都没有这样的魔力……大西洋依旧只是个梦，而火热的伦敦街道却是不争的现实……

现在告诉您一件最近几天让我非常担忧的事情。我的喉咙又出了点小问题，不过我没有生病，我的身体比以往的任何时期都要好，感觉自己强壮得像一头公牛。其实我的喉咙也只有一点点小毛病，但是我却很紧张。因为我不知道假如喉咙长期发炎的话，那怎样才能去胜任牧师的工作；我现在已经清晰地感觉到了上帝对我的召唤，主需要我去服侍祂。或许您还记得从前我并没有为将来做过多的打算，也根本没有想过要去当一名牧师，可是现在我却冒出了这样的念头，这一辈子我唯一想做的事情就是成为圣经基督教教会的牧师。似乎有一种强烈的激情时刻伴随着我，我都不敢想象自己怎么可能不去宣扬基督。您知道为基督工作对于年轻人而言具有何等的诱惑力，我是如此渴盼成为主的仆人。我该怎么做？我知道我的天父会为我做出最好的安排，会为我的将来做出最好的安排，只是目前还不能确定，我一点也不喜欢现在的不确定状态。我

---

① 1 英尺 =30.48 厘米。——译者

② 阿拉丁是《一千零一夜》中的人物，他有一盏能满足任何愿望的神灯。 ——译者

无法想象怎样带着一个损坏了的或者是虚弱的喉咙去当一名牧师，因为我确信上帝已经召唤了我，上帝必定会让我成为祂的牧师。

遗传和熏陶赋予了萨姆·柏格理强烈的宗教热情，在这一关键时期，他所属的教会为渴望冒险的骑士打开了一扇大门。自成立初期圣经基督教教会就被强烈的传教热情所支配，所有的布道者，无论男女，都被指定为传教士。他们于1821年组成了一个传教委员会，“以派遣传教士进入英国及其它国家黑暗、贫穷的地区，神的旨意为他们开辟道路。”虽然他们的财力微薄十分有限，但上帝已经把世界置于这些底层社会的男女心中，他们前往加拿大、澳大利亚和新西兰建立了传教团。当各殖民地的教会最终和卫理公会各分支联合起来的时候，一个广阔的基督帝国在圣经基督教教会领袖的脑海里迅速扩张，从1884年起，他们开始认真考虑是否要参与到中国传播福音的伟大工作。中华内地会的创始人J.戴德生·泰勒先生于1885年①受邀参加伦敦的会议，内地会秘书B.布鲁姆霍尔②先生随行，他在霍克斯顿③的贾比利小教堂中发表了一场演讲，鼓舞大家去基督从未降临过的地方传教，他的演讲把传教委员会的激情推向白热化。在戴德生先生的影响下，两位年轻的牧师，塞缪尔·托马斯·索恩和托马斯·格里欧斯·万斯通，作为中华内地会的“联盟”被派往云南开展工作。之所以选定这个区域，因为当时在中国尚未听说过基督的地方中，云南是面积最大并且最贫穷的省份，福音传播的自由发展空间极大；它是古老帝国最富饶美丽的省份之一；循道公会已经开始在重庆、贵阳和昆明④传教，这些大城市均和云南省有着密切的联系，该地区必将

① 原文有误，应为 1884 年。——译者

② 中文名字海班明（1929 ～ 1911），曾任中华内地会秘书长，反对鸦片贸易，是戴德生的妹夫和海恩波的父亲。——译者

③ 在伦敦东区，曾被看作是贫民区。——译者

④ 原文中使用当时的称呼“云南府”。——译者

成为交通要道，从欧洲经暹罗[1]直通中国腹地。

在高度宗教热情的驱使下，比迪福德协会当即决定为开启这项事业捐赠700英镑，不过后续的资金保证却没有任何着落。这些行为完美地诠释了基督福音的开拓精神和令人惊奇的忘我意识，也正因为如此，才使得教会自建立伊始便生机勃勃。[2]委员会的行动迅速唤醒了柏格理的豪情壮志，他非常熟悉现代探险王子李文斯顿[3]的冒险故事和伟大发现，对他而言，云南就是自己渴望的地方，他将有幸在那里为耶稣开疆辟土。

后来柏格理给父母写了封信，其中有句话让他母亲胆战心惊："万斯通和索恩刚刚启程去中国了，而我将是下一个。"最初他的母亲坚决不同意。"一开始我们没有回信，"他的母亲说，"但不久之后他父亲专门就此事写了一封信给他，我不知道那封信里写了些什么。那段时间我从来没有提起过他要去中国这件事。"可是柏格理却坚定不移，现在他满脑子都萦绕着中国人迫切需要基督的场景。每当想起这个职业的神圣和伟大，便不由得令人心生敬畏；他感觉自己"只不过像一个孩子"；他如孩童般相信耶稣，在这种力量的支持下，满心期盼地准备去履行自己的使命。

1885 年结束之前的几个小时，萨姆 · 柏格理在克拉彭做礼拜；而他的父母亲则在康沃尔郡的圣 · 贾斯特做同样的礼拜。那是充满了忏悔和感恩的严肃时刻；那是将灵魂洗涤，决定把生命奉献给崇高服务的时刻。年轻人请求伙伴们一起为他祷告，祈祷他的母亲同意让他前往中国。而同一时间在康沃尔的礼拜式上，可怜的妈妈经历了内心痛苦的挣扎，终于放弃自己的意愿，选择服从上帝的神秘意志。"最后，"母亲道，"当旧的一年正在过去新的一年正要来临，我说，'主啊，我是乐意的。'稍后我就告诉我的孩子我同意了。"

① 泰国的旧称。——译者

② 他们同意戴德生 · 泰勒的说法，"耶稣的使徒不需要各种计划和方案，只要去工作，并坚信主的话，'你们要先求他的国和他的义，这些东西都要加给你们了。'"

③ 李文斯顿（1813 ～ 1873），苏格兰传教士，非洲探险家。——译者

得到母亲同意的消息之后，柏格理即刻前往圣经基督教教会的传教委员会提交申请。第二天上午他告诉办公室里的一位朋友说：“昨天晚上我提交了去中国传教的申请。”他是一个说干就干的人，具体的实际行动总是紧紧地跟随着内心的渴望。他很少怀疑上帝的意志。他有一颗行吟诗人般的心，快乐地唱着颂歌走在人生的大道上。他把公务员生涯抛在身后，欢欣地奔向未知的将来，大步流星地向前走，心里激荡着甜美的笑声。

很难得的是，在萨姆·柏格理获准去中国传教之前，另外一位希贝尔的老校友，同样出身于牧师之家的弗朗西斯·约翰·邰慕廉，也把他的服务申请递交到传教委员会。两份申请很快获得批准，两位从外表上来看还充满了稚气的年轻人，被送往本教会的各个教堂去参观访问。他们的年轻，他们对所受召唤简单明了的陈述，以及他们对耶稣炽热的信心和无所畏惧的精神，让很多人看见了伟大理想所散发的光芒，激起了数千名教徒的传教热情。在1886年的南海会议上，他们正式献身于传教事业，他们的演讲给全体听众留下了难以磨灭的深刻印象。

自那时起，两个人便相依为命，携手奋斗了一生，无论后来的岁月是怎样地飘摇动荡，都不能妨碍他们的深情厚谊。他们的体形和性情完全不同，却又刚好可以互补。柏格理大胆活跃、积极主动、敢于冒险、充满了创造力，而邰慕廉则一直在他的引领之下。他们共同挑战各种机遇；他们在艰苦的学习过程中互相鼓励；他们不止一次地面对死亡，他们悉心照料患病的对方，当死亡将他们永远分离的时候，活着的人饱含着温柔的爱主持了逝者最后的安息祷告。并肩站在南海会议上，年轻的誓言点亮了他们的面颊，而后面却隐藏着前途未卜的将来和艰辛困苦的沧海桑田。他们并不担心日后生活中的压力和考验；生活给他们提供了探索和冒险的空间；还有，高于一切的，是“众水的声音[①]”向他们召唤：“跟随我。”

① 见《新约圣经·启示录 19:6》。——译者

第四章　安庆的传教士学生

如果不经过任何培训，就贸然派遣传教士前往偏远的中国云南省，去创建基督教教会，去面对各种复杂而棘手的工作局面，那将是过于鲁莽和危险的做法。向中国人传教必须得具备极高的智慧和极大的热心，也唯有道德素质最高的传教士方能胜任。传教工作需要各类人才，但所有的人都必须要通过思想道德方面的培训。在中国的传教士要面对一个伟大的民族，当我们的祖先还是野蛮人的时候他们的祖先就已经高度文明化了。传教士会突然置身于极其复杂的社会环境当中，这里的教育、文学、传统习俗、价值标准、语言和我们的完全不同。传教士必须得去理解、欣赏一种与自己格格不入的生活理念和方式，而他的特殊使命却是去宣扬、赞颂并传播基督教。这是个高难度的任务，并且新环境对人的折磨和考验就好似火烤一般，使他的弱点很快暴露出来。年轻的传教士往往会为了维护自己的民族自豪感而低估中国人，于是就自然而然地产生出不耐烦和烦躁的情绪。当然，对于萨姆·柏格理和弗兰克·郜慕廉而言，类似的情况很难发生，因为这两个年轻人和其他人不一样，他们都比较成熟。或许传教委员会选择他们来中国，也正是由于看到了他们身上必备的传教士资质，诸如接受过完好的教育、性情温和、心态健康等等。尽管如此，也很有必要对他们进行充分培训，以帮助他们在工作初期避免一些不必要的错误和失败。

那时候萨姆·柏格理23岁，1887年1月27日，他和弗兰克·郜慕廉在提尔堡[①]码头登上S.S.舟山号轮船。船上有一批中华内地会的传教士，柏格理很快就和他们打成一片。这些热忱的宗教改革家们很想让船上所有的乘客都皈依基督教。他们是年轻“狂热的清教徒[②]”，渴望见证自己对基督耶稣的誓言，然而话又说回来，他们的热情高于智慧。记得数年之后我和柏格理同行，他强烈谴责赛马，说那是错误的，他赞同威廉·劳[③]的观点，认为“剧场就是通

① 位于英国东南部的艾塞克斯郡。——译者

② 指信仰最为虔诚、生活最为圣洁的新教徒。——译者

③ 也译作罗威廉（1686～1761），英国神学家，曾对卫斯理宗的创始人约翰·卫斯理产生影响。——译者

向地狱的走廊”。虽然柏格理在言谈中闪烁着天生的智慧，可是，即便他拥有非同一般的魅力，也无法让如此苛刻的清教主义吸引大多数乘客。确实也有一些乘客开始对精神上的信仰产生兴趣，不过，当船靠近科伦坡[①]的时候，多数乘客还是感到非常高兴，因为传教士们马上就要换乘S.S.白夏瓦号轮船了，“明天就再也不用听他们的废话了。”

柏格理住在彭林[②]的时候，认识了两个斯里兰卡小伙伴“内森尼莱”兄弟，来到科伦坡之后，两兄弟中的一位早已等着迎接他和和郃慕廉先生。主人驾车带着他俩游览岛国，向他们介绍了一些有意思的主要景点。“我们的第一感受，”柏格理说，“就是愉快。来到了热带被热情和慷慨环绕着。到处都是椰子树，树上的果子有青有熟，成簇成簇地藏在树冠的叶子下面。文明和原始混淆在一起。欧洲人的房屋和本地人的茅舍紧密相连。在岛上可以看见斯里兰卡人、泰米尔人[③]、荷兰人和英国人：欧洲人穿西服，原住民则身着地道的传统服装。这里有银行、学校、芭蕉树、绿色的草地和美丽的湖泊。土壤是红色的，道路铺设良好。路边是橘子树和灯柱；公牛拉着卖水车；还有双体船——由狭长筏子捆扎而成，船上有横向的翼或帆，两名男子分别站在船头和船尾划桨。所有的事情都令我们大开眼界，一件接一件的，纷繁芜杂应接不暇，却又十分和谐可爱。”各民族交错杂居，充满了活力，使柏格理怦然心动，东方的色彩和浪漫让他着迷。

抵达香港岛，柏格理目睹了英国人治理下的繁荣，同时也为生活在东方港口的英国人在道德上的放纵而感到悲哀。“赛马、酗酒、鸦片和福音，”他难过地说，“是英国的主要输入物品。”他无意指责中国人，但他看不惯酗酒就好似中国人看不惯基督教一样，柏格理百思不得其解，用惊疑的眼神注视着酒神。香港的中国人给他留下了很好的印象，他非常欣赏他们的民族服饰。

---

① 斯里兰卡最大的城市和商业中心。——译者

② 康沃尔郡的城镇，也是一个教区。——译者

③ 南亚的民族之一，主要分布在印度南部、斯里兰卡东北部等地。——译者

在一封记录着柏格理对东方最初印象的信里，他回忆起父亲第一次给他上天文课时的情景，内容如下：

“我一直在看星星，您知道了应该会很高兴。我看见了南十字星座，它们有两个，一个是实的一个是虚的。您知道天狼星在哪里，天狼星的南边有一颗非常美丽明亮的老人星[①]，可是它太靠南了，所以我们在英格兰无法观测到。东方的夜空上从天狼星划一条线到老人星，南十字星座就在这条线的下面。我在这个星座里看不见任何奇妙的景观，它不像猎户座和大熊座、小熊座那样精彩。木星一直都很亮，不过有一天夜里它和我们的‘瞭望员’开了一个大玩笑。您知道每一艘船上到夜里都有人瞭望，当有光亮出现时，就会敲铜锣发信号提醒驾驶台的值班人员，铜锣响一声表示光在左舷，响两声表示光在右舷，响三声表示光在正前方。有一天夜里，我们正在黑暗中匆匆行驶，忽然间铜锣响了两声，右舷有光，引起了所有乘客的好奇。那束光渐渐从水面升起，像一座灯塔。我听见铜锣敲响后赶忙来到甲板上，立即就看清楚了，那是木星，因为我一直在观察它。瞭望员的错误给大家带来了意外的欣喜。到了新加坡，太南方了，我们都看不见北极星了……或许，当北极星特别亮的时候，我们也能在海平面上看见它，但也仅仅只是齐海平。现在我们正向北方行驶，北极星越来越高。云南的星空应该和故乡的一样吧。晚安，所有的亲人们！……记得一点钟的时候为我祷告。”

S.S.白夏瓦号于3月14日抵达吴淞，他们从吴淞搭乘拖轮，逆流而上驶向上海。浑浊的黄色江水滚滚东流，萨姆非常兴奋、惊奇，他终于见到了自己向往已久的扬子江[③]。在大江的入海口，他满怀好奇地仔细打量着船的奇特建造工艺，不过船上的帆却破破烂烂，好像曾被上千只老鼠咬过。当柏格理和

① 别称南极星。——译者

② 江下游的旧称，指从南京以下至入海口处。西方传教士来华之后最先接触的是扬子江，因此扬子江便成为了长江在英语中的称呼。——译者

邰慕廉沿台阶登上岸边，有三位传教士迎接并护送他们前往中华内地会传教团，在那里他们受到新朋友的热烈欢迎。虽然在理发匠和裁缝师的帮助下，他们变成了看起来像中国人的传教士，但这片奇异土地上的语言可不是轻易就能学会的。第二天伦敦传教团的缪尔黑德医生招待他们。柏格理和邰慕廉充分利用这次机会研究了一下上海，他们很高兴外国人能在这里拥有特权，还修建了宏伟的建筑。壮丽繁华的背后是街道狭窄和人口拥挤的本地城市。东方人和西方人摩肩接踵。这里是宽阔漂亮的大街，那边是黯然失色的狭窄小巷；由马驾驭的快速四轮马车和由车夫拉着的人力车；轿子和手推独轮车；身着制服的警察和在破布里瑟瑟发抖的乞丐。各种场景灌入柏格理的脑海，他被形形色色的生活海洋淹没，就像一颗小小的鹅卵石被丢进巨大的漩涡，已经无力辨别这大千世界。不过，暂时的恐惧对柏格理而言是不起作用的，他鲜活地感知到一股无形的可以重新塑造世界的精神力量，所有可能让他放弃的因素都在这股精神力量面前消失得无影无踪："这就是胜利，征服了世界——还有我们的信心：'胜过世界的是谁呢？不是那信耶稣是神儿子的吗？[①]'"他的信念异常坚定，在任何的危机面前都绝不动摇。

穿上汉人的衣服，接下来就要开始学习汉语，这是一项艰辛的脑力运动。学习这种语言，既要掌握声调上的微妙变化，还要记住数以千计的"符号[②]"，这是全体在华传教士必须得面对的难题。很多人认为只要会说，足够在传教时演讲就可以了，但也有些人则雄心勃勃地想掌握这门语言的精髓，柏格理和邰慕廉就属于后一类人。溯扬子江而上，三天可达安庆，中华内地会在安庆为年轻的传教士建立了一所语言培训学校，由F.W.巴勒先生任校长，巴勒先生精通汉语，为人热情，是一流的教师。柏格理和邰慕廉于1887年3月中旬前往安庆，在他的指导下开始学习。柏格理很快成为少数最坚定学生当中最具天赋的一位。语言、知识、道德及意识形态上的强化训练，为日后柏格理形象生动地演讲奠定了良好基础，他在这里深入学习了中国的传统

---

① 见《新约圣经 · 约翰一书 5:5》。——译者

② 意指"汉字"。——译者

思想和经典著作，对儒家理论进行了研究，从而使他在面对人们的责难时能够从容应对，因为那个时期的中国人是非常怨恨外国人的。

柏格理来到安庆三月有余，给家人的信中写道："上一封信是礼拜二（1887年6月14日）寄给您的。我在试着说汉语。我应该告诉过您，巴勒先生去扬州了，在他离开期间，他要求我每隔一天晚上就要用汉语做祷告。您能够想象出我那紧张的样子吗，虽然并没有几个人在场……我们一起阅读女人摸耶稣衣裳繸子的故事[①]，然后我试着用汉语讲这个故事……大家都说听懂了，可他们毕竟不是中国人。结束之后我去花园散步，感到很愉快。虽然只是一点点，但这是为主做的一点点，所以我非常开心。要真正掌握这门语言还有很长的路要走，很长很长；但是在主陪伴下，哪怕再长的路，走起来也是欣喜的。"

让我们用几封信件来追寻柏格理在安庆期间的思想、感受和经历等各方面的轨迹。

1887年7月2日

亲爱的万斯通[②]先生，

又过了一个月！我们的六个月（指在语言培训学校的时间）很快就要结束，马上就要前往云南。很高兴我们就要见到亲爱的伙伴们了！

大约从上个月开始进入雨季，我告诉您，老天爷除了下雨还是下雨。雨量比平常大很多，水灾给人们造成了一定的损失。水面高涨，有几个地方已经决堤了。冬天和夏天的水位落差极大，自安庆溯江而上，不多远即到汉口，汉口的江面水位在冬夏两季里的落差高达四五十英尺[③]。所以可想而知，这里经常发大洪水。夏天，西藏高原的群山上雪水融化，流进扬子江，使江面水位大增，而降雨又大大加重了扬子江的负荷。我们正体验着在云南的弟兄

---

① 见《新约圣经 · 马太福音 9:20 ～ 22》。——译者

② 圣经基督教教会的中国传教委员会秘书。

③ 1 英尺 =30.48 厘米。——译者

去年所经历过的故事。官员每天都到庙里去烧香，祈求天气转晴，为了取悦各路神仙，他们下令不许杀生。结果呢，第二天的晚餐里就有肉，我们想这应该是最后剩下的，将有一段时间吃不到肉了。我把自己的想法告诉了老师，老师却告诉我们说其实禁肉令只不过走走形式而已。的确在大街上是买不到肉的，可假如你是屠夫的朋友，想吃肉去找他，他就会说：‘我这里只有一小块’，或者‘我设法去帮你买一点，但你绝对不能告诉别人。’于是他的朋友就能拿着肉离开。当然，如果不认识的人想来买肉，屠夫就会斥责他：‘肉？我可没有，一点都没有。你难道没看见官府的告示吗？’……老师说官员和衙门里的人（政府工作人员）都能吃到很多肉……三天过后这个告示就会被遗忘，然后一切照旧，尽管在表面上告示并未撤销，官员们还可以借此找机会勒索些钱财。

上个礼拜三从云南的弟兄那里传来消息，说亲爱的老萨姆（索恩先生）已经只身前往昭通去创建传教点，我们非常高兴。愿上帝帮助他！我们热切地期盼着能早日加入他们，虽然在这里的每一天都十分开心也很幸福。巴勒先生的恩情一辈子也报答不了，他教会了我们那么多。

一周之后柏格理写信给父亲：

礼拜五的课讲述了中国人如何纪年，他们有一种特殊的方法，可以把时间上溯到亚伯拉罕[①]时代，并且一直沿用至今……首先他们有十个字被称为‘天干’，其次还有十二个字被称为‘地支’。天干中的第一个字和地支中的第一个字连起来，是为一个循环周期中的第一年，如此类推一直到第十年，然后再用天干中的第一个字和地支中的第十一个字结合，就这样循环下去，到第六十年的时候天干中的最后一个字和地支中的最后一个字才能连接在一起，然后再开始一个新的周期。我们之所以要学这些，是因为当问及一个人的年龄时，得到的回答往往是代表他出生年份的那两个字，

① 圣经人物。传说中希伯来民族和阿拉伯民族的共同祖先。——译者

或者他会告诉你一个动物的名称，因为这个动物也能代表他出生的那个年份。一共有十二种动物，与十二地支相对应，第一个是老鼠，第十二个是猪。中国人把所有的这些都记熟在心里，然后掐指一算，马上就知道别人的年龄了。好了，我们就把它当作一种简捷的心算方式吧，中国人的确有他们的独到之处。

巴勒先生说，如果谁能够正确运用天干地支周期纪念方法，那么就可以让他去做一些事情了。这正是西方和东方在观念上的不同之处。从亚伯拉罕时代到今天，他们一直都在使用天干地支纪年法，从来没有想过再去找一种更为简便的方法，还有就是，他们认为我们的纪年方法很没水平……就这些吧，希望您也能够从中获得较大的启发。

下面是另外一封写给父亲的信（1887年7月22日），读者们或许会对其中的内容感兴趣："今天放假了。为什么？这个星期我们大考试。都已经考过了，所以我很开心很感恩。考试结果在今天的晚餐时间公布。您的儿子考了第一名，您高兴不？感谢上帝的全部恩典！总共400分，我考了392分。第二名是年轻的斯维德，考了381分，他有点不舒服，假如他身体健康心情愉快的话，或许就能考得更高一点。我们全部都通过了，最差的都做对了70%。巴勒先生说他对我们每个人都很满意。"

柏格理对传教工作的期盼，我们从1887年8月8日他写给父亲的信中可以感受到：

从不久前开始，几乎所有的人，都或多或少地在祈祷上帝能赐给自己更多的力量。距离投入工作的时间越来越近了，我们都很虔诚、迫切地需要涂油仪式[①]。大家并没有商量过，但我们几乎都是这样做的。当每天都必须要努力学习的时候，学习自然就被放在了第一位，其结果就是我们当中的部分

① 一种神圣的基督教仪式。——译者

人会让学习影响到信仰。礼拜六，23 号（7 月），所有的人都已经睡下，我跪在那里祷告，我坚持要在站起身之前等到祝福，然后，感谢上帝，我得到了。礼拜日 24 号，主持晚礼拜的人似乎是和每一个人都讲过，不一会儿大家都聚集到房顶上祷告。天气比较暖和，几经犹豫之后，我们脱掉了礼服跪在地板上。哦，爸爸，假如您在现场的话您一定会特别开心。后来呢？强烈的祝福似乎摇动了整个房屋。一些人开始异常兴奋，接下来的场景就好像从前我们在彭席尔瓦[①]或彭林的时候那样。我大概是其中最激动的！凭借明确的信心，我们从容地抓住了上帝赐给我们的力量。我当场祈祷：我告诉上帝每当遇见不信主的人的时候，我们常常会努力地告诉他们只有信才能得到祝福，而现在，我们正渴盼着自己能够得到祝福。我将永远也不会忘记那个时刻，上帝保佑，我立即拥有了力量。从今天起的两周之后，我将面对全新的生活成为一个全新的人……我们的行为惊动了邻居，引起中国朋友的惶恐不安。礼拜一上午他们过来询问是不是有人去世了，在他们看来只有死人的时候才会像这样叫喊和哭泣。不过他们说得一点儿都没有错，我们中间的确有几个人在那个夜晚已经死去了，只不过现在又得到了新生，我们依靠对耶稣的信心而活。

我们开始轮流在小教堂里对任何愿意前来听讲的人传教。礼拜一下午，弗兰克和另一位同工去了，他十分激动，这是他第一次尝试对陌生人宣道。非常神奇的场景！这是上帝的恩典，上帝帮助我们记起自己学过的全部词汇，还赶走了我们的所有恐惧。

上个礼拜我共传教四次，有一次是独自一个人游走宣道。手里拿着六角手风琴（弗兰克的），肩上背着装书的挎包，穿街过巷，来到一个小房间里坐在桌子后面。我开始拉手风琴——其实我一支曲子也拉不全！我想反正中国人也听不懂，所以就反反复复地拉，制造出很大的响声。很快就有效果了，一只“大野兽”在免费供人参观。我邀请观众们坐下，先是唱歌给他们听，然后讲道，告诉他们发生在很久以前的古老故事。我告诉他们，远在英格兰

---

① 康沃尔郡东部的一个村庄。——译者

的父亲经常对我提起基督的爱，直到最后我皈依了主。中国人很看重孝道，因此我就说了这样一句话，“没有一个人比我的老父亲更好。”我希望他们能觉得我是一个好儿子。我度过了一段很美好的时光，上帝在深深地保佑着我。离开的时候我赞颂了主。

不过这位活泼的乐观主义者偶尔也会生气，我们可以从他1887年9月17日的家书中得知：“弗兰克和我真的很烦待在这里。这里的人确实很亲切善良，但他们的卡尔文主义[①]很让人讨厌，并且还固执地希望我们神圣的上帝来当他们的皇帝，对此我非常不喜欢。这些观点必定会影响到他们所有的工作方式。我可不想基督来统治一个帝国，要让慈爱谦和的耶稣成为全世界的主，那时候我们就能进入另外一个王国……没关系的别担心，我一切都很好，也特别喜欢工作。但我还是希望我们的传教团能沿着自己的路线走。”

柏格理的一位老朋友写信给他，说自己内心里有一股涌动，想要来中国作一名医务传教士。柏格理于1887年9月19日回信道：

为什么要当医务传教士？以前在家乡的时候我也认为作一名医生既能够养家也足以诠释人生的价值和意义，我也不知道自己当时为什么会那样认为。可是现在，从我的所见所闻出发，我已经不再赞同这个观点了。显然还有更多工作等着我们去尽义务。或许我的看法不对，但有一点却很清楚，在中国的生活成本非常低。设想一下，我们的年薪约60英镑，而在这里35或40英镑就可以过得很舒适了，以后我和弗兰克应该就是这样的……兄弟，老伙计，这是一份光荣的工作，弗兰克和我越来越热爱它。我们的确会失去很多众人所期望的英国理念和优越生活，但是，有一件事，就是这里的人必须要得到拯救，而我们正在做这件事。上帝保佑，我们心意已决！……我作传道人的愿望比当一名医生的愿望强烈十倍，当然了，我们也做好了各种准备，要从方方面面（也包括医疗上）去帮助别人——用芥末治疗吞服鸦片者，用硫磺掺合中国的猪油来医治因不洁净而引发的炎症，用硫酸锌治眼疾，等

① 基督教的教派之一。——译者

等，我们会随机应变的。哈利路亚[①]！

一个月之后柏格理通过了另外一门考试，他的记录如下（1887年10月19日）：“今天下午放假，我打算写一两封信。今天上午我们参加了第二次考试，因此要稍微放松一下。弗兰克和我都毫不费力地过关了，我们的主考伍德先生对考试结果非常满意。我想之前曾告诉过您，在等待万斯通先生到来的期间，我们决定再奋力一搏，争取拿下第二门课程。好了，我们都已经做到了，所以您可以想象，现在我们是多么高兴啊。”

这一时期，柏格理在写给兄弟和朋友们的许多信中斗志昂扬，精神高度振奋，充满了对传教事业的热情和渴望。10月30日，他写道：“我们还在安庆这里。万斯通先生沿江而下的旅程被延误。您知道他是去上海和丝图尔森女士结婚的，然后我们再一起前往云南。”柏格理谴责英国政府对鸦片贸易的支持，然后他表现得相当自信，展现出这位气血方刚的青年改革者颇为自负的一面。“世界必须要改变，本[②]，柏格理一定要改变它，或者改变它的大部分。上帝创造了真实的我们——真实、坚强的男人，勇敢地面对一切，能做任何事，只要还有灵魂在等待得救，我们就永远也不停息！任重而道远，但我们有解决的办法：基督在我们心中——祂拥有一切力量。”

经过数次耽搁之后，1887年11月12日礼拜六，在安庆度过了八个月快乐时光的柏格理，带着伤心和欢喜告别：他为培训之家和朋友们而感谢上帝。当他和弗兰克离开教会住所的时候，其他学生正在唱赞美歌，起伏的歌声跟随着他们，飘过阴暗狭窄的街道：

信任，信任，信徒，
虽然黑夜里很寒冷。

① 希伯来语，意思是“赞美主”。——译者

② 人名，“本杰明”的昵称。——译者

第五章　在扬子江上

虽然在安庆的生活十分温馨甜蜜，可是，当踏上光复号客船，同他们的朋友万斯通牧师和夫人打招呼时，两位年轻的传教士由衷地为新的自由而感到喜悦。他们和中国乘客住在一起，有两个客舱，每个客舱里有两个铺位，都在甲板下面，万斯通夫妇住在较大一点的客舱里，四个人会在这里共进早餐。柏格理吃完早饭，拿着《新约圣经》来到甲板上，乘客们很快围拢过来，大家瞧这个外国人穿着中国的衣服，便猜测他一定是个传教士。柏格理特别高兴，因为他发现自己的舌头可以伸缩自如地讲汉语，并且中国人还听懂了他的话。他们盘问他关于孔夫子和祖先崇拜的话题，然后他就抓住了一次传教的机会。柏格理在写给父母的信中说道："就这样，礼拜天早上我在传教——爸爸在家乡而我在中国。赞美上帝他们都能听懂我说的话……我们正在交谈，一位友好的中国男子走上前来，说自己是一名教徒，他在四年前皈依了基督教。我热情地欢迎了这位弟兄，他当着众人的面证明了自己的信，我的宣讲必定对他是有所鼓励的。"

1887年11月14日，礼拜一，光复号抵达汉口，湖北的商业首府，据说，很有可能，将成为东方的芝加哥。隔扬子江相望，对岸是武昌，乃湖北的政治首府，总督和许多官员都住在武昌。汉阳比较小，是从汉口分离出来的。身着中国衣服的外国人在武昌穿过大街小巷，走了约两英里①，来到山顶上的中华内地会传教团，受到热烈欢迎。接待他们的传教士有麦克唐纳博士、格莱斯通博士和默里先生——默里先生是苏格兰圣经教会的义务代理人。他们拜访了格里菲斯·约翰②博士，但很遗憾没能见到大卫·希尔③牧师，希尔牧师是华中卫理公会传教士当中的圣徒。柏格理后来写道："我们途经汉口，格里菲斯·约翰和大卫·希尔是那里最优秀的两位传教士。前者凭借他非凡

---

① 1 英里 =1.609 公里。——译者

② 中文名字为杨格非（1831 ～ 1912），英国伦敦会著名的来华传教士之一，是华中地区基督教事业的开创者，在中国传教达 50 年之久。——译者

③ 中文名字为李修善（1840 ～ 1895），英国传教士，在华宣教 31 年，赈灾、禁烟、兴办教育和慈善事业，是汉口训盲书院的创始人。——译者

的口才和大量的文章，感召了并依旧在感召着数百万人的心灵；而另一位的人生则几近完美，他的博爱无私消除了西方人和中国人之间的屏障，在救济穷人当中的最贫穷者时献出了宝贵的生命。[①]”

通过和船老大的反复谈判、讨价还价之后，T.G.万斯通牧师雇了条像小房子一样的平底船，乘这条船来到沙市[②]需要两个星期，费用是11000文钱——不到两英镑。不过到沙市以后必须得换另外一条船去重庆，这段航程需要六个礼拜，新雇的木船有四个房间，因此路上还是很舒服的，船老大手下有五个人，到宜昌后又增添了几名船工。

扬子江——“海洋之子”，带给人的强烈感受难以用语言描述。它好似有生命一般，如一条不可思议的巨蟒，在整个帝国的中部伸展身躯，蜿蜒奔腾，从西藏的高山上到上海的大海边——延伸三四千英里。柏格理所见到的，从汉口到宜昌之间的扬子江非常安宁——350英里的黄色江面在太阳的照射下波光闪闪，用十分平静的微笑迎候着他。无数船只往来穿梭在宽阔的大江上，日复一日地忙碌着，完成了数不清的交易。不过对英国传教士而言，这六个礼拜却是很难得的空闲时间，是令人非常惬意的旅行。他们的情绪，无论忧郁还是快乐，都与大江的低吟相一致。不知道为什么，形形色色各类人的所有不一致与不和谐，都淹没在这条神秘的大江庄重严肃的低吟下。

1887年12月10日，他们从宜昌出发前往重庆，重庆在宜昌的西边，这段航程有550英里。刚出发的时候，江面非常宽阔，两岸是延绵起伏的小山。突然间，木船驶进了一个洞开的峡谷，峡谷里的江面宽度约400码[③]，两岸矗立着600到1000英尺[④]高的石灰石悬崖。在宜昌的峡谷中，山峰倒映在深绿色的水面上，江水奔流向前，犹如一张闪闪发光的金属板。景色十分壮观，小船在幽暗的峡谷里行进，夜晚在一片白沙滩边上停下，柏格理不由得想起英国

---

① 《基督教世界》，1913 年 4 月 3 日。

② 现在属于湖北荆州。——译者

③ 1 码 =0.914 米。——译者

④ 1 英尺 =30.48 厘米。——译者

的海滨，些许舒缓了他的思乡情怀。

扬子江如此柔顺平静让人喜爱，哄得柏格理和伙伴们完全放松了警惕，他们天真地以为，伟大的“海洋之子”是温和的，仅仅只在嬉戏中展现勃勃生机，木船通过了一些较小的湍滩，也没有感觉出任何危险。他们却都不曾料到，就在一两天之后，温顺的小猫变成了狂野、凶狠、愤怒的猛兽。“礼拜一”（1887 年 12 月 12 日），“我们第一次体会到激流的含义。纤夫艰难地走着，有时候需要四肢着地，跨过礁石一步一步地向前拖。时不时地会有凸出来的礁石把纤绳绊住；专门有一名纤夫负责把被绊住的绳索解开，所以他得经常跳进水里去。几乎一整天我们都在过湍滩。12 月 13 日清晨，我们经历了一个险滩，约有四分之一英里或者近半英里长。水流特别急，是之前从未见到过的。江水奔腾，非常壮观。驶入峡谷深处，大江两边山峰耸立，有些山顶上还覆盖着薄薄的白雪。晚餐时分我们来到了一个巨大的险滩，叫做青滩[①]。在这里又多雇了几个人。我们都在前面的船舱里，看舱门外他们怎样行船。大家闲聊着，没有人害怕，行驶在湍急的水面上，就感觉好像是走在陆地上那样舒服。”

青滩是扬子江上最大的险滩之一，无论何时穿越都十分危险，只不过在不同的季节里，船只的遇难形式会有所不同。与之匹敌的险滩是叶滩[②]，它们的差别在于叶滩是汛期最危险，而青滩则在枯水期最可怕。柏格理对过滩的准备工作极感兴趣，纤夫们要把船拉过这个危险地带。先用竹绳把船系好，随着指挥者的口令，船被拖进了汹涌的江流当中。纤绳紧绷着，吱吱嘎嘎作响，战斗开始了，每前进一英寸[③]都要付出极大的努力。木船就像一只被吓坏了的小动物，颤抖不已；如果绳子断了的话，他们将瞬间被弹回去，没有任何力量能够控制船只。但几位传教士却相当镇定，除了郜慕廉还坐在船头之外，其余二位已经返回了各自的船舱。“当时激流从右岸冲向左边，根据水量的大小变换着水流的方向，”郜慕廉说。“一个浪头打进来，把船冲向

① 旧为长江三峡中的险滩之一，位于西陵峡。——译者

② 即泄滩，旧为长江三峡中的险滩之一，位于西陵峡。——译者

③ 1 英寸 =2.54 厘米。——译者

另一边，我们就直接撞在了右侧的礁石上。强烈的撞击使小船立即回弹并侧翻，江水马上涌入船内。接下来，为了活命，我们拼命挣扎。”事发之前有人叫喊示警，但船舱里的人根本听不见，贪婪的扬子江水直接扑了过来，急切地想要吞噬它的猎物。

“我向舱门冲去，”柏格理说，“但完全没有用，我根本就无法靠近那扇门，水一直把我往后推，而万斯通夫妇也同样如此。然后就在几秒钟或者是几分钟的时间内，整条船裂成了碎片，我们三个人紧紧抓住残余的船板。弗兰克直接跳进水里，朝一块礁石游去，可江水的力量太大，他根本无法靠近，反而往后飘。于是他竭尽全力，设法抓住了船的桅杆，一直抱着直到他被赶来营救的船只救起。在我们四个人当中，这次失事给弗兰克造成的惊吓和影响最大，现在他的腿上还有一道疤痕，就是那一次在逃生中被撞伤的。

“事情发生得太突然，我已经无法记起很多细节。对于这一次遇险，回想起来，我反而是沉着和冷静的，没有一丝害怕。我们四个人都一样，即便是万斯通夫人……并不是每个人都能有幸去验证神许下的诺言，‘你从水中经过，我必与你同在。[①]’感谢上帝，我们验证了真理。当我被困在船舱中，无法靠近舱门的时候，有这样一个念头在脑海里闪现：‘上帝是不会放弃我们四个去云南的传教士的。’获救之前我在水里面待的时间并不长。四位船夫当中的英雄，之所以这样称呼是因为他总是去干最危险的活，他从船的残骸中爬出来帮助我，我的长棉袄让我游水的时候很费力，但同时也可以抵挡一些寒冷。我很快被救上船，万斯通夫妇让善良微笑的船夫拉上另外一条船。弗兰克被第三条船带到岸边。我们几个人水淋淋地站在那里，以为丢失了全部行李，包括帮另外七八个人带的东西……一名男子脱掉他的外衣，让我把湿衣服换下来。也有人拿衣服给弗兰克穿。那天晚上我们都特别感激，中国人向我们展示了他们的博爱。”

他们被领进一家客栈。万斯通先生留在江边照看打捞起来的物品……“一大群人跟着我们，他们肯定觉得我们的样子很好笑。我们的帽子和假辫

---

① 见《旧约圣经 · 以赛亚书 43:2》。——译者

子都被江水冲走了，狼狈不堪。假如我不是当事人的话，估计看到这情景自己都会大笑起来。”所幸损失并没有想象中那么严重。一共19个箱子，只有一个装着万斯通夫人衣服的箱子丢了，而这些箱子里多数都是帮其他同工带的物品。原来的那条船已经彻底毁了，于是他们就设法租用了当地最好的船，然后迫不及待地逃离了青滩，这里的人虽然在第一时间赶到出事地点救起了遇难的外国人，但很快就开始敲起竹杠来。礼拜六，12月17日，他们乘坐两条分别只有一个客舱的小船出发前往夔府①，于五天后到达。

柏格理写信给父母道：“礼拜四在夔府，我们重新租了两条船去重庆，这两条船比先前的大一点，但还是相当小。每条船上各有两个客舱，各有六名船员，都是男的，五个大人一个小孩。我们这条船上的船老大是我所见过的中国人当中脾气最古怪的一个，他的手下衣衫褴褛脏兮兮的。他们之间动不动就大呼小叫！虽然中国人很少对自己的伙伴动怒，可这个船老大却会为了芝麻大点的事情发脾气。”从夔府到重庆需要两个礼拜，1888 年 1 月 7 日他们抵达重庆。这艘船的船老大非常不称职，柏格理把他比作那位密西西比河上的水手，他正在夸口说自己熟悉江里的每一块石头，船便撞上了礁石，于是他慌忙补一句，“这就是其中的一块。”除了船老大的问题之外，这次失事让柏格理心有余悸。“咆哮的江水和汹涌的浪花，”他感叹道，“从巨崖上望去，涛如雷鸣、激流澎湃，这一美景会使人心醉魂迷。但是，有人曾看见过尸体顺着湍急的水流漂浮而下，曾目睹过英勇的人们为求生存而同险恶的洪水搏斗却最终长眠江底。就知道神奇的扬子江不仅仅只是美丽、平静且孕育着生命的摇篮。伟大的长河也曾使我倾倒，然而，我并不热爱它。不止一次，贪婪的老虎河曾差点吞噬了我，以至于在写这篇文章时，我的心跳都不由得加快了。②”

柏格理和朋友们已经在扬子江上航行了1500英里，重庆的江面宽度为800码。重庆的情景大大地超出了柏格理的想象，这一点也不奇怪，数不清的罪恶和残酷的现实映入了他的眼帘，却也令他着迷——他感受了重庆的

① 今重庆奉节。——译者

②《中国历险记》，第 18 页。

各种情绪、幽默顽皮以及放纵肆欲。夜晚，他站在漆黑的船上瞧着星星出来。在他的周围，终日辛劳的汉子们横七竖八地躺在船头，身上盖着一张破草席——他们是这样的无知、如此地暴躁、极度的贫穷，柏格理想知道对于这些人而言生活究竟意味着什么。此时他们当中有的人睡熟了，鼾声四起；其他的人则抱着鸦片烟枪缩成一团，大脑一片空白，试图去尽力抓住自己的美梦，毒品把他们从毫无希望可言拖进了最可怕的贫穷深渊。他们，和他一样，在江水深沉的低吟中演绎着江上的人生百态；他也不时地听到各种嘈杂混乱不和谐的声音，但扬子江水那忧郁的怒吼会紧跟着占据上风，淹没江上行人的各种声响，于是他的脑海中就只剩下了神秘的汹涌澎湃的滚滚波涛。

第六章 横越陆地：四川和云南

1888年1月9日清晨，柏格理醒来的时候，感觉无比轻松，终于卸去了压力，一直紧绷的心也放了下来。他们走完了西去旅途中最危险的那一半路程，以后再也不必害怕扬子江，也不用在水面上战战兢兢了。当然，假如他们实在愿意的话，也可以继续乘船前往宜宾[①]，不过一行人决定长途跋涉，走陆路从重庆到云南。

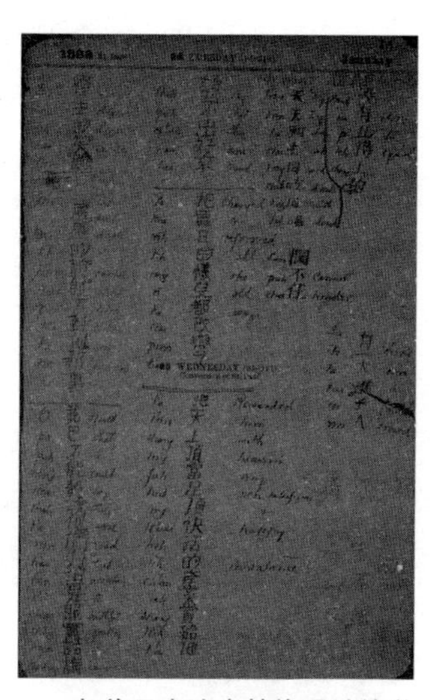

赶往云南途中柏格理继续学习汉语，2017 年摄。

四位传教士在重庆分道扬镳，万斯通夫妇前往昆明，柏格理和邰慕廉则赶去昭通。之所以分路而行，是为了回避大约从一年前开始的在四川省爆发的排外情绪。柏格理和邰慕廉带着一匹小马和几个苦力，两个人轮流骑马。关于他们的小马，柏格理曾在信中深情提及，这是匹极具幽默气质的小马，敏感且傲慢，非常不满他们总是换着骑，所以就喜欢在过河的时候，走到水中间突然跪下或打转来吓唬他们。四川境内的道路状况非常恶劣，但是，有一个汉人随从却笑呵呵地，试图说服柏格理去相信其实云南的路才是出了名的最难走。不过乐观的柏格理却毫不在意，他的注意力集中在对未来的向往，而不是苦力头子，或负责护送他们的差人——衙门（政府的官邸）里跑腿的人。

他们在沿途经过的乡村集市上购买所需要的食品，苦力带着食品和行李，一同来到晚上准备投宿的客栈。任何艰难困苦都不能让怀有热忱精神的人感到沮丧，在他们看来，连绵的旅程就是一次愉快的度假。当一天

---

① 原文中使用当时的称呼“叙府”。——译者

结束的时候，自由的喜悦就会转变成冷静的满足。柏格理很奇怪为什么人们喜欢把自己关进办公室和车间内，而他身体里的每一根神经和每一块肌肉都在呼吁人类应该过一种露天的生活。午后继续缓慢行进，腰酸背痛是难免的，因为他们还很不习惯在这么艰难的路上骑马，也穿不惯中国的鞋子，脚后跟和脚趾上都打起了水泡。不过坚韧的乐观主义精神使得他们一点儿都不气馁，只是非常期待小旅馆的舒适，还盼望着晚上那顿实实在在的晚餐和那张温暖的床。

由于缺乏经验，他们疏忽了，本应派一个探路者先去预订客栈房间，可是现在，当他们经过艰苦跋涉到达横越陆地第一站的终点时，最好的房间都已客满。尽管柏格理的想象力非常丰富，可是他也没有预料到客栈竟然如此的脏乱和低劣。房顶上铺满瓦片，屋檐弯弯曲曲，从肮脏狭窄的街道上就可以看见悬挂的金字招牌，招牌上言词夸张，不过店内却没有任何吸引人的迹象。房屋环绕一个开阔的院子而建，多年的尘垢使屋顶变得灰暗不堪。窗户就是一层薄薄的纸，大多是肮脏和被撕破的，所以在这样的情况下隐私便无处可逃，整个夜晚都有闪烁着贼光的黑眼睛眼透过窗洞进行窥探；何况那个时候外国人更是无穷好奇心的关注对象。他们的房间是泥土地板，也没有清扫过。床由几块不平整的木板放在两个木架上搭成。门外一片喧嚣，因为马厩里的马匹和猪过于拥挤，于是店主人就把家畜放在院子里过夜，另外这个院子还是苦力们洗漱和整理的地方。但身体上的疲惫和小旅店的恶劣条件，都吓不退两位乐观坚定的传教士。晚饭过后，在好奇和友善的驱使下，他们走出房间来到厨房，和其他客人围着火炉坐了一阵，用无敌的幽默回答了许多千奇百怪的问题，希望能在这些今生再也不会相遇的听众心里播下一点点真理的种子，大概坐了一个小时；困意袭来，他们用棉被紧紧裹住自己，很快进入梦乡。

四川给他们的第一印象来自扬子江沿岸，起伏不断的山川、肥沃的土地、拥挤的人群和工业城镇，不过，越往西南走，山就越多，耕地就越少，人烟也逐渐稀少。大多数情况下，人们都非常亲切、彬彬有礼，给柏格理和邰慕廉留下了良好的印象。然而，就在这个礼拜，柏格理却遭遇了一件颇为惊险的麻烦事，从中又反映出了汉人品德的另一面。他们来到一个十分繁忙的乡村集市上（茶店场[1]），邰慕廉走在前面，柏格理照看着小马。集市上只有一条路，挤满了人，小马很不情愿开路，柏格理只好从马背上下来，牵着马沿着街道慢慢走。不料，小马却意外地撞倒了一个货摊，如果不是柏格理眼疾手快，一把抓住了货摊的边边，那么货摊上所有的东西都将飞落在地。

转瞬间整个市场就被七嘴八舌、模糊含混的咆哮声淹没。摊主愤怒异常，滔滔不绝地叫嚷个不停，非要闯祸的外国人赔偿 15000 文钱，否则就不放马匹离开。一群汉人把柏格理团团围住，沸沸扬扬，指手画脚，让柏格理十分尴尬。邰慕廉走在前面，怎么等也不见柏格理赶来，心生疑惑，于是顺原路返回，看见柏格理被困在人群当中，正在和摊主激烈地争辩着，四周还有上百个喋喋不休的小商贩围观。就在此时，一个相貌丑陋、身穿红色外套负责护送他们的差人出面调停，建议去茶馆里商量解决问题的办法。在中国，茶馆通常是解决尚未严重到足以上诉衙门的民间纠纷的主要场所，由德高望重的长者组成一个裁判团，争执双方各自陈述事因，听取证词之后，调解人就两边说和，力争达成一致协议。当时他们走进一个茶馆，茶馆的主人看见有外国人被卷入争执，便不愿意接待他们，他们就只好换了另一家茶馆。经过长时间针锋相对的讨价还价，差人说服摊主接受柏格理的 300 文钱作为赔偿。这个数目是首次开出赔偿金的五十分之一，但那个摊主却面带微笑地欣然接受了，柏格理因此直接怀疑他其实根本就没有看上去的那么生气，应该都是假装的，而实际上却在心里笑开了花。

走在没有尽头的烂泥路上，他们步履蹒跚，双脚仿佛灌满了沉重的铅。一个星期之后到达泸州，他们非常高兴，因为那天是礼拜六，泸州位于重庆和宜宾的中间，他们可以在这里度过旅途中的第一个礼拜天！柏格理在日记中简短地记录下那一天的活动："1888 年 1 月 21 日。下午我们做了一场小规模的礼拜，然后就所祈祷的工作任务和必需品进行了长时间讨论，禁食，静候上帝。茶后和雇来的男孩用汉语做礼拜。今天好好地休息了一下，噢，太

① 疑为今重庆永川的茶店镇。——译者

舒服了！不过晚上有一帮流氓带着一些歌女来这里狂欢了一整夜。”

通过这次旅行，柏格理发现自己潜在的两种天性都有着充分发挥的自由空间：他在无比坚定地珍惜《希伯来书》①中理想道德的同时，凯尔特人诗意般的灵感又不断涌现。他充满了基督徒的那种感觉，认为圣灵一直和他在一起，在他生命中的每一个转折点，他都能感觉到是上帝在重新塑造他的意志。同时他又保留了孩童般纯真的天性：热爱太阳、蓝天和大地母亲，在旷野中自由自在就如同在家里一样。他已经做好了全部的准备，欣然向往着即将到来的工作。在一家小客栈里，有两个小孩对他们十分亲昵，勾起了他和邰慕廉对家乡的怀念。礼拜三，即 1 月 25 日，他写道：“感谢上帝，今天是一个值得纪念的日子。12 个月之前我们在克拉彭举行了告别会议。我一直记得那一天。感谢上帝让我来到了这里。”第二天他们抵达宜宾——一个大型的贸易集散中心，位于岷江和扬子江的交汇处。

宜宾被他们越来越远地甩在身后，一路上的风景也在慢慢地发生着变化。狭窄、欢闹的小河两岸耸立起巨大的石灰岩山脉。有时候，他们所经过的羊肠小道，实际上就是夹在大山中间的小河沟。沿着一条险峻的曲折小径攀上另一座山顶，就可以看到由无数山峰组成的壮丽景观，极目望去尽是连绵起伏的崇山峻岭。他们日复一日地赶路，上上下下，下下上上，有时骑马，有时步行；时而用欢乐的歌声抒发情怀；时而让自己的灵魂被大山的灵魂邀请去交流感情。巨大的山脉在无形中就像强烈的兴奋剂一样增强了人的信心。上帝的这些伟大创作，默默地守着那份寂静，庄重地见证着苍穹的风云变幻。早晨柏格理看着山岚雾气环绕其间；中午它们像巨人一般仰望着湛蓝的天空；而日落之后它们又朦朦胧胧的，沉默地注视着这个永恒的世界。第一次在大山里行走，无疑给柏格理留下了难以磨灭的深刻印象。数年后他对大山的感情愈发强烈，他把深深的爱融进了对大山的敬畏当中，以至于在回国休假期间，他竟然都会对云南的群山产生出一种思乡的情结。

过去的一年多里，云南一直是柏格理期盼的希望之乡。他搜集各种关于

---

①《新约圣经》中的一卷。——译者

云南的资料，并在写给万斯通先生的信中赞叹："云南的大山比扬子江更壮观。"当得知那边的传教士养了一头母牛，他就写信给家人描述说这块土地上流淌着牛奶和蜂蜜。1888 年 1 月的最后一天，当他们从四川进入云南的时候，阳光普照，雾霭被赶回深山。"风景，"他说道，"壮观得没有办法用语言来形容：悬崖陡峭上下起伏，我们整天都在骑马或步行，翻越高低不平的岩石。有一次我们直接走在几乎是无处落脚的边边上；穿过一道瀑布时我停下来欣赏，景色美到我几乎都无法呼吸。我敢不敢和我的小马穿越这样的小径？一旦失足我们就会掉下深渊。经过片刻的紧张思考后我们做出了不顾一切的决定，谢天谢地我们最终还是平安走地过去了。在河对岸，一面足有一千英尺[①]高的巨大悬崖拔地而起。群山中回声嘹亮！山脚下的岩石上有七八只猴子正在匍匐爬行……我们在一家天主教徒开的小店里吃早餐，店主人不收喂马的稻草钱，说大家都有着共同的信仰，我们的男孩告诉他我们不是天主教徒，但老板依然坚决不收。再往前走，我们路过一户人家，看见在供奉天地神位的地方挂了一幅圣母和幼年耶稣的画像。"

他们匆匆路过老鸦滩[②]的集市，穿过一座踏上去就会摇摇摆摆的吊桥。吊桥的链子嵌入巨大的石头桥墩，像一张蜘蛛网悬挂在两座山中间，虽然看上去很危险，但商队和马帮鱼贯而行，都能够从桥上安全通过。过桥之后开始爬山，顺着破碎、光滑的台阶爬了20里（3里=1英里）路，紧接着又下山，下山的小路异常陡峭，骑马的人就只能听天由命，把自己交给坐骑并充分相信小马儿的智慧了。一些山顶上还覆盖着雪，看上去松松软软的，好像一块洁白的地毯。深暗的松树和冷杉让人想起传说中在俄国的旅行。晚上住在简陋的客栈里，他们遇见一些单纯的云南苦力，这些人对英国的概念一片空白，用奇异的目光打量着两位外国人，好像他们是突然从地底下冒出来似的。

有的时候，当黎明降临、星星绝迹而太阳尚未升起，柏格理会躺在床上，热情地为这片土地和土地上的人祷告。不过等他完全清醒之后就会一跃

① 1 英尺 =30.48 厘米。——译者

② 今云南省昭通市盐津县城所在地。——译者

而起，冲着伙伴们喊“起来喽”，并匆忙地准备迎接新的一天。

1888年2月7日，翻越本次旅途中的最后一座大山，这座山位于高原①的边缘，海拔6000英尺，距昭通城100里。第二天清晨，天还没有大亮，他们就激动地出发了，兴高采烈地开始了最后30多英里的行程。这是一个寒冷的冬天，一路上都很平坦，一眼望去尽是荒芜贫瘠的土地，但一想起马上就可以抵达自己的新家，他们不由得心潮澎湃。他们太想早点看到昭通城了，以至于完全忽视了那天所路过的城镇及其建筑特色，而是一直望向远方，巴不得昭通的塔楼和烟囱能尽快映入眼帘，不过，他们并没有看见这些景象，因为在突然之间，就已经走到了昭通的城门之下。

柏格理写道：“1888 年 2 月 8 日，礼拜三晚上，我们从北门进入昭通城，一直在想象新家的样子。我们并没有预计哪天到达，所以也没有人迎接我们。注意到我们的人都非常好奇，但那时天色已晚，天气又十分糟糕，街上的行人无暇顾及，所以我们没有碰上多大的麻烦，得以顺利通过。身穿中式服装，头戴假辫子，在那些日子里的确能为我们省去许多烦心事。”他们被带到一栋简陋的中式房屋外，里面冲出了他们的老校友——塞缪尔·托马斯·索恩。他领着他们走进陈设简单的屋子，屋子里点着一根冒烟的中式蜡烛；身体的疲乏被抛在脑后，对于充满喜悦的人而言，这里就是福音堂，或是“幸福的天堂”。那天晚上旧日的希贝尔男孩们热烈地交流着自己的冒险经历，并展望着他们未来的工作前景。

索恩先生写信告诉家人两位新来的传教士已经安全抵达：“您说他们就是‘被拣选的人’；他们工作起来的确非常优秀……我看柏格理用汉语讲话时没有任何困难，相当地自然。我想弗兰克也必须要做到这一点，不过他已经能说得很好了。”

---

① 指云贵高原。——译者

第七章　坚守昭通传教点

云南，字面意思就是“云彩”和“南方”，1888年1月的最后一天，柏格理和邰慕廉踏上了这片土地，再往西去几百英里就是印度的东部边境。如果要更好地了解循道公会联合传教团①所在的地理位置，我们就必须要知道1888年这里并没有铁路，而扬子江畔的宜宾，正是向这个西南省份提供物资的商品集散中心。为了更好地发展教会，热切的开拓者很自然地就选择了这条通往四川的贸易干线。

两位双脚酸疼、疲惫不堪的行路人，二月的那天下午于薄暮时分进入昭通城。第二天柏格理就探索了这座城市，下定决心要把每一件事情都做到最好。步行在狭窄、肮脏、高低不平的街道上时，柏格理压抑住自己的失望情绪，他在信中自豪地说，昭通在商业和政治方面的重要性仅次于昆明，位居云南省第二。他看见了很多寺庙，但只有供奉着文曲星的儒家文庙看起来还不错，保养维修得也比较好。老百姓一贫如洗，柏格理猜想，如果人们看见，有人毫不介意底层劳动者的衣衫褴褛，很亲切很尊重地和他们打招呼聊天，向他们鞠躬并说“打扰您了”，那么，看见这种情景的人应该会马上意识到，其实礼貌不仅仅针对有钱人，礼貌本身和财富、地位没有任何关系。这座城市，如同它的国家一样，发展比较滞后。傍晚的时候，柏格理经常在街上看见一个小孩子，或者是位干瘪的老奶奶，手持几根点燃的香，站在低矮房屋的门口，三鞠躬之后，将香插入墙壁的缝隙当中。柏格理很快就了解到不止是城里有若干寺庙，甚至连每个村子里都有自己的小庙，无论他转到哪个方向，都必然会遇见三大宗教的象征物或各种活动，混乱不堪，十分沉沦。这三种宗教即：儒家的孔教、道教、佛教。

“在我们到达的前几个月，另外一位比我们早12个月来中国的老校友，已经租下一幢小房子，开启了昭通的传教工作。房子几乎正对着大红色的儒家文庙，就在考场的旁边，每隔三年，从上百万人中选拔出来的学子就会云集此地，为获得举人头衔而参加考试。传教士竟然能在这样神圣的地方安顿

① 此处应为“圣经基督教教会”，该教会于 1907 年加入循道公会。——译者

下来，还真有点不可思议。[①]”

“我们在那里的时候，”几年之后柏格理写道，“传教士的住宿条件如何呢？一个月的租金为二先令六便士，这或许是当时全中国最便宜的传教士住宅了。前厅小小的，作小礼拜堂用，开门就是大街。它的后面有一个很小的接待室，如果拎着猫尾巴在屋里甩的话，那么这只猫必定会受重伤；此外这里还是餐厅，我们三个老朋友坐在那里一边高谈阔论，一边吃完家里所有能吃的东西。到现在我还记得非常清楚，那中国式的饭盆和那粗糙的食物，还有那可恶的硬邦邦的直背椅，以及楼上我们睡觉的小得很可怜的小阁楼！”两天后T.G.万斯通牧师和夫人从昆明过来。这么多外国人同时出现，引发了昭通居民的好奇心，每天都有成群的人来到这里，听他们用还不十分熟练的汉语讲解福音。礼拜天为汉人主持了三场礼拜。当天还召开了第一届华西工作会议，会议同意S.T.索恩牧师去重庆结婚[②]，并决定让柏格理和邰慕廉继续在昭通开展工作直到索恩先生携夫人返回。

“我们住宅的前面部分，”柏格理说，“有楼上楼下一共两个房间。房屋后面是一个小院子，小院子的一个角落上搭有顶棚，做马厩用，当我们雇用的汉族男孩在旁边为这个小家庭烧饭做菜的时候，我们的小马儿就在小棚子里兴致盎然地大嚼玉米，玉米坚硬得如樱桃核一般，被咬得噼啪直响。不远处，在小院子外面还有两户人家，也是同样的两层楼。我们把楼下的房间当作餐厅和书房，楼上的作为卧室，屋内有一把上下楼用的梯子。仅一扇纸糊的小窗户，为两个房间共同拥有。”他们每天都“一边深入学习汉语一边传播福音”，没有任何娱乐，也没有除了汉人之外的伙伴，然而他们并不觉得自己的条件过于艰苦。“尽管还不适应周围的环境，”柏格理说，“但年轻的小伙子把一切都安排得妥妥当当，因为我们有勇敢的心，我们都是天国的士兵，很乐意为了上帝而忍受一切。”

柏格理渐渐地意识到工作的难度之大远远超出了自己的想象，面对着

---

① 《基督教世界》，1913 年 4 月 3 日。

② 重庆的英国领事馆有权登记结婚。——译者

极其复杂严密的中国社会，这里的人们骄傲地过着自给自足的生活，他一片茫然，痛苦和焦灼与日俱增，完全不明白该用怎么样的方式和策略去传教。不过，哪怕只是一瞬间，他都从未失去过信心和勇气，他相信四万万中国人当中的每一位都是天父的孩子。他相信上帝的儿子曾经降临人间，并在死后复活，以此向万民显示了天父，还将带领万民重回上帝的天国。尽管那个孤独的传教所危机重重、前途未卜，但柏格理却从来没有失去过对耶稣基督的信心。

两个好朋友每天都外出传教:“没有哪一次出门前不祷告，”邰慕廉说,“并且，当一个人讲道时，另外一个也会在旁边为他祷告。”可是，对于中国人而言,他们的教义——“道理”——在很长的时间之内都“云山雾罩不可理解”。关于那些日子，柏格理曾写道：“通常都会有上千人在好奇心的驱使下过来围观，主要想看看外国人究竟长什么样子。如果我们心情很好又不累，那就没有多大的关系；如果能营造一个快乐的氛围，那我们多半还能和观众聊得很开心并和他们交朋友。但是，如果当时我们正在为某件事情烦心，或者又累又饿，那么，站在一大群好奇的围观者中间，傻乎乎地让人家盯着看，那种感觉极不舒服。另外，当我们外出布道的时候，还有一个吸引人群的好办法，那就是静静地站在那里。”

突然之间，上述活动告一段落。有一天，柏格理和邰慕廉先用上午的时间来学习汉语，接着再吃了一顿斯巴达式[①]的饭，然后分头行动外出传教。邰慕廉回来的时候头痛欲裂全身乏力，而在昭通周边的两个月行程之内没有西医。柏格理害怕极了，东翻西找，在索恩先生的架子上发现一本医书。他花了好一阵功夫来研究这本书，最后，柏格理断定邰慕廉得了天花。惊恐之下，柏格理立即在病房中充当起医生和护士两种角色，虽然之前他完全没有经过任何与这两种职业相关的训练。他根本不会做饭，当地也没有适合外国人采购的商店，可他必须得为病人准备能吃下的食物。邰慕廉一会清醒一会

① 古代希腊的城邦之一，位于希腊半岛南部的拉哥尼亚平原。斯巴达人尚武，过着简单刻苦的生活。此处意指艰苦朴素。——译者

糊涂，十分虚弱，濒临死亡。

看到自己的护理者如此地难过沮丧，邰慕廉提议做一次圣餐礼拜。“两只中国式的茶杯，一小壶茶，和一张中国烤饼是我们所需要的全部物品。但护理者却崩溃了，于是病人只好亲自主持。我敢向您保证，那天晚上耶稣本人就在上面的那间小阁楼里，我们被奇妙地鼓舞着，为祂的慈爱和降临而欢呼欣慰。死神不再恐怖，房间里一片荣耀，上帝的降临叩开了胜利的门。用一种中国人无法想象的方式，‘天堂之花[①]’在那座小屋中盛开了……弗兰克讲完话后，我们吃饼喝茶，从内心里燃起了对耶稣基督的无限忠诚。”

柏格理在写给家人的信中说：“弗兰克卧床第八天，疹子全都出来了，应该明天就开始变硬。到目前为止他的状况良好，至于我，依旧很正常，十分强壮……整整四周的时间衣不解带，每个晚上都很恐惧，生怕他会被带走，长眠在坟墓里，孤零零地永远留在遥远的东方。不过现在看来，幸好这只不过是一场极凶险的噩梦。本来我们一直期待着冒险，却从不曾预料到竟然会是这样的冒险。这次经历的最大价值，就是考验了老校友病人和老校友护士对主的信心，所幸我们通过了考验。很久以前上帝就曾经许诺过，凡奉祂的名向前、服从祂的指令、遵循祂的教诲之信徒，祂将永远和他们在一起……生病的传教士渐渐地、确确实实地好了起来并走出了死亡之谷，尔后不久，他能够起床，还可以慢慢爬下梯子，弗兰克的好转让两个老伙计万分高兴。他下梯子的时候，我就走在前面，以防他万一滑到，这样的话就可以跌在一个软乎乎的东西身上。终于又能够开怀大笑了，回顾他生病期间我俩的狼狈不堪。想起那些好笑的情景，甚至在他完全康复之后我们都还会乐个不停……”

柏格理是一个有求必应的人，即便在邰慕廉生病的那段时间，尽管自己很悲痛，伙伴的病情也不稳定，他还是去救治了他所遇到的第一例昭通城内的服鸦片自杀者。在一封写于 1888 年 3 月 27 日的信中，他说：“把弗兰克安

① 即中国人对天花的称呼。

顿舒服之后我就出门了，因为他坚持说自己暂时不需要什么，可以独自留在家中。我随身背着药物，一瓶芥末，一瓶硫酸锌，还有几根羽毛。吞服鸦片企图自杀的，是一位 30 岁上下的妇女，闭着眼睛躺在一张长椅子上，牙关咬紧……不一会儿她被唤醒，她的情绪也随之爆发。简直就不是她！她死活不肯吃药，一次又一次地把我珍贵的芥末打翻。不得已暂时停了下来，气氛非常紧张，后来我们只好纯粹依靠武力强迫她把药喝下去。她的亲人愤怒地叫嚷着咒骂她，算作是对我的帮助，他们竟然这样诅咒一个可怜的灵魂！挣扎中她抓住了我的辫子，我几乎都要把辫子剪掉了，不过还好，终于还是保住了。然后我们把她再次送回房间，药物开始发生作用。我留下点药品，离开了她的家……第二天，她的丈夫或父亲模样的人过来感谢我救了她的性命。”

从成功救治服鸦片自杀者的那日起，柏格理神奇的医术传遍了全城，各种各样的病人纷纷慕名而来。他们对柏格理所传播的宗教没有需求，却很想体验不可思议的外国药品。有一位双目失明的老妇人找柏格理治眼睛，说自己唯一的儿子在东京[①]战争时应征入伍，等到中国和法国不打仗了，儿子又被派去了另一个省，从此就再也没有回家。悲伤的母亲日夜哭泣，直至彻底失明。当柏格理满怀同情，解释说自己没有可以让眼睛复明的药膏时，老妇人很不情愿地放弃了，心里暗想这个外国人多半不想帮她。“她从黑暗中来求我，”柏格理伤感地说，“又在黑暗中离去。这仅仅是许多事件中的一例。”

在昭通的这段时间里，柏格理开始注意鸦片令人惊骇的破坏性，并得到了第一手资料。许多鸦片的受害人找到他，希望能够戒掉毒瘾，重新恢复健康和自由。频繁的自杀现象令他胆寒，似乎云南所遭受的祸害要比其它省份更为严重。“您无法想象，”他生动地描述，“这些人手里究竟有多少鸦片！通过这样或那样的渠道，几乎每一个人都和鸦片有联系。田野中的景色十分美丽，好似有一件硕大的白色斗篷罩住了大地。全是白色的罂粟！打扮

① 越南北部地区的旧称。——译者

成天使的魔鬼！白色的罂粟！先是毁灭，紧接着就下地狱……中国人对鸦片的另外一种清晰解读就是——‘英国’。”

柏格理终于放心了，邰慕廉日渐康复，脸色慢慢红润起来，人也有了精神。不久科诺先生听说昭通的一位年轻传教士病倒了，就匆匆地从昆明赶来。来访的客人和柏格理都想让邰慕廉换个环境，去省会休养，但邰慕廉不肯把柏格理单独留下。大约在6月中旬，索恩先生和夫人回到昭通，接替柏格理和邰慕廉，这样他们就可以一起去昆明了。据万斯通先生说，七个月之后，他路过一座位于昭通和省会之间的城市，晚上投宿时，他瞧见旅店客房中的墙壁上，写有柏格理、邰慕廉和科诺的名字，还写有这样的文字：“不久之后中国归主。”

第八章 昆明的开拓者

昆明，海拔6400英尺①，位于平原的中央，是一个气候迷人颇具魅力的大城市，1888年6月18日，柏格理和邰慕廉从昭通出发前往昆明。昆明的南边有35英里②长、7英里宽的昆阳湖③，广阔无垠，一条六英里长的运河连接着湖泊和城市的西门，运河的两岸是星罗棋布的村庄和农田。城市被一道高30英尺、长4.5英里的城墙环绕着，城墙用质量上乘的砖砌成，共有六个城门，门楼顶端飞檐上翘。昆明的人口约八至十万，不过很多人都住在城外。那时候柏格理刚到云南，运输靠的是人背马驼，人们需要的粮食多产自周边的坝子，如果要把粮食运向远方，那么，马儿在运输的路途中所吃掉的草料几乎和它所驮运的谷物等量。

柏格理是在云南传教的少数先驱者之一，我们应该怀念、理解并感激这段时期的工作，柏格理和他的同事们来到遥远的世界另一端，艰辛地开拓出一条传播福音的道路，因为在西方人的眼中，这里的人尚未开化，他们的信仰也不可理喻。根据柏格理的深入了解，汉语本身，好比一片混乱和错综复杂的丛林，他们要想通过，就必须披荆斩棘，开出一条适合自己的道路。早上的时间通常用来学习令人头疼的语言，包括文字和口语。柏格理和邰慕廉决定参加由中华内地会举办的汉语六级考试。邰慕廉在1888年10月28日的信中说："您一定非常高兴，萨姆和我都考过了第三级。主考官的评语是，'我毫不犹豫地告诉您已经十分成功地通过了考试。'我真的非常感恩。"信中附言："不久我们就要考第四级，希望在明年的这个时间之前能够通过第六级。"

柏格理在学习儒家著述时有了不可思议的发现。"我一直研究孔子的著作，其中的哲理竟然如此美妙高深，可是真正能吸收并做到的人却少之又少！昨天我读了一句话：'己所不欲，勿施于人'。"到此时为止，关于中国人的信仰，在柏格理的知识结构里还是一片空白。现在他惊奇地意识到，

① 1英尺=30.48厘米。——译者

② 1英里=1.609公里。——译者

③ 指滇池，今昆明市晋宁县昆阳镇坐落于滇池南岸。——译者

中国君主信仰的依据源自天和地的尊贵秩序。他还渐渐地明白，儒家思想的社会功能就是教导人们如何分辨正确和错误，并把正确的观念转化成为一种道德力量来约束人们的行为。孔子的思想可以用一个词语“互惠”来总结，孔子用否定的形式阐述自己的金科玉律，奠定其被尊为道德改革家和圣人的地位。“但是，”柏格理说，“这些真理当中却包含了一个极大的错误……他们（指中国人）蔑视基督教，认为我们的教义在他们的之下。他们不能理解‘凡劳苦担重担的人，可以到我这里来，我就使你们得安息。①’或‘神爱世人……②’的妙处。人们只看见泉水不停地冒出来，却不知晓在泉眼下面的最深处，蕴藏着数百万吨的生命之水③。”

进一步分析，人们在现实生活中的确都遵循着孔子的道德和伦理规范，不过，柏格理则认为那是充斥着罪恶和迷信的黑暗森林。多年来开拓者们只取得了很小的进展，有时候他们甚至会感觉到，自己几乎都要迷失在这片丛林里。先到的传教士们，尽管勇敢热忱，可是对中国人的生活和思想也还是知之甚少，没有办法给两位刚来的同事提供一些切实可行的指导意见。数年之后一位早期传教士说，那时候他们对中国的看法过于狂热激进，以致于那么拼命地工作，甚至完全不顾及健康，也没能取得什么效果。有些人还因为自己是白种人，从而虚构出白种人比黄种人聪明的观点。他们的目标仅限于去争取个体中国人对福音的信奉，并寄希望于这些人会即刻皈依。他们从来没有想象到会需要用20年的时间来为一个基督教教会打基础，此外还需要一个更长的时间去营造一种道德和精神的氛围，才有可能使人们皈依基督。先驱者们所采用的最令人质疑的方式之一就是，他们把激情战术运用在这片倡导“中庸”才是道德核心的土地上。大多数的中国家庭都会选出一位成员，由全家供养，而此人则只管专心读书，以求入仕。这种习惯延续了数百年，直到中国人的意识里已经形成了

---

① 见《新约圣经 · 马太福音 11:28》。——译者

② 见《新约圣经 · 约翰福音 3:16》。——译者

③ 见《新约圣经 · 启示录 22:1》。——译者

固定的概念，认为唯有读圣贤书，才能尊贵体面，才是真正有教养的人。在这样的环境下，激情战术便很令人担忧，甚至会常常让传教士产生一种对自己的深刻偏见，并且需要很多年才能消除，然而也还算及时，毕竟他们都是耶稣忠实谦卑的追随者，他们从错误中总结经验，最终为中国人开拓出一条通往福音的宽广大道。

开拓者们最沉重的负担，往往是那看不见的孤独，只有同工之间诚挚的友谊才能鼓舞一个人发挥最大的潜力，把工作做到最完美。从1887年至1888年8月6日，柏格理和邰慕廉一直形影不离，成为最亲密的战友，此后由于传教团工作的迫切需要，两人不得不分开了。相对而言，这种分离会让邰慕廉先生更难受一些，柏格理是个乐天派，能够减轻他的压力让他放松，他对柏格理已经产生了一定的依赖性，不过现在还不是畅写这位高尚传教士的时候，因为他还在中国快乐地工作着，一如既往，用非比寻常的忠诚和勇气，继续着当年他和柏格理共同开创的事业。

邰慕廉出发北上，柏格理则全身心投入，准备在昆明进行十天的布道活动。中华内地会的传教士们也全心全意地参与支持。这次活动让柏格理看到，只要不断努力，成功终将来临：“他看见天国之王的美丽面容，他的眼睛望着遥远的地方。”柏格理的想法和感受集中反应在他写的一封信中（1888年9月17日）：

或许不久之前您就听说了，我们正在全力以赴地准备一个为期十天的布道活动。今天已经第15天了，可能还得再延期两天……很多人赶来观看，等活动结束的时候，来参加的总人数可能会达到八千至一万人……印刷了几千张宣传单，有针对性地挨家挨户散发。活动开始之前我们进行了一个礼拜的祷告，其中还有 天的禁食……上个礼拜天我们工作了七个小时。荣耀的布道活动！我相信许多人来这里是为了寻求面对面的拯救，而这是之前他们从未经历过的。有几个人公开表示愿意为耶稣基督服务，参加活动的人自始至终都向我们展示了最伟大的友谊。礼拜二，第九天，我们禁食，随后举行了晚间祷告。

我将永远无法忘记。我们的房间里一片辉煌，我体会到一种从未有过的感觉。荣耀降临并洒满了我的全身，我感觉自己从头到脚都有圣灵的光辉。

我几乎无法站立，一时间竟觉得自己会晕厥或死去……我曾经在会议上许下诺言，我们将要让数千个灵魂皈依，特别提醒一下，这是我的肺腑之言……有些人可能会说，“他是一个傻瓜！”那就让他们说去吧，我们定要让数千人皈依；“他会变成一个疯子。”任由它，我们定要让数千人皈依；“他太年轻，过于狂热。”是的，荣耀归于上帝，我就是这样的，我们定要让数千人皈依……难道您不想亲眼目睹，昨天我们给第一批三位皈依者施洗，见证圣经基督教教会第一个海外教会的成立？噢，真是一种荣耀，能亲耳听见这些亲爱的皈依者当着众人的面声明他们是基督的！第一位是个老人家，他是万斯通先生的老师……格莱斯顿①说，“记住米切尔斯敦！②”而我说，“记住昆明，1888 年 9 月 16 日。”

年底的时候，柏格理留在省城，万斯通前往昭通出席区域年度会议。那一年他24岁，但看上去也不过就20岁左右的样子，即便只有一个人，他也坚持独自做礼拜。柏格理所规划的工作范围相当广阔，因此，他不断地请求增派新的传教人员——“这一地区有四个比较大的城市，每座城市里都有数千居民，都十分重要。从昆明到东川③有七天的路程；从东川出发，会理州④在西北方向有三天的路程，昭通在东北方向有五天的路程；而我们则应该立即占领所有这些地方。”于是柏格理请求增派包括两位医生在内的15至20名传教士。“我们每天都在不知道基督的成千上万人当中穿梭……一位老妇人对我

---

① 威廉·尤尔特·格莱斯顿（1809 ~ 1898），英国政治家，曾于 1868 ~ 1894 年间四度出任首相，为英国最伟大的首相之一。——译者

② 米切尔斯敦，位于爱尔兰的科克郡。1887 年 9 月 9 日，米切尔斯敦发生了抗交地租的群众集会，在集会上，警察和群众发生冲突，当场打死二人，并致多人受伤，另有一名伤者不治身亡。该事件引起国际社会的注意，格莱斯顿提出“记住米切尔斯敦”，以号召爱尔兰人民下定决心重整旗鼓。——译者

③ 今云南省曲靖市会泽县城所在地。——译者

④ 今四川省凉山彝族自治州会理县。——译者

说：‘老师，如果您不来这里，我们将永远也不会知道这些事情。’还有一位，几乎就要失明了，说：‘老师，您能不能给家里写封信，请求您那边的人快点派一名医生过来？’”

C.詹森先生，一位住在昆明的丹麦人，是当时中国电报公司华西服务区的负责人，为传教士出谋划策并提供了很多帮助。他利用自己在幕后对官员们的影响力，为传教士撑起一把保护伞。传教工作初期，詹森先生曾捐赠50两白银，用于创建一所基督教学校，多年之后，柏格理依旧十分感激这位朋友的珍贵奉献。关于那段时期詹森先生在官员们当中的积极影响力，柏格理曾经记录道：“1888年11月10日。众所周知，总督以排斥外国人著称，不过我们却能够每天在大街上活动，做着那些托基[①]当局会把我们送去埃克塞特[②]监狱里关上六个礼拜的事情……通常情况下，政府官员都很友好。新任的地方官是一位相当好的朋友。”

那年圣诞节，柏格理和中华内地会的传教士一起布道，之后共进圣诞晚餐。第二天，他们几个人花少许先令租了一条小船沿运河而下。“下行大约五英里就到了令人赏心悦目的花园——大观楼[③]。大观楼是昆明市民最青睐的观光胜地。各种各样的花儿对着天空绽放姿彩。在这里一月中旬都能见到鲜艳的红玫瑰。大观楼入口的右边是一个大厅，大厅一侧是开放式的，直通花园。大厅里放着若干被擦得锃亮的红色和黑色方桌。假如您带队来的话，或许我们就可以有点心吃了，因为大观楼的管理人员只提供茶水……令人心旷神怡的大厅对面是一座塔，雕梁画栋，美不胜收，登高望远从塔的第三层看去，美丽的城市、平原、湖泊尽收眼底。四面八方星罗棋布着村庄和小镇。我们看见城墙外五英里的范围之内有400座这样的村镇，而平原上的则超过1000座，以传教团驻地为中心，所有的整个面积都不超出30英里。要到什么时候这些村庄才能全部成为崇拜基督的地方？或许上帝会加快唤醒民众的步

---

① 英国德文郡的一座海滨小镇。——译者

② 德文郡郡治。——译者

③ 位于今昆明市西山区，在滇池旁，因长联著称。——译者

伐，希望不要等待得太久！”

大约在1889年2月中旬，柏格理得到消息，他的好朋友弗兰克·邰慕廉正在赶往省会的途中，邰慕廉来昆明是想邀请一位中华内地会的女传教士去昭通护理生病的索恩夫人。两位希贝尔老校友已经分开六个多月了，彼此都有很多话要告诉对方。柏格理在日记中写道：“出门，去茶馆里等弗兰克。路上我的骡子摔倒了，把我跌下来，还压在了我的腿上……我想我必须得教训一下这个畜生，似乎这样它就不会再次犯错了，于是我就踢了它。事后我感到非常后悔，上帝救了我的命，我不但没有感激反倒发了脾气。愿主能够彻底净化我，让我归主，并原谅我的罪孽！”

“2 月 25 日。弗兰克和我关于入乡随俗（即采用当地人的生活方式）进行了一番探讨。我相信我们是对的，上帝就活在我们的心中，主会帮助我们，给我们力量，引导我们沿着正确的道路前行，不管那是多么艰难的道路！弗兰克坚定地说他愿意这样做，他愿意和包括苦力在内的当地人打成一片。”他们就这一话题，即牺牲现有的舒适条件，走进穷苦人中间，和万斯通先生展开讨论，柏格理所记录的讨论结果如下：“万斯通先生本人将不会这样做；不过，如果我愿意尝试这种生活模式的话，他会全力以赴地帮助我。我希望我能知道自己到底该怎样去做：愿主为我指明一个清晰的方向！”

一个月又一个月过去了，工作量之巨大与繁重让他们感到十分焦虑。但柏格理的激情不减，他不断地写信发出紧急呼吁，请求加派人手。虽然委员会也很明白，要鼓舞在云南坚守岗位的传教士，保持他们的士气和信心，就必须得增派传教士，但是，在很长的一段时间之内，委员会都没有办法派人过来。柏格理无从得知内情，只感觉他们不被重视，对于委员会的默然，有时候柏格理会在信中表达出洪水一般的奚落。从他的日记片段里，我们可以想象柏格理的失望和沮丧：

“茶后邮件送到，跟从前一样都是一堆打击我的东西。在一份《循道公会时报》上刊登了一篇通报和一则倡议，通报了我们的工作情况并倡议大家为我们祷告，祷告能有一名医生和更多的传教士来中国。难道我们的委员会不同意再派人过来吗？为什么我总是被这类信件打击？为什么盼不到人来，等到的却总是一些令我心灰意冷的消息？主啊帮帮我吧，请您帮助我们继续坚持，我们要拯救这里的人。”

“得到正式通知我已经过了汉语四级考试。太好了！”

“4 月 10 日。下午去商店买东西，路上我救了一位鸦片中毒的老婆婆。她 70 岁了，非常虚弱，她的儿子扶着她，她儿子今年 38 岁但看上去却有 50 岁，从他们脸上看不到任何希望。在这个地方随处都可以遇见不幸，我心里很难过。愿上帝拯救贫穷的人们，愿上帝帮助我们去更加热爱穷人！”

“4 月 21 日。主持上午 10 点的礼拜，宣讲‘摩西在旷野怎样举蛇[①]’。弗兰克的老仆人参加了中午的礼拜，并答应礼拜五带我们去一个村庄布道。一位男子领着一个盲人进来。前者 56 岁，非常悲观，说自己做什么都不顺，也没有儿子，打算自杀。弗兰克的老仆人对他说：‘我比你大，我 70 多了，我经历的伤心事比你多。我有过八个儿子和六个女儿，但现在只有一个儿子还活着。我过去很有钱，但现在什么都没有了。除了对天堂的期盼我现在什么都不想了。’然后他又对我说：‘耶稣在这个世界上遭受了那么多的痛苦，我们的不幸又算得了什么呢。’我们正在谈话的时候来了一名妇女，她的儿子离家出走了，问我们有没有什么办法（魔力）能把他给找回来？由此可见，这些本地人是怎样幻想我们的。”

“礼拜天，4 月 28 日。小梅贝尔 · 万斯通感染了十分严重的伤寒。”第二天她就去世了。30 号，万斯通和柏格理商量，要把她安葬在另外一个英国小孩的坟墓旁边。柏格理划出墓穴边线，挖出第一铲土。他在小教堂主持礼拜，告诉中国人，孩子的父母坚信自己能够再次遇见他们心爱的孩子。礼拜仪式结束后，一位失明的妇女告诉他，自己就是因为小儿子去世后一直哭泣，后来眼睛就看不见了。梅贝尔的英国式葬礼给当地人留下了深刻印象，因为小孩子死亡后中国人的通常做法是将尸体抛弃，任由狗和狼啃食。他们为梅贝尔的小坟买了两块墓碑，一块上面刻着中文，另一块上面刻着英文，由小女孩的父亲在柏格理的帮助下完成。

---

① 见《新约圣经 · 约翰福音 3:14》。——译者

柏格理认为在昆明周边平原上的村庄里传教也是自己的工作任务之一，于是便绘制好地图，划好路线，这样他就可以走遍每一个角落。每一次长途传教都要持续好几天，较之于从前只在城市里的传教模式，这是一个可喜的变化。巡回传教可以帮助昆明郊区的本地人熟悉外国人，帮助他们克服偏见并产生信任。这种传教方式的不利因素就是，把自己的精力过度地分散在一个过于广阔的地区之内，向各种各样的人传教，不过，柏格理依然激情满怀地全身心投入工作。

柏格理的日记中写下了他在巡回传教途中的各种经历。“住在客栈里，我发现不吸鸦片的人只占十分之一。”“一个市场上聚集着七八千人，那里有一座财神庙。”“我发现一个小院子，其实就是一个鸦片市场。估计在这里卖的鸦片足够毒死上万人。你怎么想？我看见院子里的土墩上长着一棵小树，就站上去当作自己的讲道坛。财神爷在右边，鸦片贩子在左边，都是我的演讲内容，我谴责了他们，并告诉听众伟大的救世主耶稣的故事。在村子外面的平地上、河床里聚集了大量赶场的老百姓，铁匠、猪、马、妇女、卖茶水的、成排的圆萝卜、桑葚，等等。我在岸上拴好骡子，河水干掉了，所以手推车都可以上上下下的，我就在这里布道，福音书共卖得29文钱。然后赶去羊街[①]，先找个地方洗漱、换衣服、喝点茶水。收拾妥当走到街上，大量群众围拢来，度过一段很美妙的时光！很快就卖出了价值110文钱的书籍。遇见一位正赶回四川的男子，他向我询问基督的故事。我们进行了一番长谈，他的态度非常诚恳，于是我就送给他两本书，并告诉他之后的路途中可以在哪些地方寻访福音。愿上帝拯救这个从幽暗中走出来渴慕耶稣的男子！这次巡回传教为期八天，返回昆明之后，我发现朋友们已经将我的几间房子粉刷一新，又整洁又漂亮。”

---

① 今昆明市寻甸回族彝族自治县羊街镇。——译者

第九章　小个子男人和他的锣

在工作方面，柏格理非常善于创新，他运用了很多新思路和新方法来传教。邰慕廉先生说这个时期的他“用个人魅力把自己塑造成了一位令人印象极其深刻的传教士”。虽然大多数中国人都习惯于墨守成规，但他们却不由自主地被一位真正的传教士所吸引，并且这位传教士还敢于否定中国的传统习俗。柏格理一定要做到有人听他讲道，所以会随身携带一面中国铜锣。实在拗不过同工的情况下就用六角手风琴来代替铜锣，他能够用手风琴很熟练地拉一支曲子；可他还是偏爱铜锣，因为铜锣的声音响亮，铿锵有力，任何人都无法忽略。他想召集人的时候就把铜锣敲响，然后面带微笑，快乐地看着应声涌来的人群，之后便马上开始传教。

六月份传来消息，邰慕廉在昭通被人打了，柏格理心急如焚。当时，邰慕廉正走在大街上，迎面碰见地方官员带着一队手持长棍的年轻人，后面抬着玉皇大帝和观音菩萨的黄铜塑像，还跟着八九个敲着铜锣、打着铙钹的和尚。这些人正在求雨。霉运当头的邰慕廉刚好戴着一顶大草帽，根据迷信的说法，这样会冒犯雨神，求不到雨。所以当求雨的队伍从他身边经过时，手持长棍的年轻人重击了这顶亵渎神灵的帽子，对他的不敬行为以示惩戒。柏格理很害怕邰慕廉会受重伤，不过还好，他的伤情不严重，当柏格理知道了他没什么大碍之后，才终于放下心来。

打人事件并没有给柏格理带来负面影响。不过，当需要有人护送一名中华内地会的女士前往昭通的时候，柏格理自告奋勇。这主要是因为11个月以来他几乎都在夜以继日地学习汉语，同时又在全力以赴地传教，所以最好变换一下环境。当再次融入大自然，踏上群山中蜿蜒的道路时，无限的激动和喜悦牵动着他的每一根神经！7月24日抵达昭通，之后在昭通的两个礼拜每天都被安排得满满当当，再之后，索恩和柏格理先生计划访问密林坝和路田亭[①]，那里有很大的制糖中心。他们于1889年8月6日启程，途中有一段路特别惊险，柏格理在写给他“亲爱的家人”的信（8月11日）中描述了这次经历。下面我们来仔细听听这个故事，河边停着一条船，用来摆

① 音译地名，疑在云南省昭通市巧家县一带。——译者

渡行人和马匹：

向河水望去，一想到我们将乘船渡过这样湍急的河流，我的心跳便禁不住加快了。看不见船工在哪里，只有一个小男孩，几乎全身赤裸着，告诉我们那帮人都在屋子里吸鸦片。我牵着马，S.索恩先生去找船工。过了很久，萨姆[①]和两个鸦片鬼回来了。他们尖酸刻薄，根本就不打算渡我们过河，说像这样危险的一条河，他们可不敢行船……沿河上行，一英里[②]之外有一个小寨子，叫做“野水牛”寨[③]，总共只有三户人家。……其中一户就是客栈，我们牵着马爬上悬崖来到这里，道路极其难行，非常危险。

在“野水牛”寨，还有另外一种过河方式，就是用溜索滑过去。一条连接两岸的竹制大缆绳高出水面约20至40英尺[④]，缆绳上吊着一把木椅子。您可以坐在椅子上，向下滑出前半程，然后再用力上攀滑完后半程。这可真是一次奇异的旅行伴着过度的刺激啊！在滑索的上游100码[⑤]处，激流奔腾直下，形成了一英里多的汹涌湍急的漩涡，河水发疯似的追逐打闹，河中有许多礁石，当河水碰上礁石，便好似看见仇人一样，愤怒地猛扑过去，企图一下子就把礁石撞得粉碎。我们去过河的那个时候刚好没有人排队，所以也没有时间给我们做思想准备，只能硬着头皮上了。和我们一道的男子第一个上，坐在小椅子里，滑到缆绳中间，休息片刻，对岸的人拉动松弛的绳索，把他安全地拽上岸。停顿一分钟，下一个谁上?

萨姆和我面面相觑，问对方，我们要过去不?就这样凭借一根绳索越过河中的激流滑到对岸去，对于我们两个而言，都没有丝毫的诱惑力。椅子往这边滑过来了，我们必须拿主意。如果我们要把福音带给这里的民众，就不

① 指塞缪尔 · 托马斯 · 索恩，索恩和柏格理的名字相同，昵称均为萨姆。——译者

② 1 英里 =1.609 公里。——译者

③ 意译地名。——译者

④ 1 英尺 =30.48 厘米。——译者

⑤ 1 码 =0.914 米。——译者

能被一只木船或一条摇摇晃晃危险的绳索打垮。椅子到了，管溜索的男子说，“请上去吧！”我把双腿放进座位，心一下子吊在嗓子眼上。他们又拿来一条粗绳子，把我固定在椅子上，以免我在滑到中途的时候头晕目眩控制不住。我用双手死死地抓住吊着椅子的大木环，双眼紧闭荡了出去。下降，下降，再下降！然后停住，我就在一英里长的礁石、漩涡和激流上摇摇晃晃。我害怕得根本就不敢低头往下看，直到绳子一紧，我知道他们开始把我往对岸拉了。几秒钟过后我安全地站在了对岸的岩石上，想想刚才自己怕成那副样子，也是有点好笑。

粗绳子和座椅返回，魁梧的萨姆·索恩坐了进去。一切准备就绪！是的，出发！他向下滑落，接着就是往上拉。拉！拉！啊，出了什么状况？绳子劈啪作响，而萨姆就在河中央摇摇晃晃！我被吓得比他还惨。对岸的人开始把索恩往回拉。万一绳子断了会出现什么后果？我对您讲，当时我直接被吓晕了，天旋地转的。而萨姆却说他没事。对岸的人将他安全地拉了回去。现在怎么办？萨姆要放弃吗？他不再试试了吗？我感觉假如是我的话我会再来一次。然后管理溜索的一名男子坐了上去，双手交替着把自己拉了过来。绳子被再次系好，座椅又返回去。萨姆还敢再冒险一试吗？是的，他又坐上了椅子，而这一次被安全地拉了过来。我一边鼓掌一边喝彩，萨姆完美地诠释了英国人的勇气！①

又走了几英里，他们来到密林坝的集市，但特别失望，因为赶场的人太少了。大多数人都待在家里准备一年一度的祖先祭祀。他们在小旅店里目睹了仪式的全过程。“桌子上摆放着烹调好的蔬菜和猪肉，所有的人，从年纪最大的长子依次往下至最年幼者，轮流向祖先鞠躬。然后把米饭盛好，供奉到祖先的灵前，大约过去一顿饭时间，估摸着亡灵都已享用完毕，活着的人才开始坐下来，再将米饭倒回自己的饭盆，很快就吃光了献给逝者的全部饭

---

① 托马斯·纳德：《塞缪尔·托马斯·索恩》，第92页。

菜。饭后在门外边烧了许多纸钱。家庭主妇在院子里凄凄惨惨地哭泣。夜色中我走到外面，看见主人也正好出来，烧了更多的纸钱，听见老妇人因为想念离世的亲人几乎把心都要哭碎了，便叫她回去，于是她立刻转身进屋，十分开心地和其他的家庭成员一起有说有笑。”

礼拜三，8月12日，抵达路田亭，他们一起吃粉条，然后分道扬镳。S.索恩匆忙返回昭通，柏格理则赶往昆明。柏格理在途中停留的每一站布道，以驱除内心孤寂的煎熬。他在集市上遇见一队从省会过来的士兵，共有60人，被派去剿灭一伙胡作非为的盗贼。有两个士兵认得柏格理并和他攀谈，还请柏格理帮忙捎信给自己在昆明的朋友。“感谢上帝，”柏格理欢呼，“从这些小事情中已经可以看出他们对我的信任。”他一心只想着赶紧回去工作，用三天的时间走完了六天的路程。“在途中歇息的最后一晚，房东找我聊了很长时间，他说我不像外国人。‘你看，’他说，‘你的鼻子不高，眼睛不绿，头发也和我们的差不多。’他竭尽全力地劝我把头发再染黑一点，然后娶一位中国妻子，就在这里定居下来，‘到那时候，’他说，‘你会非常幸福，’又加上一句，‘你会有很多钱，可以买一个很好的媳妇。’我尽量谦虚认真地听他讲话，这位房东简直就把我当作一个天朝人了，老实说，他的奉承话也让我听得美滋滋的。”

再次返回昆明，柏格理激情满怀，马上全身心地投入到汉语学习和传教工作当中，不敢有丝毫的懈怠。他写道：“我刚刚读完了《孟子·卷一》，他是一位锐意进取的先贤。”在1889年10月6日的信中，柏格理说：“工作变得越来越迷人了，我们欢欣鼓舞地度过每一天。虽然人数很少，但为了耶稣的缘故我们努力开拓……听到一声大叫！又是鸦片！我立即出发……受害者是一名23岁的年轻妇女。感谢上帝我们终于把她救了下来！……您一定搞不懂为什么在信中我的言辞总是如此激烈。可是，假如您能来这里待上几天，去感受一下我们的所见所闻！每一条街道上都有人在赌博；每一栋房子里都有人在吸鸦片；花天酒地的场所随处可见；邪恶在四处游荡；整天都有地狱的狂欢节……上帝知道这些愤怒的句子源自燃烧的内心……我们渴盼中国得救，而愿望之强烈，是用任何语言都无法形容的。”

由于超负荷的工作和疟疾缠身，万斯通先生在十二月份病倒了，去距离城市不太远的一个村庄里休养了几天。该月中旬索恩先生来昆明待了两个星期。12月24日礼拜二举行了区域年度会议。柏格理对圣诞节的记录如下：“上午S.T.索恩布道。然后聚餐。汉语礼拜。晚上是轻松随意的自由发言。我提起了希贝尔的班会。索恩介绍了萨米·布拉德伯恩。万斯通谈到了‘感召’。索恩夫人回忆起她在中国度过的几个圣诞节。汤姆林森先生朗读了一段文章，题为‘生活中的麻痹’。”索恩一家于12月30日离开昆明。柏格理的下一段日记就是：“忙碌的一年最后的一天，很多很多的祝福。上帝永远是正确的，但愿我也是！刚才纯净了我的热血。我结束了今年，许多的感恩，许多的慈爱。哈利路亚！”

元旦，1890年，柏格理醒来后发现整个城市银装素裹，下了几英寸[①]厚的雪。“树木和房屋看起来就像家乡冬天时的情景。”柏格理正在学习，有人来找他去给一个孩子看病，在来人的带领下他穿过白茫茫的街道，到达一个五岁小女孩的家中，小女孩正发着高烧。“孩子的父亲和我一起返回‘耶稣堂’，我给了他一些止疼药。愿上帝保佑这个小生命！”一些好奇的邻居晚上顺便走访了柏格理，他们围坐在温暖的炭火旁边听他布道。他们当中有一个人说自己想成为基督徒，但又害怕会因此而失去所有的朋友。

一如使徒保罗在罗马自己所租的房子里接待各种行业和各种境遇的人们[②]，传教士在昆明的家也是一个特殊的聚会场所，接待形形色色的客人，比如有思想的慕道友，承受着太多苦难和烦恼的男人和女人，甚至还包括梁上君子[③]。有一次，柏格理巡回传教归来，发现陈先生及其两名学生正等着他。“他们是从成都来的医生，归属于某种汉人的信仰组织，其信仰禁止喝酒、抽烟、吸鸦片。他们当中的一个人谈了很多关于三大宗教即儒教、道教和佛教的话题，并请求我对他们的信仰和普通民众所信奉的无稽之谈进行

① 1 英寸 =2.54 厘米。——译者

② 见《新约圣经 · 使徒行传 28:30》。——译者

③ 指小偷。——译者

区分。他知道天主教，但不知道我们……他们走的时候说还会再来。一个礼拜之后他们又来拜访。其中一人说他看不见信耶稣的任何好处。另外一个人则声称，假如我愿意听从他的领导，那么，不仅仅整个城市、整个省，而是连整个国家都会加入进来：'不要再跟我提耶稣这两个字'。请主帮助我，让这里的人除了基督之外，不再崇拜任何神明！”

这段时期柏格理在乡村巡回传教的时候，有一位姓杨的先生陪着他，杨先生是昆明最早的三位皈依者之一，现在作为一名布道员，跟随柏格理协助传教；此外还有一名负责搬运行李的苦力。他的行李包括：300 本《圣经》和其它书籍、900 册宣传基督教的小册子、一坨盐巴、一点茶叶、猪油、本地的调味酱、一面铜锣、一双中式高筒靴、1000 文钱、价值 12 先令的银币（硬币）、一双换洗的长袜、一床棉被、一条毯子、还有一些饼子。柏格理骑着他那头以胆大著称的骡子。走了 25 里地之后他们来到一个叫做“龙头[①]”的集市。杨先生留在一个鸦片货摊旁边照看书籍，而柏格理则走到一处稍远一点的地方带着铜锣上了战场。“我们站在高处望着熙熙攘攘的人群。没有人注意我们。然后一阵铜锣响起，马上发生变化！买主不买了，卖主也不卖了，一片脸的海洋转向我们。虽然大多数人随即明白了状况并继续做他们的生意，但还是有一些人围拢过来听我讲故事。”后来开始下雨，柏格理被迫躲进一间茶馆。“旁边是一张赌桌，我一直看着，愤怒得热血都要燃烧起来。两个男人，显然勾结好了，正打着如意算盘，想诈骗几个男孩的铜钱。我一直厌恶地盯着他们，最终实在压制不住怒火，走过去毫不留情地骂了他们一顿。各阶层的人都沉溺于赌博，从小孩子到老人。”

下一站来到“龙潭”[②]，另外的一个集市上，大约有七八百人。柏格理再次敲响铜锣，发出被他称之为音乐的震天动地的噪音，人们果然应声而来，他就把书卖给感兴趣的读者。“有时候站着，有时候就像汉人那样蹲着，我们不停地和别人交谈。其中有一会儿，传教士和很多听众全部蹲在地

①② 意译地名。——译者

上。太阳温暖地照耀着，我是如此快乐。我认为自己是全世界最幸福的人。还有没有更多的传教士愿意过来分享我的快乐？帮助耶稣去赢得一个国家！家乡的同胞简直无法想象我们在中国工作有多么的快乐。让一个从来没有听说过主的民族去知晓耶稣的爱，是一种连天使都向往的工作。我相信天堂的居民都会很乐意离开他们幸福的家，来这里分享我们的辛劳。当然了，如果他们只想站在旁边观看我们耕耘和播种，那至少他们也能够分享到丰收的喜悦。”

第二天他们经过一片杉树林，神秘的宁静沉寂在每一个人的灵魂深处。“我们匆匆赶路，”柏格理说，“天已经黑了，要赶到客栈还得再走一个小时。路十分难走，非常危险。我们点亮杉树毛当火把，但很快会熄灭掉。沿途碰见六个小贩，我们总共九个人，唯一的亮光就是我的灯笼。最后那段路程像房顶一样陡峭，其中有一段特别不好走，假如不小心，无论从哪一边跌落都会摔断脖子的。万幸的是没有人摔倒，我们又累又饿，不过谢天谢地，终于到客栈了。炉膛中的火很旺，一群乡下人正环坐在非常矮的凳子上喝茶。他们给我们腾出地方，我们很快恢复了过来，好暖和，也有了精神。”店主是个沉默寡言的人，可他的妻子却很豪迈。柏格理这样评价她：“她是店主花了 30 多两银子娶来的，谈起话来问一答十。她坐在一群男人当中，巧舌如簧，比任何人都能说。可怜的丈夫！”

他们在“朝阳四射”[①]度过了礼拜天，这个村庄的名字很美妙。集市上的交易热火朝天。柏格理在这里传教并散发了几本书籍，由于是礼拜天，为了主的荣耀，他拒绝收钱。这些乡下人骂人的天赋让柏格理感到震惊，“在集市上我听见一个人正破口大骂，诅咒得罪他的那个男人的母亲患疟疾、瘟疫和烂脚丫，还要她生出野蛮人和骡子。”当天晚上柏格理在日记中写道：“15 年前的今天，在奇珀斯特德的小房间里，我为了上帝的恩惠而哭泣。哈利路亚！”

---

① 意译地名。——译者

那一次巡回传教他去了五个集市，在六个村子中布道。行程共计 80 英里；卖出了两百本书；不停地宣传福音并散发了数百本小册子。“旅途中我们三个人外加一头骡子，总共花费六先令。一趟廉价的旅行！”

返回昆明之后，柏格理得知一个极坏的消息，即万斯通先生的病情非常严重，高烧每隔几个小时就会反复发作一次。接下来的五个礼拜，由柏格理全权负责传教团的工作，同时还要帮忙照顾万斯通，希望他能早日康复。“在最后九个月的时间里，”柏格理写道，“万斯通先生一直饱受疟疾的折磨。发作时会感到空乏无力、疲惫不堪、情绪低落、脾气暴躁。就好比一个强壮的男子被突然捆绑起来，只能任由病魔向他发起各种进攻。五个礼拜前万斯通先生再次开始发烧，他和病魔进行了殊死搏斗，只盼着自己能够早点好起来。万斯通先生的烧还没有退，万斯通夫人却支撑不住也病倒了……不过再黑暗的夜晚也终会迎来黎明，现在的情况好多了。”

每个季度的巡回传教，让柏格理有机会接触除汉族之外的其他民族。比如说云南的“潘泰”[①]，也称作穆斯林，大概是鞑靼人的后裔，跟随忽必烈汗的军队迁移而来。从 1854 至 1873 年，潘泰参与了反对中央政府的动乱，战争持续 19 年，广阔的乡村一片荒芜，数百万人被杀害。太平天国失败后，中央政府腾出空来，把军事力量集中指向潘泰，潘泰的起义最终也被镇压了下去，但遗留下来的仇恨情绪仍然存在。在柏格理的早期传教生涯中，大多数伊斯兰教徒都很友好，愿意和外国人交流。柏格理在一个集市上批判偶像崇拜时得到了伊斯兰教徒的支持，不过随即就有一位伊斯兰教徒开始抗议柏格理把神性归之于耶稣，他坚持认为，耶稣和那位男子[②]一样，是使者而不是上帝，耶稣作为一名先知被派往西方，去劝说我们的祖先信奉上帝，而当犹太人企图杀害祂的时候，上帝就派了一位天使把祂救了出来。这番言论引起了柏格理的好奇，第二天上午他去参加一场穆斯林的葬礼。在仪式上，大约有 50 名成年男子和

---

① 对云南穆斯林马帮商人的称谓。——译者

② 指穆罕默德。此处用基督徒的口吻来表达。——译者

20 名男孩用阿拉伯语低声唱颂。“他们一直唱，”柏格理说，“大约唱了半个小时。我十分仔细地观察，想在仪式中找到足以让我震撼的虔诚或敬畏，但始终都没有找到那种感觉。他们唱得比佛教徒还差，虽然和尚们在拜佛的时候唱得不多并且还很单一。前来颂唱的成年人每个人都拿到了三四百文钱，孩子们大约拿到 60 文钱。在我离开之前，卖给他们两本阿拉伯文圣经。”

柏格理一个月后的日记中有记载：“礼拜五，1890年6月6日，我去了龙洞水[①]集市……赶场的有穆斯林、土著人、汉人等。传教过程中我反对偶像崇拜，潘泰就兴奋地嘲笑汉人；我反对穆斯林的沉沦放纵，汉人则表示高兴；然后我反对缠足，土著人就非常开心。我依次指出每个民族的不足之处。”然而有些时候，也会发生全部的矛头都指向柏格理的情况。“在绍红亭[②]坝子，最开始一切进行得都很顺利，可是后来来了一个城里的年轻人，像一颗老鼠屎搅乱了大家的交流。他刚参与进来的时候还比较友好，但很快他就让我经历了一场狂风暴雨。他质问我从自己的小小国家来到他们堂堂的天朝大国宣讲耶稣究竟出于什么目的？他毫不留情地奚落我，并且煽动所有的围观者一起来嘲笑我，还不让他们买我的书。我不得不承认他的确为邪恶赢得了一场胜利。不过还好，有一两个人支持我，我并没有被彻底孤立。”

大约就在这一时期，郜慕廉的处境异常艰难，征得万斯通的同意之后柏格理出发去了昭通。途经东川[③]，柏格理出去卖书。“在回来的路上，”他说，“我去理发。就在理发师折腾我的时候，我的老毛病又犯了，过了一会我清醒过来，发现自己正躺在泥土地板上，我拼命地想刚才到底发生了什么事情。我浑身被汗湿透了。这样的情景让我非常害怕，我在中国的内陆深处昏倒了，厚着脸皮用汉语求助：‘我身上很痛。’”这是柏格理的身体在向他发出不可以长期过度劳累的警示；然而，自那以后，类似的突发疾病却伴随了他一生。

赶到昭通，柏格理得知索恩先生和夫人由于身体上的原因，不得已要

①② 音译地名。——译者

③ 今云南省曲靖市会泽县城所在地。——译者

前往沿海地区进行康复治疗。于是柏格理和邰慕廉又可以单独在一起了。除了日常工作之外，两个人轮流下厨做饭，不过柏格理在厨房里只取得了一次略带争议的成功。从他的日记中可以看到："1890年6月7日。做了一块蛋糕、一些小圆面包，还有卷布丁。但果酱从后面流出来了，就只好当作扁平的杜夫布丁来吃了。"相比之下，柏格理还是比较擅长在大街上传教。昭通城的东门外有一座寺庙，正在举行为期一周的庆祝活动，数千名善男信女赶来朝拜，买吉祥物，兴高采烈地参与各种活动。柏格理和邰慕廉每天都到那里去传教，在同伴宣讲福音的时候，另外一个人就站在旁边默默地为他祷告。

百忙之中，柏格理从来没有忽视学习。鲜有的休假时间里，朋友们常常惊叹于他过人的才智、渊博的学识，尤其是他那丰富的辞令。他并不是一个公认的学者，但他博览群书，思维异常敏捷开阔。长期研究中国古籍，好比做智力体操，尽管不断累积，可是真正能被吸收的知识却不多。虽然生活在中国，但柏格理仍然坚持阅读希腊文的《圣经》，坚持阅读各种好书——主要是宗教类或人物传记类的。从日记中我们获知这一阶段他阅读了：尼安德[1]的《耶稣的人生》、阿萨 · 马汉的《走出黑暗进入光明》、《佩顿的人生》、《卫斯理布道》、《麦凯的生活》、《福斯特散文集》，以及各种小说和杂志等。此外，他向书本学习的同时还向人物本身学习，他像英雄奥德修斯那样："他知道'许多人的经历和遭遇'。什么样的学习能够与之相比？"

后来，一位年轻的汉族学者，也是柏格理的挚友，对他在昆明的工作评价如下："柏格理一直在省城布道，人们不理解他，还笑话他，尽管被欺负辱骂，他都无所畏惧，他知道这是播种的阶段。见人们都不信主，他便更加努力地向前进。也有一些老师，原本已经来到了我们的身边，但却受不了世人的侮慢和轻视，于是就跺掉脚上的灰尘离开了。可柏格理老师不这样做。渐渐地，虽然汉人在柏格理的福音面前依旧坚守着自己的信仰，不过，他们已经很乐意和他交流了，因为他们在柏格理身上没有感觉

① 奥古斯都 · 尼安德（1789 ～ 1850），德国神学家。——译者

到丝毫的高傲和优越，他待他们如兄弟一般……从前中国人把外国人视为豺狼，几乎没有人敢和外国人一起吃饭。每每提及外国人，总是充满了怀疑和仇恨。我们以为‘洋人’具有和灵魂沟通的能力，所以总会觉得‘洋人’身上有恶魔的力量。然而，当柏格理走进昆明的人群，人们却几乎忘记了他是一个外国人。”

柏格理在寻找能让中国人真正认识并真心皈依基督方法，而不是简单刻意地去模仿西方的生活模式。他尊重每一个民族的特点，他认为东方拥有自己独特的智慧。他曾经不止一次地公开宣称，基督教的信仰原本是属于东方人的，只不过被西方人采用了而已。

第十章　爱情与死亡

柏格理心无旁骛，专注于他的传教工作，牺牲了许多即便是传教士也可以拥有的休息时间，甚至连保证身心健康所需要的基本活动也顾不得，这种情况持续至1890年3月，直到有一天，一种无法抗拒的力量忽然闯入了他的生活并改变了他今后的人生。我看见在之后的两年当中，有如此多的事情纷至沓来，带着欢乐和悲伤，于是便想起瓦兹①的两幅名画《爱情与生命》和《爱与死》，爱情和死亡两个主题接踵而来，走进云南来到柏格理的身边。在艺术家的作品里，生活如同一个娇弱的少女攀登崎岖的阶梯，爱情的力量是她努力奋斗的翅膀，而死亡则迈着不可抵御的步伐，缓慢地走向那扇大门，爱虽在门口拼力守护却徒劳无功。类似的双重剧情在这个时期的云南连续上演。爱情来到柏格理身边，赐予他一位终身伴侣，陪伴他探索浩瀚的自然奥秘和无限的中国文明；但死神也找到他，夺走了一位他所珍爱的朋友，并让他远离了那座他寻找到爱情的城市。

每逢孤寂和沮丧，为了交流工作经验并重新鼓舞士气，柏格理经常走去城市另一端的角落，到中华内地会传教团的驻地访问。这个大家庭由像柏格理一样热心的男女传教士组成，他们用真挚的热情温暖了柏格理的身体和心灵。一段时间过后，韩素音女士，一位热情有天赋的传教士，深深地吸引了柏格理，让孤独的柏格理梦莹魂牵，渴望爱情。然而柏格理并不确定韩素音女士对自己的感觉，所以当务之急就是要先把这一点搞清楚，因此他便写了一封短信给对方，写完信后，柏格理告诉大家自己终于可以松一口气，能够睡觉了。1890年3月5日，柏格理把信拿过去，但韩素音女士已经出门，他只好把信留下。他在日记中写道：“我估算着她回到家里的大概时间，跪下来祷告。难道是我的感觉不好！这一个上午我是怎么熬过来的呀！礼拜过后我发现桌子上有写给我的短信。太棒了！哈利路亚！晚上在她的房间内我俩进行了一番长谈。回来的时候我手里拿着她的照片，这是她送给我的，我坐下来开始写另外一封信。哦！萨姆·柏格理！不要

① 乔治·弗雷德里克·瓦兹（1817～1904），英国画家。——译者

在迦特宣告[①]！走！不回头！不过我真高兴走下去啊！”韩素音女士考虑到在明确接受柏格理之前，自己有责任征求家人的同意，不到九月份，在柏格理写出第一封信的七个月之后，从英国传来了同意的消息，于是他们两个人便订婚了。

当柏格理沉浸在爱情的甜蜜里辛劳地过日子的时候，死神正捕获着从英国新派遣来的传教士。消息传来说被派到云南的 W. 雷姆博斯和约翰 · 卡特两位牧师已经抵达安庆，先要在这里花几个月的时间学习汉语，然后再开启他们的扬子江之旅。但是，1890 年 8 月 26 日，约翰 · 卡特牧师患痢疾身亡。不幸的消息直到 10 月 20 日才传到云南，给柏格理的美好憧憬罩上一片黑暗的阴影。“今年是怎么回事，”他写道，“我们这个小小的传教团！愿上帝帮助我们增强信心。”

T.G.万斯通牧师勇敢地和疟疾进行长期斗争，同时他还在全力以赴地工作，但最终他的身体还是吃不消，不得不离开昆明。同事们商量过后，安排他前往东川[②]，东川位于昭通和昆明之间，在这个城镇里新设一个传教点，希望那里的气候能够对万斯通的康复有所帮助。弗兰克 · 邰慕廉来到昆明协助工作。万斯通的病情对柏格理来说也是一个警告，另外，邰慕廉一到昆明，就劝柏格理去调整和休息一下。正当此时，苏格兰圣经会的默里先生来到昆明，他此行的目的是访问周围平原上的集市和城镇。两年半以前柏格理曾在安庆遇见过默里先生，于是就充当了他的向导和翻译。默里先生一直在出版业界就职，现在已经退休，作为苏格兰圣经会没有报酬的义务代理人在中国考察。柏格理同意陪伴他往昆明的西、南、东三个方向进行走访。

陪默里先生考察也是传教团的任务之一，相比较而言，柏格理的这次经

---

① 见《旧约圣经 · 撒母耳记下 1:20》、《旧约圣经 · 弥迦书 1:10》，迦特是非利士人的五座主要城池之一，在希伯来语中，迦特的发音接近于“宣告”，因此，许多学者认为这是一语双关，即“不要在宣告城里宣告”之意。——译者

② 今云南省曲靖市会泽县城所在地。——译者

历和之前他所经历过的并没有太大的差别，对此我们无需赘述。这是一趟很成功的旅行，每一个人都十分满意，虽然辛苦，却达到了预定目标。行程共计17天，柏格理在享受刺激和冒险的同时，他的内心里和脑海中始终被一个形象占据着。就像所有的人一样，爱情的降临给柏格理带来了新生。他向来机敏，现在则更是活泼，还变得比以往更加机智敏捷。他父亲一直培养他对大自然的热爱，如今的他对大自然的热爱更为深厚了。这段时期，藏在柏格理内心深处的迷人优雅完全绽放，爱情给了他一种感染力极强的快乐。柏格理寻觅到一位与自己志同道合的女士，他们在一起不仅是爱情的结合，更是理想的同盟，所以，爱情不但没有影响柏格理的传教事业，反而激发了他更多的热情和更大的雄心。

恰逢三年一次的大考，云南省内各个地区的学生纷纷云集昆明。该考试制度是中国政治和教育的组成部分。出题范围狭窄，几乎全部被限定在儒家经典著作或纯文学的领域范围之内。数千考生在考试的前一天晚上进入考场，每个人都会拿到一卷纸和一个号码，与号码相对应的是一个个单人小房间，考生在房间里参加考试。今年由皇帝特别任命的主考官闯了祸事，并因此受到通报，他在吸鸦片烟的时候，烧毁了三百篇答题文章。意识到自己所犯下的错误太大，他便吞金自杀，躲过了本该承受的羞辱和贬职。

各地学子聚集在昆明参加考试期间，柏格理和邰慕廉加入了中华内地会传教团，抓住时机，集中力量进行了一次超强度的传教。他们在五华山上扎了一顶帐篷，数百名年轻学生和许多市民生平第一次听到福音。传教士们依然没能逃脱争论和蔑视。其中有位听众每天都要对他们进行尖酸刻薄的嘲讽，他是贵州人，思维敏捷，语言锋利。但是有一天，他的行为举止却表现出了明显的变化。“现在，”柏格理说，“一改往日的争吵和坏脾气，贵州男子开始帮助我们。一个年轻的考生拿起一本书询问价格。当我告诉他要两文钱的时候，他轻蔑地说：‘我出一文钱买十本。’此时贵州男子盯着他，从他手中抢过书来，炸雷似的吼道：‘走开！’然后贵州男子对我讲：‘以前我不相信，现在我相信了。’听见这句话真的是太值了。”

传教团的事务紧急繁多，加上热恋中的柏格理也很迫切，两方面的因素促使他决定尽快完婚。此外，柏格理不太适应昆明的气候，所以变换一下环境也是很有必要的。詹森先生把自己的马借给他们，留下邰慕廉负责他的工作，和朋友们告别之后，柏格理和韩素音女士出发了，一个坐轿子，一个骑马。路上异常艰辛，但旅途的劳顿却无法冷却他们的快乐和热情，更不能削减坚定者的勇气。爱神煽动着强有力的翅膀一路同行，帮助他们度过了许多危险和难关。

然而，另外一位神秘的造访者，常常尾随爱情的脚步，越来越接近昭通的传教士驻地，并且找不到任何能够阻止它的力量。传教士们在不知不觉中为死神开辟了一条小路，死神沿着这条小路，缓慢但毫不迟疑地悄悄走来。他们不遗余力地全身心投入工作，归于主的荣耀，带着男人的专注和毅力，学习太阳底下最难的语言；他们不停歇地传教布道；他们向数以百计的病人分发药物；他们忽略了东方气候的狡黠与危险，还试图去过像侍奉他们的苦力那样的简单生活。他们是英勇的男子汉，肩负着一项几乎不可能实现的任务；他们是牺牲自我的年轻修道士；他们是如唐吉柯德般侠义的骑士；但是，我们必须注意到，他们都过于忘我了。索恩因身体透支而变成了疟疾的牺牲品，万斯通一再病倒。工作是如此紧张，压力是如此巨大，几乎让邰慕廉无法承受，想要放弃并返回英国。柏格理脆弱的身体承担着艰难繁杂的工作，过度并提前消耗着自己的健康和体能；尽管他的乐天精神挽救了传教团撤离中国的局面。

柏格理出发去重庆之前，索恩就患上了致命的疾病。在一次去昭通东部地区（柏格理注定要在那里成就伟大事业）传教的途中，索恩病倒了，他既雇不着轿子，也找不到抬滑竿的人，只能硬撑着骑马回去。高烧在他的身体里肆虐，烤着他的经络，烤得他干渴无比，奄奄一息的索恩用两天的时间走完了三天的路，只为了能早一点回到家中。索恩躺了五天，清醒的时候，他就安安静静地任由天命，糊涂的时候，他就用汉语布道和祷告。

索恩夫人在叙述丈夫临终前的情景时写道："茶后我去休息了片刻。这段时间里他叫着我们儿子的名字，说：'我很快就要去天堂了。'他鼓励孩子一定要成为耶稣的忠实追随者。雷姆博斯先生和邰先生就在旁边瞧着。他不停地说'赞美上帝'；还唱了我们中文赞美诗集里面的一首赞美歌。雷姆博斯先生发现他的手和脚正在逐渐变得冰凉，就喊我过去。我来到后看见他快不行了。我亲爱的丈夫眼睛里饱含着爱，他认出了我，可是完全说不出话来……死神慢慢降临。之后他经历了巨大的痛苦，已然顾不得我们了。那是大约 10 点钟。我们跪在索恩旁边，为了即将登临天国的亲人，我们四个都在全神贯注地向上帝祷告，至于我们自己，则甘愿服从神的旨意。在那个庄严的时刻，天堂渐渐临近。我们的仆人也在旁边看着。我们是那样的无助。12 点以后他的呼吸不再急促，他的生命迹象快速消失。中午 12 点 30 分，我们再次跪下。郜先生宣布他已经幸福地安息主怀。他就这样走了，我们悲痛得几乎站不起身来。1891 年 9 月 23 日中午 12 点半。[①]”

十四天之后，柏格理和韩素音女士来到东川城，方才得知自己亲爱的老校友萨姆·索恩已经离世。“我记得，”他写道，“我在希贝尔的第一个学期萨姆和我争夺数学奖是他赢了，第二年是我赢了，但终究他还是在我的前面赢得了这项光荣的奖励。”柏格理被突如其来的噩耗惊呆了，不过他很快清醒过来，决定把未婚妻留下，第二天便匆忙赶往昭通。柏格理走出东川没几英里[②]就遇上了万斯通，正带着索恩夫人来东川换一下环境，并听说雷姆博斯先生独自在昭通负责传教工作，于是就匆忙北上赶往昭通去帮忙。

索恩夫人和韩素音女士三个礼拜后来到昭通，才知道柏格理患了严重的疟疾，不过已经在慢慢康复。鉴于身体状况不佳，柏格理放弃了原本想骑马走完全部旅程的打算，而是去雇了一顶轿子。他的日记中这样记载：“礼拜二，1891年11月10日，埃米[③]和我乘轿子离开，我把小马留在昭通，因为路上太晒了。我们顺利出发，索恩夫人和雷姆博斯送出15里之外，然后我们停下来说再见，还一起吃了饭。就在我们话别的时候，有人偷走了埃米的精致的黄铜暖脚器。”山里空气清新，风景变幻如画，加上没有骑马的疲劳，使柏

---

① 托马斯·纳德：《塞缪尔·托马斯·索恩》，第 119 页。

② 1 英里 =1.609 公里。——译者

③ 对韩素音的爱称。——译者

格理很快就恢复了健康。他在轿子上阅读了《爱默生[1]散文集》，还分析了约翰·卫斯理[2]的文章《论演说》，这篇文章他是在一本美国杂志上看到的。柏格理曾一度告诫自己不要再沉溺于对大自然的迷恋，可是现在，他一次又一次地和韩素音女士从轿子上走下来，漫步在美丽的群山当中，享受着甜蜜的爱情，从心灵到头脑，自由而真诚地交流着。

第二天经过五寨[3]，看见条条溪水汇入山上的一个小洞中，在地下流经四英里，之后又从山脚下的“活水洞”里流出来。礼拜五他们路过一座观音庙，轿夫和脚夫买来香烛和纸做的金银元宝，在这里烧香朝拜。和尚把钟敲响，声音清晰洪亮，以示观音菩萨对善男信女的关照并保佑他们一路平安。祈求平安是很有必要的，因为云南的道路相当原始，非常崎岖突兀。“路太难走了，”柏格理说，“当两根长长的轿杆遇到急转弯的时候，路却只有两英尺[4]宽。前面的轿夫在那头，后面的轿夫在这头，轿子就在断崖上悬空摇摆。一失足便会丢掉性命。一路上仁慈的上帝都在保护着我们。我们在很多地方遇险，不过最终都幸免于难。”

他们按照原计划抵达宜宾，于法罗先生和夫人处稍作停留，期间发生了一件事情，形象地说明了宣道工作的危险性，在传教士的生活中，随时随地都有可能出现紧急状况。早礼拜的时候有一个汉族小男孩来过教堂，但他回去的时候却迷了路。一位摆摊卖落花生的老婆婆看见游来荡去的迷路小孩，便亲切地招呼他坐在自己身旁，打算等收摊以后再带孩子回家。可是，找不见孩子的父母却吓坏了，听说小家伙去过传教士那里，他的妈妈就开始大哭大闹，一如很多中国妇女那般，一口咬定洋鬼子吃小孩，所以偷走了她的孩子。于是便引起了一场大规模的骚乱，很多人把传教士的房子团团围住，法罗先生十分惊慌，

---

① 拉尔夫·沃尔多·爱默生（1803 ~ 1882），美国思想家、文学家、诗人。——译者

② 约翰·卫斯理（1703 ~ 1791），基督教新教卫斯理宗的创始人，循道公会即属于卫斯理宗的教会。——译者

③ 今云南省昭通市昭阳区盘河乡五寨村。——译者

④ 1 英尺 =30.48 厘米。——译者

很害怕愤怒无知的群众攻进来把房子毁掉，就送信给地方官请求保护。地方官马上派遣手下赶来维持秩序，同时搜寻失踪的孩子。孩子的母亲哭喊个不停，在她的煽动下，人们反复冲击传教团长达三个小时。再后来，老婆婆领着孩子回来了，骚动也戛然而止，正如它突然爆发那样就突然停止了。地方官对该事件展开调查。老婆婆获得 1000 文钱的奖励；孩子的父亲为其愚蠢行为挨了 40 鞭子；三位负责该区域治安的差人由于未能阻止骚乱，各挨了 200 鞭子。

11月24日，礼拜二，柏格理顺利地雇到了船，这是一条运盐的船，他们住在后舱，船舱的条件还不错，三个人的花费共计7000文钱。船体长100英尺，配有18个划桨手。一路上轻松愉快，他们向下游航行，于礼拜六抵达重庆。重庆的卡梅伦博士兴高采烈地欢迎客人，英国领事批准了他们的合法婚姻，并同意出席下周四的婚礼。之后从万县发来一封电报，说那里有一位女传教士需要卡梅伦博士的帮助。柏格理立即决定推迟婚礼，等待卡梅伦博士的返回。不过卡梅伦博士很快就收到了第二封电报，告诉他不用去万县了，所以婚礼又得以如期举行。

礼拜五，1891 年 12 月 4 日，柏格理雇了几个苦力先把他们的行李搬到船上，然后就开始穿结婚礼服。新郎是一个从来都不在意服装的人，然而在这个特别值得纪念的日子里，按照中国人的传统，他被打扮得非常华美。他在文章里细数自己的穿戴：“一件银灰色的丝绸长袍；很深的紫红色的丝绸裤子，在脚踝处被绸袜带系着；一件蓝色的无袖外套罩在长袍上，外面还套着一件宽宽松松的和裤子颜色一样的丝绸短上衣；一双缎子鞋配着白色短袜。”不过，出于男人对衣服都毫不敏感的本性，他没有描述新娘光彩照人的着装。到 12 点钟才在卡梅伦太太的家里吃上早餐，他们是下午 4 点上的船。平安到达宜宾，圣诞节那天柏格理写道：“今天水流平稳。在过险滩的时候我特别害怕，心跳得特别快。”到达宜宾之后，他们的仆人，也就是柏格理第一次在扬子江上航行的时候雇的那个人，偷了钱跑掉了。柏格理给了他两块共计重约 18 两的白银，让他拿去切成小块，以便在稍后的陆地行程中开销，但老滕拿走银子以后就再也没有回来。除却这些，最让柏格理失望的还是没有新的传教士从英国派来。柏格理写信给传教委员会秘书说：“我正怀着极大的兴奋热切地盼望着能尽快返回我们省。四川之行加深了我对云南的热爱……委员会还没有派人过来，这对我们来说是一个巨大的打击……我们估计会不会明年就得被迫放弃昆明了。投降了！看样子我们的‘拓荒运动’并没有得到圣经基督教教会的大力支持。也或许我们热爱的塞缪尔·索恩的死讯能够激励大家，帮助我们实现那么多封信都无法实现的请求。我诚恳地、迫切地请求委员会能尽快派遣一位优秀的传教士来领导我们这个传教团。”

再次返回云南境内，柏格理先生和夫人都非常高兴。柏格理这样描述从吉利铺[①]到大湾子[②]的风景：“四周都是高耸入云的雄伟山峰，很像陡峭、粗糙的撑天柱子！有一个地方，瀑布突然跌落在悬崖上，水花四溅如白色的绸缎，然后再汇集到一起，猛可里又一次跳下高高的绝壁。在我们的下面，河水拍打着礁石，每一块拦路石都无法幸免地遭到了重重的撞击！……埃米和我从下往上看，一块巨大的岩石横空出世，悬在半空中，在雪白的山路上投下它的倒影。沿途，成队的驮马的铃声叮当直响；成队的赶马人在马的旁边跋涉；成队的苦力唱着歌开着玩笑：所有的这一切构成了一幅生机勃勃的画面。河水在咆哮，苦力在唱歌，马铃儿叮叮当当，山风吹过茂密的草丛瑟瑟作响，组成一支十分繁忙的乐曲，坚固的群山都在弯腰倾听……埃米看着美丽的风景相当激动，开玩笑似的嗔怪我，说我怎能忍心把她从一个如此美妙的图画里带进一座乏味的城市。”柏格理的记载中说在大湾子，他们两个人一起坐在石头上向很多人布道。“这是我们第一次一起布道；蒙上帝恩准，我们俩将会这样做很多、很多次！”

礼拜三，1892年1月13日，雷姆博斯先生迎出昭通城30里外接他们。他们很难过地得知索恩夫人的身体状况极差，必须马上返回英国。好似有一位神秘的信使，再次向他们发出警告：当他们正听说自己的小团队中有一人生病时，恰巧走过路边一个磨刀人的尸体，刀具就散落在死者身边。

柏格理夫人留在昭通，接下来的那个礼拜一，柏格理和雷姆博斯启程去

① 位于今云南省昭通市大关县吉利镇。——译者

② 位于今大关县寿山乡。——译者

东川参加区域会议。郜慕廉从省城赶来参加会议。整个会议阴云密布，柏格理竭尽全力地鼓励大家，说一定要看到希望，一定要齐心协力。他讲述了基甸打败米甸人的故事[①]。他也谈到了挚友的离去必将削弱他们这个小团队的力量。然后，柏格理话锋一转，说起大麦饼撞翻营帐的故事[②]，并明确断定，他们所有的梦想都是耶稣的梦想，“生命的粮[③]”，依靠主，异教徒的庙宇和教义将被倾覆。

然而，勇敢的乐观主义却改变不了无情的事实：塞缪尔 · 索恩离世，万斯通疾病缠身，让他们别无选择，只能放弃传教团在昆明的工作。柏格理先生及夫人与雷姆博斯一同负责昭通的传教工作。“我一定要向我们的杂志写一篇报道，”柏格理说，“那座可爱的城市和那里成千上万的居民不能被我们抛弃。”虽然传教团被乌云笼罩着，萨姆 · 柏格理却依旧生活在阳光下，他遵守着对上帝的神圣诺言，怀着坚定不移的信心，迎接终将来临的在中国西部的胜利。

---

① 参见《旧约圣经 · 士师记》第 6 至 8 章。——译者

② 见《旧约圣经 · 士师记 7:13》：“我作了一梦，梦见一个大麦饼滚入米甸营中，到了帐幕，将帐幕撞倒，帐幕就翻转倾覆了。”——译者

③ 见《新约圣经 · 约翰福音 6:35》：“耶稣说：‘我就是生命的粮，到我这里来的，必定不饿；信我的，永远不渴。……’”——译者

第十一章　昭通城内仁慈的牧师

“昭通，”一位旅行者说，“是一座又穷又脏的小城，人也比较粗鲁，不过地理位置却十分优越。”最主要的商业区在通向西城门的街道上，沿途都是昏暗的店铺，里面摆满了色泽艳丽的丝绸和布匹。从西门进城，会发现大多数商人和有头有脸的人都住在这一带。城内的街道两旁有许多狭小简陋的民居，看上去脏兮兮的。继续往前走，然后就豁然开朗了，来到该地区最高行政长官的处所，他住在一个破旧的大院子里。再往前是城隍庙，柏格理在昭通的那段时期，城隍庙被地方军队用来练兵。好奇的行人进入城隍庙，发现这里阴森森的，是一圈房子环绕着一个院子，让人想起但丁的《地狱》[①]。不远处是市场，在镇署衙门的外面，镇署衙门是两百年前满族占领这座城市后留守武将的官邸，柏格理经常来这里传教。

昭通城内有一栋房子，代表了一种国外的文明和新的信仰——福音堂。柏格理就在这里生活，向世人传教。他很迫切地想客观、公正地认知、评价中国的古代文明，并藉此以提高自己的工作质量，于是便认真钻研中国的经典著作。他首先惊叹于儒家思想的精华竟然有如此之多，只是太过教条主义，纯粹的理性很难刺激人们的情感，其结果就是，虽然儒家道德已经进入到社会制度的方方面面，却依旧无法满足人们的精神需要。因此，在中国社会儒家学说的框架内总要滋生公然的迷信现象，从万物有灵论到各种各样的多神论。所以，儒教、佛教、道教在中国盛行，这三大宗教护佑了法术、巫蛊和鬼神崇拜的滋生与泛滥。中国人从生到死都处于对鬼怪精灵的恐惧当中。如此杂乱生长的迷信和冷静理性的经典思想是相对抗的。光明与黑暗的混合产生了一缕不可思议的微光，照耀着人们的生和死、爱与恨、为活命而奋斗、为激情而寻觅。基督传教团的到来，带着自身的纯洁和对社会的关爱，从放纵、冷漠、压抑、不公和互相猜疑的周边环境中脱颖而出。中国人真诚且深厚的博爱与仁慈，被掩盖在大量盲目崇拜和宿命论的糟粕之下。

---

① 阿利盖利·但丁（1265 ~ 1321），意大利诗人，欧洲文艺复兴的先驱，长诗《神曲》是但丁的代表作，《地狱》为《神曲》中的第一部。——译者

柏格理于 1892 年的练字本，2017 年摄。

正如我们所知道的那样，外国人的到来激起了本地人的好奇、偏见和仇恨。在中国人的眼里，英国人和法国人就是野蛮人——行为怪异、相貌丑陋、举止粗俗，尽管他们都是非常灵活聪明的机械师。每次柏格理走在大街上，几乎都会遭到嘲笑，被唤作是“洋鬼子”，男人吐口水以示厌恶，女人则捂着鼻子生怕被他身上的气味给熏到。

罗马天主教进驻昭通已达数年时间，也拥有了少量信徒，但他们从来都没有像别的传教团那样进行过室外布道。所以，当柏格理沿街布道，公开宣扬基督以寻求当地居民皈依的时候，他的行为让中国人开始思索这两个教派之间的关系。柏格理的日记中有如下记载：“礼拜六，1892年2月13日。今天在街上，我们被问到两次关于将外国灯笼送上天的事情。一开始我以为他们对我的幻灯片感兴趣，后来才发现他们询问的是被西方人称作金星和木星的两颗行星，金星在上方，又亮又大，木星在下方，略微小一些。中国人称其为两盏灯，那颗大的是被罗马天主教送上去的，而那颗小的他们则猜想应该是由我们送上去的，因此双方是会打架的。”

传教士们每天在一家租来的店面和传教团的房子里布道。现在柏格理不敲锣了，他用一把短号吹响福音的召集令。很多中国人来到“耶稣堂”，他们喜欢在这里听外国人讲话，喜欢那盏大大的油灯所散发出来的大大光亮，还喜欢欣赏用短号演奏的音乐。“1892 年 4 月 7 日，来了 147 个人，还有很多人站在门口进不来。”中国的尼哥底母[1]不时会趁夜走访外国人，以了解这种新宗教的内涵。

传教团的驻地逐渐变成了一个众所周知的慈善机构办事处。艾斯库累普[2]本人都不可能比柏格理“医生”更有名了。凭借着一般的医学常识和几种很普通的西药，柏格理帮助病人减轻了许多痛苦。而中国的江湖医生，自己入行自己培训，盲目无知，还常常突发奇想，以巨大的痛苦为代价，给患者带来最小的疗效。

只要一生病，迷信的老百姓往往就会去找巫师。巫师能通鬼神，被请去作法，然后发现原来是死者的亡魂作祟，正纠缠着病人。得先付一笔钱给巫师，再献上祭品给鬼神，紧接着就开始念咒驱魔，拼命地敲鼓，疯狂地喊叫。很多病人被江湖骗子盘剥殆尽，仍不见好转，便转而求助于传教士。来找传教士的病人络绎不绝，他们所承受的痛苦也是各种各样：有疼痛难忍的牙疼病患者、双脚正在慢慢腐烂的麻风病人、长期被烟熏又不讲卫生而几近失明的人、性病受害人等等。病人来找柏格理原本是以为他拥有手到病除的神奇魔力，可是呢，等离开的时候，很多人对柏格理又有了新的认识，即这位传教士令人耳目一新的温柔、亲切和优雅。基督徒的利他主义，与中国同胞的漠不关心和轻蔑形成了鲜明对比。于是，社会同情和个体价值的新标准就这样被引进了昭通。

日复一日，夜复一夜，柏格理被喊出去抢救服鸦片自杀的人。“在昭通城，今年五月，我们抢救了十个服鸦片自杀的人。其中有四个年轻男子，死了两个，救活两个；四个妇女：死了两个，救活两个；两个一岁多的婴儿[3]，都死了。”

---

① 尼哥底母，犹太人的官，是夜里来见耶稣，听耶稣谈重生的法利赛人，见《新约圣经 · 约翰福音》第 3 章。——译者

② 希腊罗马神话中的医神仙。——译者

③ 婴儿应是误服，不是自杀。——译者

柏格理的头脑非常灵活，可以做到因地制宜、入乡随俗。他还有一种很少见的天赋，即对中国人的理解非常到位，并且一点就通。社会上存在着一种强调东西方差距的现象，但柏格理却能消除种族之间的隔阂，并抛开政治与国家的层面，把中国人视为自己的兄弟。毫不夸张地说，柏格理直接就把自己当作了一个穷苦人，真诚地和最底层的人们打成一片。一位本土学者这样评价他："他的友好为中国人和外国人所称道；不管你认识他多长时间，他都会永远关心爱护你。男人们欢迎他的到来就好似喜爱春天里芳香的气息。"他从来不嘲笑当地人的传统习俗。例如，当他看见几位不苟言笑的男子在放风筝，便会开心地加入进去，并称赞他们模仿鸟、龙、蝴蝶等动物制作的风筝精巧别致，能在空中扶摇直上游弋自如。还有，虽然他管理着属于基督教体系的教会学校，但却从不阻止孩子们参加本民族的节庆活动，而这些活动本身就充满了对异教神灵的敬畏。

至于中国人在当代仍把儒学作为一种信仰，柏格理没有任何信心。他对儒学经典的评价是："在精神慰藉方面太过空洞！"他十分关注身边异教徒的行为，说："耶稣福音必定战胜他们的偶像崇拜。"1892年9月3日，他写道："今天晚上是给祖宗烧纸钱的日子。我们这条街上非常热闹。人们不断地抛出饭团给恶鬼吃。街上的狗乐开了花。晚上布道的时候我说起此事。上帝啊，请尽快帮他们改变这些习俗吧！"

柏格理的同情心取之不尽、用之不竭，这是一件很奇妙的事情，只要疟疾不发作，他就会一直充满希望、非常快乐，在他身上蕴藏着无穷无尽的活力。这一年的六七月份，邰慕廉特意来到昭通，想从乐观的柏格理身上得到鼓励。不过有些时候，柏格理却不喜欢自己的无忧无虑，生怕这样会毁掉他的好形象。"很担心自己总是太过兴奋；我想要变得更加庄重严肃；我真正冷静的时候太少了。"然而，恰恰这种他本人所抗拒的乐天性格，却正是柏格理最具魅力的品质之一。

昭通，从一个方向的这头走到那头，需要十天时间；从另一个方向的这头走到那头，需要六天时间。在那段时期里，柏格理曾戏称昭通是他的教区，因为，不仅仅是他走访了这里大部分的村庄和集市，就连柏格理夫人也常去巡回布道。1892年5月，柏格理夫人在昭通城外13英里[①]处的一个大寨子——洒渔河[②]传教12天。“这是第一次，”柏格理说，“我的妻子离开我；但这是在主的葡萄园[③]里做工。”柏格理在旅途中常常遇见云南的土著人，并对这些“中国的凯尔特人”[④]产生了一种同族的亲切感。柏格理有一封信，里面暗藏玄机，我们今天读信时才发现，其实很早之前柏格理就有了到云南东北部的少数民族当中去传教的念头。“虽然没有文字和书籍，”他说，“但他们都是优秀的男子，他们不会讲汉语，我们没有办法和他们沟通。万斯通先生一直认为上帝将有意派遣我到他们那里去工作。我也想过这个问题，只要耶稣说一声‘去’，我就会毫不犹豫地去到他们中间。”上帝的召唤发生在12年之后，最早的苗族寻访者来昭通拜访柏格理，从此，柏格理便成为中国西部这些山里人整个部落的领袖和长辈。

还有一件小事情，也成为了多年后的预言。永善是距离昭通有三天路程的一座小城镇，柏格理在那里的时候，一天下午他出去散步，站在河边，用渴望的眼神凝视着对面的大山，那是属于“蛮子”[⑤]的自治地带。“从来没有传教士访问过那些人，那里至今仍是一团迷。扬子江就是他们和汉人之间的边界线。他们是彪悍的山地民族，有自己的首领，几乎独立于汉人之外……他们一伙一伙地从自己的领地上出来抢劫，抢走汉人的牲畜和粮食，还把人偷去作奴隶……我却愿意过去和他们住上个把月。”

时光往前推移，爆发了饥荒，乌云笼罩着昭通坝子，1892年7月6日，柏格理写道：“在南门的城墙上我看见了大面积洪灾。四面八方都是坍塌的房子，雨一直不停地下，土墙都被雨水冲垮了。”我们知道坝子里的人必须得

---

① 1英里=1.609公里。——译者

② 位于云南省昭通市昭阳区洒渔乡。——译者

③ 见《新约圣经·马太福音》第20章“在葡萄园做工的比喻”。——译者

④ 西欧古老的土著居民，尤指现在的康沃尔人、威尔士人、爱尔兰人等。——译者

⑤ 指彝族，柏格理凝望的是今四川省凉山彝族自治州境内。——译者

种足够多的粮食才能满足所有百姓的需要。因此，靠天吃饭的人最盼望风调雨顺，最惧怕像这样的大洪灾或是大旱灾。不出所料，洪灾发生三周之后，另外一场人间惨剧开始上演："7月26日。今天早上，一个男子过来要我们买他的小女儿……洪水冲毁了他的庄稼。他有两个孩子和一位老母亲。他一天只能挣几文钱，根本就没有办法养活他们。所以他只能卖女儿，要价两百文钱。遇到这样的情况我们该怎么办？我给了他两百文钱，告诉他要好好养育女儿。"但柏格理也意识到，那个男子终究也拗不过残酷的现实，最后还得卖女儿，而自己的做法，只是推迟了女孩被卖作奴隶的时间而已。

洪水过后就是可怕的饥荒，柏格理拿出全部精力来救济穷人，以帮助他们在为期数月的寒冬里维持活命。1892年12月29日，他写道："上周六传来消息说乡下正在闹饥荒。星期天礼拜结束之后，我前去查看灾情。白雪茫茫，异常寒冷……唉！食物贵得出奇！我走访的第一户人家，小屋的房顶已经被雨水冲毁，总共只剩下几把稻草。这是一个大约五平方英尺①的小小窝棚，里面住着四口人。一位老年男子生了重病不能干活。一个小姑娘依偎在火塘旁边。我没有看见任何床铺被褥之类的东西。"

"下一个家庭也是万般无奈，悲剧的见证。男主人对越来越严重的饥荒十分恐惧，于是悬梁自尽，幸好被他的邻居及时发现，割断绳索把他救了下来。可怜的妻子刚刚用家里'侍奉神灵的供桌'换回一些豆子。所以说那些神灵们也不得不享受一下人们正在经历的饥饿。"

"我们来到另外一个村庄，这里有户很悲惨的人家，全家人都挤在一个小黑屋里，屋内感觉不到丝毫家的舒适。家里有两位年过五旬的老人和两个男孩子，一个十二岁，一个五岁。他们已经断粮好几天了，后来有人送了一些玉米。他们把玉米煮熟分食，但男主人的生理反应过度，在次日早晨死去。我们发现孩子的母亲也是生命垂危。小儿子紧紧地靠在妈妈身边，想要更暖和一些，两个人都躺在地上，身上盖着两件衣服。她已经吃

① 1 英尺 =30.48 厘米。——译者

不下任何东西，只想要点药。我给他们留下一些钱和食物。第二天我带来了药和更多的食物。但可怜的女人已经在昨天半夜时分死去了。”可怕的灾难越来越严重。“城里的死亡数字不断攀升，每天从四十、五十、再增至六十人。雷姆博斯和我去过官府新开辟的坟地，情景极其恐怖，是我们之前从未遇见过的，数百座新坟紧紧相连，好似经历了一场大规模战争，死者被匆匆掩埋。这种场景我以前从来没有见到过，甚至从来都没有想象过。有人告诉我已经有好几千人被埋在这里。我估计这一个多月就有两千多名死者被埋。”

地方官员的赈灾力度看来是微不足道的。灾难太过严重，传教士虽然全力以赴，但他们所能够碰触到的也只不过是无际无涯痛苦海洋的边缘。然而，基督教的慈善事业，却身体力行地向人们践行了“耶稣宗教”的价值观念。男女传教士的内心都燃烧着基督的仁慈与博爱，或许，在经历了和他们的亲密接触之后，中国人的社会道德标准将因此而受到影响。事实上在饥荒的后期，城里的官员和名流们在救灾方面明显积极了很多。渐渐地，在非基督教文明的社会里，耶稣的精神成为了一种判断是非的新的道德标准。

天灾发生的同时传教团也正经历着自己的劫难。万斯通的时间越来越紧迫了，如果他还想多活几年的话，就必须尽快返回英国。虽然他拼了全力和病魔斗争，但身体仍在不断恶化，总是反反复复地发烧，回国治病成了他唯一的选择。昭通是万斯通回国的必经之路，所以大家决定提前两个月召开年度会议，会议在十一月份举行。在昭通开了两三天的会，然后各自离开。柏格理写道：“万斯通于礼拜二离开。我们的队伍变得如此单薄！卡特死了；萨姆·索恩也死了；索恩夫人在英国治病；而如今，万斯通也在回家的路上。雷姆博斯独自一个人待在东川。哦，我们可怜的云南实在是太悲惨了！”

1892年12月29日，柏格理在信中写道：“您可能很惊讶，因为只有我一个人。邰慕廉外出未归，而上个礼拜一，我的妻子也离开了我，我不知道她什么时候才能回来。我们是在礼拜四接到一个令人欢欣鼓舞的消息，说有四位女士正在赶来云南的路上，她们当中有两位，即贝莉女士和坎农女士，是我们传教团的，另外两位是中华内地会的。她们沿扬子江而上，由剑桥七杰之一的章必成先生[1]陪同。威利特先生从重庆写信给我，请我们派一个人护送她们到昆明。我们一致同意让埃米前往，立即出发，去带领女士们过来……走这一路可是一个不轻松的任务。我为自己有这样一位勇敢的妻子而感到骄傲。”

两周之后，邰慕廉先生返回昭通，于是柏格理就可以出发去迎接他的妻子和四位新来的女传教士了。“赶往老鸦滩[1]的途中一直在下雪。礼拜天我感冒了，在豆沙关，扁桃腺发炎，没有任何食欲。我出去传教，却发现自己什么也做不了。”“三天后，”他写道，“我看见一个背着行李的男子，行李上写着‘英国’两个字。一见到那字我的心就立刻怦怦地跳了起来。几分钟后埃米出现在我的面前。我们已经分开四十天了，过去的这一年里我们总共分开了八十天。”

---

① 原文为 Mr.Beauchamp。剑桥七杰指七位杰出的内地会传教士，他们均远赴中国宣道，其中大多毕业于英国的剑桥大学。——译者

② 今昭通市盐津县城所在地。——译者

第十二章　在边远地带的人们当中

王先生，一位做帽子的商人，几年之前曾在郃慕廉的帮助下戒除了鸦片，于1892年邀请柏格理和他一起，去营盘山[①]看望自己的父母，营盘山是一个小山村，坐落在贵州省境内，距昭通14英里[②]。9月21日，礼拜三，正值忙秋收的时候，在仆人杨开永和王先生的陪同下，柏格理骑着马儿出发了。他们越过两省交界处的高高山脉，崇山峻岭层层叠叠；山下有几个村庄，三条小河宛如银色的带子，流向稻田坝[③]。"这一带好比过去的英格兰和苏格兰边境，强盗肆无忌惮地到处打劫，使整一个地方恶名远扬。我们所站立的山坡下面有一片树丛，这是数年前大名鼎鼎撒氏强盗家族[④]驻地的标志。山上突出来一些岩石，强盗就把家修在山岩上，离大路200码[⑤]远，只有一条很难走的羊肠小道可以过去，追捕者只要一靠近，强盗们在家里就能一览无余，他们便迅速逃跑，躲进周围的深山老林里。"很多年来他们都让该地区的居民胆战心惊。当地人说"撒家九代人都不用动脑子"，意思指他们全靠杀人放火为生。时光流转，冬去春来，撒家的强盗们终归是土崩瓦解，而之前所流传的撒家第九代人中间会出一位皇帝的预言也随之烟消云散。

"向东穿过峡谷，迎面而来的小山连绵起伏……我们的右边是银厂门子[⑥]，住着很多土著人。王先生说土著人很讨厌汉人过来采矿，所以会请巫师前去作法。两个巫师分别坐在山口两侧，每人手持一只家禽。然后念动各式各样的咒语，并放开各自手中的家禽，让它到对方那边去。这种巫术所要达到的目的就是把银矿转移走，让汉人无矿可采，如此一来也就不必再打扰他们了，而夷人[⑦]，或称土著人，则可以凭借这种方式摆脱入侵

---

① 今贵州省毕节市威宁彝族回族苗族自治县中水镇烽火村。——译者

② 1 英里 =1.609 公里。——译者

③ 今中水镇前河村。——译者

④"撒家"是当时活动在威宁中水和昭通接壤处的回族土匪头领。——译者

⑤ 1 码 =0.914 米。——译者

⑥ 今中水镇银厂村。——译者

⑦ 旧时对彝族的称呼。——译者

者……

“我们抵达山脚下，踏上一条通往另外一个村庄的小路，爬了一段山路之后，营盘山出现在我们正前方。这里高出坝子约200英尺[①]，整个周边都叫营盘山。生活在此地的居民全部都属于王氏家族。他们的祖先从中国的最东端迁徙而来。这个地方之所以叫营盘山，是因为在明朝年间，有一个汉人将军曾扎营于此……

“往下走进山谷，越过一条小溪流，再爬上去穿过田地就到了老王先生的家，即王先生的父亲。农舍位于山脚下，周围都是田地。大约30年前，伊斯兰教徒作乱，毁掉了最好的房屋，并砍光了所有的树木。现在的房子有两扇朝前开的门，房顶上铺的是稻草。左边的那道门通向厨房，中间的门通向主屋。唯一的窗户却安在马厩上。房子的前面挂满了正在晾晒的包谷棒子。茅草屋顶铺得很粗糙，如果下大雨，那可就惨了。

“主人家在房屋前面平整出一小块土地作露台，露台脚下种着石榴树和其它树木。房前的树、屋后的山保护着农舍，使其免遭寒冬里北风的侵袭。女人和孩子们正忙着打点刚刚收获的包谷。一支由看家狗组成的常规军，时刻准备着伺机在我们腿上咬一口。不过在严密的夹道保护之下，我们平安地进入了他们家最好的房间。真是不胜惶恐！房间的面积约为12乘10英尺。神像安静地占据了屋里最荣耀的位置，如特拉比斯教会[②]的修道士那样。经过多年的烟熏雾缭，它们都已经变成黑黢黢的了。世界向前进，动乱已粉碎，科学在发展，但神像却仍然无动于衷，安安静静地坐在那里。几个香炉摆放在神像前，里面插着几柱燃尽的香头……

“房间的墙壁上挂着两三幅画，描绘了奇异的远古时期——人即是神，神即是人的年代。门的左边是火塘，屋地上有两个洞穴，一个添煤，一个通气。他们烧的那种煤饼，是把碎煤渣和粘土和在一起，淋湿后捣合成形。晚上在火上堆加湿煤，第二天早晨煤饼被焙干。把煤饼打碎成块，燃烧起来十

① 1 英尺 =30.48 厘米。——译者

② 属于天主教教会的宗派之一，以苦修和发誓沉默为特征。——译者

分彻底。没有烟囱，也没有风箱之类的东西。拨火棍是弯曲的，这样就可以从通气口直达火塘的底部。

“火塘两侧的角落里是砖砌的台子，每个台子都有三英尺宽和一英尺高。这是一个很舒服的角落，让人们对古老的西部农村厨房充满了温暖的回忆。漫长的冬夜，一家人围着火塘坐在一起，聊东家长西家短，听老祖父讲那动荡岁月中的故事；也还是坐在这个角落里，春天的时候他们畅谈对丰收的期盼，讨论包谷的价格；也或许，会有一个人讲更为美妙的故事，说昭通城里的那些外国人，其实他们来是想传播一种新的宗教，但是呢，却被很多人猜疑，说他们的目的是为了偷窃埋在山中的宝藏。年轻的家庭成员没有长凳子坐，他们就坐在小板凳上、草垫子上，甚至直接蹲在地上。他们很享受一大家人围在一起的温馨和甜蜜，保护神的画像被贴在门上，把妖魔鬼怪统统挡在外面。

“这家人的祖父和祖母，都已是年近七旬的高龄，却依然健康强壮。老汉留着白色的髭须和胡子。在中国，嘴唇和下巴上的几缕胡须，是上岁数男人最值得骄傲的标志。当您和老人家交谈时，如果他想强调某些重要观点并加深您的印象，他就会轻柔地抚摸着自己的胡子。如果有人对其话语的真实性表示怀疑，一副愤慨的表情就会从老人的脸上油然而生，他便抬起手来捋着自己的小白胡子，诚恳地表示抗议，好像在说：‘你想这难道能是假的吗？’之后便无下文，事情就此打住，虽然每一个人都知道他的话里没有几句是真的。

“老妇人的精力依旧充沛，在中国的女人中间，她的个子算比较高的。她的下唇稍显突出，说话略带幽默。她和老汉默契配合，用严格和善良来管理他们的家庭。

“我们的到来让每个人都手忙脚乱的，如同想咬我们的狗那般兴奋。我并没有被介绍给全部的家庭成员，我们都不见外，互相打招呼问好。互致问候的时候，我们遵守了一个约定俗成的例外，那就是，男客人不可以向主人家里的年轻女人问好。这家的女主人揣测长途跋涉而来的客人肯定很饿了，于是就摆上一张矮矮的小方桌，递上两三个热热的包谷饼子，还烤了红辣椒给我们下饼子吃，那个红辣椒就像我们用来泡菜的辣椒那样辣。

“吃完包谷饼子，我们没那么饿了。制帽人王先生带我出去闲逛。和昭通的喧嚣忙碌相比，乡村的宁静实在让人惬意。没有人喊我‘洋鬼子’，这种感觉真是太美妙了。我发现周围有很多白蜡树。愉快的田野漫步之后，我们返回农舍喝茶。吃饭的时候我受到了特殊的待遇，只有我一个人吃白米饭，而其他所有人，年长和年轻的，都在吃包谷面饼。我请求吃和他们一样的饭，但是没有被允许，主人一家把我当成了最尊贵的客人。

“夜幕很快降临，家里的长孙，被唤作‘老三’的，拿了几根香，在火上点燃，出门鞠躬，然后把香插在门外墙壁上的缝隙中。他们也给房间那头供奉着的神像都上了香，才算完成了这家人对神的祭拜。关上门，全家人舒舒服服地围着火塘坐下……那天晚上我们聊了很多事情，一直到11点。我曾经无数次地像这样在类似的家庭里，坐在火塘边，映着炉火的光，讲述耶稣的故事，然而对于我来说，那晚的故事尤其美丽。老祖母想起了索恩夫人，并回忆起她曾经说过的一些话。大家都恭恭敬敬地听我讲故事，好像很喜欢听的样子，一如昭通城里汉人的通常表现。这样的场景或许能激发传教士的热情，因为我的确知道，当人们围坐在舒适的火塘边，或者在蓝天下的大路旁停下脚步稍作休息的时候，对于传教士而言，面对热切地想要了解救世主的听众宣道，真的是会产生一种奇妙的魅力……

“渐渐地，我们聊累了，于是我开始琢磨自己会睡在哪里。经过一番讨论，他们决定让我直接睡在泥土地板上，靠近通向后面卧室的门旁边。他们在那里铺了一张稻草垫子，我在垫子上整理好自己的铺盖。我的铺盖是一半当床垫使，一半做被子用。我并不介意睡在地上，不过，却被无意中听见的老婆婆的小声嘟囔给吓到了……唉！老婆婆的预言很快就变成了现实，我整一个晚上都在和敌人[①]战斗，直到累得筋疲力尽，才总算睡着了，而且也睡得不安稳。

“早饭后，制帽人、‘老三’和我动身前往三英里外的稻田坝赶场。集

---

① 此处指跳蚤。——译者

市中有四分之三的人是伊斯兰教徒。我们在中午时分赶到，这是最拥挤的时候。集市上有好几百人，分属于六个不同的民族，不过潘泰[②]人最多。以前我经常装扮成汉人，可今天却怎么也伪装不了，尽管我剃了头，穿着和汉人一样的衣服，人们还是一眼就认出我是一个外国人，便成群结伙地跟着我。没有看见茶馆，我们就只好坐在一片空地上休息，但马上又被包围了。

“从衣着打扮上可以看出，围在我身边的大多数人都是虔诚的伊斯兰教徒，我决定马上‘走到他们中间去’，先忽略在场的少许汉人。伊斯兰教徒喜欢听我们抨击汉人的偶像崇拜，当听见我们说把希望寄托在木头和石头的神像上有多么愚蠢的时候，他们就会开心地咂着嘴，互相捅一下对方的胳膊肘。而这一次，我却指出了伊斯兰教徒的缺点，这令他们很不开心，因为穆斯林是一个很骄傲的群体……

“在我布道的时候，一位信仰伊斯兰教的年轻老师过来提问。他和我展开了一场深入的探讨。我们平静地谈起耶稣以及我们奉祂为上帝之子的理由。紧接着我们的争论逐渐激烈起来，尽管双方均彬彬有礼，却都很急切地想要证明各自所信仰的宗教才是真理。‘如果你们的教义是真理，’我说，‘那么，颂扬《古兰经》就会有成效，在斋月里禁食，在平日里不能吃猪肉，可是为什么你们的人民没有过上更好的生活？反倒和崇拜偶像的那些人一样，吸鸦片、诅咒、争斗、说谎、偷盗，犯下了数不清的过错？’我的对手承认我所讲述的是事实，并说之所以变成了这个样子就是因为他们自己对先知不忠诚。他甚至认为，和伊斯兰教徒相比较，基督徒的生活会更加美好。在得到认同的基础上，我引用了《圣经》里好树结好果子[②]的话。不过，他却争辩说一棵好树上的果子也有可能变坏。还打比方说，今年上帝送给人们的天气很恶劣，导致了包谷和小麦没有收成，难道我能因此说上帝是邪恶的吗？对此我的答复是，我们不敢妄论上帝工作中的过失。上帝没有任何不好的地方。若上帝有意让我们

---

① 指滇籍穆斯林。——译者

② 见《新约圣经 • 马太福音 7:17》：“凡好树都结好果子；惟独坏树结坏果子。”——译者

受难，那必定是要让我们脱离邪恶走向善良。我说，‘您是一位小学老师，当您的学生不学习调皮捣蛋的时候，您打了他们，那难道能说您就是邪恶的吗？难道您不是因为想让孩子们变得更好才处罚他们，想让他们进步的吗？’我们谈了很多，从这个观点到那个观点。我问他，如果穆斯林的信仰是真诚的，那么他们为什么不去努力改变周围汉人的偶像崇拜。他的回答是，汉人命中注定就要崇拜偶像。‘我们才是被选定的，如果能够去天堂，那么上天堂的一定是我们。而那些人注定会被罚下地狱，是命中注定的，改变不了。这和我们没有任何关系。’‘啊！’我说，‘我完全不同意。我们基督徒一定要尽全力地去拯救别人。如果我身边有个双目失明的男孩在走路，而他面前刚好有一口井，那您就有可能不去管他，然而作为一个基督徒，我一定会拉住他，不让他掉到井里去。’最后，我鼓励我的辩论对手去追寻真理，并告诉他真理就在基督这里，信奉基督可以获得永恒的生命。他回答说邰慕廉已经劝过他了，但是，‘我的祖先在几百年之前就信仰了伊斯兰教，对于我而言，他们的选择就是真理。’我们友好和气地道别，我邀请他再次去昭通看望我们。”

夜幕再次降临，农舍里的各路神灵都已经祭拜完毕，柏格理正准备放幻灯片。“邻居们陆陆续续地应邀而来。大家都十分好奇，非常兴奋。自然而然地，男人坐在一边，女人坐在另一边。刚要开始放映，突然老祖父的牙疼又发作了。”幸好柏格理带有药物，及时帮助老祖父缓解了疼痛。老祖父很感谢柏格理，柏格理也因此受到了众人的刮目相看。“这次我放映的幻灯片，”柏格理说，“是用六幅图片描绘的耶稣生平，和一首用过很多遍的大家都特别喜欢的赞美诗——‘耶稣爱我我知道’。大家都特别高兴，我就只好一遍又一遍地放给他们看，并趁机向他们讲述救世主的故事。一开始，观众对幻灯机非常好奇，有的人被机头吸引，有的人则对能产生出魔幻效果的银幕很感兴趣，纷纷围过去仔细查看。忙活完之后，他们蹲在地上大饱眼福，享受着幻灯片所带来的奇思妙想。这是一个多么美妙的故事啊！站在房间的另一头，我俯看蹲在地上注视着幻灯片的小小人群，当我想到他们中间有些人从来都没有听见过福音的时候，我的心里充满了奇妙的感动……我太需要更多同事了。哦，最好马上就能有20名高贵的男女传教士过来！

“慢慢的大家都疲倦了。我也筋疲力尽，准备舒舒服服地钻被窝了。可是我刚刚躺下，家里最小的那位却一眼瞥见了我放在供桌上的手表。立刻，全家人围拢过来，一定要看看这只神奇的可以告诉人们时间的手表。‘快听快听！里面一定是有一条虫子在哭！’我只好重新坐起来，让他们看看手表的内部构造，但他们还是极度困惑，始终不明白这些零件为什么会自己转动。好不容易能够睡觉了，昨晚的敌人又兴致勃勃地发起了针对我的猛攻，但我实在太累了，没有丝毫抵抗能力。

“我们睡觉的时候，男人在田里守护，害怕盗贼来偷庄稼。他们在坡上搭了一个小小的茅草棚，夜里在此放哨，防备有贼过来。虽然防范措施很到位，但据说还是有些包谷被人偷走了。

“次日清晨王先生带着我去他的一个朋友家里吃早餐……下午开始下雨，哗啦啦下了一整夜。屋子里面的雨越漏越多，我只好半夜里爬起来摸黑转移我的铺盖。礼拜六早上，天气阴沉沉的，我打点好行装，送给每个孩子几文铜钱，他们很开心。友好的王先生借给我一匹马，他哥哥送我们走出五英里之外，在这里碰见郜慕廉和杨开永。回昭通的路上我们经过塞缪尔·索恩的坟墓。一年前我们把他安葬在这里。一年了，他在天堂一年了！”

第十三章　如人手那样大的一小片云

“很高兴又在中国度过了一年，”1893年初始，柏格理写道，“愿上帝能让我在这片土地上长长久久地生活下去为贫苦的人服务！……愿上帝帮助我和埃米，让我们在新的一年里能够比从前更清晰、更准确地告诉人们耶稣是谁，向人们展示耶稣所创造的普世之爱！”传教团已经建立长达六年之久，直到此时，都还没有出现任何一位接受过洗礼的皈依者。而疾病和死亡却削弱了传教团的力量，不过，传教士们仍然在勇敢地努力奋斗着。柏格理的目标依旧十分坚定，柏格理夫人也凭借着同样无畏的勇气，全力以赴地支持丈夫的工作，和丈夫一起共同为主奉献。柏格理的宗教信仰里有无穷尽的灵感涌出，他坚持不懈地读书，让自己的思想意识永远都站在最前沿。

研究下他的日记，我们得知这一时期柏格理为了补充自己的精神食粮，每天都在学习希腊文《圣经》。他还阅读了巴特勒[①]的《自然宗教与启示宗教之类比》。日复一日，他早起研究《孟子》，然后再阅读雪莱[②]的诗放松一下。从他的记录中可以看出，再稍后他就开始沉迷于自己最喜欢的《美国循道公会简史》，该书的作者是亚伯·史蒂文斯[③]，书中的传教士科克不屈不饶的精神震撼了柏格理。“科克是真正的英雄！都快七十岁了，他还请求委员会派他到东印度群岛上传教，并且愿意承担他本人和另外七个人的全部费用……后来，在印度洋上，人们发现他在自己的床上去世了。”柏格理在另外一天的日记里写道：“读完了埃加·贝特关于《腓立比书》的著作”；稍后又记：“病了，所以要换一种新的享受，阅读斯科特的《古文物研究者》。”

不时会有旅行者和传教士拜访柏格理，他的家中便充满了朝气。在柏格理的记忆中，与中华内地会传教团的S.S.先生和夫人的交往最令人愉快。——

① 约瑟夫·巴特勒（1692 ～ 1750），英国达勒姆主教，神学家、哲学家。——译者

② 珀西·比希·雪莱（1792 ～ 1822），英国著名作家，浪漫主义诗人。——译者

③ 亚伯·史蒂文斯（1815 ～ 1897），美国牧师，研究循道公会历史。——译者

“他们的到场会激励所有的人。”之前在东川[1]的时候，柏格理接待过莫理循[2]博士，这位博士后来成为《泰晤士报》驻北京的通讯记者。柏格理的日记里有相关的模糊记载：“我们有几次在一起”，从中我们可以看出，两位绅士惺惺相惜，由衷地尊敬着对方。柏格理带莫理循博士去参观东川的文庙，博士先生对圣人匾额上的雕刻大加赞赏，说在中国和日本的同类物品中，它是最精良的。

虽然柏格理一直保持着积极乐观的精神，但生活过于紧张，过度的劳累大量地透支了他的健康。他开始出现疟疾的征兆，而那段时期又恰逢索恩先生病逝，万斯通先生因病撤离，这使得邰慕廉和雷姆博斯都特别担心他。“他们说，”柏格理写道，“明年我一定得去东川，放缓工作的进度，这样才有可能恢复体力。可是我舍不得离开昭通。”我们理解他不愿意离开昭通的原因，那时候他的个人影响力正在慢慢地融化汉人固执偏见的坚冰。一位高级官员生病害咳嗽，是位武将，邀请柏格理到其府邸开药方，如果能把握好这次机会，柏格理就可以有效地利用他们之间友好的私人关系，帮助传教团在昭通置办一栋房屋。事情进展得十分顺利，所购土地的价格为490两银子。柏格理拿到契约并支付了总价格的五分之一作为定金。完善手续还需要盖上地方官的大印，柏格理为此前去拜访了负责该事务的高孔先生。“我们进行了一次长谈，主要内容是关于传教团在昭通工作的合理性和现状。我于是有了一次很好的机会向他全面讲述了事情的各个方面。整个谈话的气氛非常友好。”这位地方官表示，在传教团购买土地的过程当中，万一遇上困难的话，自己愿意随时提供帮助。四个月之后开始施工。柏格理写道：“这是一个非常好的地方。我希望小教堂建成后能让数百人得救。上帝一直在帮助我，所有的人都工作得非常棒！”

---

① 今云南省曲靖市会泽县城所在地。——译者

② 莫理循（1862 ~ 1920），澳大利亚出生的苏格兰人，医学博士，曾任《泰晤士报》驻华首席记者、中华民国总统政治顾问，是一位与近代中国关系密切的旅行家及政治家，旧时的王府井大街曾被称为“莫理循大街”。——译者

在新的小教堂完工之前，柏格理就已经沉浸到了快乐当中，因为他即将主持两位皈依者的受洗仪式。洗礼的消息预先公布，前来观看的群众太多，教堂里容纳不下，于是就在院子里举行。柏格理给父亲的一封信中谈到了于1893年9月3日礼拜天举行的那次盛大仪式：“我做了最后的安排……洗礼在我们的木制房屋前面举行，房子是新涂的油漆，色彩明亮。阳台下面挂着我拟定的标语：‘信奉主并被施洗者将要得救’。大幅书写的赞美诗从阳台悬挂下来，我们把遮阳棚打开，使其尽可能多地遮住庭院。盛开的花和涡卷形装饰品从大红柱子上吊下来，成为院内布置中的点睛之笔。整一个场景看起来特别漂亮。我好想您也能过来看看。有时候这里的人会问我，为什么不回家把我敬爱的父母接过来。您二老愿意来吗?

“我们讲道的时候，听众都表现得相当好。然后开始洗礼。台阶通向洗礼台，我们在台上的桌子前面放了一个稻草垫子。我呼唤两位候洗者的名字，杨开永和苗新森，他们勇敢地走上前来。此刻外国传教士停顿了一下，成为‘邻人注目的焦点[①]’，我开始有些紧张，声音也变得有些颤抖和沙哑。之前我们三个人就已经摘下了帽子，我开始当众提问……最后一个问题是：‘你们愿意一生都全心全意地为上帝服务吗？’我所期望的回答是‘十分愿意’。然而，杨开永，却大声宣称：‘我非常愿意全心全意地为我主耶稣服务，直至生命结束。’他的语气诚恳而坚决，我们所有的人都被他感动了。

“在众人的注视中，我们三个人跪下，我祈祷上帝允许我们追随至永远。他们两个人继续保持跪姿，我站起来为他们施洗，……所有的眼睛都在静静地看着，所有的耳朵都在认真地听着。上帝在天上欢喜庇佑。这两位是第一批加入教会（新教）的皈依者。上帝强大的军队将要实现他们的目标！”

这就是“一小片云……如人手那样大。[②]”不过，就在昭通传教团喜得收获后不久，巨大的悲伤又紧随而来。杨开永受洗后不到四个月，就结束了

---

① 出自英国诗人约翰 • 弥尔顿（1608 ~ 1674）早期创作的短诗《快乐的人》。——译者

② 见《旧约圣经 • 列王纪上 18:44》。——译者

他为教会服务的短暂历程。在他弥留之际，杨开永的母亲想请巫师作法驱除鬼怪。但杨开永坚决不同意，因为这是背叛教会的行为，而他是虔诚的，曾当众宣布过自己对耶稣的信心。尽管全家人都在劝他，杨开永却一直坚守着誓言。他的一位哥哥拿来鸦片烟枪，想帮助他麻木神经缓解疼痛，但是，年轻的杨开永，在临终前，用尽最后的力气，把鸦片枪甩到一边。传教士们无比悲伤，在勇敢的先驱者塞缪尔·索恩的墓旁，为杨开永立了一座新坟。

1893年12月23日，礼拜六，工人拆除了脚手架，礼拜天，恰逢圣诞节，小教堂正式开放。前来参加礼拜的人很多，宣道的传教士有W.雷姆博斯、J.格雷厄姆（中华内地会）和S.柏格理。柏格理还在圣诞节这天举办了一场中式宴会，以庆祝新教堂的落成。晚宴很正式，礼节也很讲究。宴会刚刚开始的时候，大家都彬彬有礼互相谦让，气氛有点过于严肃；就餐时主人和宾客则其乐融融，进入了交际的程序。先奉上一些鲜亮的甜点和小蛋糕，中间又略作休息，请客人们吃些瓜子和坚果。再过一会，丰盛美味的主菜就上来了，有秘制的油炸小块猪肉、海带、蔬菜等。每位客人都有一双筷子和一碗饭。英国人用筷子很费力，但中国人的手指却异常灵活，在他们的手上，筷子就变成了名副其实的“快子”。宴会过后放映了幻灯片。柏格理在提及这次特别的圣诞节时说：“我们都非常开心，我认为，在我所过的圣诞节当中，这一次是最好的。”最让柏格理感到满足的就是，自己的人格魅力正在慢慢地得到这座城市的认可。

虽然很不情愿，但柏格理还是必须要变换一下工作环境，因为他的身体已经扛不住了，他得放慢节奏，于休假前到东川去调养身体。在中国旅行常常会遇见一些奇怪的事情。有一天晚上他们投宿时，却发现所有的客店都被一个当官的及其300名士兵给预定了，所以他们只好在马厩里休息，和100匹驮马一起过夜。途中的礼拜天是当年的最后一天，阳光明媚，微风习习。那一年最后一天的晚上，柏格理走到街上，向围观外国人的群众布道。

1894年的新年祷告如下：“最高荣耀归于上帝！赞美主，我今年的目标是：为上帝的荣耀而传道；为上帝的荣耀而生活；为上帝的荣耀而读书写作。哦，愿上帝随时与我同在，让我时刻想着祂；不盘算怎样过好每一天，只想着怎样为主度过每一天；不计较每一场布道值不值，只想着每一次都要为了上帝而尽心竭力！”

东川海拔7000英尺①，位于一座2000英尺高的小山脚下。这是一座特别小的城市，用半个小时就可以环绕城墙走完一圈。最主要的街道东西走向，贯穿全城，并一直延伸到繁忙的郊区。城内大约只有1000户人家，不过有很多人住在城外，或许住在城外的人比住在城里的人还要多。和昭通相比，柏格理发现这座小城要更干净一些，居民也更有礼貌一些。让当地人引以为傲的是这里曾出过许多举人。周围山中有大量铜矿，有些地方的人们看上去并不怎么贫穷。

柏格理夫妇的到来，让宁静的小城泛起一阵温柔的波澜。中国传统新年伊始，即2月6日，地方官派人送来名帖，也有许多本地居民来拜访他们。柏格理说："这里的居民待客自然而真诚。愿上帝帮助我，让我更加谦恭温和！作为一名真正的基督徒，高尚和文雅是必须要具备的品行！”可是有一次，他的客人们发现，柏格理竟然对三位戏子以礼相待，这让他们大为恼火。因为在汉人的眼里，戏子属于贱民，戏子及其子孙后代都没有参加科举考试的资格。剃头匠也是如此，不过，在老百姓的请求下，皇帝废除了不允许剃头匠及其后代参加科考的规定，现在剃头匠已经可以参加考试了，那是许多人梦寐以求的对功名的角逐。除此之外，中国似乎并不存在什么等级上的差异，贫富也不是衡量人的标准，尽管如同西方一样，财富总会给人带来某些特权。

传教团里没有专门的医生，柏格理于是就自己阅读了一些相关书籍，为他们第一个孩子的出生做准备。1894 年 3 月 16 日，礼拜五，柏格理记载："埃米和我出去散步，很愉快，大约走了三英里②。礼拜天我的妻子像往常一样给女子班级上课。礼拜一，我们的长子出生了。一个漂亮的男孩子，用英国的哭声宣告了他的降临。愿上帝赐予我们智慧，让我们好好养育和教导这个小小的生命！他给人间带来欢乐。我希望第三代塞缪尔 · 波拉德能像他的祖父一样优秀，会比他的父亲更棒。”一名外国婴儿在这个城市里出生，引发了当

① 1 英尺 =30.48 厘米。——译者

② 1 英里 =1.609 公里。——译者

地人的极大兴趣。婴儿的降生使他的父母结交了许多新朋友。小小的外国娃娃，触动了中国人的爱心，大大地减少了中国人和传教士之间的藩篱。我们阅读了柏格理 1894 年 9 月 1 日的日记："埃米和孩子外出到邵先生家喝茶。大约六点钟我去接他们回家。直接是组建了一支活泼快乐的小队伍回来的。每个人见到小萨姆都非常开心，小萨姆一直不停地笑。很多孩子追着我们直到大门口。凡我们经过的地方，大人们也都会从门里出来，要看看'洋娃娃'。"

四月份来自澳大利亚的欧内斯特·派珀牧师抵达昭通，为传教团增添了新的力量。一个月之后，邰慕廉在预先没有告知的情况下来到东川，不过他来得正是时候，因为三天后柏格理疟疾发作，高烧至华氏103.50度①，在这种情况下，必须要服用大剂量的奎宁才能退烧，每次得服用"两汤匙"。

在年轻人张银根的帮助下，柏格理走访了东川周边的村庄和集市，其中有两个重要的地方，娜姑和水城②引起了他的特别注意。五月初，在汉族"男仆"的陪同下，柏格理前往40里开外的娜姑传教。穿过东川坝子，进入一座大山，翻过大山，站在约1500英尺高的山坡上，美丽的娜姑坝子一览无余。一块块田地五彩缤纷：成熟的大麦呈金黄色；没成熟的小麦呈黄绿色；深绿色的豌豆和蚕豆；刚翻好的田是红色的；而其它的土地则是黑色的；田间小路和银光闪闪的小水渠交织穿插其中。柏格理写道："他们说这片坝子上有一万多户人家……我们应该在此处设一个传教点。"不过，或许当时柏格理并不知道，罗马天主教的传教士已经来过了。"效果太好了，"他说，"那些人很赞同我说的话。我太喜欢在这里的集市上传教了！我遇见一个15岁的男孩，他正在准备明年的考试，他的父亲是位秀才，我送给他一些基督教的书籍。晚上我在娜姑的时候，有几名追随者找到我的客房和我交流。第二天我在集市上传教两次，然后回家。归途中我碰上一些对我们的工作很感兴趣的男子，他们告诉我在迤车汛③那边还有一大片乡村。我真希望我们能多有20

---

① 摄氏 39.7 度。——译者

② 今会泽县娜姑镇、会泽县金钟镇水城村。——译者

③ 今曲靖市会泽县迤车镇。——译者

名传教士，可以来这些偏远的地方宣道。”

水城在东川坝子上，距离城市约三英里。这里经常有不同的传教士来访。柏格理说：“张和我带着幻灯机去水城。我们在寺庙里面的神像中间放映图片，大约来了两百人，墙壁白白的，放映出来的图片效果特别好，有机会在神像的地盘上宣讲耶稣，实在令人兴奋不已。”柏格理尽了最大的努力，在这个村庄建立起星期天做礼拜的制度。他曾提及此事的难度之大：“城里的钱币兑换商，”他说，“邵先生和夫人，赞同我们传教士的观点，但是，他们却不敢在礼拜天停止营业，因为那样会遭到别人的嘲笑。”同样，阻力之大从水城一位妇女的经历中也可见一斑，她邀请柏格理夫人到自己家中移除神像。她就是诺苏[①]妇女赵夫人，是第一位彝族皈依者，这让柏格理再次看见了高原上如人手那样大的一小片云，不过，他还无法想象，数年之后，将有数以千计的土著人寻访他以追求新的生活方式。

这位土著皈依者的经历形象地说明了无论是汉人还是土著人，要迈出加入基督教会的第一步，都同样的困难重重、压力山大。柏格理记录下这一事件：“移除神像两天后，赵夫人来到我们的住所哭诉……她告诉我们，邻居已经把她所有的家具都扔在路上，锁了她家的大门，还在门口堆了一大堆石头，她回不了家了……当时正在我们家里的派珀先生和我直奔现场而去。一个和赵夫人在一起的年轻女孩，又饿又发烧，正躺在房子外面的屋檐下，没有人为她提供遮风挡雨的地方，她日夜躺在这里任由风吹雨打。我们把村子里管事的人请来调解。赵夫人清除神像的行为让村民异常愤怒，把矛头一致对准了赵夫人和她的女儿。但是，我们认真地分析了村民们所提供的全部证据之后，发现全部指控都毫无根据。我们花了三天时间谈判，并以保护基督教皈依者为由向官方求助，最后村民们终于同意让赵夫人和她的女儿回家了。赵夫人如愿以偿，可以按照基督徒的标准来生活了。”许多年如一日，赵夫人遵守诺言，在福音的指导下生活，她获得了传教士的尊敬，是一位坚

---

① 彝族的一支。——译者

定、忠诚的教会成员。

水城村的王家，也有几个人皈依了基督教。王家的户主是一个年纪较大的男人，有严重的鸦片瘾。柏格理劝他来传教团戒烟，要把自己当作一个病人。戒毒的过程十分痛苦，但王先生却勇敢地坚持了下来。最后王先生认为自己已经好了，就带着说不尽的感激返回家中。“但是有天夜里，”柏格理写道，“大约凌晨两点钟，我被叫醒赶往水城，因为王先生的毒瘾又发作了，痛苦无比。我一直陪着他，给他吃药，为他祷告。我一直在担心他。不过我的祷告终于得到了回应，王先生在没有吸鸦片的情况下，慢慢地好了起来。”故事的结局就是有一户人家放弃了偶像崇拜。

七年辛劳的成果，看似微薄，但研究这段历史的人都知道，精神领域的影响力是不可估量的。多年来传教士们坚韧不拔，前路未卜却默默地坚持前行，随后出现转机，在经历了漫长的准备过后，皈依运动的高潮不期而至，完全出乎人们的意料之外，其深度和广度均让旁观者惊叹不已。到目前，包括英国传教士的妻子在内，云南传教团共有8位传教士；昭通有一座小教堂；东川地区有三处布道场所；有3位皈依者和15名慕道友；昭通有两所主日学校共86名小学生，一所走读学校共15名学生。“在中国传教七年之后，”柏格理说，“我们再次登上山顶去看大海。现在，我们看见一小片云从大海上空飘来，如人手那样大。或许会下大雨发洪水！不，是一定要下大雨发洪水！愿仁慈的上帝让我待在那里，让雨水把我彻底洗礼！”

第二卷

中国的觉醒时期［1895～1904年］

第一次休假中的柏格理

第一章　历史背景

从1895年开始，柏格理的经历和活动都与中华帝国的巨大变化息息相关。那段时期，改革者在寻求怎样才能把国家从旧传统的束缚中解脱出来，如何调整各种关系，使之适应现代发展的新形势。简单回顾一下中国未来十年的政治运动，将有助于我们更好地理解柏格理的传教生涯。评价一个男人就必须要把他放到特定的时代背景当中去。

回想这个时期中国的动荡不安，巴特勒主教很有见地，他认为，就好比一个人突然间无法控制自己。从渤海到云南，支离破碎的古老帝国被内忧外患搞得心烦意乱。1895 年之前，基本上可以说，中国成功地抵制了西方文明的影响和入侵。鸦片战争后，1842 年和 1860 年，虽然外国使者强迫中国签订了关于"开放"的诸项条约，但中国人很自傲，对西方文明的渗透不为所动，并且还送给西方人一个暗含嘲讽的称呼——"洋鬼子"。西方人所炫耀的文明，在中国人的眼里，只不过是野蛮人机械呆板的点缀，或者是缺乏"人文"的自然科学。他们很傲慢地对待大使、领事和传教士等人，当然，或许这种傲慢恰恰源自于他们内心深处的恐惧。西方列强如雨后春笋刚刚萌芽，而中华帝国则历史悠久地大物博，相比较之下，他们觉得西方国家就像昨天才出生的小孩，这种无知的偏见却得到了满清政府的支持。数年前，戈登①将军帮助满清政府平定太平军，挽救了朝廷，莱格②博士，《中国经典》的译者认为，从政治的角度出发，英国出兵帮助满清政府是一个大大的错误。"满清，"他说，"为了他们的利益，不值得我们去干涉。……我认为我们支持满清王朝，其实是干了一件相当吃力不讨好的事情。"戈登将军击败了太平军，而其后的 40 年间，满清政府对西方思想的抗拒反而更加强硬了。

许多官员不停地和进步的潮流做抗争，有一段时间他们似乎比克努特③还要成功。1877年修建了从上海到吴淞的短途铁路，可是，老百姓却挖开了

---

① 查理 · 乔治 · 戈登（1833 ～ 1885），维多利亚时代的英国工兵上将。——译者

② 理雅各（1815 ～ 1897），近代英国著名汉学家，曾任香港英华书院校长，伦敦布道会传教士，是第一个系统研究、翻译中国古代经典的人。——译者

③ 克努特（995 ～ 1035），曾任英格兰、丹麦及挪威国王。——译者

铁轨、毁掉了火车，铁轨等器材被扔到台湾[1]的海岸边上。尽管如此，四年之内还是铺设了第一条从上海到天津的电报电缆。然后，李鸿章，直隶总督，批准修建从开平[2]煤矿到海边的铁路，这条铁路很快就延伸至天津。新生事物的发展总是艰难缓慢的，强硬的总督也总是能够迅速地镇压那些和他的意志相违背之人。

1894年，日本对华宣战，中国的惨败使满清王朝吃惊并蒙羞。《马关条约》彻底击碎了中国根深蒂固的闭关自大思想。大多数鞑靼[3]人此时已经醒悟，意识到帝国在某些方面出了差错。在传统思想里面，中国总是轻蔑地称日本为“一个矮子国家”，而现在却遭受了奇耻大辱。于中国而言，这是一系列外国入侵和外交失败的开始，也是自给自足与自我满足时代的结束。整个国家动荡不安，如暴风骤雨般，排外情绪日渐高涨，到处都有动乱，到处都在焚烧房屋。不过从外表来看，天子还安稳地坐在龙椅上行使着绝对的权力。

大约在柏格理休假期间，少数受过教育的中国人励志改革，组建了一个名为“少年中国”的团体，其中有几位领导者就曾在“马礼逊学校”和其它传教士学校读过书。这些人如唐景星[4]、孙逸仙[5]等都接受过西方文明的教育。孙博士创建社团，散播自由民主思想，但他想在广东省建立共和政府的尝试是失败的，为保全性命，他开始了流亡生涯。

日本的胜利扰乱了清朝宫廷的宁静，年轻的皇帝，光绪，开始倡导改革，因为他已经很明白，除了改革，再也找不到任何挽救国家危难的良方。

---

① 吴淞铁路是出现在中国的第一条营运铁路，从上海闸北到吴淞口，长 14.5 公里，于 1876 年由英国资本集团擅自修建，翌年清政府赎回拆除，拆除后将铁轨等器材运至台湾，拟于台北敷设铁路用，后因无力筹款被长期搁置，日久锈烂不堪再用。——译者

② 今河北省唐山市开平区开平镇。——译者

③ 清代西方人对我国对北方少数民族的一种称呼。——译者

④ 即唐廷枢（1832 ~ 1892），清代洋务运动的代表人物之一。——译者

⑤ 即孙中山（1866 ~ 1925），中国民主革命的先行者。——译者

然而不幸的是，宫廷内部出现分裂，西太后成为反对改革的领袖。中国的全部省份都笼罩在宫廷斗争的阴影下。虽然北京的声音要过很久才能传至遥远的昭通，但昭通的传教士依然感受到了北方的改革气息。政治对社会的影响显然是能够“触摸”的，改革多多少少地渗入了人们的生活，一礼拜又一个礼拜，从传教团的来访者身上，透过他们的举止言行，都可以看出些许微妙的变化。

康有为，维新派的先驱，颇具胆识，他劝说一群中国学者联名签署了一份递给皇帝的请愿书，陈述变法的重要性和急迫性。面对西方列强的加紧掠夺，维新派非常担心，发出警告说如果不能迅速改变的话，中国将不复存在。皇帝和他的参谋们心里也很清楚，列强想把中国所有的省份全部都从他的手中夺去，没有马上行动只是由于列强之间还存在着猜忌和疑心。俄国抗议将辽东半岛割让给日本，于是两年后就从中国夺取了在冬季不冻港旅顺驻扎舰队的许可权。德国借口有两个传教士在山东被杀而占领了胶州。英国取得威海卫和香港对面的一大片陆地。法国攫取了东京[③]附近的特许权并对云南垂涎三尺。每当中国人谈起被弱肉强食的现实，整个民族便异常愤慨，如汹涌的波涛，将怒气直指所谓的“基督教强权”，这样一来，传教士们在劫难逃。

在康有为的劝说下，光绪皇帝相信唯有变法才能拯救帝国。他颁布了一系列足以震撼全国的诏书，伴随而来的是变革所带来的希望和恐惧。为数不多的维新人士在各省会城市含糊不清地谈论着一个新的中国。老百姓也各持己见地支持保守派或维新派。皇帝逐渐急躁起来，将具有惰性的“老臣”换成精力充沛的维新派。维新派提出要废除古老的八股文科举考试，用西方教育的课程取而代之，该提议彻底激怒了实力雄厚的保守派文人。变革越是推进，抵抗就愈加强烈，事实清楚地摆在面前，要改革就必须得清除变法路上的阻挠者。皇帝和他的参谋计划除掉荣禄，荣禄是皇太后的朋友，控制着北

① 指以河内为中心的越南北部地区。——译者

方的军队，当时慈禧太后在颐和园中。最后，袁世凯出卖了维新派，使变法运动骤然结束。西太后迅速行动，囚禁了皇帝，并处死了他身边的很多维新人士。

这次政变引起了中国各个角落的极大反响。关于欧洲将分割中国的传言如洪水般失去控制，成为了集市上、茶馆里每一个人谈论的话题。同情和支持维新派的人则不敢发表言论。似乎整个国家，从皇太后到鲁莽的义和团都进入了一种狂热状态。沉寂了50年的委屈爆发出来，中国人肆意地放纵着自己的仇恨。一些省份的局部地区开始动乱，余蛮子①在四川组织了反对罗马天主教的起义，云南人反对法国侵略者的情绪也日益高涨。在旋风般的排外浪潮中，驻昭通的基督教新教传教团也收到了预警和提醒，要他们做好准备，以防遭到威胁和攻击。全国都陷入了义和团运动中。慈禧本身也排外，在她的支持下，义和团运动的规模迅速扩大，疯狂地杀害基督徒，杀了德国的公使②，还攻击了在北京的各国使馆。

在这样的血雨腥风当中，人们多半以为变革的种子会就此毁灭，可事实却是，烈士的血没有白流，光绪虽然一直被囚禁，然而，1898年之前的维新变法，现在竟然被皇太后本人亲自实施。这是一位意志坚强的女人，在思想和情感等方面都让人难以捉摸，她用令人难以置信的速度迅速地颠覆了清朝的所有政策，并以皇帝的名义发布了曾经因为她而导致失败的维新方案，真是太不可思议了。1900年外国军队进入北京之后，悲情的黄色罪己诏被发往帝国的各个城市，面对苍天，皇帝承认自己所犯下的错误，并敦促国民要对外国人谦恭有礼。1901年签署条约，停息战火，重整朝纲，针对之前义和团的无知、迷信和仇恨行为，慈禧为自己的纵容付出了代价。1904年她颁布皇帝诏，废止科举考试，鼓励向西方学习。并晓谕国人四万万，要逐年减少鸦片的使用量，十年之内鸦片贸易必须全部停止，这是一项挑战人民习惯的强硬政策。革新和进步的

---

① 指当时四川大足的反洋教起义领袖余栋臣。——译者

② 1900 年 6 月 20 日，德国公使克林德在北京路遇清兵，首先开枪，后被击毙。——译者

思想再一次在中国落地生根。对于传教团和传教士而言，中国民众的总体态度发生了转变，开启了一个需要数代人付出努力的民族复兴之路。所发生的这些变化当中，无疑也包含了柏格理及其同工的努力。

> 岁月像大黑牛践踏着世界，
> 上帝、牧人，赶着牛群，
> 我被他们踩碎。

W.B.叶慈[①]

① 叶慈（1865 ~ 1939），爱尔兰诗人。——译者

第二章　第一次休假

第一次休假中的柏格理夫妇及其长子，2017 年翻拍。

传教士的七年试用期转瞬即逝，柏格理开始筹划回英国的安排。云南的气候、艰苦的条件和过度的劳累，都极大地损害了他的健康，然而，他并不觉得休假就应该休息，他认为休假只不过是变换了另一个工作地点。“我们正在祈祷，”柏格理写道，“上帝会护佑我们回家，并为我们安排好在家乡的工作。”1894年12月3日礼拜一，柏格理和家人对东川[①]说了声再见，踏上了返回英国的漫漫旅途。他们于1895年1月的第三个星期抵达上海，在上海拜访了中华内地会的创始人戴德生·泰勒，这是一件非常荣幸的事情。1月25日离开吴淞，花了两天半的时间到达香港，三月初再次起航返回英国。在照例追寻他的经历和踪迹之前，让我们先追寻一下柏格理的内心世界，了解一下他的精神和情感。

柏格理是一个相当务实的人，他不会在理论上投入过多时间。他生活的原动力来源于自己的宗教体验和经历。我们大多数人只能感觉到太阳的光和热，但柏格理却可以感知强大精神力量的存在和运转。他能触摸得到，他在心里明白，那不是大脑里记忆的碎片，而是全身心的感知。于他而言，个人生活好比涓涓细流的涌动，可是，在精神的海洋中，他永远都不会迷失方向。他在沉思的时候总喜欢仰望自然，把自然万物当作上帝无穷尽思想的表达。若有人问他为什么信仰上帝，或许他只像孩子那样笑笑，也或许会回答说上帝是他内心的选择，也是宇宙的真理；柏格理的回

---

① 今云南省曲靖市会泽县城所在地。——译者

答饱含了绝对的信心和让人感动的快乐。据我们推断，他的虔诚，部分乃自身的天赋，部分得自于家庭教育，而这两者，都是他父母精心打造的，他的家里充满了信心和爱。

出生在这样传统的基督教世家，按理说柏格理的信仰历程，从皈依到虔诚奉献，都应该一帆风顺、十分自然。但事实并非如此，他的信仰也经历过波折。11岁那年，用他自己的话来讲，在奇珀斯特德，他“把心奉献给上帝”。多年的传教士生涯之后，回想起往事，他依然认为那是自己人生中划时代的事件。在他1894年2月12日的日记里，有一段记录：“那年是我的新生。感谢上帝！可是，又成长了19年的我看起来还是这样的小！”

或许正由于柏格理一直保持着孩童般的纯真，因此他不会像很多基督徒那样只有青春期的热情，而等成年以后就停止了对耶稣的崇拜。曾经年轻过的我们都知道，大多数人是通过耶稣去诠释上帝，但对于柏格理而言耶稣就是他心目中的上帝。他赞成传统福音派的教义，他本身就生活在福音里；他用丰富的想象力把上帝的生活形象化；本能的同情心使他深刻理解耶稣的寓意和箴言，是他渴望创造奇迹的原动力。他把耶稣的谈话用戏剧的形式表现出来，他会模拟耶稣在场的情景。对他来说，基督徒的理想生活很简单，就是服从耶稣。云南的土著民族引起他的同情，所以他会产生到他们当中传教的念头，柏格理写道：“如果耶稣说声‘去’，我就立刻出发。”他把自己内心深处的善良和信心当作耶稣的声音，任何道德命令下的个人职责都是耶稣的意志。对于有些人而言，是不可能用对耶稣的信心来解释我们当代社会中的历史、政治、以及所有的经济和社会关系，但柏格理却可以做到这一点。柏格理不平凡的一生，极其令人惊叹的高尚品德，归根结底，真正的秘密就在于，耶稣的声音直接就在他的灵魂里。

了解柏格理对耶稣的热爱，我们才能搞明白为什么他会如此热衷慈善事业。他视耶稣为每一个人的榜样——终极道德的典范。生活在边远地区受压迫、遭轻视、沦落到社会最底层的土著民族，都是柏格理在耶稣面前的兄弟姐妹。他从来不觉得去爱那些依靠他才能够得到精神启蒙和鼓励的穷苦人有任何困难。他对穷苦人的深情厚谊，导致了他对社会不公现象的严厉谴责。也正是出于这个原因，他发表了言辞犀利、激情满怀的演讲，强烈抗议英国政府发动的鸦片贸易。

柏格理从来不否认他所信奉的，从某种意义上讲，是略显狭隘的福音派教义；不过经历若干年后，他学的东西越来越多，就不再拘泥于教条，而是更尊重从自己内心深处所得到的启发。他是基督的自由民，传统神学的空间已不足以发挥他的才能，他需要扩大范围；他追随自己头脑中的耶稣精神。生活让他突破了所有的形式和教条，他的感受和行动均来自于他悲天悯人的情怀。他教给别人的，早已超越了《圣经》的范畴，他教人们数学，还培养学生对奇妙的天文学产生兴趣。于他而言所有的真理都是上帝的真理。他知道，为耶稣提供最好的服务，实际上就是为需要的人们提供最好的服务。他为耶稣赢得子民，他帮助他们，让他们更加快乐纯洁。传教士生涯之初，柏格理认为自然和神学是对立存在的，随着生活阅历的不断丰富，在爱的驱使下，他渐渐地改变了看法，他看到自然规律是上帝旨意的一部分，而自然界也并不能被一些非精神领域的东西解释清楚。直到生命的结束，柏格理都不愿意用教会的规则来划分人的等级，他把每一个人都看作是耶稣的小孩子。耶稣不是身外之物，而是每个人内在的正义力量。尽管柏格理在精神领域方面取得了突破，也很享受自己从耶稣这里得到的更多自由，但他却好像从来没有考虑过要把自己的理解和智慧总结成一种新的信条。

返回英国之后，柏格理轮流走访了所有的圣经基督教教会，他一如既往，忘我地工作着，去点燃人们内心里对传教活动的信心。他马不停蹄在英国各地的卫理公会教徒中宣道演讲。每到一处，他就会反复宣讲自己喜欢的内容。他偏爱的题目有：“跟随我”、“我们将见到耶稣”，或是重复曾经在中国讲过的“浪子”[①]。柏格理的演讲风格独树一帜，他不会乏味地平铺直叙，他能透过对福音的理解来感染听众的情绪，并触动他们内心深处的善良。他有一种天赋，他善于抓住记忆中的片段进行总结并阐述自己的思想，他的思维变换之快、感情之深厚常常会让听众们感到十分诧异。他在讲述自

---

① 《新约圣经 · 路加福音》第 15 章有“浪子的比喻”。——译者

己的生活时极具艺术天赋。柏格理讲得最多的题目就是：“传教士生活的幽默和悲伤”、“辫子和三寸金莲”。这两个演讲中注入了他在中国生活的第一手材料，所以能够在第一时间成功地吸引听众，还可以最大限度地放飞他们的想象力。柏格理走到哪里，哪里的群众便热情高涨。他的父亲德高望重，广为人们所熟知，父亲的光环也辐射到了儿子身上。他在日记中写道：“午后我在梅德罗斯演讲，来了非常多的听众。晚上……人太多了，站都站不下。他们是慕爸爸的名而来……太多人了，楼梯里和台阶上都挤满了人；大厅内实在太挤了，许多人挤不进来只好离开。”在另外一个地方，一名妇女表达了很多人的共同想法：“看在他父亲的份上，我一定要来听他演讲，就是爬也要爬过来。”

为了唤起人们的好奇心，柏格理有时候会穿着中国衣服传教演讲，这样子就很可能会把孩子们搞得稀里糊涂。在康沃尔郡的比尔格他无意中听见两个小女孩讨论：“他是一个男人？还是一个女人？”一个问道；而另一个则回答：“我也不知道啊。”每当演讲成功，柏格理很兴奋的时候，就会像骑士那样把手放在妻子身上，这样的形象很吸引人，也能有效地帮助传教团募捐。每次他都会向听众提出一些明确的倡议，而不仅仅只是泛泛地传道。在一所学校里演讲的时候，他请求得到药品上的援助；在巴里他恳求大家资助云南传教团再建设一座小教堂，而就在那次的演讲结束时，有一位听众当场就承诺捐助该项目。对此他记录如下：“这件事情将在未来的12个月内完成。感谢上帝。这是一个很明显的信号，我们将很快重启昆明传教点。”

“拯救世界！”柏格理在演讲中大声呼吁。“耶稣是这样要求的吗？一旦我们知道耶稣要求我们这样做，教会就能够做得到。耶稣不是一个狂热分子，不是空想家，祂是真理。并不是世界上所有的地方都有祂的福音，但所有的地方都将会有。”①

“为什么你们要讽刺我是‘外国的’？”他曾公开抗议，“难道就因

① 有人认为中国人于1919年发起了“中国皈依基督教”运动。

为我去过一些对于你们而言不是‘家’的地方？对于我而言那就是‘家’，对于耶稣而言那也是‘家’。对于耶稣而言，地球上没有哪个地方是‘外国的’，全部都是祂的——全世界都是祂的地方都是祂的子民。整个世界都是祂的家。如果你们称我们为‘外国的’传教士，那你们就是把我们和家乡的牧师相区别对待了。在我们工作的那片土地上我们是‘外国的’，在家乡我们也是‘外国的’。我们在哪里都是‘外国人’！被遗弃的人！不受欢迎的外国人！我们让耶稣蒙羞……尽管如此，我们仍然是耶稣家的传教士，我们将去到祂的土地上，我们要拯救祂的孩子，享受祂的慈爱。对于祂而言，这个世界上根本就不存在不属于祂的东西——除了罪恶之外。”

柏格理的休假即将结束之时，他收到了传教团的年度会议报告，此次会议在昭通举行，报告中体现出柏格理辛劳奉献的部分成果，也反映了于他休假期间，留守的传教士们依然在认真地执行着他所制定的各项原则。“1895年，我们的云南圣经基督教传教团取得了历年来最为丰硕的成果。东川有13位大人和两个小孩接受洗礼加入教会。昭通有4人受洗。当年的基督徒总共有19位。”他们请求委员会再次任命柏格理为传教团的负责人，同时也期盼着他能尽快返回，等柏格理抵达后，将在东川召开下一次的年度会议。

距离返回云南的日子越来越近了，柏格理抓紧一切时间学习在传教过程中有可能会用得上的技能。在他的日记里有这样一段记载：“1896年7月13日，礼拜一，我前往克利夫顿和特纳先生待了两天，请他教我怎样拔牙。我去过三次治疗室，在那里得到了阿克兰牙医的悉心指导。非常高兴能看见很多男人、女人和孩子减轻了痛苦……有一回我去医院做了两例拔牙手术。前后共尝试了六次：前两次失败了，后四次被我成功拔出。头一次我特别紧张。特纳先生十分友善。”

柏格理休假时曾在此演讲，位于其父亲的出生地康沃尔郡的帕兹顿，2017 年摄。

第三章　咸涩海水中的一汩甘泉

柏格理第一次申请去中国的时候，他梦想着冒险，期待着能迅速成功。但等他第二次出发前往中国的时候，他已经很明白传教士的生活实际上是非常单调的，浪漫的薄雾不能把现实生硬的轮廓软化，他知道这意味着什么，所以，1896年11月5日在伦敦举行的告别会议上，他说："我们期待困难，遇不到困难的话我们将会失望，但是，困难只不过显示了耶稣爱我们的程度。"无论如何，柏格理还是欢欣鼓舞的，因为有两位新的传教士陪他一同返回中国——豪女士和本书的作者。在扬子江上的那几个礼拜，对新手来说是一次兴高采烈的探险；可柏格理却依然不能从多年前船只失事的阴影中走出来，大江上的航程于他只是一个令人惊骇的恶梦。然而还好，一切都很顺利，我们于1897年3月安全抵达了扬子江的上游。

邰慕廉已经在重庆迎候，但柏格理的心脏病复发，因此，余下的行程中大家都为他的健康惴惴不安。可是柏格理说什么也不同意推迟出发去云南的时间。一行人于某日天黑前进入昭通地界，距离昭通城还有100里（3里=1英里），这个时候，柏格理发现他的小儿子感染了麻疹，所以情绪便一下子低落了很多，又回到在中国的家里，他原本是很开心的。

不过，柏格理和笔者的行程并没有就此结束，我们两个继续赶路，走了五天，来到昭通南边的东川[①]，参加传教团的年度会议，会议上谈及传教士工作区域的划分问题。柏格理休假期间，希克斯先生和路易斯·萨温[②]医生来到云南，增加了传教团的实力。在那一次会议上，柏格理被任命为传教团的负责人，虽然他本人并不愿意担任这个职务，因为当上传教团的负责人，于他自己而言，带来的不是愉快而是更多的焦虑。柏格理经常说他希望能够派一位年长的牧师来负责传教团的工作。他天性酷爱自由，喜欢创新和开拓，还有点雷厉风行，而这么多年来他的这些爱好有增无减，如果他可以无拘无束，他就能把工作做得更好。柏格理是一位杰出的开拓者，一个大胆的冒险

① 今云南省曲靖市会泽县城所在地。——译者

② 中文名字：林树德（1864 ~ 1918）。——译者

家，他不喜欢因循守旧，他喜欢探索新的工作领域。在柏格理的传教士生涯中他取得了巨大的成果，但是，假如他能够得到委员会足够充分的支持，并给他提供足够的资金和人员的话，那柏格理的成就将难以估量。年度会议任命他为昭通教会的牧师，他需要骑马走三天，才能到达昭通。

身为一个丈夫和父亲，并且还是传教团的负责人，柏格理现在对自己的家人和其他传教士的健康都或多或少地负有责任，他意识到一座疗养院的重要性。他从家乡的朋友处募集得一笔钱，在距离昭通城约十英里的一座小山上买下一块土地，在那里修建了一栋带有凉台的平房，完工之后，作为传教团的疗养院。

柏格理对工作环境的改变比较敏感，针对新的变化，他随时都在调整自己的工作方法。他思维敏捷，善于接受各种建议，直到生命的终结都一直勤奋好学。在他的第一次服务期间，就表现出了对贫穷和受苦难者的强烈同情心，这一点他从来没有改变过，不过现在，他开始注重与当地具有社会影响力的官员和上层人士的交往和友谊。一位敏锐的中国人观察这个时期的柏格理说："他开始关注云南的读书人，力求能够让他们接受福音。他设法从基督教文学会社那里弄到一些文字优美、文采飞扬的汉语书籍，把这些书送给三年一度前来参加考试的学生……除了传教和管理小学的日常事务，他还提供西方书籍和中文报纸，意在拓宽当地人的思想意识。他写了关于解释自然现象的文章来传播自然科学和基督教思想。布道的时候他放映幻灯片以引起本地居民的兴趣。不同的宣传方式都收获了同样的效果，那就是人们感受到了他的慈爱，许多的人，尽管不相信他所传播的教义，但是却相信他本人，他们被他的人格魅力所吸引，愿意成为他的好朋友。[①]"

柏格理的传教活动好比流淌在城市污水中的一股清泉。那些繁忙的岁月里，当我想起在遥远的中国西部那座城市里的柏格理时，脑中就会出现一幅画面，这幅画面正是他当时亲切助人工作生活的真实写照。有一次，我在

① 李司提反先生的信，F.J. 邰慕廉牧师翻译。

泽西岛的一座小山上远望圣·布雷拉德[①]海湾，当海水退潮，露出礁石和马蹄形的黄色沙滩时，就会有一些衣着古典雅致的妇女提着水桶从远处跋涉而来，当她们从远处盛满水经过我的身旁，我听见她们讲的奇特方言。我很奇怪，为什么她们不在涨潮的时候取水，那样会省很多力气。于是我走到她们打水的地点去查看，在那里，我发现了一小股清澈的淡水汩汩流出，而一个小时之前，咸涩的海水正涨上来淹没了它。那一小股甘甜、清澈的水在大海边噗噗地冒着气泡，恰似柏格理的清新、纯洁和优雅，在拥挤、肮脏和痛苦的昭通城内，闪烁着福音的火花。昭通城正如那汹涌的海洋，被疯狂的谣言和固执的排外情绪搅动，同时还有无数的惧怕、憎恨、猜疑、邪恶、虚伪和恐吓，然而，不论何时，真理的小溪都伴随着善良潺潺湲湲，流入周围贫困、悲惨和罪孽的生活当中。

在昭通各阶层人们的印象里，传教士集教学和治病救人于一身。当然也依旧会有仇恨传教士的人，他们在大街上遇见传教士的时候仍会大声诅咒。不过，多数人甚至包括地方官在内，都相信柏格理及其同工是无私、善良、博爱的，并愿意和传教士交好。1897年昭通的最高地方长官，华先生，一位精力充沛、意志坚定的官员，公开表达了他和柏格理之间的友谊。整个昭通地区都归他管辖，他很乐意为传教士服务。传教团的部分银两在从宜宾至昭通的运送途中被盗，柏格理去找他求助，他立即答应要全力以赴地追赃并严惩窃贼；办完了公事，他留下柏格理，请教德国用高压手段夺取胶州湾一事。在地图的帮助下，柏格理让主人彻底明白了德国的企图——野蛮人的“暴力”恐吓。

柏格理意识到，一名传教士除了宣道之外仅从事医疗救助活动是不够的，还必须要把科学的真理源源不断地告诉中国人。在城市的痛苦和罪恶背后，是荒唐、腐败、迷信的无知海洋。他认为宗教、科学、诗歌、道德哲

---

① 泽西岛为英国皇家属地，是英吉利海峡靠近法国海岸线的群岛中最大的一座，在行政上泽西岛分为 12 个堂区，以不同的基督教圣人取名，圣布雷拉德是其中之一。——译者

理、技艺、工业、贸易等就好像七色彩虹，点缀着生活中各种各样的真理。他宣讲的基督就是世界之光，白色的光透过万物形成许多色彩，无论追寻着哪一种颜色的光线，都可以找到真理的源头。他用汉语写成关于基督教信仰和西方科学知识的小册子。在1898年，中国人预测将会发生日食。与之相关最流行的迷信说法是，天上有一条狗会把太阳吃掉，所以，就要吓唬或劝服天狗，让它把太阳吐出来，放在天空里原来的位置上。日食被视作凶兆，意味着将要发生威胁中国的大灾难。柏格理决定写一份简单的资料以解释、宣传日食的成因。在一位汉族老师的帮助下，柏格理完成了这篇通俗易懂的科普文章，然后用木版印刷了几百份。来到熙熙攘攘的市场里分发宣传资料时，为了避免被热心的群众挤倒在地，我们只好站在一张桌子上。受过教育的中国人很喜欢我们用西方自然科学的观点来合理解释日食现象。这正是一束射进无知大海洋里的真理的光。然而，无论官员们是否赞同西方的解释，他们都必须去参加解救太阳的典礼。日食发生的那天，柏格理和他的朋友们前往衙门，目睹了仪式的全过程。所有的官员都穿着华丽的官袍，现场有很多群众激动地祷告跪拜，整一个过程中都在不停地吹喇叭和敲铜锣。最后惊恐的人们为再次拯救了太阳而感到非常开心。

柏格理将宣传日食的小册子赠给昭通的最高行政长官以示敬意，此举无疑让这位官员更加佩服他，并加深了他们的感情。这位官员也说到做到，抓住了偷银子的窃贼，归还了钱财，还用链子把两个贼拴起来送至传教团驻地，表明他已经兑现承诺，让窃贼得到了应有的惩罚。官员和传教士之间的尊重和信任日益增加，而就在此时，这位官员却被调往他处任职，令柏格理十分难过。临走之前，这位官员建议柏格理尽早结交继任者，并答应为柏格理引荐。新长官到任后很快就送来了名帖向柏格理示好。应新长官之邀，柏格理来到衙门为他照全家福，柏格理说，那天照相的时候，“女士们身着华丽的盛装，看起来真的相当优雅。老爷子和他的儿子对我都很亲切。”于是，柏格理就在衙门里面，向地方官的儿子们和客人们布道。与官员的友谊提高了柏格理在昭通的影响力，并在以后的日子里，还为传教团提供了保护。

这一时期，圣经基督教传教团在昆明、东川、昭通三个城市设有传教点。萨温医生，先是在昭通和东川学习了几个月的汉语，然后移驻昆明。后来他又回到昭通，成为方圆数百英里之内汉人、土著民和穆斯林有口皆碑的“好医生”。凭借高超的医术和无私忘我的精神，萨温医生得到数千人的爱戴。不过，让柏格理最高兴的是，当萨温医生抵达昭通的时候，恰逢柏格理夫人分娩。在日记中有如下的简短记述：“1898年7月17日，礼拜天，中午12点20分，伯特伦出生了。萨温医生在这里，我们特别放心……几天后我给婴儿称体重，发现他刚好超过九磅[①]。”

此时，柏格理从前的老师F.W.巴勒先生，请求柏格理的帮助，做一本关于中国经典著作的词典。为了完成这一任务，柏格理带上他的儿子小萨米，来到山中偏僻的疗养院，安安静静地做研究。他的日记中有相关的语句，记录下这段静修时光。“六天里，我完成了《论语》的前56页。礼拜天阅读《戴荆冕的耶稣像》，虽然我不赞同作者的观点，但还是愉快地读完了。我用五天的时间完成了《论语》的下半部分共79页，就此结束任务。希望我的工作能对巴勒先生有所帮助。”

虽然昭通城内的官员们很尊重柏格理，但教会的皈依者却依旧寥寥无几，不过，现在传教团里来了一位年轻的慕道友，随后的几年时间内，在参与创建昭通基督教会的所有汉族人当中，他的贡献是最大的。他就是李司提反先生，最初由于敬佩萨温医生，于是便慕名而来。当萨温医生移驻东川之后，李先生就常常到柏格理处寻求建议和帮助。

无论从哪一个方面来看，李先生认识柏格理都是件莫大的幸事。因为即便是传教士，都很难克服种族之间的藩篱，都很难和他们的皈依者建立亲密平等的私人友谊。但这对柏格理而言却没有丝毫困难，既没有语言上的障碍，也没有种族间的隔阂。柏格理对李司提反的爱就如同约拿单对大卫的爱[②]一样，写柏格理的生平，如果不提及这段情义，那必将是不完

---

① 1 磅 =0.9 斤。——译者

② 参见《旧约圣经 · 撒母耳记上 18:1》：“约拿单爱大卫，如同爱自己的性命。”约拿单，第一任以色列国王扫罗的长子；大卫，第二任以色列国王。——译者

整的。“几个月前，”柏格理记述道，“一位家境良好的学生来找我们忏悔。发现中国人愿意承认自己的罪是一件非同寻常的事，这个年轻人引起了我们的极大兴趣，让我们兴奋不已。他经过很长时间很多次起起落落的思想斗争，最终看见了希望的光……现在他已经提交了自己与耶稣交流的证言。”

李先生的家住在城外，晚上城门会关闭，而培训班在传教团驻地上课，因此只好为李先生在院子里安排了一间卧室。安德烈带着西门[①]去见他的主人，同样，李司提反也带着他的哥哥，一位举人，来见柏格理，渐渐地，李先生克服了所有的障碍，带领全家加入了教会。李先生本人对皈依的过程也有所记载，十分有趣。

“看到柏格理先生的为人处事，并聆听了他的演讲，我断定我们在中国遇见了一位奇人。随着对柏格理的了解进一步加深，我特别欣赏他内在的气质，他几乎就是圣人转世。我介绍哥哥加入教会后，我们和柏格理先生探讨了关于教育的所有问题，并一致认为教会学校需要改进，它应该成为云南省传播西方科学知识的源泉。柏格理先生教授的课程有算术、地理、音乐等，并且还对学生进行操练，而其它的学校都还在循规蹈矩地实行老一套，学究们还在继续做着他们的梦。这位西方老师视我和哥哥为手足。我们彼此热爱，相敬如宾。”但不幸的是，教会学校既没有职员也缺乏仪器，很难办成一所优秀的中学。不过，柏格理有一项最重要的天赋，即“桃李不言，下自成蹊”，他激发了李氏兄弟二人的热情，并指导他们分担了一些他的工作。提到李先生的姐妹时柏格理说：“李家有三位年轻的姐妹，乐观聪明，上一个礼拜天她们向布什女士提出书面请求，希望布什女士能‘慈爱地关照她们’，并教给她们全部关于耶稣的知识。”

时值皇帝颁发诏令提倡新学，变更朝廷考试科目，举国学子惶恐不安，社会陷入动荡。一方热衷改革，一方坚守传统，双方的争执日益尖锐。为了

① 见《新约圣经 · 约翰福音 1:40 ～ 42》。——译者

寻求知识、政治、社会的解放和进步，中国在奋斗，小规模的运动和地方性的变革在不停地上演。中国西部发生了一场“蛮子”运动，余蛮子[①]原本是一名煤矿工人，他是运动的组织者。他抓住了一位罗马天主教的神父并囚禁了几个月。他扬言要进军中国的各个城市并消灭所有的基督徒。昭通城内顿时谣言四起，说余蛮子还有五天就要进城了，让柏格理等人赶快逃离。老百姓特别害怕，都不敢来教堂参加礼拜。1898年10月23日礼拜天，柏格理在日记中写道：“最近的传言是，文官武将等召开会议，就天主教徒和我们的相关事宜进行了讨论，协商一致并形成纪要送达上级，请求杀掉昭通境内的基督教徒。然而，很令人奇怪，这段时间每天都有官员派手下给我们送一点牛奶过来。”

尽管整座城市躁动不安，柏格理和助手们却依然照常工作。两位汉族基督徒被派往各村庄传教。事态最为严重的时期，柏格理每个礼拜都会召集大家一起祷告。李约翰先生说这恰好应验了他的祈祷，因为他自己一个人做祷告的时候会感到悲观和困惑。有人向传教士通风报信，有数百个男子歃血为盟郑重起誓，说不灭掉基督教会就决不罢休。一张单子贴在传教团驻地的大门上，扬言本月的29号将分头行动，杀死传教士。“29号那天，两扇大门像往常一样，从清晨敞开直到晚上。整个城市都陷入了一时的沉寂，随后响起鞭炮声和狗叫声。我们当时并不知道，周围的士兵高度警惕，还有一位官员值班，他是我们认识的朋友，一整晚都没有休息。我也是彻夜未眠。如果我能像孩子们那样安静入睡就好了。孩子们是最幸福的，尽管我们都曾经当过孩子，可是我们已经丢失了孩子的幸福秘诀。我们还能再找回那般童真和幸福吗？……早晨的阳光清新和煦，8点钟，城市的行政长官用中国的方式祝福我们新年快乐。”

“在动荡不安中生活，”柏格理写道（昭通，1899年2月16日），“我们都很好，我们是喜悦的，心灵不曾受到任何干扰。上帝一直和我们在一

---

① 指余栋臣，清末反洋教领袖。——译者

起。”于是，如水晶般真理的清泉，伴随着遗憾，不断流进了苦涩的动乱海洋。“新年的邮件带来坏消息，又有两个传教士被杀害，扬子江下游的一位朋友向我们提出忠告，劝我们做好随时撤离的准备。‘凡事不怕敌人的惊吓，这是证明他们沉沦；你们得救，都是出于神。[①]’我听见，我那漂亮的男孩在外面开心地大笑，我的妻子在伴着风琴唱歌。再见！”

---

① 见《新约圣经 · 腓立比书 1:28》。——译者

第四章　义和团风暴

由于中国社会的动荡，第11届年度会议一直延期到1899年4月才举行。东川[①]会议上三个传教点的工作报告都十分令人沮丧。昆明到处都很乱，也没有合适的驻地，严峻地考验着传教士的工作效率。柏格理在昆明传教点的建设上目光很长远，但一年来失败的经验告诉他，要在昆明建立一个成功的传教点，就需要一所好的学校并由受过专业培训的人担任校长；还需要建立一座医院，有好的医护团队并由医术高明的医生担任院长。国内的委员会并不能提供这样的条件，柏格理对此深感焦虑和不满。

沮丧焦急的柏格理，用了三天时间匆匆赶回昭通，礼拜六那天他就飞奔了46英里。接下来的礼拜一，5月1日，缅甸云南铁路调查委员会的瓦茨·琼斯陆军中尉，来到昭通去他家里做客。“受一位英格兰朋友所托，我们邀请中尉先生住在我们这里，并且尽可能地让他感觉像在自己家中一样。来云南的旅行者很多，但这一次，瓦茨·琼斯的黑人厨师德·索扎却引起了一场骚动。”柏格理带黑人厨师去了学校，想利用这个机会向学生们展示一个地理学和人种学的真实案例。礼拜二，瓦茨·琼斯告别柏格理，带着他的随从和久经训练的骡子出发，前去寻找从昭通到宜宾的可行性铁路线。四天后一则疯狂的谣言传遍昭通，说柏格理藏了一个黑色的吃人肉的人在家里，正在吃小孩子。数百名激动的群众聚集在传教团驻地旁边。有人听见别人议论，威胁说要杀掉我们的看门人，而几天后的一个夜晚，这件事情真的发生了，于是柏格理就不得不请求地方官介入处理这一事件。

1899年，柏格理预测昭通平原上将有部分地区歉收，出于对穷苦人的关心，柏格理请求地方官员张贴告示，督促人们不要种罂粟，而是去种植小麦、豌豆、玉米等粮食作物。官方最终接受了他的建议。柏格理说：“他在整个地区都张贴了告示。为这次胜利感谢上帝！”柏格理的确有先见之明，1899年秋天粮食的价格翻了两三倍。不过，在传教团小教堂举行的收获感恩礼拜却是有史以来最好的。汉族基督徒带来礼物，把小教堂装饰一新，所提

---

① 今云南省曲靖市会泽县城所在地。——译者

供的奉献是前几年的两倍。对汉族基督徒进行了三场布道。“就在礼拜要结束的时候，赛翰林，中国书院的首席学士，这个城市慈善组织的负责人，和两个朋友来到我们这里。这位绅士提出他将定期为我们的杂志捐款，并订购了几幅地图。”

中国所流行的宗教信仰中，祖先崇拜最为根深蒂固。一些受过良好教育、思想比较开明的中国人，虽然从策略上默认了佛教和道教的礼仪教规，但内心里却依旧不屑一顾；而对基督的虔诚和真正的信心，在他们的祖先崇拜面前，也总会夹杂着恐惧。他们对祖先的信念和感情无处不在，与日常生活休戚相关，汉族基督徒要把自己从祖先崇拜中解放出来是一件极其困难的事情。试图放弃祖先崇拜的基督教皈依者，将成为众人眼中格格不入、忤逆不孝的人。大约就在这段时间，柏格理的一位布道员，也是他的好朋友，被拉去参加了偶像崇拜的仪式。诸如此类屈身于临门庙[①]的事件，令传教士和年轻的布道员十分烦恼。这种烦恼可以从柏格理对该事件的叙述中看出来：“上个礼拜天，在圣礼上祷告了很多，思考了很多，专门针对这件事，我讲了一个小时。上帝帮了我很多，他们应该会感动。”当然柏格理也知道，仅一点点批评远远不够，所以，要消除对祖先崇拜的迷信，他就得把基督徒的理念灌输给皈依者，让他们真正地融入到基督教的礼拜仪式中。他不是在摧毁，而是在建设。

有一天，李三义的小儿子死了，父母伤心欲绝。“有一点，”柏格理说，“我们感到很欣慰，他们没有像非基督徒的汉人那样把孩子的尸体扔掉。他们希望我能为孩子主持一个基督教的葬礼。儒家学者反对基督教最主要的原因之一，就是指控我们不尊重逝去的人。但是，如果我们真的不尊重死去的长者，那么，我们又怎么可能会在意死去的孩子？基督教为中国做了许多事情，为逝去的小生命举行葬礼就是其中之一……礼拜后我们把所有的

---

① 见《旧约圣经 · 列王记下 5:18》：“我主人进临门庙叩拜的时候，我用手馋他在临门庙，我也屈身。我在临门庙屈身的这事，愿耶和华饶恕我。”——译者

偶像都从房间里搬出来烧掉了……第二天，李三义来要赞美诗，这样他就可以每天在自己的家里做礼拜了。”

狂风暴雨来临前夕，传言四起，危机四伏。中国人非常痛恨西方国家强加给中国的条约。中国与日本现代军国主义开战，战争的失败及其所带来的耻辱充分暴露了中央王朝的致命弱点。欧洲各国立即把正义和公平抛到风中，他们的蛮横无理点燃了中国人仇恨外国人的熊熊烈火。此时的云南很不平静，法国正在策划一系列的侵略活动，企图占据在昆明的主导地位，如此一来，若中国真的被分割，就很方便法国觊觎下一个更大的目标——四川。所以，在这样的背景下，中国人强烈反对法国修建从东京①到昆明的铁路完全是意料当中的事。有一次，激动和愤怒的中国老百姓把一个法国委员会，包括一位领事、铁路专员和秘书们，从他们租住的庙里赶了出去。

风声时紧时松，太平一点的时候，柏格理就会带着比以往更大的热情继续传教工作，而汉族官员和他之间的友谊也在逐步加深。昭通的一个重要行会——互帮互助会社——邀请他参加在城内寺庙里举行的宴会。新的行政长官邀请柏格理礼拜天到他的衙门里做客，但柏格理传信过去说在这么重要的日子里他雇不到轿子，而没有仪仗便去访问怕会失礼。官员则回信说他不在意柏格理步行过来，也不会认为用这种方式前来便是失礼。柏格理于是前往拜访并和主人进行了一次有趣的交流，最后地方官还一直送他走到大街上。这位官员曾在日本住过三年，他非常清楚中国的落后，肮脏的街道让他感到羞愧，并希望能有所改善。

除了受到官员们的礼遇之外，柏格理从民众的反应中也感觉到了，他的努力工作并非一无所获。有一天，学校里的学生们带来了家禽、糖果、面粉等精美礼物，这些都是学生家长的奉献，柏格理把其中一半的礼物送给了校长李约翰先生。柏格理创建了一个布道员学习班，很快他就发现班上的部分学员非常优秀，其中有些布道员还能够做得像英国的布道员一样的好。不过

① 今越南河内市的旧称。——译者

有一位布道员承认，自己在街上传教的时候被指责过，说他总是反复讲同样的福音故事，就好比上同一道菜，“不是豆腐炒猪肝，就是猪肝炒豆腐”。柏格理及其同事们设身处地为他人着想，辛勤努力地工作，给旁人留下深刻而美好的印象。有一次柏格理要去外地，一位男子就把自己贴身的银制吉祥物送给他，希望能护佑他平安，这位男子对柏格理的信任和友爱已经超越了自己的亲友。中国人对传教士的孩子很感兴趣，天下的父母心都是一样的，柏格理对孩子的慈爱也拉近了他和中国人之间的距离。有一个礼拜天，柏格理的大儿子特别想玩，于是便鼓动妈妈的女佣人，说在礼拜天这样神圣的日子里是不可以干活的，而当女佣人在他的坚持下放下手中的针线活之后，男孩却说：“快点跟我来，我们去找木棍和连枷打豆子去。”伯特伦长得特别好，惹得剃头匠来和他父亲打赌，说如果柏格理能抱着这个“胖娃娃”绕城墙走一圈中途不休息的话，剃头匠就甘愿输掉两盆红薯粉，如果柏格理做不到，就输给剃头匠两盆红薯粉。

时局比较平稳的间隙，柏格理两次外出布道，一次去路田桥[①]，另一次去角奎[②]。这是在1899年末。他和同伴在途中的每一个集市上布道，和各种各样的人交谈，包括苦力、商人和学生。在一个叫做库富[③]的地方，柏格理发现一个有趣的现象，这里的人不像其它地方的中国人，他们长着棕色的眼睛和淡黄棕色的胡子。

在另外一个地方他写道：“晚上有几个人过来，我们一起唱歌，拉六角手风琴，聊了好几个小时……一个年轻人演奏了他的中国乐器（二胡），拉得特别棒！他演奏了一首曲子，表达的是扬子江边的新娘子出嫁时的哭诉。他演奏得如此动人，泪水都在我的眼眶里打转了。我想女人们如果听见了这样伤感的音乐一定会哭的。”

1900年6月14号，有信差专门从威宁来到他们的疗养院。“我断定，这消

---

①③ 音译地名。——译者

② 今云南省昭通市彝良县城所在地。——译者

息，如果不是南非的和平，就是云南的动乱。柏格理夫人说：‘是动乱。’事情是这样的，6月10号，礼拜天，昆明发生了一场很大的动乱，郃慕廉、萨温、哈丁的家都被抢了，不过万幸的是他们都没有受伤。”

风暴终于来临，像龙卷风一样，愤怒的人们变得异常可怕和危险，这是柏格理之前从未遇到过的。狂怒的飓风从中国的这一端吹到另一端，一场暴风雨席卷了整个帝国，一时间阴云密布，小规模的地方性动乱频频发生。皇帝的鲁莽得罪了骄傲保守的高官，他被袁世凯出卖了（详见第二卷第一章），西太后从皇帝手中抢走政权，很多力主变法的人被处以极刑。盛怒中西太后和动乱者结成可怕的联盟，在她的许可下，动乱组织遍布全国。软弱无能者常常玩弄口是心非的伎俩，开始的时候，西太后只是暗中支持义和团，做出对双方一视同仁的样子，表面上对待基督徒还有些假仁假义的。不过这表面上的仁慈并没能持续多久，很快，西太后鼓励义和团杀掉山东和山西的传教士。满清帝国快速颁发了针对欧洲人的一个个诏令，西太后召开御前会议，宣布她要下决心向在中国的所有外国人开战。全国18个省份接到要杀掉外国人的诏令。云南传教团十分幸运，因为较大多数中国官员而言，南方三个省份的总督在学识上要更为渊博一些，也有着更好的判断力，他们料定这种狂热的报复必将失败，随之而来的便是可怕的秋后算账，因此，他们非常大胆地，把诏令中的“杀”字改成了“保护”，并且尽量地压制动乱者的愤怒情绪。

五月份，法国领事在几个法国人和一些安南[①]士兵的陪同下来到昆明，他们在进入城门的时候受到盘查，因为他们携带了大量武器。法国人很生气，威胁说如果再敢拦着的话就要向中国的守将开枪。这种野蛮行径激起了全省的愤怒。大部分人下定决心抵抗法国，绝不要成为法国的奴隶。风暴发生在6月10日，礼拜天。郃慕廉先生在正午礼拜上的宣道题目是“如果临时居住的土房子垮掉了，在天堂里，我们将拥有一座永久性的非人工建筑”，

① 越南的旧称。——译者

并且，随后郃慕廉先生还说，“土房子会很快垮掉”。到了下午，郃慕廉就突然听见很多人在尖叫吵闹，愤怒的群众摧毁了一座法国人正在修建的房子。传教士快速逃进距离他们最近的衙门。郃慕廉先生和萨温医生的住处被毁了，中华内地会传教团的驻地也被毁了。站在衙门的院子里，他们看见古老的天主教堂方向火光冲天，中国人在欢呼雀跃。16天之后，他们才敢壮着胆子出门，他们来到街上，中国人看他们的表情依然是异常愤怒和凶狠。全体法国人都已经离开了昆明，那英国人凭什么还要留在这里？热爱祖国的中国人枪杀了北京的德国公使，那还有什么能阻碍他们杀掉“这些可恶的传教士”呢？最后，总督派了一支干练的部队保护他们离开云南，因为他担心自己控制不了局面。

所有居住着传教士的云南城市中都激荡着同一种民族情绪。在北方，无论是基督徒还是传教士，统统都是被杀戮的对象，这被当作是针对外国人的胜利。从昆明发来电报，法国领事下令所有的传教士离开云南省。柏格理向重庆的英国领事请示，问法国领事的通知适不适用于英国人，其答案为“普遍适用”。于是柏格理召集了所有的基督徒，告诉他们传教士已经接到命令要前往沿海地区。他委托一位布道员和一位老师，即尹先生和李先生，在传教士离开之后负责传教团的事务。临走之前，发生了一件很不寻常的事情，那就是，在这个艰难危险的时刻，有16名皈依者请求柏格理在离开之前为他们举行洗礼。

柏格理一行人来到东川，索恩夫人[①]加入了撤离的队伍，两天之后，他们向坚守阵地的同工道别，并为其安危忧虑不已，甚于对自己的担心。官府派了10个人护送他们，在新田[②]还有50名士兵接应，其任务是保护柏格理等人安全出省。整整一个月，道路崎岖，危险难行，经过很多城镇，当地居民一见到他们就群情激愤。8月3日下了一场突如其来的大雨，山洪暴发，一名保

① 索恩夫人于丈夫去世后回英国治病，1894 年重返云南传教。——译者

② 音译地名。——译者

护他们的士兵被洪水卷走溺亡。来到阿迷州[①]的时候，伯特伦·波拉德病重，整晚都在发高烧，他们只好在此停留了一个礼拜等待孩子康复。在老街[②]他们乘坐一艘汽船沿红河而下。船上挤满了安南士兵，这些人觉得柏格理的体格还远不如中国人。9月6日，怀着十分感恩的心情，柏格理一行抵达香港，尔后，听到了非常可怕的消息，在其它省份有许多传教士和基督徒被杀害。

终于安全了，柏格理做的第一件事情就是写信给家乡的委员会，请求一旦条件允许，就立即让他们重返云南开展工作。他害怕眼前发生的事情会抑制英国教会对传教的热情。他相信，仇恨外国人的风暴过后，会出现一片清新，尽管目前在各方面都受到了阻碍，但是在中国的改革还将继续下去。一旦放下焦虑，柏格理就恢复了乐观主义，因为他看得很清楚，残酷的风暴之后，必将迎来一个崭新、进步的中国。

---

① 云南省红河州开远市的旧称。——译者

② 越南西北部边境城市。——译者

第五章 旅居上海

上海，位于黄浦江边，是1842年的条约中，为满足英国政府进行世界贸易的要求而开放的五处通商口岸之一。到19世纪末上海已经发展成为中国最重要的港口，占据了中西方交流中最重要的位置。在这个中国城市里，有一个外国人的居住点，该处居民所属国别之多当为东方之最。被义和团困扰期间，中国各地的传教士为了避难，蜂拥进入上海。九月底，柏格理自香港来到上海，费尽一番周折之后，在“模范社区”寻得一处偷工减料的房子，每月的租金为纹银40两，折合下来，一年需要大约70英镑。

柏格理受邀参加了在上海的传教工作，一如他在昆明或昭通时那样。“美国基督教传教团，”他写道，“以前叫基督门徒会，在福州路设有一个讲中国官话的布道大厅，福州路是上海最大最热闹也是最声名狼藉的街道之一。附近有很多讲中国官话的人，基本上都能听得懂我们说话。他们请求我们加入其传教工作，我们很乐意提供服务。每个晚上都有聚会，使用四五种语言演讲，人们会待到11点过后方才散去。我们所参加的传教工作，已经吸引了当地中国人和旅居上海的外国人的注意，我们在努力地巩固业已取得的成果，希望它能够永远地流传下去。联合教会愿意在传教工作上达成合作，可能会有一位美国传教士专门负责向讲中国官话的市民传教。参加上海的传教工作让我们从内心里感到释怀，我们被迫从云南来至这里，这也算是一种补偿吧。”

柏格理亲眼见证了上海的耻辱，晚上他看到年轻的姑娘们，有些甚至还只是孩子，坐在敞开的轿子里经过福州路，这些女孩子就是男人们欲望的牺牲品。柏格理无法抑制自己的愤怒，于是便写（1901年1月28日）了一封信给《字林西报》[①]，题为《为了她的缘故》（注：维多利亚女王刚刚去世），下面是信中的一段摘录：

被义和团运动所迫，在旅居上海的几个月里，我们中间有少数人开始参与在福州路的传教工作。附近有大量说中国官话的人，所以我们就可以用这

① 近代上海最早的英文报纸。——译者

种方言向他们布道。每到夜晚，就会看见一种揪心的场景，深深地触动每一位家中有母亲或女儿的人。街道拥挤不堪，走路都难。最让人奇怪的就是，十三四岁的年轻姑娘们，穿着华丽的衣裳，骑在男子的肩上，旁边还跟着一个管事的妇女，多半就是女孩的所有者。几十个妇女和几百个女孩，有专门的人负责招揽顾客，如果不能为拥有并奴役她们的龙头挣到钱，还将遭到残酷的虐待！

上海的英国男士和女士们还在怀念我们伟大的女皇，而这些女孩子却被迫过着奴隶般的生活，而且还被打上耻辱的烙印。利用可怜的女孩子来赚肮脏的钱，把恶魔们打入地狱里焚烧去吧。想一想吧，英国的女士，不由得放声哭泣！想一想吧，英国的男人，不由得义愤填膺，伟大的女皇号召你们前来，为的是发扬全新的骑士精神和悲天悯人的情怀。

大家能够做些什么？第一，也是最简单的，禁止在大街上和茶馆里拉客，惩罚这样做的人，不是指可怜的年轻女孩，而是针对拥有并利用她们赚钱的男人或女人。厚颜无耻的老巫婆们在大街上和中国人或外国人搭讪，大摇大摆地进行着肮脏的交易，让整个街道蒙羞，必须让她们马上停止这种卑鄙的行径！这样才能净化这片区域，并且在相当大的程度上，减少那些用年轻女孩的生命来进行的交易。

使用烧红的烙铁强迫别人去过受侮辱的生活以自肥，这些男男女女，像恶鬼一样凶狠残暴！无耻啊，太可悲了！

华中地区的主教，也就是后来的达勒姆[①]主教莫尔的哥哥，立即写文支持这封“避难传教士无可辩驳的信”，他证实柏格理所述福州路之情景是千真万确的，“发生在凌晨的罪恶，”他评价到，“不仅是对尊严的一种侵犯，简直就是对人性的侮辱。”随后的那个礼拜天，另外一位上海大教堂的主教“注意到这些信件并全力以赴地支持他们，鉴于他职务的关系，使得伸

① 英国郡名，位于英格兰东北部。——译者

张正义的力量大为加强。”后来，有一位从山西逃出来的瑞典传教士，就此向上海市政府提出了强烈抗议。柏格理说：“父母亲将16岁的女儿出卖抵押两年到18岁的事情十分常见。几个月之前在上海就发生了一个案例，有一位姑娘逃跑并被救走了。”

柏格理的侠骨柔情源自于他的价值观和高贵的品行。他从来无法抗拒弱者的求助。他不顾危险一次次地把孩子们从死亡中，甚至是比死亡更糟糕的处境中解救出来。他常常在日记里表达自己因小朋友遭受痛苦而伤心难过。强烈的正义感成为了柏格理事业上的巨大推动力。当然他也时常有判断错误的时候，甚至会在文章里或言谈中得罪朋友。但是，纵观他的整个生活与工作，和他为了社会美好而取得的积极成就相比，这些小错误还真的不足为道。下面列举一个柏格理草率行事的例子：对于一个还没有彻底了解的项目，他就鲁莽地发表意见，公开在一封信中唐突地做出判断，说一位百万富翁的慷慨捐赠是“肮脏的钱”。柏格理对错综复杂的资本和劳工问题知道得不多，可他却完全控制不住自己对弱势群体的同情。

柏格理经常言辞犀利、一针见血地抨击鸦片贸易。由于在云南传教的缘故，他每天都能亲眼目睹鸦片给人们日常生活所带来的种种灾难。这些灾难是一个民族强加给另外一个民族的，其骇人的可耻罪行多到根本就无法精确统计。柏格理在宣讲福音的时候，总会有人指责他：“是你们外国人给我们带来了这样的灾难。”曾经也有人对他说：“先拿走你们的鸦片，再来谈你们的耶稣。”莫利勋爵[①]在管理印度事务部时最值得骄傲的功绩就是，他做出了真正的牺牲，彻底终止了罪恶的鸦片贸易。鸦片贸易这段历史表明，英国的政治家们为了增加财政收入，不惜践踏道德的尊严。因此，我们丝毫也不惊讶，为什么每当柏格理谈及鸦片问题，他便会怒火中烧。

柏格理逗留上海期间，从昭通和英国寄来的信件深深地鼓舞了他。他了

---

① 约翰·莫利（1838 ～ 1923），英国政治家和传记作家，曾于 1905 至 1910 年间任印度事务大臣。——译者

解到，虽然他离开了，但昭通传教团的工作仍然积极开展，并且这座城市里的人们正在用一种全新的思维方式来看待基督教。而从海外传教委员会秘书I.B.万斯通牧师那里，柏格理得知委员会将不追究传教团在昆明的财产损失，并且，尽管有人主张放弃昆明，但委员会的意见却是，如果传教士们认为还能在昆明继续“坚持”下去的话，那就继续做下去好了，他们是否愿意、是否有能力坚持最终由柏格理及其同工考虑并决定。虽然把决定权抛给传教士并不是一个很有担当的行为，不过，柏格理却无比热情和满怀希望地接受了。

虽然在上海他也参加了传教工作并有所收获，但柏格理的心始终被一条绷紧的绳索拴着，绳子的那一头系在云南。1901年2月9日，他兴高采烈地护送柏格理夫人、他的两个孩子，还有布什女士登上大红号轮船，启动水上航程。女士们乘坐的是一等舱。柏格理、李司提反先生和G.米勒先生，选择了中国乘客较多的二等舱。第三天柏格理就赢得许多中国乘客的关注，人们聚集到大厅里听他做了一场关于基督教的演讲。他们在汉口弃船登陆，开始了马背上的旅行，柏格理一行热烈欢迎麦基先生、几位女传教士和孩子们加入他们的队伍，这些人是来自山西的难民，经历过不可想象的艰难困苦和生死逃亡。“这是支什么样的队伍！”柏格理说，“走在最前面的是一队从外表上看起来像强盗和杀人犯的士兵——风尘仆仆、疲惫不堪，晒成古铜色的脸庞，穿着褪色的军装，骑在脏兮兮的马上；士兵后面是四辆骡车，在南方没有见过这种骡车，所以很奇怪，它比轿子大一些，可以坐两个人，骡子套在车辕里。”旅程长达数周且凶险无比，柏格理十分欣赏传教士们的乐观、沉着和勇气。

在重庆，柏格理花了两个多星期的时间争取英国领事同意他们前往云南，但女士不可以随行，所以最后只有他和R.威廉斯先生能去。离开上海四个月、告别昭通十个月之后，柏格理等人于1901年6月1日再次进入昭通。“一大群朋友出城五英里[①]迎接我们，他们准备了一张很大的卡片，上面写有‘教会成员、仍在考验期的信徒以及慕道友’对我们的问候和欢迎。然后

① 1 英里 =1.609 公里。——译者

点燃了长长的几大串鞭炮——砰！砰！砰！——接着把我们带进一户农舍吃了些点心。当我们快到城门的时候，赶来的人群已经形成了一支队伍，走在最前面的那些男子扛着20多面旗帜，举着一块送给我们的巨大牌匾。街道两旁挤满了人，众目睽睽，我们坐着轿子，全城人都知道基督教新教的传教士回来了。迎接的场面略显滑稽，我有点想笑，费了很大的劲才保持住在面对中国人的欢迎和尊敬时所应该有的庄重与矜持。以前我经常看见神像被抬出去兜风，队伍前面打着旗帜，后面还跟着一大群吵闹的顽童，那时我总会琢磨神像的想法和感受，假如它们有知觉的话，会不会和那天我的感觉一样呢。”人们用这样的方式热烈欢迎柏格理的归来，并在传教团的入口处竖起了一块牌子，上面的四个字可以翻译为：“一位牧羊人的工作必定完成”。几天之后，柏格理怀着失望和感谢交加的心情，对他被迫离开期间教会的工作情况总结如下：“我很确定，如果我们彻底离开，那么留在昭通原本完好的教会组织，将在几年之后名存实亡。对于家乡那些期盼着教会可以尽早自立而不再需要外国传教士的人来说，这是一条很难启齿也很不受欢迎的消息。可无论如何，我们也要面对现实不能自欺欺人。”

七月底从重庆发来电报，说领事已经解除了女士前往云南的禁令，于是柏格理便匆忙赶往重庆。不过那个时候柏格理夫人却已经无法上路了。1901年9月23日，柏格理的第三个儿子沃尔特出生了。等待孩子出世的那几个礼拜，柏格理就去帮助重庆这个巨大城市里的传教团做事，另外还花了很多时间读书。他一直惦记着云南有很多伊斯兰教徒，想着或许会有机会在他们中间开展工作，所以他深入研究了哈里发政权的历史。柏格理一行人于1901年11月27日全部返回昭通。

义和团运动中，柏格理于避难期间完成了人生的转变。这些磨难增加了他的阅历，他最大的收获就是，所经历的波折坎坷赋予了他男子汉的成熟和刚毅。我们不要忘了，他最初离开英国来中国传教的时候才刚刚步入青年，对于自己信念的思考，在看待人和事的广度和深度方面均受到了很大局限。生命中的精神动力让他制定出很高的目标，但现实却无法为此项最伟大的工作提供全面而成熟的基础。然而在上海，柏格理得以接触了各种各样的社会群体和他们的思想，也参与了很多具有普世意义的活动。在没有任何放弃早期信念的意识下，柏格理开始强调变革，视野变得更加宽阔。他和别人讨论目标和方法，提升了自己对传教士工作的理解。没有任何人的头脑可以像柏格理的那样机敏、迅速和灵活。后来，他越发忘我，卷入一场伟大事业的漩涡，投身到许多新运动当中。他以人为鉴，不知不觉地变得更加自信了。

随着义和团运动的渐渐平息，人们已经看了出来，旧有的秩序已然崩溃，已无法继续支撑帝国。民族自负感在深刻的觉醒中消融。陈旧传统的古老积淀和儒家学说的崇高威望轰然倒塌。西太后也向现实屈服，承认西方的发明和贸易，并派遣中国留学生到西方和美国的大学里学习。朝廷采取措施拓宽了国家考试的范围，并稳步改良政府机构。全新的视野展现在广大具有进步思想的中国人面前——民族的再生、政府的重组、放开贸易使之通行于全世界。日本都可以如此成功难道中国人还不能做得更好？年轻一代的中国人相信，无论在智慧还是道德方面，他们都不输于西方人。

中国的政治家在关键时刻站了出来要重建国家、改良社会，他们向传教士寻求建议和帮助。许多年以来，传教士已经播下了大量真理的种子，也带来了更为开明的生活方式。在一名浸礼会传教士，提摩太·理查兹[①]博士的倡导下，他们在中国成立了一个传播西方文化的会社，长期雇用传教士翻译宗教、教育、科学等方面的外文书籍。中国大多数的青年改革家都或多或少地受到过传教士的影响。现在，1901年，在提摩太·理查兹博士、马丁博士以及其他人的指导下，帝国政府决定在全国18个省份创建现代化的大学堂。

像这样广泛而深刻的改变，需要一场信仰上的革命。于是，有些人为了满足国家的骄傲和民族精神的需求，提出要将伟大的圣人孔子奉为神明。他们也乐意让耶稣在中国的神位中占据一席之地。一位中国学者说："虽然《圣经》里充满了比喻性的语言，但我依旧认为不能把它当成文学作品来看待，宣讲《圣经》和教授孔学从本质上来讲是完全一样的。我只希望传教士们不

① 李提摩太（1845～1919），英国浸礼会传教士，其主要事迹有：长期负责广学会的工作并主持翻译西方书籍、参与戊戌变法、开办学堂等。——译者

要引导中国人轻视自己的典籍。[①]”我们一定要深深地理解中国人对其圣人的爱惜之情，并且也不会有传教士引导中国人轻视自己的典籍，不过，任何基督徒都绝不会允许哪怕是从新的人道主义视角出发，把一个神化的人和耶稣相提并论。中国要实现辉煌的梦想，就应该无条件地接受耶稣至高无上的道德与信仰。

1901年柏格理奔波于中国各地，发现各个阶层对外国人和基督教的态度均有所转变。在四川的时候柏格理获悉，三教九流形形色色的人，包括之前他从未接触过的群体，以及曾经反对过基督教的人，如今都在积极地请求传教士前往他们中间建立传教点。“在一个地方，”他说，“有位绅士，同时也是位政府官员，愿意每年提供一千盎司白银，请循道公会派一名传教士到他们那个城镇去创办一所学校。”他还写道：“从云南东边的贵州省也传来了好消息。去年该省的两个地区有34位基督徒被处以死刑，数百人遭到惩罚，但是忠诚的殉道者的儿子们全部都选择了追随主耶稣。这场迫害让教会在岩石上扎稳了根基……良好的势头还会继续。云南北边的四川，东边的贵州，西边的缅甸，都不断有好消息传来。难道基督福音的浪潮还不能到达我们云南吗？”

---

① 武昌梁敦彦于 1902 年写给 C.J. 达文波特牧师的信。

第六章　云南觉醒的迹象

正如我们所看到的，在义和团运动爆发之前，柏格理就已经和地方官员建立起亲密的友谊。从上海回来后没几个月，昭通的首席地方官就公开表达了对传教团的敬意。当时希克斯先生正在昭通，他于1900年在东川[①]创办了一所专门培养布道员的学校，现在他想把这所学校转到昭通来。学校建立之初仅有三名寄宿生，而如今已不得不扩大规模，其发展前景非常好，有望于几年之内培养出若干接受过正规教育的牧师。我们可以预见，尽管委员会对此项极其重要的工作所能够提供的实质性帮助微乎其微，但是，在希克斯先生对这一高尚目标坚持不懈地努力追求下，他终将培养出一批又一批的人才，而如果没有这些人的帮助，教会将无法建立。

柏格理意识到了这所学校的巨大潜力，他认为，无论从学校的本身发展而言，还是从传教团的整体利益出发，把学校办到昭通来都会更好一些。为此，昭通的地方长官宴请了希克斯和柏格理。礼尚往来，柏格理也得回请他们。几个礼拜之后，柏格理请官员们来到传教团的驻地，共飨英式晚宴，柏格理夫人大展厨艺，准备了16道菜的大餐，她还用自制的红醋栗果汁代替葡萄酒，口感极佳。和准备一桌丰盛的中式大餐相比，举行英式晚宴则需要更多一点的想象力和勇气。柏格理说："晚宴非常成功。"行政长官带来了一篇自己写的关于缠足和鸦片的文章，请求柏格理"阅读并斧正"。

人们对传教士的尊敬和礼貌预示着中国的新觉醒。从行为上，昭通人对教会比以往友好了很多，但依旧没有更多的城里人请求成为基督徒。不过，在昭通府所管辖的城镇和村庄里，却有很多学生和有社会影响力的人关注基督教，积极询问相关知识并恳请柏格理到他们所在的地方去创建教会。从昭通至宜宾，云南的东北部潜藏着巨大的宣道契机，柏格理下定决心尽全力为之。然而，要收获田地里即将成熟的庄稼，传教团则需要更多的传教人员，包括教师和医生在内，可柏格理却几乎在孤军奋战。其他的传教士也各司其职、分身乏术。所以最后的结果就是，尽管柏格理及其同工全力以赴，却很难持续开创局面。失败的经验表明，在中国传播福音必须要依靠全体传教社

① 今云南省曲靖市会泽县城所在地。——译者

团的通力合作，在一定的区域范围内要从整体出发，根据工作需要制定出最佳的人员配备方案。哪怕只是一个小小的传教团，为了更高效地工作，都一定要配备中学和医院，并和该省办有神学院和医学院的大学建立合作关系。

让我们来看一下柏格理是如何抓住时机在几座小镇里创建教会的。他设计了一系列的巡回传教方案。1902年2月16日，礼拜天，他于日记中写道："圣礼。我安排好工作，"那时在昭通，"我们将要离开，进行一个月的巡回布道。王先生同意在我们外出期间主持工作。"次日清晨，柏格理骑马出发，向北行进。他的随行者是精心挑选出来的：尹先生有数年传播福音的阅历；举人李约翰是学校的校长；崇明才是资深的牧师候选人。在路上经过了一个礼拜的密切接触之后，柏格理对这些中国青年做出了评价："比起从前，我学会了如何去更好地尊重基督徒。他们是基督徒，也是绅士，他们在关键时刻的表现和家乡的基督徒一样的好。他们是那样机智热情，苦苦地劝说人们皈依基督！愿上帝给予他们力量，让他们在福音的指引下实现了自己的价值。"

到了大关，正是在这个熙熙攘攘的小镇上，几个月之前有人偷了传教团的银子。柏格理先去拜访地方官，希冀在此地建立教会时能够得到他的帮助。约有11位德高望重的当地居民来旅店看望柏格理，想在基督教方面得到传教士的指导，并很高兴地把他们的姓名加入了"慕道友"之列。14年来，传教士们一直不懈地努力，想唤起昭通人对基督教的兴趣，但得到的回应却平平淡淡。而此时，在他们先前并没有努力过的地方，人们却积极主动地前来寻求基督的信仰。最初柏格理几乎都不敢相信，甚至怀疑他们动机不纯，抱有政治目的或企图得到外国人在法律诉讼等方面的支持。然而，事实表明，尽管这些人对基督教的理解尚处于懵懂困惑的阶段，但他们都是很真诚地在寻求光明。

次日柏格理一行人来到大湾子[①]，刚好碰上一支接龙的队伍[②]。一条长长的纸龙被高举着穿过大街小巷：纸龙是一节一节的，每一部分的连接处

① 位于云南省昭通市大关县寿山乡。——译者

② 龙宴源于水上野餐——长长的船队从头至尾点亮彩色的灯笼，顺着船的吃水线高高挂起。

都有一个五颜六色的灯笼；龙头和龙尾分别由两班人马举着。舞龙的场面不可思议地喧嚣激动，人们敲锣打鼓，喊叫着，笑着，整条街奇怪地闹作一团。节日的兴奋很不利于柏格理的造访，但这并不妨碍一些冷静的居民找出柏格理，并请求他到这里来创建教会。

于礼拜六晚上抵达下一个目的地——吉利铺[①]。礼拜天有三位当地居民到旅馆中拜访柏格理，柏格理差不多用了一整天的时间来教他们《圣经》，并叮嘱他们要祷告。礼拜一清晨，柏格理等人趁着月光起程，刚走出村庄就遇见一位男子，说自己为了不和老师错过，已经在这里等了一整夜，然后再走出不远，又遇见了另外一位。对于小小的福音传播团而言，两次被真诚寻访基督的人守候，这真是在云南的奇遇，天将破晓的时候，披着依稀可见的朦胧月光，坐在路边谈论上帝、正义和永恒的人性，当柏格理为他们的启蒙而祷告时，他们就敬畏且敬重地站在那里。经过一天的跋涉，晚上来到豆沙关[②]。有四个人前来询道，其中一位的父亲在政府部门身居要职。柏格理照例拜访了地方官，希望能够铺平在此处顺利创建教会的道路。当他返回客栈，有另外一位拜访者正等着他，即郜先生，一名年轻的学生，将为柏格理带路去古路场[③]。

在去往古路场的途中，柏格理看见了一座明朝时期的庙宇，匾额是天启年间的，天启皇帝[④]于1621年登基。据传14世纪的时候，明王朝有一位年轻的皇帝，被他的叔叔击败之后，从南京的宫殿里消失，有人说他穿着和尚的袈裟逃进了云南地界。明朝的执政者很重视民族精神，在他们的治理下，民族精神被强化并凸显出来，博大精深值得骄傲的中国学问被载入了浩如烟海的百科全书[⑤]当中。回忆起汉民族的伟大过去，柏格理思索着满清的统治还能支

① 位于大关县吉利镇。——译者

② 指昭通市盐津县豆沙关古镇。——译者

③ 音译地名。——译者

④ 即明熹宗朱由校（1605 ~ 1627），明朝第 15 位皇帝，年号天启。——译者

⑤ 指《永乐大典》，《大不列颠百科全书》在“百科全书”条目中称中国明代类书《永乐大典》为“世界上有史以来最大的百科全书”。——译者

撑多久，自由终将再次来临，激发这个民族与生俱来的天赋以发展自己的国家。柏格理一直坚信中国有潜在的能量，并期盼着他所热爱的中国人，能在基督教的影响下，快速踏入世界强国的行列。

快到古路场的时候，有一群人自发前来迎接，他们在当地都有一定的影响力。迎接的队伍朝天鸣枪，通告人们柏格理即将抵达，并放了上千发鞭炮。人们把柏格理接进郤先生家，这里有一间很适合众人做礼拜和祷告用的房子，屋内的四面墙上挂着多幅冠冕堂皇的座右铭。柏格理在郤先生家住了三天，指导了多场礼拜，并记录下慕道友的名字。其中有两位男子与众不同，非常认真非常聪明，引起了柏格理的特别注意，他指派这两个人去教导别人。“距此处25英里[①]之外，有一个地方的民团首领到郤先生家来看我，他非常期盼我能够到他那里去创办一个传教点，说那里有很多户人家都在渴望着基督的福音。附近有12个地方的人前来，并成为慕道友。”

礼拜五，柏格理和同伴们前往老鸦滩[②]——“大乌鸦的险滩”——位于昭通和宜宾的中间，是一个非常繁忙且重要的地方。柏格理预料这个镇子一定能成为新的工作中心，必须得派最优秀的人过来负责，基于上述考虑，他拜访了地方官以博取支持和帮助。礼拜天柏格理指导了三场礼拜，参加的人特别多，表明福音已经在该地产生了良好的影响。礼拜一，柏格理兵分两路，他指派尹先生和郤先生去访问渴慕基督但却不在此行主干道上的地方，并和他们约定于两个礼拜之后在老鸦滩会合。而他本人则同伊先生、李先生和崇明才沿大路直奔宜宾。在滩头[③]——“险滩之首”——人们前来拜访并成为慕道友。有一个人从20英里之外的两碗村[④]赶来请求柏格理过去，说那边有很多人想加入教会。在两碗村他受到了很正式的欢迎，仪仗队举着旗帜鸣枪放炮以致敬。实际上柏格理并不喜欢兴师动众，他宁愿悄悄地来，但他知

---

① 1 英里 =1.609 公里。——译者

② 今盐津县城所在地。——译者

③ 位于盐津县滩头乡。——译者

④ 位于昭通市水富县两碗镇。——译者

道，为了主的缘故，他必须受此殊荣。他在两个备选的地方中指定了一处作为礼拜堂，并承诺10天后返回启用。

礼拜四早晨，柏格理乘船前往新滩[①]——“新的险滩”——距两碗村40里，之后步行50里到扬子江边的会仪镇[②]，再乘船40里来到小土里[③]。刚一下船，就有带着来复枪和三叉戟的队伍前来迎接，在风风光光的护卫下，柏格理被请进“一所整洁的小教堂，后面带有客厅和卧室。”礼拜五他布道三场，礼拜六又有很多人赶来，柏格理向人们全力讲解基督教的本质和宗旨。小教堂于礼拜日正式启用，那天浸礼会派人从江北过来祝贺，他们所带来的礼物有可以挂在教堂内的字画和灯笼，还有一块可以悬挂在讲坛上方的匾额，匾额上题着四个镀金大字，翻译过来的意思就是:“真理的光照耀着每个人。”

柏格理乘船来到宜宾，他想买最新版的《新约圣经》。然而被唤醒的基督教热情如此高涨，尽管这里的圣经会社才刚进了货没多久，却已经脱销了，一本也没有剩下来。三天后柏格理返回两碗村兑现自己的诺言，在即将到来的礼拜天正式启用小教堂。有三四十个人被列入慕道友名单。人们很不愿意让他礼拜一就离开，但柏格理却必须得走了。柏格理在石罗滩[④]用早餐，获悉有一百多位村民渴望能在这里建设一座小教堂，这样他们就不用跑到两碗村去做礼拜了。他们购买了基督教的相关书籍，并且答应会聚在一起集中学习；柏格理鼓励他们，承诺将派两名布道员来指导他们学习。

3月19日，礼拜三，柏格理回到老鸦滩，与尹先生和邰先生会合。他们给昭通的王先生送去一封紧急书函，王先生原本和李司提反先生一起留守昭通，但现在他必须得马上赶过来协助柏格理等人。王先生极其幽默，他博览群书妙语连珠，并且还具有大无畏的勇气，数年的虔诚服务印证了他的确是一名真正的基督徒。礼拜四他们获准在龙王庙传教。当时聚集了相当多的

① 指两碗镇新滩村。——译者

② 指昭通市绥江县会仪镇。——译者

③ 今水富县云富街道办事处新寿村田坝的旧称。——译者

④ 位于两碗镇成凤村。——译者

人，由李约翰先生来讲道。其间李约翰对偶像崇拜进行了猛烈地抨击，以致于激怒了龙王庙的管理员。在这样的地方发表破坏偶像的演讲，看起来的确不怎么礼貌，也不免有忘恩负义之嫌；可是，我们却不能用平常人的眼光来评价这位认真的布道员，就像我们不能反对圣保罗在战神山上的演讲一样[①]。柏格理敦促慕道友们尽快建立自己的小教堂，并安排尹先生和王先生留在繁忙的老鸦滩，全力以赴地帮助慕道友创建教会。

离开老鸦滩，下一站是东边的牛塘坝[②]，途中经过一片茂密的森林。云南有很多山上的树木都被砍掉了，所以，当柏格理行走在参天古树下面的时候，那美妙的风景顿时让他感觉十分惬意。柏格理住进山谷中一位寨老的家里，他住了四天，每天都有非常多的周边居民前来拜访，每天都要工作到很晚，而第二天清晨又有人早早地过来请教。礼拜五早上，柏格理跋涉至四川境内的牛塘坝，约五英里远，在山谷的低处，柏格理参观了一座造纸厂，和一个巨大的石灰岩溶洞，这个溶洞“很能激发儒勒 · 凡尔纳[③]写《地心游记》时的创作灵感。”

溶洞探险后的第二天下午，柏格理饶有兴趣地观看了附近捣毁神像的行动，当地人要脱离传统的偶像崇拜，公开表明：在他们的精神世界里，只有上帝才是自己唯一愿意信奉的真神。村里的长者邀请柏格理等人进入寺庙，庙里有十二尊神像，有的神像特别沉，要四个男人才能抬得动。在捣毁神像之前，李约翰先生面对神像和群众发表了慷慨激昂的演讲。他谴责这些神像没有丝毫用处。这道山谷里的居民长期受到干旱的折磨，他们一直在祈求降雨，但这些没有生命的神像却不能满足他们的愿望，干旱的时间已经太久太久，人们渐渐

---

① 见《新约圣经 • 使徒行传 17:22》“保罗站在亚略巴古当中，说：‘众位雅典人哪，我看你们凡事很敬畏鬼神……”，其中的“亚略巴古”即战神山，位于古希腊的雅典城，为最高法院所在地。用以比喻李约翰在龙王庙传教。——译者

② 位于盐津县牛寨乡。——译者

③ 儒勒 • 凡尔纳（1828 ～ 1905），法国作家，被誉为“科幻小说之父”，代表作有《八十天环游地球》、《海底两万里》、《地心游记》等。——译者

地失去了耐心，转而相信上帝的存在，相信上帝会降下甘霖使他们获得丰收。“现在，我们要废掉你们并把你们烧为灰烬。如果你们是真正的神，那你们就赶快拯救自己并惩罚我们的亵渎行为吧。”有一些村民还是很害怕，这种对神灵的蔑视让他们感到惊恐不安，认为将有一道闪电劈向亵渎神灵的人；不过，现实情况却是，无助的神像如同破旧的家具一样被人搬了出来，并没有对布道员们发作，于是村民们就开始嘲笑神像。神像被堆在庙外点火焚烧，一直烧到天黑，烧到夜里，烧到没有一块碎片留下来。就在李先生挑衅众神像的三个小时之后，变天了，下雨了，旱情缓解了。“一开始，雨下得很小，就好似那布雨者在故意控制雨量，要让大火先把神像彻底烧成灰烬，然后再降下大雨。汉族基督徒们认为降雨是一个征兆，上帝应验了他们的祷告，并且十分赞成他们焚毁神像。他们说：‘上帝一直在等待，直到假的神完全不复存在，祂才给我们送来了大雨。’”降雨的范围仅局限在牛塘坝的方圆数里之内。

3月24日，礼拜一，柏格理等人赶往老鸦滩，就是先前冒犯龙王庙的主管被轰出来的那个地方；这一次，李约翰先生站在龙王庙的大门外面，告诉众人发生在牛塘坝的事情。他们轮流布道，当地群众一直听到午夜。柏格理和助手们积极鼓励慕道友去寻找真正属于自己的礼拜堂。

柏格理派尹先生和王先生到之前曾去过的北部区域开展进一步的传教活动，而自己却向相反的方向缓慢行进。在火烧坝①，有一位诺苏②地主前来拜访，之后又送来礼物，不过柏格理只留下一条鹿腿，其余的礼品让过来送礼的仆人悉数带回。中国的风俗是，如果送礼人和收礼人双方之间并不亲密，而仅是为了表示一下尊重的话，就可以只接受礼品中的一小部分。柏格理接下来访问了扬子江边的角奎③，最后踏上了返回昭通的旅途，他于4月1日抵达昭通，欣然看见昭通城内的工作一直在继续着，一切都非常好。

① 今昭通市彝良县龙安镇政府所在地。——译者

② 彝族分支，旧称“夷人”。——译者

③ 今彝良县城所在地，位于洛泽河边，原文有误。——译者

然而，在这觉醒的新运动期间，如何使皈依者脱离异教的影响和纠缠，是一道令柏格理异常头疼的难题。虽然人们对基督教的兴趣日益加深，可是，基督徒的数量却依旧微乎其微；因此，如果基督教会想在堕落却极具影响力的异教当中寻求生存和发展的空间，就得像一个国中之国那样，让自己的团队在精神和道德的层面上保持高度一体化，要做到这一点，就必须无情地远离身边的异教环境。尽管柏格理很急切地想让福音传遍中国大地，但他绝不会向偶像崇拜妥协，更不会为了吸引更多的人皈依而降低入教标准，让不真诚不虔诚的人混进来。柏格理竭力反对基督教徒与异教徒之间的婚姻。有一个例子可以充分表明他的明确态度：一位基督徒做主，把属于教会的女儿嫁给了一个崇拜偶像的人。柏格理用尽了所有的办法，都没能制止这场婚礼。礼拜天传道的时候，柏格理公开反对这种不纯洁的婚姻，为了形象生动地说明他抗议此类婚姻的理由，柏格理带了一个毫不相干的盘子来到教堂，说："李先生把女儿嫁给异教徒的做法，就好比像用我现在这个样子来对待这个盘子。"说完，他把盘子使劲地摔在地上，砸得粉碎。柏格理极其强烈的态度和十分形象的比喻，给教堂里的人留下了难以磨灭的印象。

这段时间，正值中国上下对朝廷的因循守旧极度不满，几乎存在着这样一种可能，即便在内心里还没有达到十分的情愿，但是，如果教会不再坚持反对祖先崇拜，并且也愿意把孔子和耶稣并列的话，那么，中国人将乐意接纳基督教。当然了，柏格理绝不会做出如此的妥协，他利用每一个机会在云南北部创建基督教会，传播基督教的理念。下文是他对上述巡回传教的部分总结："数千人的区域内有数百人成为慕道友；正式启用了三个小教堂；还有三个教堂在筹建中。这是我们返回六个礼拜之后的情况，尹先生和王先生都已经回到了昭通，我们听取了他们的报告，整个过程十分精彩。在昭通地区有34个地方的人请求我们去布道。他们大多数是汉人；另外还有一些伊斯兰教徒、一些苗族人，以及一些彝族人。几乎所有的人都对耶稣基督一无所知；有的人动机不纯，心怀杂念；不过，在寻求福音的历程中，人们清晰地看见了上帝仁慈的手。"

在写回国内的信中，柏格理急切地恳请、呼吁更多的传教士前来。

“哦，上帝！”他祈祷，“请在我们需要的时候及时帮助。记住这里数千的人，他们想寻求福音和真正的爱，但他们仍处于黑暗中。请赐予我们更多的同工，那些能来和应该来的传教士。他们来的原因只有一个，那就是爱您，我们的主。阿门。”

第七章　在云南的旅行

虽然会常常面对很多悲惨的事情，但柏格理却从来没有消极失望过。虽然他追求的目标是高尚严肃的，但现实生活中的柏格理却是乐观幽默的。他拥有说书人的讲话艺术，阅读过《中国历险记》[①]的人一定印象深刻，他的故事活泼、生动、诙谐，让人难以忘怀，设想一下，冬天的夜晚很长很长，在客栈里或柏格理的家中，他和中国或英国的朋友们坐在温暖的火炉旁，围成一圈，放松愉快地侃侃而谈。这一时期的经历将展现柏格理各种各样的兴趣，以及与中国人的思想、习俗相关的新鲜故事。

时隔六个礼拜，柏格理和李约翰，一位教书先生，再次起身前往老鸦滩[②]，开始了在云南东北部的第二次巡回传教。五寨[③]刚发生过火灾，凌乱的茅草屋被烧成一堆废墟。"我问，"柏格理说，"有没有人员伤亡；他们回答'没有'，但是很多猪和家禽都被烧死了。我突然想起了兰姆[④]的《烤猪论》，文中的波波和赫梯一致认为，火灾中被烧死的猪如此美味，足以补偿火灾所造成的全部损失。于是我就问他们有没有人去吃被烧死的猪。'没有'他们说，'太臭了，闻都不想闻。'"这样的答案实在出乎意料，令柏格理大失所望。

柏格理从老鸦滩赶往滩头[⑤]，早于原定计划到达这"险滩之首"。在客栈里，几个汉人给他讲述了丝织匠之神的故事：有一户人家，丈夫当兵去了，只留下妻子和他们的独生女儿。几年时间一晃而过，孤独的妻子就像佩内洛普[⑥]那样生活着。有一天，她实在太想念丈夫了，竟然承诺，无论是谁，只要能把她的丈夫带回家，她就把女儿许配给他。可不管怎样，并没有任何

---

① 柏格理著，1908 年在伦敦出版。——译者

② 今云南省昭通市盐津县城所在地。——译者

③ 今昭通市昭阳区盘河乡五寨村。——译者

④ 查尔斯·兰姆（1775 ~ 1834），英国作家。——译者

⑤ 今盐津县滩头乡。——译者

⑥ 希腊神话中奥德修斯的妻子，在丈夫远征期间拒绝了无数求婚者，有"忠贞妻子"之意。——译者

一位年轻的求婚者愿意去寻找那个失踪的士兵。后来，这位夫人的马挣断缰绳跑掉了，怎么也找不回来。几个礼拜之后，失踪的马驮着她的丈夫飞奔回家。从此以后，每当马儿靠近她的女儿，就会嘶叫，还会做出一些滑稽的动作，意思是要她兑现承诺。母亲心烦意乱，说宁愿把女儿送给最低贱的乞丐，也不可能把孩子嫁给一匹马。马儿继续纠缠女儿，父母无计可施，只好杀死了这匹马，并剥下马皮。突然间，马皮像活了一样跳起来，迅速地裹住女孩飞奔而去。女孩的父母紧追不放，但不一会儿马皮就带着女孩消失在山里面。父母亲来到最后看见女儿的地方，只发现一枚蚕茧，于是便断定女儿一定是变小了以后钻进了蚕茧。自那时起，汉族丝织匠就开始崇拜一种人首马身的生物——一位长着女人头和马身子的神仙。

1902年6月6日，礼拜六，柏格理和李先生来到木杆河①，他们在这里向一千多人布道共计15场。晚上和当地人聊天的时候，有人给柏格理讲述了一则关于苍蝇起源的传说。有一个非常非常贫穷的男子，苦苦哀求佛爷帮助他，于是佛爷就现身了，问他想要什么。“一小笔钱，”他恳请道，“只要几千文钱就足够了。”对于这样低俗的愿望，佛爷很不高兴，但也的确同情这个贫穷的可怜虫，就指点他穿几文钱在一条绳子上，并悬挂到一个特殊的地方。他照办了，次日清晨，他发现绳子上穿满了铜钱。后来，他利欲熏心，日复一日地，把所有的时间都用来搓穿钱的绳子。他如此的贪婪，令佛爷十分生气，便索去了他的性命并把他的魂魄变成一群乱哄哄的苍蝇。所以，苍蝇会一直不断地摩擦前腿，就好像是在搓穿钱的绳子！

在巡回传教的旅途中，柏格理对艰辛的环境和危险的道路甘之若饴，这一点给他的同伴们留下了极其深刻的印象。数年后李司提反先生评论道：“柏格理没有任何欲望和私念，衣服、食物、居住环境于他而言并不重要，甚至从来都不曾在意过，他满脑子里想的只有如何去拓展上帝的王国。”从

① 位于昭通市大关县木杆镇。——译者

永善到新田村[①]，一路走来，柏格理步履轻快，沿途还进行了细致入微的观察。“在大塘[②]有一个池塘，里面有很多脊背上长着斑纹的蜥蜴。从鼻子到尾巴，长约十英寸[③]；有四只脚，每只脚上有五个爪子。中国人称其为四脚蛇，长得非常奇怪。再往前走我们途经一个村庄，昨天晚上有一匹狼进村袭击了羊，有几只羊被咬死了，有一些被咬伤。我看见一只羊的腿被撕开，伤得很严重；有的羊伤得实在太严重了，主人家没办法就只好把它们杀掉。在洒渔河[④]，我们听说两天前这里被强盗洗劫过。一伙男人，约有三四十个，闯进村子里，持刀拿棒地站在各家门前，不许人出门，并威胁说只要有人敢出来就杀死他们。强盗唬住所有的村民之后攻击了一户人家，抢走了一千盎司的鸦片。官府的人今天才过来，刚开始调查。”

“8月21日，我在小龙洞[⑤]看到一条毛毛虫，像蛇那样趴在白蜡树上。绿色有条纹的那种。一碰到它的颈部肌肉就会收缩，身体扭来扭去呈弓形状，看起来挺像蛇的脑袋。第一眼瞥见它的时候把我吓了一跳，它的样子很让我恶心，但其实它一点害处都没有，只是长得吓人罢了。”

“9月3日，农历七月十五，鬼魂的中元节。人们把发芽的小麦种在盘子里。当祖先的灵魂回家时，这些盛着麦芽的盘子会被放在神坛上，防备着灯笼太热蜡烛的光太强，祖先的灵魂就可以躲进迷你麦田里纳凉休息……我问他们，假如到了那个时候，他们自己是否愿意躲进这样的小麦田中寻求宁静和阴凉呢。他们笑了。”

“我们学校里的一位男生，程英森，于9月12日上午9点去世。那天清晨，他的祖父跪在床边，哀求小伙子绝对不要死去：‘我还等着将来你给我养老送终（意思就是送我到山上去埋葬）呢，可不能让我跟在你的棺材后面

---

① 位于昭通市永善县团结乡。——译者

② 位于昭通市彝良县钟鸣镇钟鸣村。——译者

③ 1 英寸 =2.54 厘米。——译者

④ 位于昭阳区洒渔乡。——译者

⑤ 位于昭阳区小龙洞回族彝族乡。——译者

啊。’孩子回答道：‘爷爷，不要难过，你这个样子我就更难过了。如果先走的是我，那用不了几年我们就可以重新团聚了不是吗，这样的话你也不用在阴间孤单得太久。再说了，你也不能让我留下来让你替我去对吧？’听他说到这里，老人就一直不停地祷告：‘主啊，请让他留下来吧，请让我代替他。主啊，让他留下吧；请让我代替他；哦，主啊，让我去吧！让我去吧！”

一个礼拜之后，柏格理从疗养院返回昭通，看到于他离开期间送达的几封信函。“其中有一封，”他说，“是沃尔特（他的兄弟）的笔迹，信封的一个角上划着几条黑线。我的心立刻‘怦怦’跳动起来。我不敢看这封信，就先读其它的信。都看完了，就只剩下这一封了，我胆战心惊地拆开。我取出一张卡片，上面写着大大的‘塞缪尔·波拉德’①。父亲于1902年6月20日安息主怀。父亲回到了他最终的家！我伤心欲绝，悲恸中产生了一个念头——这于父亲而言意味着什么？天堂！耶稣！他再也不会犯心绞痛了！他再也不会有任何痛苦了！于是我感谢上帝，赞美他的仁慈。天堂里更加富有。我祈祷上帝帮助我成为像父亲一样的人。”

雨季期间柏格理待在昭通，长期外出积累下很多工作，他就趁此机会集中处理。能够做完那么多各种各样的事情，诸如主持礼拜仪式、管理布道员培训班、在学校里任教、分发药品、接待客人等等，而并没有被压垮，或许得归功于他对其助理，即汉族布道员和教师的指导。马上进入十月份，降雨量逐渐减少，柏格理开始准备在云南省北部地区进行第三次巡回传教，他把昭通的工作委托给自己的汉族助理。希克斯先生的精诚合作也让他十分放心，能够怀着轻松愉快的心情出门而去。10月1日柏格理在日记中记载：“尹先生、李司提反和我又踏上了新的旅程。我们全体步行。前些日子寒冷潮湿，但昨天却云开日出，到今天都有点暖和了。我们在深沟②略作停留，和程爷爷聊了一会儿天，他把程英森的小弟弟叫出来给我们看，还说再过一两年就可以把小弟弟送到哥哥曾经就读过的学校里去填补亡兄的空缺了。”

---

① 柏格理与其父亲同名。——译者

② 位于昭阳区。——译者

在大关，结束了一天的传教工作之后，柏格理和一群汉人闲聊，其中一位给他讲了关于鸦片起源的传说。从前有一个精灵（妖怪），变化成漂亮姑娘的模样去骗男人。她和一位年轻的教书先生好过一段时间，可是有一次，她在黑黢黢的森林里迷了路，被杀死了。不过，死亡是奈何不了妖怪的，后来她复活了，并且又和一位樵夫好上了。无论走到哪里，樵夫都带着她，妖怪能够把自己变得很小很小，樵夫就把她装进一个盒子里随身携带。有一天，樵夫遇见了那位年轻的教书先生，教书先生发现自己还依然深深地爱着"新梅露沁娜"[①]，而那妖怪也同样地爱着教书先生。于是，妖怪向樵夫提出分手，并变出一千两银子给他作为补偿。然后这两位——年轻的教书先生和年轻漂亮的女妖精——开始了在一家小客栈里的同居生活。每当陌生人来到他们的房间，妖怪就会把自己变得小小的藏进盒子里。然而，没有不透风的墙，教书先生的母亲终于听见别人议论，说自己的儿子被妖怪给迷住了。刚开始她一点都不相信，也根本就看不出来儿子哪里有异常；但传言越来越玄乎，她忍不住去找儿子一探究竟。儿子在妈妈的面前表现得非常真诚孝顺，打消了母亲的疑虑。有一天，好奇的母亲打开了那个神秘的盒子，很惊讶地发现盒子里装着一副猪肝。"唉，"老夫人自言自语道，"我们家穷，从来都吃不起肉，但没想到儿子竟然背着我藏了副猪肝！"趁着儿子还在外面，她把猪肝从盒子里拿出来，带回家交待儿媳妇做给她吃。儿媳妇一刀刀地切开肝脏，鲜血四射。教书先生回到客栈发现盒子空了，十分难过，他正在伤心，妖怪的鬼魂出现了，告诉他所发生的一切，让他马上去把鲜血收集起来洒进地里，这样的话，等到来年春天，她就变成了花朵陪伴他。当花儿盛开，教书先生把果实的外皮划破后，里面就会淌出珍贵的汁液。妖怪告诉他把汁液收集到容器里吸食。当他吸食汁液的时候，她就会给他以无比芬芳的味道，带给他从未体验过的幸福。第二年，教书先生按照妖怪的指示，种植罂粟并推广开来，而后发现鸦片能带给他奇妙的快乐，帮助他抚平失去爱

① 见歌德著《威廉·麦斯特的漫游年代》第3卷第6章，文中的男主人公爱上了侏儒族的公主，当公主变小的时候，就会住进一个匣子里，由男主人公随身携带。——译者

人的痛苦。"但是，"讲故事的人说，"将来不久，人们也能很轻松地毁掉罂粟，如同鸦片来到人间那样容易，因为可以用棉花彻底取代罂粟。就是现在，都有人用一种从棉花杆里熬制出来的药水，来抑制他们的鸦片瘾。"

一路上柏格理利用自己的空余时间阅读《失乐园》。他已经有20年没读过这本书了，怀着谦恭和敬畏，柏格理畅游在书的壮丽恢宏中。"为勇敢的老盲人约翰·弥尔顿[①]而感谢上帝！我在气势磅礴的大山里读完了诗集的最后三册。"在柏格理看来，该史诗的浩瀚无际正如永恒的连绵山峰，与绝大多数诗歌相比较，《失乐园》的高耸伟岸则如同珠穆朗玛峰傲立于喜马拉雅山脉。《失乐园》不仅激发了柏格理的诗兴，还点燃了他的宗教热情和爱国意识，柏格理认为这是属于不列颠的最高荣誉之一，他完全赞同德莱顿[②]的评价："这个男人让所有的人都黯然失色，包括古人在内。"站在这样的高度上，沉浸在如此丰富的想象里，传教士的灵魂得到充分滋养，因此能够运用精神的自由和力量来适应各种状况的变化，并在经常出现的、别有用心的、卑鄙恶意的诋毁中，得以保持自身的洁白无瑕。

话说在小跨村[③]，有位男子讲的一则传说吸引了柏格理，并使他迅速放下手中的《失乐园》，传说的故事情节如下："昭通有一个穷汉子，凑了16文铜钱给算命先生，想求一副好卦。算命先生毫不犹豫地答应了，说他必将时来运转，最后一定能当上大官。有一天，穷汉子正拿着卦辞，站在将军的衙门口看大人办公，突然，令人激动的幸运之神匆匆降临，穷汉子的卦辞先是掉在了地上，之后刮起一阵风，直接把卦辞吹到了大人的椅子那里。大人捡起来看了看，很是吃惊。大人想，这穷小子竟有如此好的前程，那如果我和他攀一门亲事的话，以后肯定对我大大有利呀。于是，这位大人就开始和

---

① 约翰·弥尔顿（1608～1674），《失乐园》的作者，英国诗人。——译者

② 约翰·德莱顿（1631～1700），英国诗人、文学评论家。——译者

③ 音译地名。——译者

穷汉子套近乎，慢慢地和他熟络起来，直到最后把自己的女儿嫁给了他。数年后，另外一个穷汉子知道了这个故事，也想碰碰运气。他也找了一个算命先生并如法炮制。可是呢，他所遇到的大人却和之前的那一位截然相反，这位大人看完卦辞后断定，这穷汉子不是傻瓜就是无赖，便下令打了他，还罚他带着枷（一个很重的木头做的颈圈）游街示众。”

“昨天我们走过仙女桥[①]，距离高坎岩[②]的崇村[③]约五里远。仙女桥修在悬崖边，桥由巨大的石板铺设而成，支撑石板的柱子硬生生地被钉进悬崖里。从桥上走过，透过缝隙往下看时，只见黑幽幽的深渊望不到底。当地人说凡人不可能建造出这样险峻的桥，应该是仙女修的吧。除了枯林溪[④]的树林之外，今天的第一段路还算好走，那些树又高又细，很多就长在水稻的田坎上。第二段路大多是走在河床里，踩着一块又一块石头跳过，有些石头摇摇晃晃的。还有一段路蜿蜒在悬崖峭壁间，途中经过一个很大的瀑布，少部分的路段上有石头护栏，但大多数地方的护栏已经脱落，所以我走路的时候只得屏气凝神，集中全部精力。行50里后我们下到扬子江边，来到惠村[⑤]。江面狭窄江水湍急，在此处形成一个险滩。我们正在观望，忽然看见一条载满苦力的小船顺流直下，望着他们像箭一般安全地通过险滩，我们都忍不住激动地喝起彩来。”

在惠村，当地人对外国人感到十分好奇，柏格理就领着两百多人进入一座寺庙传教。有些人竟然如此痴迷，以至于筹划着要让柏格理留下来作为专业教师并付给他工钱。实际上有一位男子已经收集好钱，当作是给柏格理传教的报酬。晚上有三百人聚集过来听传教士宣道。他们一遍又一遍地讲着，一个半小时的时间里就燃尽了七根中式小蜡烛。最后由于他们的嗓子实在太疲惫了，热情的观众才答应结束布道。

还有一次在井底坝[⑥]，一大群人吵吵闹闹地跟着他们，如同往常的情景一样。在大约两小时内，他们向近五百人传教。听众里有人告诉他们，这

① 意译地名。——译者

②③④⑤ 音译地名。——译者

⑥ 今永善县城所在地。——译者

个地方之前还从来没有人传过福音，只有一个外国人，曾于同治皇帝年间到过。

1902年12月8日，他们在前往长海子[①]（意思是“长长的海洋”）的路上，这是一个数年后柏格理经常造访的地方。“我们遇见了，”他说，“很多男子翻山越岭运送棺材板和蔗糖前往昭通。有些木板重达两百斤（1斤=1.5磅），苦力们带着货物，大约用八天的时间走完70英里[②]。我们在一个峡谷里休息，点火煮咖啡。原住民土地上的风景十分优美，洁白的云朵在太阳的照耀下闪闪发光，如同雪域一般。长海子非常寒冷，我们既没有米饭也没有床。最后大家发现阁楼还比较安全，于是所有的人都挤在那里睡觉。我们躺在三匹马、十头猪和四只母牛的上面，设想一下在深夜里，当猪游荡在马的中间，那嘶叫声和踩踏声所组成的奇特交响曲！还有，旁边的木柴烟熏火燎的，让我们泪流不止。房东老妇人也睡在同一间阁楼上，不过她是从马厩的另外一侧爬上来的。虽然我们共有八个人挤在一起睡觉，但依然觉得冰冷刺骨。客人们经常会盖同一条被子，有的客人来晚了，便挤进两个熟睡的人当中取暖——汉人管这种行为叫作‘挤楔子’。”

1902年柏格理进行了四次巡回传教，离开家的时间共计四个月。在旅途中他经历了许多艰难和危险，但是，新的体验和令人激动的事件却激发了他对冒险的热爱和对拓展上帝信徒的渴望与向往。在中国人看来，他不仅仅是基督的使者，更是西方文明的使者和导师，而此时他们最急需的就是探索西方文明的奥秘，这一需求胜过了解一门新的宗教。不过柏格理并没有轻视东方的智慧，他认为，虽然目前西方在机械的发明制造方面胜过东方，但东方却有一种更为深邃的智慧将被发现，“于我们而言没有什么比发掘智慧更为重要。”

① 今贵州省毕节市威宁彝族回族苗族自治县黑石镇开厂村六组。——译者

② 1 英里 =1.609 公里。——译者

第八章　一次巨大的机遇

贯穿第三次巡回传教（1902年）的全过程，柏格理一直在利用这种新的布道方式来培训并考察他的助手，并且一直在力图寻找适合他们每个人的最佳传教地点，以便于每个人都能够独立主持一方的传教事务，这样他就可以解放出来，把精力投入到昭通的持续工作当中。柏格理一直拿不定主意，不知道是不是应该在古里场①这个村子安排一名老师，在那里，恰如他所说的："一些人看起来是真正地动心了，他们看来是有些真正地理解基督福音了。"柏格理发现汉族的妇女比男人更加保守，担心她们会阻碍基督福音的传播，因此便督促皈依者和慕道友回家向妻子宣教。针对这一建议，一个汉人洋洋自得地表示，在他所居住的地方，"女人都没有什么影响力的；做主的是男人。"柏格理对他的回答无动于衷："我不相信他的话。"

从古里场步行两个小时，到达牛塘村②，他们进入郃先生开的茶馆，和跟随他们的人一起做了一场礼拜。郃先生公开表示拒绝偶像崇拜，还把家里的神像统统搬出来烧掉，这件事在当地引起了很大的轰动。

几天之后，他们带着五六十名慕道友前往会理场③，与鸣枪放炮的迎接队伍会合。在下午和晚上的礼拜式中，柏格理尽全力地帮助新加入的皈依者。对于其中的一位，小土里④的陈先生，柏格理说道："他在演讲中证言，上帝的精神已经陪伴在他的身边。赞美诗的唱诵十分真挚。在一条船上，所有的人齐声高唱《赞颂主耶稣的圣名》，非常壮观。"在一次小型会议上，柏格理把当地的工作委托给他们，并挑选出其中一位最优秀的男子作为领导人。

一群坚定不移的年轻学生从副官村⑤写信给柏格理先生，请求柏格理帮助他们在昭通的行政长官来视察之前找一个合适的处所以开展宗教活动。虽然这"几十名信仰者"很想租到房子，但地方的反对势力太过强大。书信的落款是"基督的信徒"，共有四位年轻人，其中三个已经从私塾毕业，另外

---

①②③ 音译地名。——译者

④ 今云南省昭通市水富县云富街道办事处新寿村田坝的旧称。——译者

⑤ 昭通市绥江县老县城。因修向家坝水电站，已经整体搬迁。——译者

一个还在学习。四个月后，柏格理在赶往副官村的途中，主持了他们小教堂的启动仪式。柏格理写道："距离城镇大约五里的地方，我们遇见几位身着礼服的汉族学者。一位使者带着当地官员的名片前来迎接我们，我们在20名士兵的护卫下走完了剩余的路程。我们在27名军人的簇拥下进了城，他们携带的武器有来复枪、长矛、三叉戟和刀剑等等，还有一些人吹着喇叭。我们进城时放了大量的鞭炮——总共18000发。数千人观看了欢迎仪式。客栈已经特意布置好房间，还为我们准备了热茶。然后我们就站在前面的三张桌子上传道。房间里面挤满了慕道友，房间外面还站着好几百人。一直有士兵站岗，还轰出去了两拨硬要挤进来的人，再后来天色已晚，点灯照明。异常的吵闹、繁忙和劳累，但是很快乐的一天！"

"礼拜天，1902年11月23日，我拜访了地方官员，他们也进行了回访。我们做了三场礼拜。晚上有许多人赶来，房间里挤满了慕道友。唱赞美诗的时候，我们还有乐队伴奏：一位先生拉着两根弦的琴，另外两名学生在吹笛子。他们所演奏的赞美诗是李先生用中国的记谱方式记录下来的。"

"在周一晚上的礼拜式中，有五位年轻的读书人表明他们愿意皈依'耶稣的宗教'，并劝诫人们放弃偶像崇拜。聂先生曾在会仪镇[①]听过我传教，他于今天晚上的布道中重申了我那次传教的主题，他的布道非常诚恳。听着这些人一个接一个地发言，我从内心深处感到了温暖……整个活动相当精彩。"

他们离开扬子江，顺着一条小支流通过一片美丽的乡村。"我们离开会仪镇，来到20里外的古春滩[②]，我们在这里喝茶，然后到外面去传道。陈先生，一位医生，主动过来和我们交谈。他听了我们的讲道，似乎是有些领悟的，他说他想加入基督教会。也有人告诉我们之前从没有人到这里来传过福音。几天后我们前往井底坝[③]，这是昭通地区最繁忙的集市之一。我们数了数

---

① 指绥江县会仪镇。——译者

② 音译地名。——译者

③ 今昭通市永善县城所在地。——译者

这一带白色碉楼的数量，当隔壁的彝族土著越过边界抢劫掠夺的时候，人们就可以逃进白色的碉楼里去避难。两天后我站在不久前才刚刚发生过激战的土地上，汉族的士兵在此地打败了入侵者。我站到高处数了一下，在扬子江云南这边的地界上，共有64座碉楼，如果天气晴朗的话，我还可以再看见40座。这些碉楼是该地区生活不安宁、财产不安全的明显标志。”

在云南的一些树林里，繁殖着著名的白蜡虫，巡回传教让柏格理得以反复出入这些地域。多伦子爵[①]对白蜡虫的描述是“一种带有黄色斑点的瓢虫”，长在女贞属的树上，或者是大型月桂树上——常青植物，约5～25英尺[②]高——主要生长在罗罗[③]的区域。从花簇和浆果上均可以看出树龄。这种昆虫每年年初开始生长，从树枝上鼓起来，有点像树瘤，也有点像小蜗牛的壳，鼓鼓地长在树上。把壳取下来，它就会破裂并流出粘稠的汁液。除去汁液，壳的核心部分是一种小小的黄色沉淀物，经过仔细观察后会发现，那里有大量极细微的幼虫。

当地人告诉柏格理，壳里有三种类型的昆虫，先后在不同的时间段长成。最先长成的那一类虫子有翅膀，可以飞行，等翅膀脱落之后就开始爬行。第二类是可以下蛋的，汉人把它叫做红沙虫。最后出来的是一种极小的白色昆虫，可以分泌白蜡，被称为白沙虫。如果这些描述是正确的，那我们可别忘了，中国人并没有经受过观察自然界的正规训练——而每一个小外壳里面都像一个蜂箱那样复杂有趣。

四月底五月初，就在虫壳刚要爆裂释放出数以万计的幼虫之前，就已经有人从四川和湖南赶来收购树上的虫壳。做白蜡虫生意的商贩来到罗罗的边界时，要与诺苏达成协议，这是一片没有被汉人征服的独立领地，他们需要得到诺苏的保护。然后商贩们开始收集，但他们会留下足够多的白蜡虫用

---

① 亨利•多伦（1868 ~ 1945），法国探险家，著有《中国禁地：多伦 1906 年至 1909 年之考察》。——译者

② 1 英尺 =30.48 厘米。——译者

③ 指彝族。——译者

于来年的繁殖。用于繁殖的白蜡虫会被放进一小束稻草中，把一束束的稻草捆在树上，不久之后，幼虫就会爬出来遍布在整棵树上，树上的每一只白蜡虫又会在第二年长成一个新的虫壳，再孕育新的幼虫。要带走的白蜡虫被纸卷住，或者是被包进棕色的植物纤维中，每一包约重24盎司[①]；两个箱子装66包，计一个负荷单位。每逢昆虫盛宴的季节，数以千计的商贩穿梭在云南的大山里至四川西部或湖南之间，长长的运输队伍形成一条连贯的线，赶路的人加快脚步，两天的路一天走完，走一趟需要10到14天的时间。这个季节里客栈的价格是平常的两倍，商贩们“不得不用银子来开路”。急行军快接近终点的时候，人们会变得异常兴奋，因为做白蜡虫生意就是和时间赛跑。白蜡虫开始活跃并越长越大，白蜡虫商贩所经过之处，客栈的地板上和木船的甲板上都覆盖着黄色略带微红的灰尘，但那其实是多得数不清的白蜡虫。商贩们知道这就是第一批幼虫，他们最担心在赶到目的地之前虫壳就已经爆裂，这样小虫子就会跑出来。如果他们能在虫壳爆裂之前及时赶回家，那么，每一个负荷单位即两个箱子里的白蜡虫就能够卖到20两或更多的银子。

白蜡虫被放在特定的树上，从壳中出来以后它们就爬满了所有的树枝，然后树枝上就会产生一种珍贵的白蜡。汉人对该现象的解释很简单，说那是虫子存放在树上的蜡，或者说是虫子的分泌物；可西方旅行家则认为，是由于昆虫刺穿了树的表皮组织，从而导致了蜡从树中流出。白蜡的价值非常高，它不会像别的脂肪那样迅速融化，因此适合作蜡烛的外层涂料。对于这件事情，柏格理坚持认为，此类昆虫如此特殊，它只能在云南生长繁殖，而产生蜡的树，除了云南之外，也只能在海拔略低的四川和湖南生长。尽管柏格理并没有声称自己是发现白蜡虫的第一批西方旅行家之一，但在好奇心的驱使下，他一直不停地探索其中的奥秘和真相。不过令他特别失望，尽管他向汉人和诺苏都仔细地询问过白蜡虫的情况，并且还在云南认真地观察过不同生长阶段的幼虫，他却始终没能在白蜡虫的原产地搞明白这种神奇的昆虫

① 1 盎司 =28.35 克。——译者

究竟是怎么一回事。

1903年2月初，柏格理再次忙碌起来，把全部精力投入他策划的一次活动当中，旨在唤起昭通市民对基督教的兴趣和热情，并希望能够借此带动整个地区的觉醒。正当活动开展得如火如荼，W.E.盖尔[①]先生，《扬子江上的美国佬》的作者来访，并于晚礼拜上发表了演讲，由柏格理来翻译。盖尔先生也记录下此次访问："柏格理的口才极好，他传教的时候，学者、商人、苦力，实际上各个阶层的人，都在聚精会神地听他讲话。不可否认，传教士所做出的努力给这座城市留下了无法磨灭的深刻印象。"盖尔先生还写道："我在传教团驻地受到了柏格理及夫人还有他们的两个儿子的热情欢迎和真诚问候，其中一个小孩已经学会了欧几里德[②]的两本书，尽管他还不到九岁。"

活动结束之后，柏格理陪同他的客人盖尔先生来到昆明。自从他上次离开，已经有整整11个年头了！岁月沧桑，风云变幻！当他漫步在昆明的大街小巷，旧时的回忆和观点涌上心头："让我们到之前曾待过的偏僻地方去传教，这个政策简直就等于自杀。"柏格理发现昆明的排外情绪一如当年，他听见法国领事馆的大门外有人不干不净地骂着"洋鬼子"。柏格理十分渴望在这座城市里能有一个强大的传教团，他很清楚，如果传教团的人数无法超过现有的两倍，那就绝不可能重新开启昆明的工作。1903年4月在昭通的年度会议上，柏格理说："我们很早就认识到，向广大民众传播福音的工作只能依靠本土的传教机构来完成。要深入地开展工作，眼下我们就需要20名优秀的本土布道员，但实际上我们的本土布道员还不到10个……今年我们接收了四位先生做第一年的见习。已经开始了常规的学习，也将进行考试，就像在国内那样。"柏格理写信请求划拨250英镑，作为创建培训机构的费用。

巡回传教——对于工作而言十分必要——却使柏格理不得不牺牲了和家人相聚的时间。柏格理几乎算不上一位比较温情的丈夫和很慈爱的父亲，

---

① 威廉·埃德加·盖尔（1865 ~ 1925），美国旅行家。——译者

② 欧几里德（约前 330 ~约前 275），古希腊数学家，著有《几何原本》。——译者

因为一年中他竟有三分之一的时间不在家，而且离家的次数开始变得愈加频繁，周期也更为长久。所以，每逢他在家的短暂时光，孩子们都异常高兴。有时柏格理也很难过，因为自己的孩子很少能有机会和英国小孩一起玩耍。1903年4月，传教团驻地马上就会有八个英国小孩了，这让柏格理很开心："太棒了，孩子们会更加快乐！"只有极个别的传教士可以像柏格理那样和中国人建立起很亲密的友谊，然而，这两个国家——中国和英国——之间的差距究竟有多大，从中国流行的娃娃亲习俗里便可见一斑："几天前来了一位妇女，她非常喜欢伯特伦，问柏格理夫人有没有找一个媳妇给他，而伯特伦才刚刚四岁！"柏格理夫人承担起儿子们的早期教育，她非常成功，当孩子们返回英国接受学校教育的时候，他们的水平和国内的其他男孩子不相上下。不过，柏格理夫人并没有整日里围着孩子转，如日记中所载："礼拜天，1903年3月29日，埃米接管了俄赫·特鲁贺的班级。我们的主日学校里有六个班级，有四名中国老师和两位外国人。"还有："4月22日，这个礼拜埃米为我们和雷姆博斯的孩子们开设了一所英语学校。"

大约就在这一时期，W.雷姆博斯牧师从休假中返回，他接手的任务是去修建并主持一所为教会培养年轻布道员的学校。另外还有两名新的传教士到来，布尔女士和H.张道惠牧师，这对柏格理是极大的鼓励和支持，如果家乡的委员会能够如此坚定，那他们就可以更加积极地在昭通北部开展"更深层次的皈依运动"。柏格理在写给C.希克斯牧师的信中说道："这些人已经找到了我们。在他们的老家直到去年为止都还从来没有新教传教士去传过福音。他们想要些什么，他们为什么要寻找我们？这些问题我们都很难回答。这是一场很神秘的运动。然而，对于我们来说，我们的责任就是要尽到自己最大的努力去指导这些人。我们相信上帝为我们开启了一扇伟大而神奇的门，如果不去那里传教便是我们的悲哀！[①]"

在三位汉族布道员的陪同下，柏格理于1903年4月23日，礼拜四，开始了

① 参见《圣经基督教杂志》，1903 年 10 月。

第五次在昭通北部地区的巡回传教——这次传教持续了10个礼拜。有20多人送他们启程，一直送出几英里[①]之外。柏格理在老鸦滩[②]发现儒家私塾的学生想在他们的镇子上建一座“耶稣堂”。“下午，”他说，“我们去官田坝[③]。晚上传教两个小时。上帝就在我们中间。一些人被感动了。在讲述爱的故事和耶稣生平的时候我很快乐。我确信假如我们能在这里有一个工作点和一位优秀负责人的话，必将获得大丰收。”

汉族布道员对偶像崇拜进行了执着而坚决地攻击，他们一遍又一遍地劝说慕道友和皈依者同过去彻底划清界限，公开声明放弃对偶像的崇拜。经过长时间的认真考虑，郭先生答应清除他家的偶像。他母亲得知后，来到郭先生家中，说可怜祖先，就拿走了他们的牌位要亲自保管。可是郭先生并不同意再留下这些牌位，他说自己已经做出了最终的决定，他说他梦见有五位衣着华丽的先生来拜访他，他认为梦中的先生们就是传教士。郭先生宣布放弃偶像崇拜两天之后，他最小的孩子去世了，但这次考验并没有动摇他业已做出的决定。经过了汉族布道员尹先生的长时间劝说，郭先生的母亲终于答应把她从儿子家里抢救出来的偶像拿到院子里烧掉。还有一个例子，一位皈依基督的妇女死后，她的儿子打算请巫师来驱除那些曾经给母亲带来痛苦和折磨的妖孽；但他父亲的态度却是：“大男人的，又不是全家都死了！我决不允许我们家再有这种异教徒的做法了！”

柏格理发现很多地方的慕道友都非常希望能购买或者修建一座小教堂。在黄坪溪[④]，人们推倒了天地庙，把庙里的神像填进了一块大石头背后的空隙里，并在天地庙的旧址上，为他们所崇拜的耶稣建起一座新的礼堂。在副官村，正当柏格理在衙门口传福音的时候，地方官恰巧走出大门，看见柏格

---

① 1 英里 =1.609 公里。——译者

② 今昭通市盐津县城所在地。——译者

③ 位于盐津县，为原老县城所在地。——译者

④ 位于绥江县会仪镇。——译者

理之后便吩咐停下轿子，走过来听他宣教。后来，这位官员拜访了柏格理，共同讨论了天主教和新教之间的一些纷争，他还再三要求柏格理安排一位高素质的布道员来负责这座城镇的工作。一个地方的父母官能够提出这样的请求，表明了中国人的思想意识正在发生着重大改变。柏格理告诉他，已经任命尹先生负责老鸦滩的工作，而李先生，一位举人，为驻副官村的牧师。

他们乘木船前往距离宜宾不远的安边①。这是一次令人相当郁闷的旅行，船上挤满了出口成脏的白蜡虫商贩，让柏格理十分难受。晚上留宿的客栈人满为患、嘈杂异常，使人感觉很不舒服。柏格理已经疲惫不堪，只想赶紧上床睡觉忘掉周围的不愉快。就在他快要睡着的时候，一位汉族绅士走进他的房间，真挚地渴望探寻基督的信仰。一提及这个话题，柏格理立刻精神奕奕，他坐起身来给客人做了尽可能详细的指导。来访者的认真和诚恳给柏格理留下了极其深刻的印象，客人的言谈不由得让柏格理想，或许，自己来到这个地方的唯一目的，就是为了向这位慕道友传福音。

返回昭通之后，柏格理马上协助萨温医生找到一块合适的地基，修建礼拜堂和医院。十月份的第一个礼拜天，教会举办了落成典礼。柏格理把所有的人分成若干小组对礼拜堂进行装饰。根据装饰风格统一地设计整体方案，每一组都对自己所分配到的区域全力以赴。公开感谢上帝庆祝收获的主意引起了本地人的广泛兴趣——无论是基督徒还是异教徒——那天约有750人参加了礼拜式。

回昭通后的六个月时间里柏格理忙于教会在城内的各种事务，偶尔也进行短途巡视，去看看李先生和尹先生所负责的副官村和老鸦滩的进展情况。萨温医生修建医院时他给予了大力支持，还投入了很多精力在学校的工作上。当时中国18个省的官员都在琢磨教育改革问题，他们尝试着增加国考科目，要拓宽学生的课程。1904年5月的某一天，昭通的地方行政长官采取了在非常正式的场合下才会使用的郑重礼仪来拜访柏格理。交谈中，这位官员告

① 今四川省宜宾市宜宾县安边镇。——译者

诉柏格理说他目前正在选派一两名学生去日本留学。但学生必须要通过数学考试，他求柏格理出考题，并坦承自己对该科目一无所知。待柏格理一口应承下来，他又很不好意思地请柏格理改卷子。柏格理的日记中有如下记载："1904年5月20日，我出了不同类型的一共五道题目，一道测量题、一道代数题及三道算术题，有些题是儿子曾经做过的。"下个礼拜三，考试结果出来了，令人很不满意："行政长官给我送来了五份试卷：有一个人答了两道题，两个人答了一道题，其他两个人交了白卷。非常糟糕。"这件很不光彩的事情，是缺乏西方老师的必然结果。近年来中国人一直在努力弥补这方面的缺失，这一点值得高度赞扬。

假如没有汉族布道员的协助，要在昭通所管辖的许多城镇内和偏远的乡村里传播福音，那就是几乎不可能的事情。尹先生和李先生都经过了很多次的严格测试，在亲人的鼓励下离开家追随基督。尹先生在皈依前是一位丝绸商人，传教多年之后他发现由于自己不属于士人阶层，因此在宣道过程中常常会遇到很大的阻碍；不过，他在义和团运动期间所表现出来的忠贞无畏却赢得了外国传教士的尊敬。尹先生从老鸦滩寄给柏格理的一封信中写道，第一批成为慕道友的人并没有遵守教会的规则。还有些人很不耐烦加入教会的各种要求，对此他就向他们反复强调加入教会之前必须要用心学习。并以自身为例，说明靠近光是一个缓慢的过程，他也曾经历过艰难的思想斗争，他也不可能马上就理解真理的内涵并心怀感恩。尹先生在信中谈及一位年轻皈依者的故事，这个年轻人被迫从老鸦滩迁至另外一个没有教会的镇子里去居住。年轻人写信告诉尹先生，即便全家人都要和他断绝关系，他也会坚定不移。"他知道，"尹先生写道，"他的灵魂比食物和衣服宝贵一万倍；他宁愿选择饥饿，也不愿再回到过去。"

副官村的李先生，那位举人，则面临着迫害和误会。李先生拒绝了一个动机明显不纯的所谓慕道友，这个人一怒之下，就跑到天主教会的神父面前去拨弄是非，成功地挑起了天主教与新教之间的矛盾。李先生就此事给柏格理写了一封长长的信，并用下面的话作为信的结束："副官村的教会正处于用泪水播种的阶段。我尊重并敬畏圣灵的工作。我传教时能深刻体会到其中的美妙。每念及此，我心里知道上帝一定听见了昭通的祷告。"李先生在另一封信里谈到了一场试图恢复义和团的事件，事发地点位于宜宾和副官村之间。这是一次无知的胡闹的爱国主义事件，憎恨基督教并迷信巫术的力量。据李先生说，当地官员迅速采取行动，不等形成大的威胁就派一队士兵把它镇压了下去。但是，在官兵赶到之前，仍有一名基督教徒惨遭杀害。“阴历二月，”李先生说，“张道惠先生去朱先生家里，帮他清除了所有的神像。朱先生家里只有他和妻子两个人，夫妻俩举案齐眉、琴瑟和谐。每天的早晨和夜晚，他们关上大门，在一起唱赞美诗、做祷告。朱先生是忠诚正直的；别人辱骂他的时候他从不争吵；别人动手的时候他也不还击。九月十九在冲天桥[①]，信奉玉皇大帝的巫师和红灯教筑起神坛，邀请四路神仙，祭拜大旗并供奉鬼怪。他们抓来朱先生，咒骂他说：‘你不应该带那个洋鬼子张道惠，去侮辱神灵，还毁掉了神像。’然后他们告诉朱先生，如果他愿意祭拜玉皇大帝并向诸神鞠躬赔罪，那他们就留他一条性命，也不毁坏他的房屋。朱先生一点都没有害怕，回答说：‘只有一位神是真的——那就是耶稣。’朱先生的这句话彻底激怒了巫师，巫师砍下朱先生的头供奉给玉皇大帝，鲜血溅在了旗上。信奉上帝，朱先生忠诚到底。”

回顾这一时期传教团在云南东北部的工作，传教士所取得的成就令人惊奇。这是传教团所遇上的第一次伟大机遇。

现在，甚至连满清朝廷都已经清醒地意识到，只有进行一场彻底的改革才可以挽救帝国。但结果却是坚决不妥协的保守派彻底击败了代表西方文明和基督宗教的改革派。大量汉人一改当初对传教士的蔑视与敌对，把他们视为最好的老师和引导者。柏格理发现自己得到了中国各阶层人士的喜爱，他们给予他如高官一般的待遇和荣耀。假如传教团能够早做准备，而国内的机构也有充足的后备人员迅速跟上，那么，则完全可以抓住这次机遇，以昭通为中心，南至昆明，北到宜宾，建立起一系列的教会。

柏格理是一位真正的英雄，他和同事们抓住新形势，牺牲了舒适的家

① 音译地名。——译者

庭生活，和一些汉族基督徒，冒着危险，一次次地徒步巡回传教，把福音带进了云南东北部广大区域内的各个城镇、集市和村庄。柏格理相信，目前正是历史上少有的关键时期之一，不仅是中国，整个亚洲和欧洲的命运都在改变，而基督教将唤醒中国人。面对这样一次绝无仅有的机遇，柏格理代表传教团呼吁英国基督徒的支持和帮助，但英国教会却是盲目和冷漠的，诉求的失败让柏格理十分沮丧、生气。欧洲国家一直沉溺于政治扩张的错误观念，从而不能理解中国人在思想意识上所发生的变革，因此就基本上错过了1903至1904年间的大好机会。

第三卷

在中国西南的少数民族中［1905～1910年］

吹奏芦笙的柏格理与一部分早期苗族寻访者

第一章　云南和贵州的原住民部落

忽然之间，柏格理的工作重心发生了整体转移，之前是向汉人传播福音，后来则是在云南和贵州的土著民族当中布道。早在1888年，S.T.索恩牧师就记录下他在黄坪[①]会见山里民族代表的事情，这些人住在四川境内的扬子江边，从未被征服过，是独立于政权之外的自治者。后来不久，T.G.万斯通牧师隐约有些预感，他曾经说过自己年轻的同事S.柏格理日后必将在中国西部鲜有人知的土著民族中传教并大有作为。据记载，土著民坚持抵抗中央王朝直到雍正末年，朝廷用和平谈判而非武力的方式，于乾隆统治的18世纪招抚了他们。

W.E.科尔伯恩 · 巴伯[②]于1877年考察了罗罗的领地，那里有很多种族，如罗罗、西番和蛮子，但最主要的是诺苏。这片被群山环绕的领地估计有11，000平方英里[③]。除了传教士之外（含天主教和新教），在大凉山最成功的探险家当属多伦子爵，他于1906年穿越了大凉山。多伦子爵认为尽管中国政府征服了西部省份所有的非汉族人群，但是，仍然有三个种族一直在不停地反抗，很难战胜，并始终保持着独立。他们就是贵州的苗族、四川的罗罗和藏北的西番。[④]

传教士和旅行家们很难搞明白汉人与原住民之间真实的政治关系，究其原因，一方面是由于汉人三缄其口；而另一方面，每当提及汉人，原住民便表现出强烈的反感。汉人于明朝1380年进入云南，并占据了一些平原和山谷。自1727年开始，满族的皇帝雍正大规模扩张在云南的领地，很多原住民部落投降后散居到新来的汉族移民中间。但是也有一些民族，如诺苏，却坚决不投降，穿过扬子江定居在四川境内易守难攻的险峻大山里。从那时起这些部落就英勇地、不屈不挠地守护着自己的疆域。他们生活在“伟大而寒冷的山脉”即大凉山的村寨里，仇恨汉人，过去经常发动突然袭击，到汉人的领地上纵火掠夺。

---

① 音译地名。——译者

② 爱德华 · 科尔伯恩 · 巴伯（1843 ~ 1890），英国探险家。——译者

③ 1 英里 =1.609 公里。——译者

④ 《中国禁地》，第 11、12 页。

平原和坝区上的主要居民是汉人，面积约占云南省的 1/15；山里原住民的人数大概超过了五百万。云南西北部的很多支系似乎与藏族同源。云南西部与缅甸的交界处，分布着克钦人[①]和崩龙人[②]。云南省内广泛分布着诺苏、傈僳、苗族。有些平原和坝区上分布着掸人[③]和民家[④]。在福建的山区、湖南的山区、四川、广西、贵州等省份，也发现了族属相同的部落。对比他们的发音和词汇，在云南的非汉语人群中，除了藏语之外，其余的主要有诺苏、掸和苗族的语言。[⑤]掸人，或仲家[⑥]部落，被描述为："是个子不高，但非常强壮的种族，皮肤呈黄色，无疑具有蒙古利亚人种的特征。"诺苏身材高大挺直、体格强壮，或许具有藏族人的基因。傈僳、拉祜、拉卡[⑦]和葛泼[⑧]等民族有一定的渊源关系。[⑨]汉人称呼这些支系的人为诺苏、夷人或"外人"。第三大非汉人种族为苗，或者是蒙[⑩]，他们广泛分布在中国的西南地区。他们大多数应该居住在贵州，分为三个支系：黑苗、白苗和花（杂色的意思）苗。绝大多数黑苗可能都聚居在贵州，而云南则主要是花苗。这三个支系都有自己的方言。据梅杰 · 戴维斯[⑪]说，他们中等身材，身体特征接近汉人。贵州的苗人以勇猛著称，但云南苗人的住地却非常分散，往往被淹没于更为强大的周边民族中间。他们特别害羞、胆小，通常生活在十分偏僻的高山深处。

要更好地了解柏格理及其同工所指导的大规模皈依运动，我们就必须得

---

① 今景颇族。——译者

② 今德昂族。——译者

③ 今傣族。——译者

④ 今白族。——译者

⑤ M. 布鲁姆霍尔（海恩波）：《中华帝国》，第 243 页。

⑥ 今布依族。——译者

⑦ 音译名称。——译者

⑧ 彝族的一支。——译者

⑨ 彝族、傈僳族、拉祜族为不同的民族，但均属于汉藏语系藏缅语族彝语支。——译者

⑩ 苗族的自称之一。——译者

⑪ 《云南》，第 311 页。

把生活在“独立罗罗”[1]领地里好战的诺苏，即蛮子或巴布[2]，和生活在云南、贵州等地的苗族人区别开来。根据多伦的记述，独立罗罗处于封建领主制阶段，全部土地均归领主所有。领主最重要的任务就是练兵，但同时也不会忽视文字的传承。农业生产由从平原地区抢来的汉人奴隶完成。“只要奴隶服从命令，并且不逃跑，他们就不会受到虐待。整个社会分为三个阶层。处于最底层的奴隶，如果能够忠心耿耿地卖力干活，那么，经过数代人之后，就可以获得释放并上升为农奴。农奴阶层，有着独立的组织结构，一些破落贵族有时也会沦为农奴，往往是那些在战争中被打败的人，他们既不肯投降也不愿认输，只得流亡到其他有势力的领主辖地内寻求保护。等级最高的人是兹莫，意思是王室的人，”他们实力的大小取决于其领导者。富有干练的领袖懂得如何让他的权威受到充分尊重，也能让别人心甘情愿地臣服在自己的影响力之下。不过，这些兹莫虽然是高高在上的领主，可在自己的臣民面前，他们通常都不会摆任何一丁点儿的架子。[3]

云南和贵州的土著部落，虽然表面上归顺了朝廷，但实际上他们自己的领主才是真正的统治者。土目，即封建领主，往往拥有巨额的财产和巨大的城堡，以及数百乃至数千的佃户。首领们几乎全是“黑血脉”的，即“贵族的”诺苏。诺苏的佃户通常为“白诺苏”。当然，绝大多数的佃户还是苗族，苗族才是真正的农奴，不仅要交付各类租金，还要为地主耕种土地。

罗罗，一种被叫得很广泛的称呼，是汉人取的绰号，源于他们放置祖先名字和灵魂的短竹管或微型小篮子，即当地人所说的“箩箩”。文字由毕摩传承，毕摩是一个特殊的阶层，主要负责教导领主的孩子并保存本民族的书籍。柏格理认为诺苏文字是汉人象形文字的变异。诺苏阅读时从书页的顶端到底部，汉人看书从右往左，而诺苏则是从左往右的。

---

① 早期西方探险家对凉山彝族的称呼。——译者

② 指巴布凉山，旧时的称呼。——译者

③《中国禁地》，第 62 页。

从诺苏的传统习俗看来，这是一种早期的人类文明，他们的生活奢侈而高贵。他们没有艺术，仅有少量的工业。他们是尚武的民族，每一位诺苏的第一个愿望就是要得到一匹马和一杆来复枪。他们身体健壮、肌肉发达，大多数男人都很英俊。首领们建筑了坚固的城堡，而农奴则生活在用泥土和茅草搭成的棚子里。每逢节庆或重要场合，领主便极好面子地大宴宾客，十分铺张。酒喝多了以后，男人们就开始争论、吵架，甚至斗殴。不过，诺苏的女人会出面制止争斗，她们走进正在打架的人群，抓住男人头上的英雄结——诺苏男人的象征，但每位妇女都只能抓自己丈夫头上的英雄结，然后，按照约定俗成的规则，凡是被妻子抓住英雄结的男人，就必须得住手退出。

家族间几乎已经记不清起因的世仇被一代代传了下来。领主们带着自己的家臣去攻打世袭的仇敌，去焚毁另一个家支的房子和城堡，不是因为对方欺负了他，而只是由于他们的父辈在过去曾经是敌人，或者只是由于战士们很久没打仗了，有必要活动活动而已。有时候，他们之间的纷争会从山上转移到汉人的衙门里，诺苏首领会因为诉讼费而耗费掉大量钱财，于是就逐渐地失去了祖先流传下来的财产。

很多人认为诺苏是昭通地区的最早居民，但C.E.希克斯牧师却不同意这种观点。[①]诺苏说其祖先来自西藏高原，到达昭通坝子的时候，发现这里已经被别人占领，这些人皮肤黑黑的，个子小小的，住在山洞里。平坝上的很多土墩子据说就是远古时期僚人[②]遗留下来的。揭开土墩，里面藏着刻有一种奇特图案的粗糙石器或烧制砖块。好战的诺苏把僚人赶入四川境内，但汉人却说僚人和广东的土著民族是同源的。多伦在研究了云南北部的僚人之后，坚持认为这就是当初他在东京[③]一带考察过的种族。从人种学的角度出发，这一关系十分清晰。“很明显，法属印度支那的某些部落源自于同一个种族，这

① 《中国记录者》，1900 年 3 月。

② 对中国古代百越民族的继称之一，该称呼始于东汉，普遍使用于两晋南北朝及隋唐时期，其分布地甚广，大约自长江以南直至东南亚一带皆有僚人分布。——译者

③ 越南北部的旧称。——译者

个种族曾经占领过非常广阔的地域，据一些中国的历史学家记载，他们还曾经起到了非常重要的历史作用，或许，在他们与被征服部落妇女的结合下，直到今天，仍有不少人口众多的部族都是他们的后裔。”18世纪初，满族的军队把诺苏赶进大山里，建立昭通城，还向散居的诺苏部落征收贡品并要求他们臣服。

多伦说诺苏是“纯粹的有神论者。他们没有所谓的宗教信仰：没有庙宇，没有僧侣，也没有供人们参与的宗教仪式。他们信仰一位完美全能的神，和一种害人的鬼魂。去世后好人被称为神，坏人就变成了人人憎恨的邪恶鬼魂。不过，通常情况下，死者往往是既不全好也不全坏；因此他要在自家周围的地里游荡三年，干预各种事务，最后由上天裁判能否按时离去以结束这段时光。[①]”希克斯说尽管形式不同，但诺苏对祖先的崇拜和汉人的一样自然而然。汉人用牌位纪念先人，而诺苏则用一种很小的箩箩或篮子，见前文所述。古代的时候，死者实行火葬，尸体放在木柴上烧掉，悲伤的亲友围着火堆跳舞唱歌以示怀念。巴布们，即自治领地上的诺苏，仍然保留着该传统；可生活在朝廷管辖范围内的诺苏，已经按照规定，普遍采用了汉人土葬的习俗。

莉莲·丁格尔医生曾到一位诺苏首领家中作客，共约两个礼拜的时间，她说：“巴布一年一度的杀小羊羔习俗很奇特，用一束嫩竹枝沾上血涂在家里的房门上。他们剔除小羊的头、四肢和羊皮，然后烧烤一整只羊，羊肉于当晚吃完，任何东西都不可以剩下。他们烤羊的时候不加香料，如果要配主食的话，就做包谷饼，做饼子不用小麦面。”她还附带说明，在烧烤小羊之前，毕摩会到家里来拿走所有被剔除的部分。

诺苏提倡早婚；等到小伙子和姑娘准备结婚的时候，便要精心安排一场武装抢婚的戏；新娘子必须得是从父母家中被抢走的。这是从上古时期遗留下来的一种风俗，在那个久远的年代里，每个男人都必须要通过武力才能抢到妻子。现在，新郎和亲友团在强攻之下进入新娘家，女方则假装抵抗然后

---

① 《中国记录者》，1900 年 3 月，第 173 页。

投降，再之后就是全体人员参加婚礼，沉浸在喜庆的欢宴中。最后，新娘骑在马背上被牵往丈夫家，抵达时，新娘的男亲属就开始抢她脸上的婚纱并把婚纱扔到房顶上，而新郎的亲友则抓住婚纱丢在进门的台阶上踩踏。整个游戏过程都很粗暴，从中预示着新娘在新家中的地位。

那些已经归附朝廷的诺苏，希克斯先生断言，他们在生活上和道德上的放纵给了汉人可乘之机。白酒、鸦片，以及各种各样的自我放纵让他们“败掉了自己的家产，把土地抵押或者转卖给汉人。他们生活放荡，嗜酒如命，致使人口锐减。他们的身体素质也越来越差，寿命越来越短，因此很难遇见一位上了年纪的诺苏，也经常会出现家庭绝嗣的情况。这个地区没有法律，富人掠夺穷人，强壮的欺凌弱小的。他们用现代的来复枪打仗，获胜者会把对方的尸体烧掉、房屋毁掉。在土目的统治下，很多人无家可归，而土目则往往成为了邪恶的化身。”许多地方的诺苏逐渐被汉人同化，采用了汉人的语言和偶像崇拜。当然了，也有不少的家支，自豪地沿袭下传统的风俗和语言，并且与大凉山的自治部落保持着密切联系。

关于苗族，他们在人口上多于诺苏，但较诺苏而言，他们更为贫穷，文化上也似乎更欠缺一些。梅杰 · 戴维斯说，他们原本住在贵州，近几代人才迁徙来云南和四川西部。他们没能占据自己的领地。与上文所述的民族不同，苗族是另外一个民族，多伦称其为“弢族[①]”，如果他们和希克斯所说的僚人不是同一个种族的话，那么，这两个种族或许都应该和掸人有关。“这个种族（弢族）是，”多伦说[②]“罗罗和苗族，在中国的南方最为重要，并扩展到印度支那的广泛地域，遍及暹罗[③]；他们的未来或许将取决于暹罗王国的昌盛与否。”

绝大多数苗家人都依附诺苏生存，在诺苏的封建领地上，他们拥有自己的小块土地。诺苏及其近亲如傈僳、拉卡、葛泼等的境况都比苗家人好。几

---

① 音译名称。——译者

② 《中国记录者》，1900 年 3 月，第 146 页。

③ 泰国的旧称。——译者

乎所有诺苏的衣服上都配有银饰，而苗家人则只能够佩戴铜饰。各地都有略微富裕一点的苗家人，然而，从整体上来讲，这个民族的经济是依赖于诺苏地主的。他们主要从事狩猎和农业。他们为地主种地，同时也耕种自己的份地。诺苏领主需要向朝廷缴纳的赋税，首先就会找苗族人摊派。在传教士的描述中，苗族人受到双重压迫，是一个单纯善良的民族，非常愚昧和随性。“这些部落的人”，柏格理说，“若干世纪以来一直与世隔绝，坚决抵御汉人的文化，坚守着残酷的缠足习俗之外的自由，他们外表温顺、驯服，但内心里却蕴藏着能为上帝所用的品质，能帮助耶稣拓展主的领地。从这一点看来，他们虽然没有土地，却并不因此蒙羞。”

S.R.克拉克说：“如果可以通晓他们三至四种方言的话，那么，理解并融入他们就不是难事。本来苗族也有自己的世袭首领，可是现在，朝廷的官员却在他们中间指派了头人，即他们所称呼的‘款’，”头人负责征收赋税、调解纠纷，不过，严重的诉讼案件还是得送到衙门去处理。

苗族的婚俗和汉人的有点类似，但苗族的妇女更加自由开放一些，她们可以选择自己喜欢的人结婚，并且不会受到干涉。与汉人不同，在苗族人的观念里，婚姻不是神圣持久的。因此，一直以来，要让苗族人理解基督教所提倡的对婚姻和家庭的忠诚，是传教士们所面临的主要难题之一。不懂得这些的妻子会爱上自己的情人，引发三角恋，给家庭带来很大麻烦。传教士和公正的调解人会坚持让妻子返回其合法的丈夫身边，但现实却往往是家庭的最终破裂，到了这个时候，妻子的情人只要赔付丈夫当初所付的彩礼钱，就可以带走解除了婚约的女人，并把她变成自己的妻子。

尽管苗族人早已远离了原始野蛮的时代，但如今他们的文明程度还是远远低于汉人。在传教士的印象中，他们简单得就像天真无邪的孩童，有许多吸引人的美好品质，同时也带着一些让人讨厌的缺点。他们会在各种节日宴会上酗酒。他们放牧的同时也种庄稼。妇人和女孩们每天赶着山羊和牛群到山坡上放牧，等到日落时分方才归家。男人们则进山打猎，给猎物下套，兴奋地追杀野猪或羚羊，沉浸在收获的喜悦当中，有时他们还能用涂了毒药的弩箭射死豹子或老虎。节庆或闲暇期间，他们唱歌跳舞以自娱，他们最常用乐器有点像微型的管风琴，由不同长度的小竹管组成，就好似把很多笛子扎在了一起。吹奏出来的音乐非常奇特。“像小鸟在叫，让人们想起大自然的声音，只不过，是一种忧伤的天籁。”他们玩的游戏与古希腊人的很相似。他们十分擅长饲养和训练马匹。[①]

与苗族人关系极为密切并深得其信任的的传教士说，苗族人没有自己的书面文学，却都是了不起的故事爱好者。远古的传说被一代代人口口相传，故事的内容与创世、洪水、阎王等有关，大多会在婚礼和葬礼上唱诵。S.R.克拉克先生讲过，苗族的许多传说都以诗歌的形式出现，“五个音节一行，每个音节的长度不同，一行提问一行回答。在仪式上唱诵的时候需要两个人或分成两个组。”克拉克记录下他的苗语老师所背诵的一则创世故事，从第二段第一行中就可以感觉到希伯来文学的单纯与庄重：“王威（天上的王）创造了天和地。”在后面的诗文中，“则讷”取代了“王威”成为造物主，而“王威”则不再出现。部落里的苗族人信奉万物有灵，为了防止疾病和灾难的发生，为了驱赶变化无常、心怀恶意的魔鬼，便经常举办一些仪式和活动，如此一来就更加促进了有神论的发展。

有一次，柏格理在一场葬礼上请求那悲伤的人告诉自己苗族人关于死亡的信仰。当一个人去世过后，巫师或指路人便会讲述关于第一个男人和第一个女人的创世传说，巫师会在故事的结尾处给即将动身的亡灵指明道路。死者要前往自格鸟底（苗族人的地府）城。亡灵在路途中会不断地拜访他仍在阳间的朋友，并因此导致他们生病或受到惊吓。亡灵刚刚离开躯体的时候，有一条巨大的毛毛虫拦住去路，还会叮咬或刺伤它。于是，巫师就杀牛贿赂看守死亡通道的毛毛虫，并念念有词，帮助亡灵顺利过关。然后，亡灵会遇见一群像水牛一样大的狗挡路，如果亡灵没有应对之策，那么狗就会把他丢进湖里去。不过，如果亡灵肯向狗示好，那么塞布瑞斯[②]和它的伙伴则会把他带到通往哈德斯[③]处的笔直大道上。抵达自格鸟底后，亡灵就被送进一只鸟、

① 引自莉莲·丁格尔医生的一封信。

② 希腊神话中地狱的看门犬。——译者

③ 希腊神话中的冥王。——译者

或猪、或绵羊、或山羊的躯体内。而此刻在阳间，死者的尸体用竹席子裹好，正抬入棺材。巫师拿起一些草切碎，说道：“如果你的兄弟、或姊妹、或其他亲戚想跟着你走，那你一定要把他们送回来。”说完巫师拿起已经切碎的草和切草的工具，用力将它们抛出墓穴，越远越好。各个地方的仪式不尽相同，但从中所体现出来的苗族人对祖先灵魂的信仰与祭祀却是一致的。

柏格理曾经问苗族人，是否有过死者从自格鸟底返回，他们回答说“没有”。但巫师却可以带在世的男子去自格鸟底，并且还能够把他再带回来。方法如下：男巫师和男子挨着平躺下来，把一扇磨盘放在巫师的肚子上，磨盘上再放一个装满水的桶，完成这些准备工作之后，巫师就闭上眼睛念动咒语。此时，躺在巫师身边的男子会被施以类似催眠一样的法术，然后就看到了巫师意念中的画面。有一位苗族朋友告诉柏格理，说他曾经请巫师做过这样的事，但实际上他什么都没有看见。可是也有其他人，曾经被施以催眠术并且记得他们所见过的情景。

直到20世纪初期，中国西部的这些部落都鲜为人知，人们对他们的关注开始于一场苗族人突如其来的“群众皈依运动”，并且这场运动还帮助了诺苏去探索基督的真理。冥冥之中似乎有一股神秘的力量，引领着山里的苗族人来到安顺和昭通，提出令人惊讶的疑问：“我们应该崇拜的祂，就是我们的上帝和王在哪里？”我们简直无从知晓该运动的最初起因，或许，这些部落里的人是在用一种不同寻常的方式来分享国家的复苏，也或许这正是他们自己民族意识的觉醒，也有可能是日本维新的胜利给中国人带来的冲击已经辐射到如此偏远的山区。但传教士们说，政治因素在苗族人的觉醒中只起了微不足道的作用。然而，我们的确知道，在昭通有一位小个子白人，他伟大的灵魂被一个民族寻找耶稣这个不可思议的整体行为奇妙地感动了，现在我们还知道，他十年如一日，不辞辛劳地耕耘着这片土地，牺牲了自己，造就了一次伟大的机遇，打好基础，留下了身后教会的盎然生机。

柏格理在一封信中提到，有一次他在旅途中和一位失去妻子的医生结伴同行，这位医生向柏格理描述了他和孩子在扬子江上遇难的往事。小孩沉到江底，父亲已经完全绝望，忽然看见孩子又被江水冲了上来。医生竭尽全力地抢救，他控干了孩子肺里的水，做了人工呼吸，却依然看不见任何生命迹象。此刻，一位站在旁边的中国妇女，抱起了没有生命的躯体，解开上衣，把孩子捂在自己的胸口上，并用她的外套把小孩裹住，小孩听见她的心跳，竟然苏醒了，最后毫发无伤地回到父亲身边。妇人对小孩的拯救就好比柏格理为穷苦苗族人所做的一切：他把苗族人揽入怀中，把自己的精神信仰分享给他们，让他们感到温暖并由此觉醒，如果没有这样的温暖，那部落里的人，即便眼睛里闪烁着对新生活的渴望，也无法让自己的民族再次振兴。

第二章　一次进入罗罗地域的旅行

义和团运动结束之后，柏格理着手开启云南省东北部的“大门”，他为此进行了五次长途巡回传教，期间曾与渡扬子江而来的诺苏有过频繁接触。高大结实的诺苏引起了柏格理的好奇，在冒险家本能的驱使下，他十分渴望进入中国的禁地——罗罗的领域去探险。大凉山——从一个方向穿越要走200英里[①]，从另一个方向穿越要走350英里；柏格理不止一次地站在边界上遥望，心中充满了无比的向往，期待着有朝一日，可以渡过扬子江，去攀登“伟大而寒冷的山脉”。在汉人的集市上，每当遇见勇敢的诺苏前来交换货物，柏格理就设法与他们攀谈。晚上他们围坐在客栈的火塘边，柏格理着迷地听诺苏讲故事，故事内容大多是讲他们如何偷袭汉人，把汉人抓去当奴隶或者用来勒索赎金。

神奇的故事让柏格理下定决心，只要有机会，他就一定要深入诺苏的腹地进行考察。这实际上是非常危险的，因为大凉山完全在朝廷的控制范围之外，如果要实施该计划，就必须得找到一位十分可靠并且具有一定威望的向导，只有这样的向导，才能够在进入部落深处的时候有足够的实力保护他。假如没有好朋友龙姓诺苏首领的帮助，柏格理将不可能进入大凉山。龙首领，虽然生活在汉族地区朝廷的管辖范围之内，却和大凉山的亲戚保持着密切联系。经过反复动员，龙首领答应为柏格理带路，他们于1903年11月18日离开昭通，按照计划，先去三天路程之外的龙首领家作客，然后再秘密前往大凉山。

没走多久，龙首领的两个朋友，骑着马加入到行进的队伍当中。当晚他们在铺子[②]过夜，这里有龙首领的亲戚，盛情地款待了他们。很多诺苏过来看“外国人”，于是柏格理就用汉语向他们布道，龙首领做翻译，结束之后，房东表示他愿意成为一名基督教的“慕道友”。柏格理一行人在崇山峻岭中走了三天，抵达桃车[③]，住在龙首领的家里。关于诺苏的起源，柏格理写道：“我看见一本家谱的原稿，在树状的图谱上，喇嘛竟然出现在底部。渊博的黄脸巫

---

① 1 英里 =1.609 公里。——译者

② 音译地名。——译者

③ 四川省金阳县彝语音译，即云南省昭通市昭阳区炎山乡松乐村。——译者

师告诉我，喇嘛就是藏族人，说他们是一支没落的诺苏。假如，历史果真像他所说的那样有趣，那么，诺苏则有可能会是世界上最早的人类之一。”

据柏格理了解，龙首领的母亲很不一般，她非常能干，还特别坚强。龙首领两岁那年，穆斯林大造反，整个地区动荡不安，旁边的诺苏家支趁机起兵攻打龙家。龙首领的父亲在混战中被掷过来的长矛杀死，他的手下四散逃亡。龙首领的母亲把幼小的儿子交给一个女奴，送到自治的罗罗领地去，并给儿子取了一个假名字，年幼的龙首领在假身份的掩护下，平安地躲过了暗杀者的匕首和毒药。而他的母亲在这段时间里，则渐渐召回原先家中的奴隶，此外还雇用了新的仆人。她带领全家过着十分节俭的日子，全力以赴地和仇家抗争。有一次，仇家径直攻入她居住的院子，但这位巾帼英雄毫不畏惧，她夺了一支枪，孤身一人把仇家及其下人全部赶了出去。动乱平息过后，龙夫人提起一次又一次地诉讼，收回了全部财产，还从仇家的手中夺回了所有的土地。

柏格理在龙首领家里逗留了几天，发现了聪明的母亲安排儿子生活的奥秘，这是她生前就已经布置好了的：龙首领有三房妻子，母亲给每一位儿媳妇都准备了一处独立封闭的宅院；但龙首领却没有自己的宅子，母亲吩咐他轮流住在各位妻子的家中，一月一换。龙首领的第一位妻子住在右边的宅子里；第二位住在左边的宅子里；最小的妻子住在中间。柏格理来的时候，正好是第二位妻子当值，他和龙首领便都住在这个家里，家里有三个儿子和两个女儿。龙首领的第三房妻子也生了两个女儿。

“在诺苏的土地上，”柏格理说，“异性之间交流时没有任何约束，这一点和汉人完全不同，汉人虽然在很多地方都十分优秀，但是，男尊女卑的观念却严重地束缚着女性，使得妇女的地位非常低下……诺苏女人却很自由，所以也很自信很自尊……女人可以很随意地和男人一起聊天，这里完全不存在那些让欧洲客人异常讨厌的强加在女人身上的愚蠢的桎梏。

“从桃车，”他说，“我们遥望精彩的诺苏大地……我们一行12人，全副武装。甚至连传教士都配备了威力惊人的神秘武器，这些武器不止一次地拯救了整个团队。我的伙伴们看见我带着望远镜，不说它是一只‘千里眼’，反而认定了那是一支‘千里枪’，能够射杀通过它来看到的所有人，至于为什么我从来都不开枪，那只不过是因为我还没有发现足够多的人数值得去开枪。还有我的照相机，当我把它固定到三脚架上的时候，传教士就消失在一块布下面，虽然照相机不是格林机关枪[①]，然而，它所招致的恐惧，却远在机关枪及其改良后代之上。我们前往探访的这一群人，他们十分勇敢，非常看不起汉人，但是，他们却出奇地害怕巫术和魔鬼，并完全听从巫师的掌控。而我，却被认为是精通各种巫术的专家，甚至连那一伙企图打劫我们的人，都吓破了胆，落荒而逃。”

对于柏格理而言，在桃车所度过的礼拜天非常值得纪念，龙首领移走了天地神位，表示从今后他将不再崇拜大自然的神秘力量，而是信奉上帝为大自然的创造者。另外，龙首领的一个儿子认柏格理为义父：男孩顺从地来到传教士面前行跪拜礼，柏格理给他取了一个英文名字“威廉”，汉语的读音是“慧灵”，还送给他一个小指南针作为礼物。礼拜天晚上，柏格理为他的女房东讲解了一些基督教的教义，并帮她设法记住了一段简单的祈祷文。

1903年11月24日，礼拜二，柏格理他们一大早离开桃车，沿着陡峭险峻的山路下行，于午后来到扬子江边。他们穿过茂盛的甘蔗地，到达锌厂沟[②]，这是一个繁忙的集市。之前旁边有一个银矿，所以锌厂沟曾一度繁荣，但银矿的烟有毒，最后被停掉了。柏格理在集市上看见很多高大英俊的凉山诺苏，汉人的头发是黑色的，而他们的则略显金黄。这些诺苏身材挺拔，鼻子高高的，眼睛很明亮；他们没有留胡须的习惯；很有男子汉的气概，一看就是擅长运动的民族。他们身着灰色的披毡，系在颈部，长长的直到膝盖下面。有的人手臂上戴着护腕，准备随时挡开砍过来的刀剑。有一位男子双肩上搭着一条带子，带子上装饰着两排纽扣和大宝石；身体左边挎着一把两英尺长[③]的刀。

龙首领曾提出让柏格理写封信给英国领事，请求对此行给予保护；但柏

① 手动型多管机关枪，由美国人查理・乔登・格特林于1860年设计，是最早的实用化机关枪。——译者

② 位于炎山乡小田村。——译者

③ 1英尺 =30.48厘米。——译者

格理很明白，领事是坚决不会同意他的计划的，所以，要想进入大凉山，唯一的办法就是做好保密工作偷偷地去。然而这保密工作也并没有做得太好，得到消息的扬子江守军发出指示，命令船夫要不惜一切代价阻止柏格理过江。柏格理来到渡口后引起当地汉人的轰动。掌管渡口的官员送来了大米、猪肉和橙子等礼物，其真实目的是要劝说柏格理打消渡江的念头。劝说无效，汉人就开始使用诡计。“在那里，”柏格理说，“只有一条船。往上游走几英里还有一个渡口，但是船坏了，正在岸上修理。往下游走也有一个渡口，但是从那里渡江登岸的话，就直接进入了我们诺苏朋友仇家的领地。所以锌厂沟渡口是唯一的选择。阴谋者使出各种坏招数企图阻止我们，例如要把船底敲几个洞之类的。多高明啊！他们进一步实施了该方案，不过，他们万万没有想到，该方案的执行者实际上是我们的盟友！船夫断然拒绝了这个阴谋诡计……可他们又启动了别的花招。他们让我们渡江，同时又联络了江对面部落中的诺苏，让他们抓住我们索取赎金。据说龙先生和我每个人都值一万两银子。”事后他们还得知，其实汉人的阴谋很深，甚至都已经派人去收买诺苏，要杀掉柏格理。

第二天早晨我们的传教士和他的朋友们坐上了渡船，几分钟过后，他们登上对岸的禁地。柏格理摘下帽子，祈祷这片土地上的人们能够成为上帝的子民。

龙首领在前面带路，下死命令说队伍不得分散。他们先顺着江走了一阵子，随后右转，跟着一条银光闪闪的溪流，进入一个道路十万分折磨人的峡谷。“我们没有带马过来，”柏格理说，“在云南，必须下定步行的决心，现在我们很庆幸没有带马过来。有时候所谓的路只不过是插进岩石里的几个支架。有些地方，直接就把一根树干靠在悬崖上，在树干上凿几个缺口，以此帮助行路的人爬上悬崖。还有，圆木也会被放在一个接一个的岩石支架上，想要通过的话就必须步行，或者直接爬过去。这是最简陋的乡村桥梁，溪水从桥下流过。再看看龙首领，他原本是一个很讲究的人，不论在哪里，他几乎都要骑在马上，可是现在，在这样的桥上，他甚至连自己的双腿都不信任了，过桥的时候他是爬过去的，并且他的手和膝盖一直在不停地抖。”

柏格理只能脱下他的英国长靴，换上用大麻做的草鞋。天黑之前他们只走出了12英里，经过一个村庄，这里住着一些龙首领侄子的佃户。村庄极小，被一道墙环绕着。在围墙上靠近大门的地方，坐着两位巴布男子，还有一位妇女坐在他们中间。柏格理一行继续往前走，来到桃棚子[①]。这里的领主来拜访他们，并表示道歉，因为不久前他的家被敌人烧毁了，所以他没办法在自己家中款待客人。大胆的外国人让所有的人都很吃惊，不过，龙首领和他们的关系非常好，因此并没有任何不愉快的行为发生。

在诺苏地区，柏格理没有看见像汉人那样固定的生活模式，对此他饶有兴趣。诺苏没有城市、没有商店、没有寺庙、没有鸦片窝、没有衙役。每位诺苏男子都在左耳穿了洞，戴着一串珊瑚珠耳坠和一条银链子。女人是天生的大脚。所有的诺苏都很珍视自己的女儿，杀害女婴的现象完全不存在。"诺苏有一个传统习俗，这个习俗把我们的一个同伴整得很惨。如果年轻的诺苏男子来到妻子的亲戚家，那么，对方的奴隶女孩就有权任意地'戏弄'他，把他弄得狼狈不堪。那位跟我们一起来的青年就被'戏弄'了。他刚设法从一群姑娘中间仓皇逃离，却又被另一群姑娘拿着大木勺朝他泼冷水，给他浇得湿湿的，整个场面十分有趣。姑娘们开心不已，旁观者也乐得不行……"

"次日清晨我们本打算早些出发，但是有一位叫做惹黑的诺苏首领，听说我们在这里后就过来看望，他不让我们离开，一定要款待我们。他派手下去带一头肥山羊过来。山羊于上午9点左右送到。11点的时候，我们享用了美味的山羊肉和可口的米饭。在等待吃饭的那一段时间里，人们对我随身携带的一把小折叠椅和一个铁制拼图益智小玩具产生了浓厚兴趣。当然，最轰动的，还是我那对能活动的小人，一个拿着剑和矛的汉人和一个跳舞的小提琴手。他们的笑声中不断地夹杂着尖叫！事实上，我在诺苏领地待的十天里，每一天都在异常欢乐和开怀大笑中度过！"事后他们得知，那位名叫惹黑的首领，曾与汉人共谋，对柏格理，要么活捉，要么杀掉；不过很快，惹黑又从另外一名叫做惹特的诺苏那里知晓了更多内情，惹特是柏格理的朋友，所以经过慎重考虑之后，惹黑放弃了对柏格理的袭击，并彻底改变立场，说一旦柏格理到来，他将派出六七百人，全副武装，保护好传教士。

---

① 音译地名。——译者

正午，太阳挂在空中，柏格理一行人朝大凉山腹地进发。迎面走来一群诺苏，看见外国人，十分惊讶。龙首领告诉他们柏格理是一只人熊，大家捧腹大笑。因为头一天晚上，有个诺苏说外国人的穿着看起来像一头黑熊，如果在丛林里遇见，他会不假思索地开枪射击。龙先生知道了以后就戏称柏格理为“人熊”，柏格理佯装大怒，而此时他的手里刚好拿着一根带刺的棍子，于是便抓住龙首领作势要打。路上他们还看见好几群绵羊，许多都是黑色的，柏格理很希望能够带一对欢蹦乱跳的黑色小羊羔回家，作为送给儿子们的礼物。下午，他们要翻越一座高得令人眩晕的悬崖，悬崖上凸出来的可供攀登的岩石又如此狭窄，异常危险，以至于“猴子在硬着头皮爬过这光溜溜的悬崖之前，都必须得穿上草鞋！”路上柏格理问他的同伴，诺苏在生活中首要追寻的是什么，他们的回答迅速而干脆：“第一，武器和盔甲；第二，一匹马。”

“那日向晚，”他说，“我们来到一个大村庄，名叫则祖勒车[①]。坚固的围墙环绕着整个村子，墙上有很多枪眼，由此可见生活在里面的人时刻都在防御着外来攻击。大多数房屋都很矮小，是茅草盖的屋顶。等级高一点的诺苏用长条树皮盖屋顶，上面长满了苔藓和野草。在大凉山我没有见过瓦铺的房顶。”

“我们进入一处庭院，被带进长长的主屋内，房间里没有任何家具。在房间的一头，地上有一个石砌的大火塘。火塘里面的火燃得正旺，旁边放了好几个柳条编的垫子，主人家坐的位置上也有垫子，女主人正坐在那里等我们。我们坐在垫子上，尽量靠近火塘。下雪了，天气非常冷。没有精心准备的欢迎仪式，这让英国人感到很轻松。差 20 分钟不到 7 点，屋内一阵骚动。进来几名女主人的家奴，拖着一头大公羊。这头羊站在我们的面前，我被吓坏了，因为这就是我们的晚餐，他们要在我的眼前把羊杀死。这是诺苏待客的重要礼节，为每一次来访的客人宰杀一只家畜，为了证明主人不会拿一只家畜来招待两拨客人，可怜的动物往往都会被当着客人的面宰杀。这是我最不愉快的经历，但我还是向热情好客的女主人表达了我的敬意和感谢。每次宴会的山羊腿都属于孩子们，他们拿去在木柴火上烤，烧光所有的羊毛，开心地享

① 金阳县彝语音译，今四川省凉山彝族自治州金阳县则祖乡则祖村。——译者

用美餐，吃得津津有味。他们以最快的速度把心、肺、肝等丢进还在烧着的柴火灰中，烤上一小会之后，盛进盘子里，作为最特别的美味献给龙首领和我……”

“一听说饭好了，人们就马上喧闹、兴奋起来。睡着的人也被叫醒。饥饿的汉子们看到了希望，连作客的传教士也急不可待了。几名侍者环绕站立，手里拿着点亮的火把，火把由松木或干竹枝做成。木制食盘摆在两位最重要的客人面前，小食盘直接放在地上，约12英寸[①]高，是用一节实心的树干雕刻出来的。食盘的直径约18英寸。盘子上放着3个木头饭盆。一个是直径9英寸高5英寸，用来盛米饭，米饭堆得像一座金字塔。另一个是直径12英寸高3英寸，用来盛肉。还有一个更深一点的盆盛肉汤。所有餐具都用樟木制成。再加上两把木匙，装备就配齐了，主人热情地邀请客人进餐。肉块切得很大，有的超过了1磅[②]重，而唯一的工具就是匙子。我们该怎么办？请读者们猜一猜，假如是您，您能怎么办，您所想到的办法正是那天晚上我们所使用的[③]。盐放得很少，因为汉人商贩带来卖的盐巴价格都特别贵，很多菜都吃不出一点盐味……客人的随从和客人同时吃，吃剩下的饭菜给主人的家奴吃。”

11点，柏格理在长屋子的一端挂起幕布放映幻灯片。除放映宣传福音的图片之外，柏格理还展示了几幅英国人的生活照。其中最受欢迎的是一位英国女士穿着连衣裙的照片。女人们看到了英国女士脖领处的精巧小别针，便惊呼着认定了她们属于同一个民族。因为所有的诺苏姑娘和已婚妇女都佩戴着金、银或铜质的小领针。龙首领负责解释图片，虽然柏格理对他宣讲的新福音完全没听懂，但是，通过人们快乐、疑惑的惊叫和开怀的笑声来判断，他的放映必定是很成功的。他们应该永远都无法忘记，有一位外国传教士——“罗洪呷呷”[④]曾经访问过这里。

---

① 1 英寸 =2.54 厘米。——译者

② 1 磅 =0.9 斤。——译者

③ 柏格理在幽默地暗示用手抓是唯一的方式。——译者

④ 柏格理被罗洪氏族收养后的彝族名字，意为“罗洪的”。——译者

次日清晨他们7点出发，在雪地中前行，一直到下午3点才吃早饭。用过饭后又开始费力地爬山，然后再下山，大约在晚上10点钟来到西台①，这个寨子有100户人家。柏格理等人手持火把走进围墙的大门，欢迎的人一阵大笑，欢呼声四起："老熊！"他们计划在这里住几天，拜访老酋长阿坡并和他进行深入交流。龙首领向柏格理介绍过，阿坡是位老先生，为人很好，是诺苏历史的权威，像柏格理一样渊博，知道很多奇妙的知识。但不幸的是，一位汉人——可能是商贩也可能是间谍——刚刚拜访过阿坡，并把很多酒献给老人作为礼物，因此，当柏格理等人来到阿坡家的时候，阿坡已经沉醉不醒，在柏格理逗留的整整三天时间里都没有能够清醒过来。不过，他的夫人，阿勒，热情地款待了柏格理，以弥补阿坡的失信行为。客人们进入房间的时候，阿勒正坐在火边用一根长长的烟杆抽烟。屋子长约53英尺，阿勒站起来欢迎客人，借着火光，他们看见一位高大端庄的老妇人，快70岁了，身穿一件及地长袍。

在阿坡家的另外一个夜晚，主人用圆木燃起火堆，全家人和客人围坐在火堆旁。主人家的长女坐在昏睡的阿坡和好客的阿勒中间，她是一位寡妇，有三个儿子，她的衣着十分华丽，从耳环处垂下很多条银链子在胸前晃动，她正在用一根五英尺长的烟杆吸烟。家中的长子也坐在阿勒身边，是一位高大强壮的诺苏战士，他告诉柏格理他的一个兄弟死于19年前的部落纷争，他们和害死他兄弟的家支之间的血仇一直持续到今天。龙首领是闲聊的中心，柏格理只能闭上嘴巴坐在那里，除非偶尔会有一些谈话内容被翻译成汉语。当龙首领给大家介绍传教士教给他的天文学常识的时候，柏格理十分惊讶。"我并不知道，"柏格理观察说，"向导所讲述的关于奇异来访者的全部故事，也听不懂其他同伴海阔天空的奇谈，但我确信夸大其词是东方人的叙事方式，他们非常夸张，之后再给人留下一个十分不着边际的印象。高山里的新朋友希望我能够留在他们中间，他们愿意整体皈依基督教，假如我能留下和他们生活在一起并成为他们的传教士。"

---

① 音译地名。——译者

柏格理的新朋友完全相信他拥有巨大的魔力：当他趴在棉被下面置换底片的时候，会被误认为已经飞离，直到有一个胆子大的勇敢地去抓住了棉被下面柏格理的一只手，才告诉别人柏格理其实还在。柏格理的另外一种形象应该是由龙首领渲染的，说柏格理具有强大的政治影响力，以致于有人请求柏格理写一份声明，作为阿坡家支已经和外国人联盟的证据，去恐吓他们的仇家。柏格理被龙首领的家族称为“罗洪呷呷”，而现在又被这个家族重新取名为“特涅”，意思为“洁白的云”。

最后还是到了分别的时刻，他们和热情的西台朋友说“再见”，柏格理确信许多诺苏是天生的绅士，与天朝受过教育的上海人或北京人相比较，他们一点儿都不“野蛮”。礼拜一下午，他们经过一条咆哮的激流，仅有的一座桥由五根木头搭建而成，松松垮垮地架在两边岸上的岩石上。他们整天走在布满石子的山间小路上，向上爬到山顶，又往下进入峡谷，早在旅行结束之前，他们的草鞋就磨破了。“我们的下一个留宿点，”柏格理写道，“是一个防御工事良好的村庄，首领快60岁了，是一位优秀的战士。我们到的时候，他正集中精力准备和另外一个家支开战，一场残酷的冲突即将来临……老人家隆重地接待了我们，过了一会儿，他请求我在战斗中助他一臂之力。因为他听说我有一些神奇的药物，只要撒出去就能麻醉敌人，这样他就可以很轻松地获得胜利……对此我提出抗议，告诉他我没有任何魔力。最后老人却说：‘不管你有没有，我都要让仇家知道你送了一些药给我，让我们看看会发生什么情况。’奇迹果真发生了。后来我得知，老首领的仇家过来讲和，并献上大量牲畜作为礼物，足以弥补之前他们所造成的全部损失，而那次掠夺也正是这次复仇的肇始。”

还有一晚在惹黑家中度过。冬季的寒冷在外面肆虐，冰和雪把周围的景色变得分外美丽。屋内，柏格理和朋友们坐在温暖的柴火边，对面坐着惹黑的妹妹，一位 17 岁的漂亮姑娘。柏格理说：“她时不时地盯着我看，擦拭被烟熏了的眼睛。惹黑和龙首领在热烈地交流着，我只能偶尔听懂个把字。后来，我问他们在聊什么，所有的人都特别开心，我也想分享其中的快乐。我的朋友笑成了花，告诉我惹黑想和我结盟。共有四个家支在商量如何才能赢得外国人，他们的结论是有必要通过联姻的方式来实现，于是他们准备把这位年轻的姑娘许配给我作妻子。传教士进退两难！我不想冒犯任何人，对火塘对面的姑娘也没有任何兴趣。我很感激他们对我的欣赏，因为诺苏说他们宁愿把自己的女儿嫁给一条狗，也不会把她许给一个汉人，所以，他们的提议也表明我已经得到了部分诺苏的信任。整个晚上年轻的姑娘都怀着巨大的兴趣观察了我的每一个举动。我在放幻灯的时候，她一定要来看个究竟，始终站在我身边。她认真地察看了我的衣服，还来摆弄我的领带看看是怎么系上去的。我再次祈求自己在这个家里是安全的。”

柏格理承认那天夜里他基本上没有睡着，一直考虑怎样才能在不伤害惹黑自尊的前提下拒绝婚事。第二天早上，惹黑和龙首领催他赶快拿主意，柏格理就解释说，英国法律不允许原配夫人健在的情况下娶第二房妻子，并且这样的婚姻对那位年轻姑娘也不尊重。惹黑似乎是理解了，但他的手下却说：“罗洪呷呷，你大老远从你老家跑来，你已经是我们这里的人了，你还穿着大黑熊一样的衣服，如果不是龙德源[①]介绍你过来还充当你的保护人，我们早就一枪打死你了。哈！哈！”

稍后惹黑和龙德绍，柏格理的一位朋友，发生了争执：龙德绍把惹黑撵到一座塔楼里锁起来，如果没有第三方及时赶来劝说协调的话，龙德绍就准备放火烧死惹黑了。

在诺苏领地的最后一天晚上，有人告诉柏格理，莱莱家支和另外一个家支在谋划要伏击他，并且伏兵都已经安排好了。龙首领的朋友们集结了一支队伍，安全地护送他们到扬子江边。然而，渡船工人，早已和莱莱家支勾结好，迟迟不肯过江来摆渡他们；但是船工最终也没有等到莱莱家支发起进攻，于是便恼怒地把船划过来，送柏格理他们过江。柏格理马上离开锌厂沟，几天后安全返回家中。地方官被柏格理的冒险行为搅得日夜不宁，见到他平安归来后异常高兴。不过，他们迁怒于龙首领，要给他找麻烦，因为是

---

① 即龙首领，龙云的舅舅。柏格理渡江进入大凉山时，谋害柏格理的人原本计划制造人为的船只失事，但龙云也在同一条船上，因此便投鼠忌器，得以保全包括柏格理在内的一船人的性命。详情请见《在未知的中国》。——译者

他带着柏格理去的大凉山，柏格理得知这一消息后就告诉他们，如果龙首领因此受到牵连的话，那他就会认真地追究云南四川交界处扬子江防务官员暗害他的阴谋。后来，负责扬子江防务的官员来到昭通，柏格理去看望了他，他是一位想退休的76岁老人，全盘否认自己参与过针对柏格理的阴谋，而是把所有的罪责都推给了莱莱家支。

第三章 群众皈依运动的开始

在中国华西传教团的编年史上，像1904年7月12日那样有重大意义的事件并不多见，第一批四位苗族探访者来到昭通传教团，从礼拜二一直待到礼拜六早上。他们带给柏格理一封贵州安顺党居仁先生写的推荐信，党居仁在信中叙述了自己在当地少数民族中的工作情况。义和团运动的高潮期间，他争取到的几名皈依者受惊吓四散逃去。他于1901年返回，次年为20位皈依者施洗，其中没有一个汉人。1903年的某一天，一伙猎人来到他的家中，党居仁从头饰上看出来他们是苗族。这些人说他们一直在追野猪，又累又饿，于是传教士请他们吃了饭。从某种意义上讲，这顿饭使苗族人第一次真正地接触到了基督教。在朦胧和困惑当中，苗族人隐约感受到了教会的新精神。很快就有许多苗族人陆续赶来，他们到安顺要走九天。后来，越来越多的苗族人不断前来，使得党居仁先生无力应付，因此便给柏格理写了这封信，推荐他们到昭通去寻访柏格理。

被点燃的新希望迅速传播，贵州和云南东北部小村寨里的苗族人激动不已。心地单纯、浑浑噩噩的人们开始相信，有一种比他们过去要好很多的生活方式将要来临。他们一直生活在过度劳累、酗酒和放纵当中，伤了自己的元气，人口也逐渐减少；不过现在，他们却充满了对新追求的渴望。其中有少数人听到过那奇特、迷人并且魅力无穷的教义和故事，说有一个上帝是所有人的父亲，天父的儿子就是苗族人伟大的兄长。他们议论着英国传教士教给他们的道理，如孩童般的心被感动了，期盼着能够见到更多的光明。他们的生活异常艰辛，领主的无情压迫，汉人的不屑一顾，但是这个消息，即一位神圣的祖先找了一个强大的英雄救世主作为他们的亲戚，如清凉的水，滋润着干渴的人。

山里人在商量到底要不要派人去寻访柏格理：他们唯一知道的就是汉人很尊重他，除此之外，他们对柏格理毫无所知。几年前有一个苗族人在好奇心的驱使下来到昭通，想去传教团看看，可当他走近时，看见传教团驻地高大的房屋，再想想自己低矮的小茅屋，又听见了看家狗凶猛的叫声，胆怯之余就想当然地认为，住在里面的英国人应该只喜欢和富有的汉人交往，也会欢迎诺苏大领主，但肯定不愿意接待贫穷的苗族人；于是他便没有了信心和勇气，选择了放弃直接回去。而现在情况有所不同，他们南边的族人已经遇到了一位外国传教士，很亲切也很同情他们；因此他们就选出四位长者作为先锋到昭通传教团一探究竟。

柏格理在三年后的一封信中写道：“苗族人第一次来的时候，有人给外国老师带了酒，想送给老师以表敬意。半路上他们听说传教士讨厌喝酒，又赶紧把酒给倒掉了。有人一路上都在拜神，祈求神灵保佑他们此行顺利。真不可思议，他们竟然是拜着偶像来寻访耶稣的！”每天都有很多苗族人前来寻访耶稣——先是几十人，后来有数百人，昭通城里的居民先是好奇，后来开始害怕。绝大多数苗族人都背着装有燕麦炒面的口袋,在山泉旁边歇脚的时候，他们就把炒面放进木碗里和冷水充饥，吃完后甩开大步一直走到天黑，困了就用毛毡斗篷裹住自己，睡在星光下，不惮毒蛇猛兽。

十六年前，柏格理还在昆明，曾做过一个礼拜的特别祷告，其间写下：“我在会议上许诺，我们将争取到数千名皈依者。上帝，这是发自我内心深处的真实声音。”当这四位苗族人来到，并告诉传教士有一个民族在全体期盼着新的教导，柏格理看着他们，这就是那次承诺的第一批成果。他们如此急切地要学习《新约圣经》，从来没有任何停歇；如果柏格理被喊去处理其它事务，他们也会抓住任何路过身边的外国人或汉人，请求对方教他们读书认字。他们在传教团驻地吃着自带的燕麦炒面和水，夜里就睡在教室的地板上。

起初，柏格理只能用最简单的形式试着对他们讲述福音里的故事。汉语是交流的媒介，但他们当中只有很少的人懂汉语，并且也不能够完全听明白。“当我告诉他们上帝是所有人的父亲和母亲时，他们开心地点着头表示赞成。就在这个时候，我被喊了出去，当我回来以后问他们刚才我讲过些什么，他们的回答却是——‘我们忘记了。’教他们非常困难，真不知道该怎么办。我问他们有没有害怕我们，其中一个人回答：‘我们听汉族人和彝族人说“羊人、羊人”。开始的时候很害怕。可后来我们看见你们了，才发现你们不是羊人，而和我们一样的——是一家人——只不过你们从很远的地方来。’”

工作量太过强大，柏格理只好到疗养院去调整一下身体。他于周末返回，在完成了例行的汉人礼拜式之后，他为苗族人做了一场专门的演讲。他挑选出两位最懂汉语的苗族人做翻译。柏格理简单地讲几句之后，他们两个就用自己母语翻译给大家听。到8月14日，已经有大约一百名苗族人访问了昭通的传教团。

柏格理在这段时间的一封信中写道：“要做些什么？我时常在想，假如世界上所有的异教徒都豁然开朗期盼基督的话，那将会发生些什么？假如有千百万之众敲响基督教的大门，渴望知道天父及其儿子耶稣的知识；我们家乡的基督徒会做些什么？”

“他们一群一群地在每一个角落里学习。他们结伴直接推开一扇门，拿着书请求教他们阅读。从早上5点钟开始学习，到次日的凌晨1点还有人在看书。如饥似渴地学习基督教的知识！让一个男学生去看看动静，可是不论走到哪里，只要一露面，他就立刻会被苗族人逮住求教。假如我想安静一会儿的话，就必须要关上大门，躲进后边一个隐蔽的房间里，苗族人要想找到我，就得先通过所设立的三道防线，只有这样我才是安全的。我敢向您保证，这真的是一段辉煌但又狼狈不堪的美妙时光。”

“语言是挡在我们面前的大山！我们没有人懂苗语，苗族人仅知道极少的汉语。在两百个苗族人中我们发现只有一位认得汉字，能够看书。不过，也有一些人的汉语说得很流利……我所经历过的礼拜中，当属苗族人的礼拜最为激动人心。我们怎样开始呢？苗族慕道友所渴望了解的知识如云里雾里。上帝！耶稣！罪恶！天堂！地狱！救赎！这是他们全然不知道的名词和概念。我们必须抓住一个开始的点。所有的人都在看着我们，期待着。上帝啊帮帮我们吧！就从这里开始！‘现在，陈先生，你懂汉语，先听，然后把我告诉你的全部事情，都告诉其他人。准备好了吗？我们耶稣的人只崇拜一位上帝。告诉他们吧。’陈先生意味深长地咳嗽了一声，清了清嗓子，如实转告大家……‘这位上帝是我们所有人的伟大的父亲和母亲。告诉他们这些。’于是他又照做，而后呢，我们就学会了怎样用苗语说伟大的父亲：‘彼聂①’，‘彼外②’，以此类推，等等。我们经常用的翻译者口才也越来越好，往往把听众感动，异口同声地大声附和起来。”

---

① 苗语音译：我们的母亲。——译者

② 苗语音译：我们的父亲。——译者

苗族人源源不断地赶来引起了汉人和诺苏的巨大恐惧与不安。荒诞不经的谣言四散传播，不明就里的人们胡说八道着苗族佃户和外国人之间的关系。他们说柏格理把毒药送给苗族人，让苗族人去毒死他们的诺苏领主和汉人统治者。有三个苗族人在回家的路上被抓，被勒令交出毒药，如果不交出来就要杀死他们。柏格理也被传闻赋予了各种神奇的魔力：据说只要他把水滴进目不识丁的人的嘴里，他们立刻就能认得汉字；还说，只要他给苗族人梳一下头发，他们就可以具备超级强大的记忆力。诸如此类的传说以及种种迹象表明，一个被无情压制了许多代的民族，正在神奇地觉醒。

从昭通往东约60里的地方居住着一位名叫叶呷呷的诺苏首领，他开始思考，觉得和外国人交好从政治的角度出发或许是件好事。于是便派手下人去昭通请柏格理来家中做客，并吩咐他们带柏格理一同返回。无论黑土河[①]首领的动机如何，是否有带有政治目的，他的主动示好都值得珍惜，柏格理把他的邀请看作是一次为福音赢得朋友的机会。带着从未有过的防备心，柏格理在来人的陪同下于天黑之后到达土目的府邸。关于这次冒险，柏格理记述道："共有三兄弟，老大34岁，掌管家中的全部事务。他的衙署比昭通城里地方官的还要好。诺苏兄弟们询问了有关教会的问题。第二天晚上，他们集合全体人员听我布道。突然间一阵慌乱，我们似乎听见大门被重重地撞了一下，然后各处的人都匆忙跑出来，拿着枪到处开火。恐惧写在每一个人的脸上。他们告诉我有一只九头怪物刚刚从我们的头顶上飞过去。如果这只九头怪物的血或者是粪便掉下来，就会出现疾病和死亡。没有人在见过这个怪物之后还能活下来。开枪是为了吓跑它，让它赶紧飞走。事情过后，人们平静下来，这里的首领提出，希望我可以成为他其中一个儿子的义父，就像对龙首领的孩子那样。"

秋收之后，苗族人再次从几十个甚至数百个寨子里蜂拥而来，他们像移民一样，直到传教团的房子再也挤不下。愚昧的山里人从来没有见过书，

① 位于贵州省毕节市威宁彝族回族苗族自治县黑土河乡。——译者

现在却整日里抓着已经很脆弱的书本，和最难的文字战斗。柏格理肩负双重任务：第一，教苗族人读书并帮他们领悟基督教教义；第二，休息，毫无疑问，他必须休息，否则身体会被累垮。

柏格理夫人十分担心丈夫的身体，有一天劝他去休息一下，柏格理顺从地去了，锁住楼梯口的门，把钥匙揣进口袋里。过了一会儿，柏格理夫人轻手轻脚地上去，想看看丈夫是不是睡着了，结果大吃一惊，十几个苗族人正围在柏格理的床边，很开心地在老师的指导下读书，并为自己能得到老师的单独指导而深感庆幸。这些勤奋的苗族人从阳台爬上来，一间一间地寻找，直到发现了老师的踪迹。

柏格理此时已兢兢业业地为上帝和中国人服务了16年。每当上帝体现出某种意愿的时候，他就会担负起这种责任。长期的锻炼使他具备了应对紧急情况的能力，那时他做得非常好。苗族人的到来是上帝的一次召唤，苗族人怀抱希望前来，柏格理坚定地站了出来满足他们的需要。而眼前的第一需要就是学习苗语。柏格理和他的汉族朋友，李斯提反，知道语言是打开人类心灵的钥匙，于是他们决定立刻学习苗语，辛苦几个礼拜之后，就已经能面对只懂母语的苗族人用苗语发表短篇演讲了。柏格理用自己所能想到的最简单的汉字，写最简单的圣经故事。让不识字的人去理解基督教的真理是一件多么困难的事啊！苗语里根本就没有“祷告”、“罪恶”等词语。柏格理在日记中写道：“昨晚雷姆博斯主持这里的礼拜，而我则在萨温医生的房间内，告诉苗族人科米[①]（基督）是为了我们才来到人世间，又为了我们死去——祂是被坏人折磨死的。‘对，’他们马上就说，‘可恶的汉人杀死了耶稣。’他们认为所有的坏事都是汉人干的。总之，要解释清楚科米之死是一件非常困难的事情，我已经尝试过每一种可行的办法，但我估计他们还是不能够完全理解！”

1904年快要结束的时候，柏格理写道：“几个月前，也就是最早有大量苗

① 苗语音译：领袖或皇帝之意。——译者

族人过来的那一次，在我们的‘艾吉希尔[1]’小教堂里我面对一大群人发表演讲。一百多位长期受压迫的农奴第一次听到了上帝的伟大的爱的故事。山里汉子很快兴奋起来。他们头发蓬乱，彩色的衣服上带着泥土，彼此相视而笑。所有的人都在窃窃私语，还有……很显然这些贫苦人身上出现了一种新的希望。我问：‘这个故事好不好？’答案几乎是欢呼着用力‘叫喊’出来的——你找不到更确切的词语来形容了——叫喊声从小教堂的每一个角落响起，‘娆！’‘娆！’‘娆达碟！’[2]他们微笑！他们开怀大笑！他们的喊声震动了整个小教堂！我停下来对风琴旁边的斯奎尔女士说：‘如果我再多懂一点点他们的语言，我想我可以毫不费力地邀请他们当中的一两位上来跳舞。’他们非常激动！在第一次听说耶稣的故事之后，一百多位异教世界里最贫苦的人，以这样的方式，表达了他们对基督的信心。他们的选择是正确的：这是一个辉煌的故事，它推动了世界的前进。”

苗族人神奇觉醒之初，传教士们高兴的同时也很迷茫。他们正在开展的重要工作被打断。当时柏格理正集中精力地指导从昭通至宜宾之间汉族城镇和集市里的传教工作。关键时刻每个人的判断会不一致，这是很正常的现象；但柏格理对贫苦山里人突如其来的呼唤从未有过质疑，他充满了勇气和希望，从容地应对着。他不敢想象传教团未来将会发生些什么，他只是在等待事情的发生，领悟人们的需求，换言之，抓住最好的机会。他不能坐视一种需求得不到满足，所以，当这些山里人前来寻求启蒙和帮助的时候，他没有丝毫的犹豫。他开始教导其中一些苗族人，然后再鼓励他们把所学到的去教给其他同胞。身处于众多的苗族人当中，无论是心情还是身体，极强的适应力使柏格理安然无恙：他以钢铁般的意志，用热情和快乐的微笑，深深地赢得了苗族人的心。

在同事们的通力合作之下，柏格理安排了招待汉族基督徒和苗族慕道友

① 指艾吉希尔学院，位于英国德文郡的比迪福德。——译者

② 苗语音译：“好！”“好！”“太好了！”。——译者

的圣诞宴会。盛宴吸引了数百名苗族人来到昭通。为了招待好所有的客人，圣诞宴会于12月23日礼拜五提前开始，并且要求前一批客人在后一批客人到来之前离开。礼拜六摆了36桌，八个人一桌。圣诞节那天共举行了七场礼拜——苗族四场、汉族三场。其中有两场苗族礼拜被安排在一个大院子里，有三百人参加。有150多人在雷姆博斯的房间里做礼拜。有几位苗族人发言，其中一位说得特别棒。柏格理的儿子，伯特伦和沃尔特，看见这么多人都特别兴奋。“当我站起身主持礼拜的时候，伯特伦就爬上我的椅子，从后面搂住我的脖子，时不时地亲我一下。沃尔特则在喧嚣和忙碌的人群中间窜来窜去，开心不已。”

“那一天没有太多的汉人参加。早上第一场汉人礼拜式后，我们为苗族人腾空了小教堂。晚上，小教堂里挤满了苗族人，我们共同度过了十分美妙的时光。他们一个接一个地和神交流。我们应该为他们做些什么呢？”

第四章　运动招来的敌意

1904 年的圣诞节刚好是一个礼拜天，如上文所述，礼拜式一直不停地从破晓持续到日落。圣诞节的第二天，欢宴继续进行。在传教团的驻地共四百名苗族人有偿参加了宴会，此外还有数百位自带食物前来。柏格理在日记中记述了如下细节："8 人 1 桌，共 80 桌。我们买了 371 磅[①]猪肉、6000 磅大米、28 磅盐、16 只家禽、220 个鸡蛋。我们还拿出了两磅蜂蜜、辣椒和胡椒粉。我们收到了大约 500 磅重的铜钱，折合 10 英镑 5 先令，意料之外的净利润有 29 两银子，相当于 5 英镑。"

圣诞节期间的苗族来访者中有一些巫师——阴阳先生和巫医。问及是否相信鬼神，我的汉族厨师说："信就有，不信就没有。"不过，大多数汉族人和所有的苗族人都相信鬼神，并请巫师来保护他们，以防遭到恶鬼和妖怪的骚扰。柏格理坚持全部的皈依者都必须远离巫术。然而，想要让一个正在生病并且畏惧死亡的苗族人，不去请专门的巫师作法驱妖除魔是一件非常困难的事情。尽管如此，也的确出现了这样一种现象，即自从人们开始信奉耶稣以来，巫师的影响力明显减弱了，甚至有些巫师本人都开始寻求逃脱巫术束缚的方法。

节日期间有一名男巫找到柏格理，想知道怎样才能摆脱鬼神的控制。柏格理便邀请他参加晚上的礼拜式。李先生指导了礼拜的开始部分，过后是几位苗族皈依者当众宣布他们心灵与信念的转变。然后柏格理开始主持，他请那位巫师来到自己面前。柏格理告诉大家他马上就要开始祷告，把这名男子从可怕的恐惧中解救出来；不过在他开始祷告之前，他想知道是不是还有别的巫师也想从他们的精神束缚中解脱出来。于是就有一位巫师走上前来，随后是第三个、第四个，后来有五个这样的巫师站在了柏格理面前。正当柏格理就要开始代他们祷告之际，忽然，有人喊道："还有一个。"现场的人都非常兴奋。最终共有九位男子站到了众人面前。其中一人在这之前就曾经向基督忏悔过，但这次他又站上来告诉大家，说自从学会了祷告和唱赞美诗以后，

---

① 1 磅 =0.9 斤。——译者

就再也没有任何鬼神打扰过他，可是现在他还想确保自己能够得到永久的解脱。看着这些忏悔的人，柏格理兴奋不已："是的，我真的感觉到自己可以藐视所有的魔鬼。如果上帝和我们站在一起，那么又有谁能够反对我们呢？"柏格理告诉各位巫师，说耶稣远比他们的鬼神强大得多。柏格理一个一个地问，他们全部承诺放弃使用法术和咒语，从今后只信耶稣。巫师们先逐一发誓，之后又集体发誓，无论受到何种诱惑，他们将永远不再求助于鬼神，也不再施展任何驱邪的法术。巫师们跪下来，柏格理先为他们祷告，接下来再让他们跟着自己念。"他们在上帝的面前祷告，请求得到解救。我们一遍又一遍地祷告。'主啊请帮助我们！耶稣请怜悯我们！主啊，请把魔鬼驱逐，请让我们远离罪恶！'"简单却真挚感人，悔过的巫师说："谢谢您，耶稣！"全体参加礼拜的人都跟着一起祷告，人们一边鼓掌一边喊道："谢谢您，主耶稣，谢谢您拯救我们，驱逐魔鬼！""整个现场，"柏格理说，"激动人心，十分精彩。从脸上的表情可以看出来有些巫师是非常坚定的……过了一会儿，我们做出总结，大家一致认为我们取得了一次辉煌的胜利。与之前我所经历过的相比，这一次竟然如此地与众不同！我甚至认为，它在整个中国的传教史上都是独一无二的。"

汉人和诺苏领主都害怕苗族人接受基督教，他们担心在基督教的影响下和外国人的支持下，他们的苗族佃户将不再顺从，也不再愿意缴纳租税或服劳役。随后他们就开始想方设法地阻止苗族人访问昭通的传教团。W.H.王树德牧师曾经讲述，有一位苗族皈依者，名字叫朱迪的，被他的领主抓起来，命令他断绝和"洋鬼子"的联系。朱迪断然拒绝，于是被抽了300鞭子；但是，和自己所遭受的痛苦相比，受难者反而更加可怜施暴者。朱迪的固执与倔强激怒了他的领主，命令奴隶去掌他的嘴300下。虽然这位苗族基督徒的脸被打得红肿不堪鲜血直流，但在司提反[①]精神的鼓励下，他还在祈祷他的敌人能够得到原谅。很快，事情出现转机，或许是报应吧，地主的病"突然发

---

① 耶稣的使徒，因传福音被乱石砸死，临死前请求主不要把这罪归于砸死他的人。参见《新约圣经 · 使徒行传 7:54 ～ 60》。——译者

作”，他的脸抽搐起来，并局部麻痹了，他大喊道：“把他放了，把那个人放了，因为拷打他，神正在惩罚我。”[①]

在一次基督徒的聚会上，一位苗族人提起自己的妻子曾被打过两次，遍体青肿，家里的东西也被抢走了。还有一位谈到其侄子被100斤重的锁链捆了18天，他们勒索70两赎金，否则就要烧死他。第三位则说经常有人到他们那里去，强迫皈依基督教的苗族人缴纳钱物。[②]

整个地区都流传着关于苗族人的疯狂谣言。说他们在河水中投毒；甚至说他们要造反，而那个柏格理不仅仅只是鼓动，并且还准备领导苗族和诺苏一起反对汉人。谣言虽荒诞若此，但威宁的地方官却相信了，还打算往省里递交一份报告，指控传教士密谋训练苗族人打仗。获悉该项指控后，柏格理赶紧找朋友商议，即友好睿智的昭通行政长官，也是柏格理的保护者，他很乐意为柏格理出谋划策，并给威宁的地方官写了一封信，奉劝对方深入调查，并直接和柏格理见面以探究竟。

柏格理于九月份来到威宁，当时地方长官不在，他的助手便发电报去请示。他们起草了一份布告请柏格理过目。布告的第一行写道：“鉴于再次接到指示，命令我们保护洋人。”柏格理将最后的两个字“洋人”改成了“基督徒”，这样苗族人就可以被纳入保护范围之列。他们同意了柏格理的修改，还指派两位官员陪柏格理到谣言盛行的区域巡查，旨在明确官方对苗族的保护。有一个地方的苗族人受到过度惊吓，以致于都不敢和传教士说话；但柏格理设法在极短的时间内和他们打成一片，并消除了他们的恐惧。礼拜天在牛场[③]，午后柏格理过桥到一座庙宇前传教。大门上挂着两块巨大的匾额，落款是18世纪的，匾额上的题字如下：

视不见有问必答

---

① 《传教士回声》，1917 年 3 月。

② 《传教士回声》，1917 年 3 月

③ 今贵州省毕节市威宁彝族回族苗族自治县哈喇河乡牛街村。——译者

听无声有求必应

柏格理引用这句话作为对基督耶稣的比喻，向众人完美地诠释了无形却又无所不能的上帝。传教过后柏格理走进一间屋子，约有一百位苗族人跟着他。谈话时，柏格理注意到一位男子，他的妻子正站在他的旁边给小女儿喂奶。不一会儿，这名男子请求柏格理给予救助，说他的妻子是一名巫女，很渴望摆脱巫术的控制；邻居们都经常抱怨；只要遇到麻烦，邻居便认定是她的精灵在作怪，而她则必须前往驱邪。可怜的女人哭得非常伤心，恳求柏格理把她从鬼神的束缚下解救出来。柏格理为这名女子祷告时，要求大家都站起身，这样一来，女子似乎便得到了安慰，在她做出承诺之后，柏格理送给她一本关于基督教的书。

柏格理此行的主要目的是弹压对苗族人的迫害，安抚那些心怀敌意的人，这就需要他充分发挥自己的智谋、坚毅、机敏与忍耐。借助于地方官员的大力支持，他给最关键的两个人写了封信，告诉他们如果再不悔改，还继续挑唆人们反对教会的话，他就要把他们的名字呈报给威宁的最高行政长官。离开了牛场，柏格理及陪同的官员前往梭依嘎[①]。这里的领主是一位寡妇，约40岁上下，唯一的儿子年仅18岁。她曾经禁止佃户去昭通的教会，所以很害怕见柏格理。不过，在地方官员的斡旋之下，她还是以礼相待，请柏格理一行人到家中作客，晚饭后又请柏格理去给她的手下布道。柏格理等人的下一站是苗寨托纳迤[②]，这里的慕道友们一直在遭受无情的敲诈和掠夺。柏格理有生以来第一次在苗家过夜。房子非常简陋，不过却很干净，显然是为了欢迎他而特意打扫过。一个大号平底锅支在火上，正在做荞麦饼和南瓜。苗族女人的发型十分奇特——像高高的号角盘在头顶，再加上她们穿的裙

① 音译地名。——译者

② 托纳迤为彝语音译。今日之托纳迤分为上下两个寨子，上托纳迤属于威宁县雪山镇法地村，下托纳迤属于威宁县兔街乡高原村。——译者

子，看上去和汉人迥然不同。搞清楚是谁在迫害他们之后，柏格理立刻捎信过去，命令那些人把抢去的东西全数归还。他还告诉他们，他会在这里等上几天，看看他们有没有赔偿受害的苗族人，如果没有的话，他将把他们列入黑名单送交衙门。

还有一天柏格理来到一个叫做启处卡①的地方，他和伙伴们受到了安宽首领的热情款待，安宽自诩是古代云南南诏国王的后裔。客人们喝过茶后被带进鸦片室，安宽的四位家属正在吸鸦片。约一小时后安宽陪客人们前往住处，路上他牵着柏格理的手，随意地聊着天。这位诺苏首领异常聪慧，为了保存本民族的珍贵古籍，他下令重新制作印版，并印刷了新的副本。从这位消逝王朝的在世后裔身上，体现出一个民族物质和精神上的最高贵品质，不由得让柏格理想知道，诺苏究竟会有怎样的未来。

这次旅途中颇有价值的一项成果就是弄清楚了苗族人投毒事件的来龙去脉。柏格理找到了患病的人家，他们说是喝了有毒的水之后才生病的。情况如下：几天前滕先生家里六口人全部都生病了，症状是胸中发烧并不断地打嗝。他们马上就想起刚从昭通返回的苗族人，说是苗族人把毒药投入水中的缘故。一位洪先生的家里也发生了类似的状况。柏格理仔细询问他们，这些人承认其实并没有任何人亲眼看见苗族人在水中投毒。然后柏格理让他们带他到水边，他被带到了前面有一堆粪的农舍旁边，水池就在这里，整个雨季都有粪便被雨水冲进池塘里。柏格理费了不少功夫才让大家相信，他们之所以生病，是因为池塘里的水被粪堆给污染了；不过后来，他们又开始琢磨为什么有些人同样也喝了被污染的水却没有生病。

为了保护可怜的苗族人，柏格理行动迅速，几乎所有的问题都迎刃而解。哪里有迫害，柏格理就到哪里去找出挑事儿的人，软硬兼施，制止事态恶化。所幸的是，昭通的地方官对此给予了全力以赴的支持和帮助。在柏格理的请求下，他向整个地区发出公告，允许汉人和土著民自由选择宗教信

① 今雪山镇银光村。——译者

仰。这位昭通的最高行政长官和传教士之间总是互相关心的，也经常在一起商量事情。有一次柏格理建议说应该严格控制酿酒业的发展，因为酿酒的原料是粮食，他便采取了柏格理的建议来保护老百姓的利益。当柏格理告诉他有位无知的汉族官员很敌视基督教的时候，他就表示要开除那个人，但柏格理却说不必开除，只要发出警告让那个人不要再犯就可以了。

柏格理并不认为领主们所带来的麻烦将到此为止，他预见，如果苗族人成为基督徒，那他们就不可能再逆来顺受地任由地主剥削压迫。苗族人会相信天国的惠顾，会相信保护他们的奇迹发生——这是一种很危险的想法。有一次在兔街子①，地主敲着铜锣，宣布不允许苗族人入市交易，而正当此时，可巧空中响起一声炸雷，所有的人都大惊失色，这项禁令也因此就立即失效了。柏格理帮助苗族人解决危机的方法灵活多变，不过，他善良仁慈的本能和全心全意的付出却永远不变，这使他成为了这个苦难深重民族的保护神。

让我们用一张轻松愉快、通情达理并且还能够反映传教士外交策略的小纸条来结束本章吧。柏格理在日记中记录道："两天前崇明才给我写了一封信，信封上写着致'仁慈的牧师阁下：请保密，勿让他人得知。'我打开信，发现信的内容与他的婚姻有关。崇明才的母亲一直希望他和一个异教徒结婚，因为女基督徒的家庭都太过富裕，他们家配不上。崇明才拒绝了母亲的要求，他喜欢的人是T.M.，如果不能在一起的话，他将终身不娶，等等。我和埃米商量过后，也给他回了一张小纸条：'这件好事柏格理夫人和我都已经盼望很久了。这一定是上帝的意思。你可千万不要慌张。'我把纸条递给崇明才的时候，他正在给斯奎尔女士上课。斯奎尔女士说，他太紧张了，根本就写不了字；崇明才的手一直在抖，用这支笔写不成又换那支，最后没有办法只好放弃了，他把课推迟到第二天再上！

"今天崇明才的妈妈过来了，柏格理夫人和她谈起此事。她非常高兴。崇明才走进来，穿着一件颜色鲜艳的大红马褂——尺寸太大了。晚上柏格理

---

① 今威宁县兔街乡政府所在地。——译者

夫人和崇明才的心上人聊天，带着真正的汉族人的羞涩，女孩并没有应承此事，不过她却说‘不怕，不怕’；如此看来，崇明才的婚事应该有戏。”

柏格理从来不会忙得失去幽默感；每当学校和教会中的小伙子想追求基督徒做妻子，这种事情他也从来不会不管。他心里明白，除非能组建纯基督徒的家庭，否则的话，教会将无法拥有一个稳固的未来。

第五章　面对勇士

我们的传教士渐渐可以轻松流利地说苗语了，山里的孩子透过新教义模模糊糊地认识到科米（基督），并通过科米建立起天国父亲的概念。此外，与外国人和基督徒的交往和友谊，极大地影响着他们的生活，给他们带来了很多新理念。他们还希望生活在山里面的万千同胞都能够看见这位传教士并听他讲上帝的故事。有一天，他们问柏格理是否可以去访问他们的寨子。柏格理说“是”，他会去的。这样的答复让苗族人特别兴奋。柏格理确实很想去了解一下新的工作范围。传教士们在制定一项新政策之前，进行实地考察是非常有必要的。

在王先生和李先生的陪同下，柏格理于1904年11月23日礼拜二出发，开始在苗族地区考察。他们走过黑土河[①]，夜幕降临以后留宿在一户友好的苗族人家中。房东是一位老先生，姓张，有三个儿子和五六个孙子。张先生的家境比大多数苗族都要富裕，于是他的领主就捏造罪名，指控他和他的一个儿子偷盗，像对待囚犯那样，用铁链子把他们锁走并关了整整一个月。张先生已经58岁了，可他们还是对他动了刑，用烧红的钳子夹他的拇指，还拷打他，至今他的手臂上还有伤疤。在释放他们之前，地主抢走了他们家里的9头牛、3匹马和40只羊，直到现在土目（封建领主）还在向他们勒索23两银子。

纵使如此，张先生依然十分大方地热情款待了柏格理，很多苗族人赶来，兴趣盎然听他传教直至午夜。柏格理正准备上床休息，有三个苗族人过来告诉他，说有一个土目已经确定好日期，要将藏有基督教书籍的苗族人统统杀掉。那个土目还夸口说，没有其他任何一位诺苏或者汉人敢这样做。

次日早上他们穿越一条河流，路过“天生桥”[②]，柏格理站在桥上往后看，看见了他们刚才经过的巨大悬崖。悬崖脚下有一个溶洞，洞口高约100英尺[③]，河水涌入洞中。这座天然的桥梁宽约一英里[④]，如果没有人告诉柏格理

---

① 今贵州省毕节市威宁彝族回族苗族自治县黑土河乡。——译者

② 今威宁县龙街镇天桥办事处。——译者

③ 1 英尺 =30.48 厘米。——译者

④ 1 英里 =1.609 公里。——译者

的话，他根本就不知道下面还有河水流淌。之后一整天都在山里赶路，山峰连绵雄伟，树木十分茂密。最后又来到一个苗寨，寨子里的人非常热情地欢迎他们。他们杀了一头猪做晚饭，还准备了一只鸡做明天的早餐。寨子里共27户人家，只有一位男子去过昭通。所有的人都赶来听传教士布道，有很多人带着鸡蛋过来作为礼物。

12月1日清晨开始下雪，柏格理等人直到11点才能动身，当天晚上抵达三道坡[①]，兴高采烈的张老大和其他一些去过昭通的苗族人热情地款待了他们。柏格理说："老祖母70岁了，笑得非常甜，对我们说了很多美妙的话，让我们特别开心。"柏格理在苗寨还收获了意想不到的喜悦，那就是苗家的妻子和女儿都和男人一样地忙碌并且友好，这在汉族妇女身上显然是看不见的。

在这里和下一个地点都听说了朱歪的杀人计划，柏格理鼓励苗族人，告诉他们所有人的生命都掌握在上帝手中。主人家的一位亲戚告诉柏格理等人，说他藐视敌人所犯下的一切罪行："如果你想杀我，就来嘛，随你的便。"他还说信基督的都是一家人，不信的都是客人。由此可以看出，上帝的孩子同属于一个人人平等的大家庭这一观念已深入人心，饱受压迫的苗族人已经认定了上帝的儿子就是自己的兄弟，全新的价值观在不断地激励着他们。

第二天他们来到香樟树[②]，晚上有70位苗族人聚集在房间里听传教士布道，还有12个孩子坐在火塘边。他们在这里度过礼拜天，约有300人来参加了上午的礼拜，晚上有100多人。在山坡上，柏格理把他们分成小组，教他们读书。这是柏格理在中国西部举办的第一所室外主日学校，自此之后，许许多多类似的室外主日学校不断涌现。寨子里的姑娘穿上她们最好的衣服。苗族人自己种植亚麻，把麻纺成线，然后做成衣服穿，苗族人的衣服

---

① 今威宁县兔街乡高原村四组，位于轿顶山背后。——译者

② 今香樟树丫口，即兔街乡砂坪村五组。——译者

简直就是艺术品。当男孩子做礼拜的时候，他们就把自己的羊群拜托给小姑娘们照料。健步如飞的苗家牧羊女，和一瘸一拐的汉家女儿相比，真乃天壤之别！

礼拜一清晨柏格理注意到寨子里有一颗巨大的香樟树，这个寨子之所以叫做香樟树，大概就是因为它了。几里地之外还有一个小寨子，那里的苗族人也很期盼能见到柏格理，于是柏格理过去，匆匆用完早餐，向他们发表了简短的演讲，然后就赶忙上路了。走了两英里之后来到角奎河①，他们蹚水过河，进入一个山谷，山谷里有废弃的铜矿；在特沟②稍事休息，吃了一盆面，演讲了一小阵；重新上路，抵达刨箩柴③。他们一共走了30英里，来到一户“小康”苗家，主人非常友好，客人十分开心。晚饭后，众人围着火塘坐成一圈，柏格理开始向他们传教。

虽然已经进入12月份，可太阳还是火辣辣的，柏格理连续走了三个小时，疲惫不堪。他第一眼看见奎香④的时候就很失望——建在一小块坝子上的城市，四周被群山紧紧地包围着。进城后，经过破破烂烂的衙门，柏格理先来到旅店。店老板的冷淡和苗族人的热情形成了鲜明对比。洗漱整理完毕，柏格理来到衙门，地方官不在，但值班的人比较明智，也很会处理事情。柏格理此行是为了请求官方对苗族皈依者采取保护措施，他只略作解释便达到了目的。再次回到小客栈，柏格理发现店主人的态度发生了180度的大转弯，还给他送了五盘干果和茶。一些人相约前来探望传教士，并说如果他能指派一个人到这座城市里来，那么将会有200户汉族人愿意加入教会。第二天上午柏格理出去打听，看看在哪里可以买到修房子用的木材和石头。他注意到有几座庙和少许人家的房子远比地方官的住宅好多了。但很悲哀的是，到处都有人抽鸦片。

---

① 今云南省昭通市彝良县洛泽河。——译者

②③ 音译地名。——译者

④ 今昭通市彝良县奎香苗族彝族乡。——译者

从奎香出发，道路异常艰难，30里后走到打石场[①]，柏格理已然筋疲力尽。他清晰地回忆起正是这一条路，索恩先生发着高烧走到昭通后就去世了。打石场约有20户苗族人家。见到老师很喜欢看风景，于是就有人带他到二里地之外去看一座天然生成的大型石塔，塔由一层一层的岩石构成，约100英尺高，塔顶长着几丛树木。那天晚上有200名苗族人赶到这个寨子里来看望柏格理，并告诉他方圆数英里之内就有上千户苗族人家。柏格理思索道："有时候工作范围之大让我特别吃惊。我们应该怎么做？上帝究竟想让我们怎么做？如果上帝说赶快赶快，那我必须就得马上行动。"

一个个苗寨均让柏格理喜出望外。贫困的苗族人奉上了过于奢侈的款待，还带给他许多鸡蛋和家禽等礼物。柏格理深入苗疆12天，对这些苦难深重的人充满了同情。苗族人对他自然而然的完全信任深深地感动了柏格理，因为在此之前他已经太习惯汉族人的留有余地了。柏格理住在苗族人家里，找到了打开所有心灵的途径；每当谈起苗族人的特征——"浅褐色的头发"、黑黑的眼睛、奇特的头饰、绚丽的服装——柏格理的话语便不由自主地温柔起来。苗族人向柏格理敞开心扉，向他倾诉他们的传奇和他们的恐惧。有时候在不经意间，柏格理也能常常体会到他们天生的幽默感：有个男人想去偷牛，于是去拜神，乞求神灵保佑，并许诺如果把牛偷到手的话，就把小牛奉献给神灵。然而，神灵并不满意这种分赃方式，坚持要偷牛贼把母牛献给自己，偷牛贼便答应了。作案得逞后，他把母牛拴在神像上献给神灵，自己就牵着小牛离开了。伤心的母牛听到小牛的叫声之后，便拖着神像循着声音追赶过来。最后母牛和小牛全归偷牛贼所有，他还装模作样地感谢神灵把母牛也赐给了他。

到处都人心惶惶，诺苏领主肆无忌惮地想方设法阻止苗族人成为基督徒。向来温顺的苗族人此时却固执无比，这让他们的领主觉得很不可思议。苗族佃户重新获得了自尊并且重新构建了他们的道德价值观，这使诺苏领主

---

① 今奎香苗族彝族乡黑拉村打仗坡。——译者

们深感不安，同时也引起了汉人的猜疑。借助于宽容和自由的朝廷法令，拿着昭通和威宁地方长官的布告，柏格理全心全意地保护着怯懦和被蹂躏的苗族基督徒。个头不高、脸色苍白的柔弱传教士，担负起艰巨的责任，他异常敏捷，带着非凡的智慧和勇气，出面解决所有的因苗族信仰基督而发生的迫害事件。为了防止特别残忍的迫害事件或屡教不改的现象发生，柏格理当机立断，把情况向昆明的英国总领事作了报告。很快中国的官方就明确回复，在坚持条约与朝廷法令的基础上，他们愿意和柏格理一起，共同友好协商保护基督徒事宜。在面对土目——其中大多数是暴躁、没读过书的汉子，躲在大山里坚固的城堡中深居简出——和土目谈判的时候，柏格理会直接到他们的家中，和他们当面交涉。会晤的开头通常是土目横眉冷对，柏格理沉着平静，等第一阵风暴过后，柏格理便开始安慰对方，充分发挥自己的幽默与机敏，巧妙地劝说土目回归理智并停止迫害。如果这样还不行的话，柏格理就转而强硬起来，利用官方的支持以达到目的。

柏格理并不是一个身体强壮的人，但他的正义感和心理素质却超乎常人。尽管每次进入心存敌意的土目城堡中都会有生命危险，可他却从来不曾在严峻的考验面前退缩过。谈判的过程往往都很艰难，并且只能达到一个看起来似乎是“平局”的结果，不过通常情况下都是柏格理取得了实际上的胜利。我们可以从日记中探索这一时期他的工作状况。

1905 年 3 月 7 日，大约下午 5 点钟我们到达黑拉山，一个苗族村寨[①]，属于老七的。次日上午约 11 点我们动身前往土目的住宅。总共 70 里路程，约下午 5 点半时达到。老七亲切地接待了我们，我们在他那里一直待到礼拜三。老七是一个奇怪的男人！他坦率地告诉我们，自己宁愿掉脑袋也不会变成一个基督徒。我们对他所做的一切努力全都是白费功夫。他拒绝接受我们的书籍，还反驳我们的全部观点。他自豪于他所信仰的宗教，以巨大的热情维护着自己的偶像崇拜。……老七今年 53 岁，不停地拿着一个小瓶子喝酒，

① 今黑拉村笔伐寨。这个寨子曾被大火烧过，所以也叫火烧寨。——译者

还吸食鸦片。他已经娶了七房妻子，其中有三位是汉族，都还健在；他只有一个小女儿，其他的孩子均已去世。他不让仅存的孩子接受我们送的洋娃娃。他用非常严厉的方式管理着妻子和家庭成员，总是粗声大气地发号施令。老七向我承认他年轻的时候生活放荡，但现在已经幡然悔悟，并愿意劝诫别人不要犯同样的错以弥补自己的过失。……他的妻子们得坐在他的脚边为他准备鸦片。他非常看不起女人用自杀或假装自杀的手段来恐吓家人，他说如果是他的话就一刀给剁了……他的家里就不会发生那种无聊的事情。他看见我给妻子写信，就嘲笑我一个大男人怎么会怕老婆。我把埃米写的小册子给他看时，老七马上转变了看法，说："假如我也有这样一个能干的老婆，我也会像你一样尊重她。"

礼拜天刚好是赶场天。老七和我一同来到外面山上，我布道的时候他就坐在旁边不时地打断我。不过他喊了所有的苗族人和一部分诺苏过来听讲。很显然老七想让众人知道，尽管他不是基督徒，但他愿意让他的人听我传教，不过，在我开始之前，他要求我不要涉及反对偶像的内容。

礼拜一是农历的初一，老七斋戒，他想专门为我上肉食，我拒绝了，请求和他共享素餐。我的两位助手，王摩西和夏，去了一些苗族寨子，带回70位慕道友的名单。

老七的佃户都十分害怕他。他想知道我给了他们多少酒和多少贿赂，还告诉他们不要信仰基督教。我们准备礼拜二离开，可老七不让，说已经为我们杀了一头猪，一定要我们留下来吃肉……他想和我签订一个关于苗族人的协议……刚开始的时候他并不是很友好，我们之间也发生了许多小冲突。老七想增加苗族人的租税以减除劳役。我直接反对该提议，主张租税仍旧保持在原来的水平。最后我们达成一致并起草了一份协议：他的宗主权得到认可，佃户们给他服一定的劳役。我写了一份给他保存，他写了一份给我保存。后来他叫了两个头人，命令他们严查佃户中的通奸现象——谁犯了这样的罪就抽打他们50鞭子。老七指责我吃牛肉喝牛奶。他也劝苗族人远离鸦片不要酗酒。他有时候支持我有时候反对我。"我们将成为朋友，"老七说，"药品，是的，我很乐意买你们的药！但是想让我信你们的基督教，门都没有！"

面对这位凶狠怪异的地主，柏格理最终也没有能够征服他。他们分别时表面上看起来都很友好，不过柏格理很快得知，就在他离去的那个礼拜天，苗族人聚在一起做礼拜的时候，老七抓走了两位带头的人。他把一位吊在房梁上，使其双脚离开地面并且还坠着一块石头。另一位则遭到了各种方式的拷打。老七一边对他们用刑，一边还在嘲笑为什么耶稣不来救他们。

不仅仅是苗族人被直接迫害，也有其他无辜的百姓受到牵连，不法之徒趁人心惶惶之机打家劫舍。“有一个地方，”柏格理说，“那里并没有苗族居住，一些坏人就散布谣言，说外国人和苗族人准备作乱。在一个下雨的夜晚，当所有的人都入睡之后，强盗冲进村庄里大喊大叫：‘苗子杀人来了，赶快逃命吧。’惊慌失措的村民想摸黑躲进树林，但必须要过一条河，雨中的河水高涨，很多妇女和孩子被冲走淹死了。而此时此刻，制造出假警报的盗贼正在没有人的村子里大肆掠夺。所幸的是，最终这些强盗都被绳之以法了。”

后来有一次，柏格理和他的苗族基督徒差点儿就遇害了。有人从马料河①过来报信，说土目和他的手下抓了苗族人正在严刑拷打。第二天得到消息说遭迫害的基督徒名字叫做李竹。柏格理在几个人的陪同下赶往事发地点。途中遇见一些逃难的，经过详细询问，柏格理获悉了事件的原委。一位苗族老人租了一些土地，但是在土地的使用权上却和女婿发生争执，他的女婿是一个声名狼藉的坏人，老人没有让贪婪的女婿得逞。于是这位女婿就诬告岳父抢劫，并在马料河土目的支持下带兵来到岳父家里。老人的儿子原本和这件事情毫无关系，现在却把他也牵扯进来，和父亲一起当作囚犯给抓走了，还遭到了拷打。一根顶端被劈开的木桩被打入地下，他们把年轻囚犯的两个拇指各放在顶端裂缝的两边拴在一起，然后把一个木楔子打进裂缝，两个大拇指几乎都要被打掉了。土目的老婆拿着锤子砸楔子，每砸一下她就说：“你竟然敢找外国人去搞土目！你有什么权力去告你的主

---

① 今龙街镇营合村新桥组。——译者

子？”严刑之下，父子两个疼痛难忍，都准备要答应他们的一切条件了。就在父子俩被囚禁的同时，土目的兵洗劫了他们的农舍，牵走了他们牲畜。

下午3点过柏格理和朋友们抵达马料河。老人正坐在地上，被锁在厕所旁边，李竹的衣服上沾满了血迹，也被绳子捆着，旁边就竖着那个折磨人的木桩。不一会儿，土目出来会客，他面目狰狞，约45岁上下，由于生病的缘故几近失明，手里拿着一瓶酒。当柏格理和他说话的时候，他邪恶的本性便越发暴露出来，不过最后，他也不得不承认，即便是老人冒犯了他，他的惩罚也过于严重了。土目始终在不停地追问柏格理：“你们外国人凭什么干预我们的事？”最终柏格理还是设法让他明白了，传教士的目的是希望苗族基督徒能够得到公平的对待，后来土目答应归还所抢的马和羊。

那天晚上柏格理在月光下主持室外礼拜直到大约10点钟，然后就去获释的李竹的兄弟家中休息。凌晨两点半左右，寨子里突然响起尖叫声：“着火了！”柏格理匆忙出来，瞧见隔壁的房子正在猛烈燃烧。他们先把牲口救出来，并设法阻止了火势的蔓延。苗族人认为是土目设计了烧房子的圈套，尽管在柏格理辞行的时候他假惺惺地装好人，但心里面却很想除掉“外国人”。张道惠牧师发现着火那天晚上有40个人——诺苏、汉人和苗族人——拿着长矛包围了寨子。假如他们原本打算谋害柏格理的话，那么到后来一定是害怕了，仅烧了两栋房子就撤离了。

尽管柏格理全力以赴，但针对苗族人的迫害还是持续了很长一段时间，而他也很难做到每次都可以替苗族人讨回公道。不过，迫害并不能阻止山里人的追求。他们一如既往地，背着装燕麦炒面的口袋，沿着蜿蜒的羊肠小道走出大山，排成一行大步穿行在昭通坝子的田埂间，最后涌入传教团驻地，让汉人恐惧，让传教士惊奇。那段时间雷姆博斯先生从昭通写信说：“我猜他们自己都搞不清楚究竟是为什么前来，只是内心深处有些东西在不断地驱使着。传教士的亲切接待让他们深受感动，在漫长的历史中他们从来没有得到过尊重。他们遭到汉人征服者的蔑视和压迫，而唯一能给予他们爱的就是福音！毒打、铁链、掠夺、折磨，统统都无法阻止他们，有时候他们穿着汉人的衣服过来以掩人耳目。”

“我们家乡的朋友，”柏格理写道，“将和我们分享这场新运动所带来的快乐。神引领着这些人前来寻求真理，昭通的传教士随时准备着接待他们，我们心存无尽的感激！今后我们当中的某一位可能会到他们那里去传教，因此我们需要在大山里建设一座小教堂。而苗族人过于贫穷，在这件事上应该帮不上忙。我估计每个苗族家庭的年收入不超过三英镑，或许，还会比这个数字少很多。”

第六章　群众皈依运动的第二阶段

1905年1月传教士们在准备年度会议的时候，他们面临着一个非常困难的战略性问题。昭通北部城镇的汉族正在觉醒，需要传教团投入全部力量。可是另外一个方面，土著人也大量涌来。他们是应该把传教范围仅仅局限在汉人区域内，还是应该同时挑起两副担子？而后者完全是一项几乎不可能完成的任务。有些人主张仅在汉人区域范围内深入传教，也有的人认为应该扩大传教范围。柏格理支持后者。相比较而言，他更加同情苗族人，他们的卑微与弱势使其追求变得十分迫切。柏格理也很明白汉人对基督教的需要，但眼前摆着一个不可回避的事实——简单、质朴、热情的苗族人彻底赢得了柏格理的心，相对而言这是冷漠、保守的汉族人所无法比拟的。

对于上帝的这一召唤，柏格理已然全心全意、激情满怀并且坚定不移，于是，年度会议的最后结果，是默许他放下对汉族的传教工作，把全部的时间投入到苗族当中。其他传教士非常大度地支持了柏格理，并挑起他所放下的重担，尽管全体人员都在超负荷地工作，但他们还是很希望柏格理能够成为苗族人的使徒。传教士们已经预见到唯有柏格理才能引导苗族人，否则的话，这场精彩的群众皈依运动就会慢慢低落、消亡，直至无果而终。虽然在这个紧要关头大家顾全大局行动一致，但实际上并没有形成一致的观点，因此许多年后，柏格理依然会不时地感觉到同工们对他的误解。

柏格理开始主持苗族的工作，同时仍一如既往地关注着传教团的其它事务。在和传教委员会秘书C.斯特德福特牧师的往来信件中，他为委员会策划了一个工作方案。柏格理于1905年6月12日的一封信中请求重新开启昆明的传教点，使之成为传教团的交通和补给基地，这样就可以节省很多时间和钱财。要重新开启昆明传教点，就必须得派遣最优秀和最有经验的传教士前来，他认为，如果可能的话，最好是一位年轻的男性传教士。待四五年之后，再增加昆明传教点的人员配置，不过必须坚持“重质量而不是数量”的原则。从长远的角度看，昭通还需要一位牧师、一位学医的传教士、一位男校的老师和一位在女校工作的女教师，此外还应该雇两三位汉族女性在昭通周边工作。至于东川[①]，最好能派一位牧师和一位女传教士过来，并且东川也需要像昭通那样的学校。关于苗族工作方面，则需要一位牧师和一名年轻男子，“因为单独一个人是不可能巡视完两百个寨子的。”

柏格理被任命为苗族人传教老师的消息迅速传遍一个个寨子，人们的内心里充满了难以言表的喜悦。柏格理很快就制定出巡回传教的方案，以便把蜂拥至昭通的朝圣者引走——城里已经出现恐慌，无数山里人的到来开始危及所有人的健康，而昭通的公共医疗设施并不完备——到他们生活的地方去建立基督教的中心。在这一过程中柏格理保留了昭通传教团的房子作为自己的家，直到他在苗族地区建立好合适的新家。因此，在昭通依旧上演着关于苗族工作方面的一些激动人心的画面。

在苗族地区的早期巡回传教中，柏格理为自己设定了两个目标，一是在某些中心区域引导苗族人每周做公共礼拜，二是为建造小教堂选址。有位领主安先生，在寨子里接待柏格理的时候许诺，柏格理可以在自己的产业范围内挑选任何一块土地建造小教堂，只要不触及他家的祖坟就行。

星期天苗族人从四面八方赶到马摆[②]的山坡上做礼拜。柏格理满心欢喜地发现，至夜幕降临之前，一些慕道友已经掌握了关于基督教的第一本书。天黑之后仍有数百人留下来打着火把集会，他们围在布道人员的身边听讲，有坐着的有站着的，总共进行了三个多小时。柏格理获悉有几个苗寨的慕道友自费请了一位汉族老师教他们读福音书。有几位老师开始找柏格理要相关书籍，柏格理很高兴地给了他们。在这个特别的礼拜天，柏格理叫一位苗族人朗读《约翰福音》的第一章，他照做了，仅读错一处。这样的成就让人惊奇、欣慰和敬佩。不要忘了，数月之前这些苗族人都还目不识丁呢。

在马摆柏格理收到了许多象征着纯洁友谊的礼物。领主安先生送给他一件可以辟邪的衣服——一件马褂，上面绣着诺苏文字，还有龙和狮子的图案，据说穿上这件没有袖子的外套可以防止恶鬼的侵袭。柏格理还欣然接受了苗族

---

① 今云南省曲靖市会泽县城所在地。——译者

② 位于今贵州省毕节市威宁彝族回族苗族自治县麻乍乡境内。——译者

人送来的鸡蛋，因为走在人迹罕至的山路上很难找到食物。那一天柏格理的大部分时间都走在河床上，走了80里路，最后才到达苗族寨子四十五户[①]。

皈依运动刚开始的时候，那些苗族男子就说："这些道理实在太好了，我们不能光自己知道，还应该把信息传到下一个寨子去"；如今他们遵循柏格理的指导，聚集在一起读书、祷告、讲道。因此柏格理会经常遇见这样的现象，即当他第一次来到某一个寨子，却发现寨子里的慕道友们已经自己成立了一个小小的教会，并每周轮流在各个家庭中聚会。柏格理特别喜欢这样的现象，他并没有创造机会，却很善于抓住机会。他是这场运动的核心——最具魅力的灵魂人物。在新的召唤面前柏格理不断提升自己，无论是意识还是心灵，他每天都在成长。

尽管多年以后，H.张道惠牧师在苗族人当中做出了英雄般的成就，而C.米尔恩牧师也专注于对诺苏的传教事业，可每当提及在土著民族中的传教先驱，他们第一个赞颂的仍然是柏格理。柏格理最初肩负起这项工作的时候，无论如何都不曾想到，苗族人竟然能依靠自己的力量，出资在偏僻的大山深处修建了礼拜堂。柏格理相信是上帝的手在推进皈依运动的发展，而他服务于上帝，他所做的工作仅仅只是跟随在上帝的后面。

为了更好地传教，柏格理把同伴分成四组，那天晚上柏格理负责教25个男孩。第二天柏格理穿越几个寨子再次来到安先生家中。安先生是周边60个寨子的领主，他再次提出愿意送一块土地给传教团作为礼物，当然他也很想知道他的佃户前往昭通的情况。不过两个礼拜之后安先生似乎又产生了收回承诺的念头。于是柏格理第三次来到他的家中——从礼拜二晚上一直待到礼拜五——经过多次讨论，安先生终于兑现了自己的诺言，在一个叫做"石门坎"[②]的地方，送给传教团约10英亩[③]土地。礼拜五早上，柏格理带着已转归自己名下的

① 位于今威宁县观风海镇。当时，四十五户的彝族占2/3，苗族占1/3；概因柏格理初到此地，不明就里，故而记录为苗族寨子。——译者

② 位于威宁县石门乡荣和村，今乡政府所在地。——译者

③ 10英亩=60.7亩。——译者

珍贵的土地契约和主人道别时，大方好客的安先生又赠送了一匹凉山马。

次日柏格理就来到了石门坎，从昭通往东大约20英里[①]，刚好在贵州的边界之内。第一眼看见石门坎的时候柏格理很失望，因为这是一片山，不管在哪块土地上修房子都必须得先平整地基。不过，等全面考察完毕之后，柏格理却发现这里具有很大的优势：一是石门坎位于很多苗寨的中心；另外就是在地表下面蕴藏着丰富的无烟煤，可以用上好几代人。苗族人特别高兴，不仅仅是由于得到了10英亩土地的馈赠，还因为了不起的领主已经向传教士做出承诺，同意他们信仰基督教。柏格理没有浪费任何时间，即刻开始工作：1905年3月30日收到礼物，而4月1日他们就开始平整场地了。

这个地区的苗族给柏格理留下了非常深刻的印象，他十分欣赏他们的灵活机敏。汉族人企图用老掉牙的谎话恐吓他们，说外国人要摘掉他们的眼睛，“是的，”他们回答，“真的是呢；外国人已经把我们的眼睛给换掉了，从前我们不识字，可现在我们都能用新眼睛看基督教的书了。”汉族人又吓唬说传教士会把他们的腿打断，其中一人便回答道，“嗯，对头！就是这样的，因为当我们走向毁灭的时候传教士把我们的腿给‘打断’了，所以如今我们正飞奔在通往天堂的大路上！”

施工进度很快，到5月14日礼拜天，茅草屋顶完全搭好，小教堂落成，可以坐350人或站700人。或许英国人会觉得这个可怜的小教堂算不得什么，泥巴墙壁，总共的建筑费用只有25英镑；但对于苗族人而言却开创了一个新的纪元，一贫如洗的他们，捐建了苗疆的第一座基督教圣殿。他们的高兴宽阔如海洋，柏格理分享着苗族人纯洁的欢乐。他们的第一次礼拜如同成人主日学校，主要是把犹太人的摩西十诫记牢。有150名男子和60名女子参加了下午的礼拜。礼拜后有位男子找到柏格理，请求柏格理雇用他为仆人，说，“我愿意像动物一样任你驱使，你叫我做什么，我就做什么。”传教士对此评论道，“可怜的人儿！我们给予你的会比你所期望的更多。”

---

① 1 英里 =1.609 公里。——译者

柏格理不仅仅是苗族人信仰上的使徒，并且还成为了他们的保护者，甚至也可以说他就是为他们制定规则的人。仅建造教堂是不够的，柏格理还得帮他们改掉不好的毛病，否则的话，他们践行基督徒生活将会遇见严重阻碍。柏格理明白，只有培养人们的新兴趣和更多的爱，才能彻底消除旧有坏习惯的影响。首要的事情就是去掉他们现存习俗中的有害部分。柏格理写道："苗族人最初走近我们的时候，我们就意识到酗酒和放荡将成为最头疼的问题，尤其是后者。他们的恋爱和婚姻竟然是这样的，以致于现在我们的很多人都不愿意提起，很多人在努力，想把纯洁的爱情带入他们旧有的不道德的婚约方式中……每年的农历五月初五——中国人纪念爱国者屈原的日子，屈原生活在公元前 4 世纪末期，在这一天把自己沉入了汨罗江——大量的苗族人也会聚集在山坡上。好几千人，大多是青年男子和未婚女子，会聚在一起跳芦笙唱情歌，释放自己的激情，也因此成为汉人的笑柄。每年一次的欢聚在苗族当中非常盛行，造成了一种巨大的伤害。我们的第一反应就是要让我们的人远离这样的聚会。告诉他们'你们不要去'是件很容易的事，不过我们认为很有必要多做一点什么。于是我们决定为了基督而充分利用好这一天，使之成为人类最伟大英雄的纪念日。我们应该自己举办一个盛大的节日，让年轻人在伟大的主面前庆祝，让他们发现耶稣才真正是所有欢乐和幸福的源泉。[①]"

组织一个基督教节日来代替"花山节"[②]可不是一件容易的事情，因为你很难指望没有受过任何教育的山里人对英国式的娱乐产生兴趣。柏格理请H.张道惠牧师协助他。他深知第一次的基督教盛典成功与否必定会对今后的节日产生重大影响。人们收到柏格理的邀请，有些人头一天晚上就到了石门坎，第二天中午时分，共有1000名男子和500名女子赶了过来。他们在新教堂里举行了两场礼拜，可是人越来越多，教堂里容纳不下了，于是他们就在室外举行"露天集会"。除了苗族之外还有两百名汉人参加。以后的数年时间

① 《基督教世界》，1911 年 8 月 10 日。

② 西部苗族的传统节日。——译者

里，各种比赛和运动都被引入进来，但是在这第一次的节庆上，宣传福音成为了最亮丽的风景。夜幕降临，柏格理为妇女和小姑娘们放映幻灯片，然后送她们去寨子里投宿。接下来两位传教士也为男士们放映了幻灯，带他们礼拜。晚上张道惠拿出了一个直流电池给大家取乐。活动结束后，小教堂变成了一个巨大的“小客栈”，男人们一个挨一个地挤在地板上睡觉。一整天都过得非常快乐，没有人留恋他们往年的任意放纵。

端午节过后的那几个礼拜天，每次都有一千人左右过来做礼拜。简陋的小教堂人满为患，人们只能站着做礼拜，拥挤到甚至没有办法移动一下肩膀。无论是白天还是晚上，小教堂都得到了充分利用：学校上课的时候，做礼拜时用的高凳子就变成了课桌，矮凳子就拿来当座位。到晚上高凳子矮凳子放在一起成为床架。在传教士的住房修好之前，柏格理让苗族人把几块木板穿放在讲坛前面的大梁上，他和两个伙伴就在木板上休息。白天小教堂就是一所学校，学生的平均人数很快从 80 人增加到 100 人，其中一半是女生。学校有一位固定的汉族老师，李司提反先生负责操练学生并教他们唱歌。实际上它也可以算得上是一所寄宿学校，因为所有的孩子们都在那里生活、睡觉，或者是住在周边的小棚子里。

在柏格理的指示下，李司提反将若干首赞美诗配上苗族的曲调，教他们用视唱法练习。他们还学会了用诗歌体来讲述古老的圣经故事，这种形式让苗族人很着迷，成为宣传新宗教最重要的方法之一。有一天晚上，两位唱歌的姑娘在一位老人的保护下来见柏格理，他们在潮湿、泥泞的山路上走了 120 英里，为的是要得到传教士的允许去给苗族基督徒唱歌。年纪小一点的那个女孩唱得太多了，声音都有些沙哑。就像卡德蒙[①]那样，她说她所唱的内容是有一次在梦中得到的。柏格理认为，她应该是听过苗族慕道友谈论福音，之后念念不忘，以至于在梦中用诗歌的形式浮现。柏格理为此十分高兴——如同古时候希尔达

① 卡德蒙（610 ~ 680），英国约克郡惠特比人，早期基督教诗人，据传是一位老年牧人，在梦中做出第一首诗，并将圣经故事改编成诗歌。——译者

一群苗族劳工，戴太阳帽者为柏格理。

五镑小屋，约翰 · 帕森斯先生提供。

院长[①]喜欢她吟诗的牧人那样——开心地答应了小姑娘的请求，同意她成为一名行吟诗人，但前提是必须得有父亲或母亲的陪同。小姑娘感受到了外国老师的慈爱，内心里充满了光明，兴高采烈地执行自己的使命去了。

小教堂变成了石门坎新的中心，白灰粉刷过的小房子修建起来，供前来做礼拜的信徒和老师们休息。第一批皈依者花了五英镑为传教士盖起住房，共有三个小房间，从此以后，在柏格理的引领下，开始了轰轰烈烈的苗族人大规模信奉基督的故事。[②]

① 圣希尔达（614 ～ 680），她于 657 年创建了位于英国约克郡的惠特比修道院。——译者

② 参考《苗族纪实》中的精彩篇章。

第七章　第一批受洗的苗族人

柏格理和两位苗族老师

虽然冲动是男人最为常见的特征之一，但柏格理却拥有超强的自制力，并且在某些比较严肃的问题上，他甚至还有点过于谨慎。自苗族人开始来昭通寻访至今已经有15个月了，施洗的问题被反复提上日程。即便等待了这么久，柏格理最终决定对苗族信徒施洗，还是由于受到了中华内地会传教团党居仁先生的影响。1905年10月的某一天，柏格理遇见了他所认识的第一位受洗的苗族人，这个人告诉柏格理于两个礼拜之前，他和其余60个人在葛布[①]获得党居仁先生的正式批准加入了教会。柏格理回到石门坎两周后，考察了30位苗族新信徒：“他们很聪明，回答得特别好。有些人非常真挚强烈地表达了自己对耶稣的爱，所有的人内心都十分平和。我打心底里为这样的辉煌而喜悦！”柏格理感觉不能再拖延为他们施洗的时间了。

柏格理定于11月5日为150名苗族信徒施洗。受洗候选人都经历了最为严格的测试，若非如此，想把受洗的人数翻一倍则是轻而易举的。约两千人出席了礼拜式，很多人赶了几天的路，夜里就睡在山坡上。清晨的祈祷会为一天的活动拉开了序幕。柏格理对即将进行的庄重仪式充满敬畏，他告诉我们自己在寻求内心深处的圣洁，以做好充分的准备去主持圣礼。早餐之后礼拜开始。只有准备受洗的人才可以进入教堂。被选定的十一位长者、九位男子和两位妇女，他们是最早的皈依者，其中有一些人，如王得道、杨雅各和张约翰等，注定要为山里人的皈依做出非凡的奉献。每个人都会被问道，“你想受洗吗？”“你愿意成为上帝的孩子吗？”长者们受洗完毕，便被邀

① 今贵州省毕节市赫章县辅处彝族苗族乡葛布村，为内地会苗族基督教中心。——译者

请到台子上来，而后面的人就接受他们的询问。首先候选人要到李斯提反处登记，李先生对他们进行询问考察，之后再将名单报给柏格理，如果已确认他们掌握了充分的基督教知识，则再由苗族长者去盘问他们过去和现在的行为。“受洗候选人着装整洁，头发也是精心梳理过的。他们的精神面貌比我在类似场景下所见过的任何汉人都要好。有六七个没能通过老人们那一关，其中一名女子被拒绝是因为她过去的生活不检点；可是她一次又一次地恳求，最后我接受了她；天国也容忍狂热。”张道惠和柏格理对第一批皈依者中的很多人实施了洗礼。那天上午共有102人受洗。柏格理仔细观察受洗者的反应，看见他们的面容率直、坦诚，全新的欢喜和自信油然而生，柏格理告诉我们他感觉到了一种奇异的谦卑，让他很想站到等待受洗的人群当中去。后来又为妇女和姑娘们单独举行了一场礼拜。晚礼拜持续了四个小时，好几百人请求受洗，但柏格理认为让他们以后再受洗才是更为明智的做法。两天后柏格理和一位受洗过的苗族人走在集市上，碰见一位汉族的举人，举人友好地向这位信徒鞠躬，并祝贺其加入了基督教教会。“一名儒学举人，”柏格理写道，“向一位苗族人鞠躬，祝贺他信奉了耶稣，在中国的这个角落里，显然是一件引人注目的稀罕事。”

苗族群众的皈依运动给人留下的最深刻印象之一就是，这些最贫穷的人为教会提供了最慷慨的奉献。石门坎第一次施洗的那一天，他们获得了奉献的丰收。“奉献盘”实际上是三个筐子，每个筐子都大到足以装下柏格理的全家人。六七个苗族教徒花了一个多小时来清点礼物，全部礼物的价值大约相当于五六万铜钱。第一年工作结束时，柏格理做了统计，穷苦的苗族人已经捐助了大约一百英镑。

两周之后，柏格理告诉昭通的地方官他打算返回英国，这位汉族官员转向柏格理夫人问：“你们一定要回国？夫人，真的太遗憾了！”但实际上柏格理却另有想法，半个月后在石门坎举办了一场规模盛大的礼拜，活动结束后他写道：“今天我被深深地感动了，我怎么能够在这个关键的时刻回国呢？如果上帝想让我留下来，我将乐意照办！”然而是时候让柏格理夫人和孩子们回英国了，柏格理自然是特别想和他们在一起。不过，眼下的情景，则更需要有人来负责苗族人的工作，经过激烈的思想斗争，他决计让妻子和孩子先回国。再之后的一个周日，有上千人来参加礼拜，似乎也正是这一次，上帝最终把柏格理留了下来。他们把信徒分为两组：柏格理先生负责教授已经受过洗的教徒；而同一时间，在人满为患的小教堂里，张道惠和李司提反负责主持礼拜。柏格理教了八个小时，然后坐下来写道："这是一项多么神圣的工作，又多么令人喜悦！确定留下来陪伴这些穷苦人而不是返回祖国，竟让我如此高兴！愿上帝保佑并拯救他们所有的人！他们说洗礼已经激发了很多不信教群众的热情。"

苗族工作启动之初，柏格理就意识到社会活动的重要性，现在他开始着手准备圣诞节庆典的相关事宜。苗族人知道那天是耶稣的生日，不过他们并没有庆祝生日的概念，也很少有人记得自己的年龄。柏格理同时还要保留昭通的圣诞庆典，因此就把石门坎的庆典推迟到12月27日。那是一个白色的圣诞节，为了赶来参加渴盼已久的苗疆里的第一个耶稣生日庆典，很多人在大雪中跋涉了三天。他们身穿平日里的衣服赶路，却把最美丽的盛装背在肩头。柏格理印刷了1200张入场券，但还是不够用；从昭通请过来五位厨师。共摆了150桌，三天里共有一千多位客人用餐，不过其中只有约一百名妇人和女孩。燃起32笼火，但仍然不够客人们取暖。庆典中原本计划的运动和游戏则推迟到了农历五月份。

1905年的最后一天，柏格理考察了一批新的受洗候选人并确认了86位教会新成员。其中有40多人来自"虎牙寨"[①]，那里的土目异常坚决地反对着基督教。参加礼拜的信徒人数过于庞大，只好轮流进行。仪式结束后柏格理写道："今天的工作情况非常好，结束1905年。"

柏格理十分感谢英国同工张道惠和汉族同工李司提反，假如没有他们的协助，则根本无法完成如此大量的工作。在苗族人当中操劳了16个月之后，柏格理发现有一部分经过洗礼的男女教徒具有领导者的潜质，堪长期担当重任去引导无数人皈依。他已经转变思路，把重点放在培训本土的教会管理人员上面。"期待着，"他说，"能逐渐形成一个围绕昭通教会的圈子，距离

① 意译地名。——译者

中心最远的地方不超过80英里[①]，每座教堂同时也是一所学校。这些外围的传教点有稳固的领导机构，由本土的汉族和苗族布道员负责，并且也便于城里的传教士随时前往指导。”

这是柏格理人生当中最重要和最成功的一年，但乌云也慢慢向他靠拢，把他置于失望和焦虑的阴影下。低谷往往会跟随着巨大的高峰走来，柏格理交织体验着快乐和悲伤，正如所有那些为别人而活的人一样。不要忘记正是在戴德生·泰勒的影响和推动下，圣经基督教教会才派出传教士来中国；正是由于戴德生的建议，柏格理他们才被派到云南。也正是在这一年，为传教工作做出最伟大贡献的戴德生·泰勒安息主怀，噩耗传来，柏格理情不自禁悲伤不已。不过，令柏格理悲哀的事情还不止一件：很突然地，在没有任何预兆的情况下，柏格理的部分汉族助手，在苗族和汉族的传教事业中不可或缺的布道员，开始愤愤不平起来。其中有一个人想离开石门坎。另外有一个人从老鸦滩[②]写信过来，说自己很疲惫，也非常思念家人。柏格理承认这些状况完全出乎他的意料之外，他十分坦白地记述道：“我要把眼下的情况告诉耶稣，要知道这是祂的责任不是我的责任，祂要赶快把事情给理出个头绪来。”而这些混乱无序和怨声四起很快就被更大的困难冲淡：一位英国传教士突然决定要和孩子们一起回国。这一消息传开之后，两位懈怠的汉族布道员看到了事态的严重性，他们赶紧忏悔并承诺继续坚守工作岗位。柏格理把他们的快速转变归功于自己的祷告。

1905年的圣诞节上发生了一件引人注目的事情，有30位黑彝汉子，即诺苏的一个分支，来到传教团驻地。他们是一个优秀的群体，较苗族人而言，脾气更为火爆也更加好战。他们说有八九百名像他们一样高贵的诺苏准备接受传教士的布道。交流中有位来访者坦承他对新宗教的质疑。“噢，”一位共同讨论的诺苏皈依者说，“在你信之前必有怀疑。”还有一位诺苏来访者说，在他们的古书里有位圣人叫耶索木，或耶索圣，他不是神，但每到收

---

① 1 英里 =1.609 公里。——译者

② 今云南省昭通市盐津县城所在地。——译者

获时节，黑彝都要聚集起来祭拜并感谢他。诺苏倾向于认为他们的耶索和外国人的耶稣是一样的。[①]柏格理写道：“愿上帝为拯救他们而打开一扇伟大的门！这是不是意味着对罗罗的拯救也终于降临了？”

苗族工作的下一个重要活动是为受洗者举行第一次庆典，时间定于1906年1月28日。大家如此热切，早晨7点钟小教堂里就已经挤满了人。礼拜进行到11点，教堂里面有700个人，外面有400个人。除传教士之外另有30个人站在讲台上，当张道惠分发圣餐——茶水和面包[②]时柏格理就坐在风琴旁边。张约翰演讲，然后按照教会的花名册叫领圣餐的人上前。当一组人领完后另外一组再站上来。此时用苗族的调子唱起赞美歌，领圣餐者跪下，柏格理带领他们祷告。共计有164名受过洗的皈依者参加，礼拜持续了三个小时。奉献约12两银子，贫困的人能够捐出这么多，实在令人惊奇。他们本打算下午对新的候选人进行测试，可是来的人太多了，只好用来讲道。晚上有800个人挤进小教堂。唱歌的时候那声音地动山摇，柏格理害怕房子会被震垮，于是让男信徒全部撤离教堂，第一场礼拜式只为女信徒举行。一个多小时之后，女信徒出去男信徒再进来。那晚有57名信徒受洗。一位年龄偏大的男子带着他的妻子和两个孩子受洗，妻子的怀里抱着小的，父亲的背上背着大的，大的约三岁，当父亲受洗时，他把头转向一边，让孩子面对着柏格理。

传教士并没有对这方面工作进行过任何事先规划，苗族群众大规模的皈依运动顺其自然地按照一定的轨迹发展，不由得让人想起《使徒行传》时期，许多现象竟会如此惊人地相似——狂热地执着，假的预言家出现了，蛊惑大家停止工作，一味等待基督的复活、上帝的降临和传教士的到来。于1906年2月11日，苗族人决定派18个人两两一组到各个寨子里去巡回传教。柏格理不给他们提供经费，只让他们带基督教书籍去销售。他们将接受听众的热情款待；如果有地方拒绝他们传教的话，那他们就可以卖书挣钱以保证食宿。全体布道员都非常高兴、异常激动，出发时每个人都神采奕奕。结果在

① 参考《在中国西部的部落里》，第 126 页。

② 实为荞麦面饼。——译者

所有的地方布道员们都十分受欢迎，不过据报告，当人们很高兴地接受福音的同时，也很顽固地拒绝摒弃苗族的老传统。柏格理的目标不仅限于拓展信教人数，还要培训本土布道员。

柏格理的第四个儿子于1906年4月16日出生，之后他离开家进行巡回传教。两个礼拜后他在日记中写道："4月30日。我回到家里，埃米和欧内斯特都很好。亲爱的小家伙让大家非常开心。"妻子和孩子们远行的时间越来越近；但柏格理既然已经决定留下来，便不再更改；他与妻儿告别（1906年11月7日），独自继续传教并主持苗族事务，随后他的影响力陡增百倍。

或多或少地，苗族寨子里的男女老少都能理解柏格理主动离开家人的心情，也能体会他无私的牺牲，所以，他们就尽量用自己的爱和信任补偿他。如一些苗族人所说的，柏格理于他们而言既似父亲又像母亲：他听他们忏悔；他给他们安慰；他调解家庭纷争，劝妻子不要再生丈夫的气，也劝丈夫原谅做错事的妻子。每当苗族人遇见麻烦，他们第一个想到的往往就是柏格理。

柏格理与家人道别后的第16天，张道惠和尼科尔斯先生——澳大利亚籍的中华内地会传教士——陪同柏格理去参加苗族婚礼。"大约有300位客人出席。他们为我们杀了一头母牛和一头猪。我们在教堂里做礼拜，婚礼形式和我们国内的相似。新郎和新娘毫不犹豫地回答问题。新娘把一杯水递给新郎，新郎喝下一半后又将剩余的水给新娘喝。他们跪下来祷告，然后站起身动情地加入了婚礼赞美歌的合唱。祝福之后我们全体向新婚夫妻鞠躬。晚上，年轻人包括新娘和她的伴娘都过来这里，我们大家一起玩游戏。结束的时候已经到凌晨1点钟了。新娘大概是在10点钟溜走的……我非常喜欢和小孩子一起玩，简直太开心了。等上床睡觉的时候我已经累到不行。次日我们向新人道别，新娘的娴静优雅给我留下了极其深刻的印象。既没有像我们身边的年轻人那样放声的笑，也没有故作羞涩之态；新娘真诚自然的彬彬有礼恰似对汉人故作谦逊的改进。"

充满爱心的柏格理也会愤怒。当苗族姑娘和妇女们受到汉人或者寨子里的头人欺负时，他就会怒火中烧，即刻行动让政府官员出面干预。这段时期有位十二三岁的苗族女孩从囚禁者的手中逃脱，女孩的精神和身体都遭受到巨大的摧残，她害怕极了，什么都说不清楚。然而，天网恢恢，迫害她的男人最终被抓并且认罪。“今天，”柏格理说，“女孩和她父亲一起来到我们这里。她站起身诉说自己的经历，哭得特别伤心。我非常愤怒，李先生也掉了眼泪……我们准备就此事报官。行政长官不在，所以我写了一封信给驻扎昭通的刘将军。”

有一次，柏格理听到消息，说一位信教的姑娘正准备嫁给一个有妻室的男人，于是他就坐下来写了这封信：“白人老师非常热爱卯吐露[1]的人们，想让他们都成为上帝的好孩子。我刚听说了一件让我内心不安的事情。据咪哐沟[1]的人说，卯吐露的年轻姑娘王琴要嫁给约翰了。我知道后心情无法平

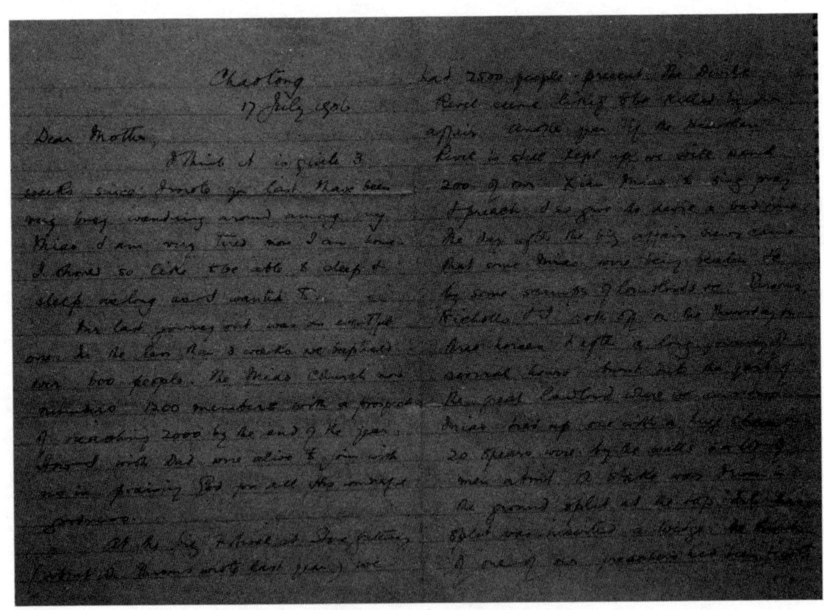
Chaotong
17 July 1906
Dear Mother,
I think it is quite 3 weeks since I wrote you last. [illegible]

1906 年 7 月 17 日柏格理写给母亲的信，2017 年摄。

① 苗语地名，即昭通市彝良县洛泽河镇虎邱村树木柯组。——译者

② 洛泽河镇献鸡村咪哐沟组。——译者

静。不可以这样做。王琴，你是上帝的好女子，过着幸福的生活。我们都十分爱你。你的品行必须要端正。现在约翰已经有一位妻子了，一个男人是不可以拥有两个妻子的。无论是谁，要嫁给一个已婚男子，让这个男人把之前的妻子抛弃，这种行为都无异于猪狗。你一定要纯洁自爱。耶稣是这么的爱你，祂曾经为了你而献出生命。你一定要记住并爱主以回报……王琴，你一定不要因为老师写这些而生气。我们都非常爱你，都想让你成为耶稣的好女子。白人老师谨致卯吐露的王琴女士。”

这些事件和记录都形象地说明了柏格理的各种日常事务，但并不能把他所拓展的新教区的范围标明。1906年据他本人所说，新教区的范围大约为1000平方英里。“如果我们假设，在崎岖的山路上一天可以走20至25英里左右的话，那么，从昭通传教团出发，往东北方向需要走五天，往东要走三天，东南要四天半，西北要三天半，西面要两天半，而向西南要三天半。”柏格理不可能独自完成如此大范围内的工作，因此当传教团指派张道惠夫妇每年去石门坎工作六个月的时候，他非常感恩。

“还有一片区域，”柏格理说，“我们的人都很感兴趣。昆明的北部——数年前曾属于我们工作范围之内的地方，”循道公会联合委员会已经决定再次启动那里的工作，——“苗族人走了12天，来请传教士去教他们……如果我们能去的话那该多么令人高兴啊！但是在祈祷、思考和商量过后，我们认为自己是不可能到距离基地如此遥远的地方去传教的。因此我们就制定了一个最佳方案，也只有这样做或许才真正是最好的。年度会议的主席给中华内地会云南总监J.麦卡锡牧师写了封亲笔信，请求内地会接手该区域。麦卡锡牧师欣然同意并立刻派遣A.尼科尔斯先生到我们这里来熟悉工作并学习苗语。事情进展得如此顺利，下面就比较简单了。他们还请求我们派苗族布道员陪尼科尔斯先生一起到他们那里去。于是我们便选出几位最优秀的，等三四个月过后，尼科尔斯先生前往开展工作时，就会有我们的四位苗族布道员陪同，这四位布道员将激情满怀地在本民族同胞中传教。”

第八章　“大米和耳朵的山谷”与“长长的海洋”

约翰·济慈[1]的信件里有段话，抗议有人说这个世界是“眼泪之谷”，他认为更贴切地讲这个世界应该是“塑造灵魂之谷”。如果，正像诗人所说，塑造灵魂真正是世人生活的主要目标之一的话，那么柏格理在中国西部少数民族中的工作，除了其本身固有的慈爱和趣味之外，还有一种独特的价值，即可以让我们看见上帝的实验室和塑造灵魂的过程。一股神秘的感召力激发并驱使着颓废的部落去寻找新的生活方式，去改变村寨里的整体社会面貌。他们从福音中得到灵感，十分用心、努力地去重新树立自己的尊严和希望。使命般的任务要求柏格理：建造数十座教堂；保持牧羊人的敏锐眼光；开展有针对性的教育；甚至还要在本地举办医疗机构。柏格理几乎从不考虑自己的付出和牺牲，而是全神贯注把自己毫无保留地投入到这项伟大的事业当中。柏格理的信件和文章如同赞美歌一般，颂扬美好善良的圣灵把中国西部大山里的人们划归上帝所有。

柏格理一直在留意修建小教堂和学校的其它合适地点。因为不可能让苗族人每个礼拜天都跋涉十英里[2]甚至数十英里来到石门坎。但麻烦的是当他们选择好地点后怎样去获得地基，大部分土地都归势力强大的诺苏所有，而诺苏们即便不积极迫害信教群众，也通常都心存疑忌并顽固抵抗。我们以实力雄厚的诺苏罗氏三兄弟为例，他们住在猫猫山[3]（“喵咪的小山”），在大山巅上修了一座坚固的城堡，在人类使用弓箭打仗的那个年代是无法攻破的。老大是一位政府官员，很少在家。老二是方圆数百英里的领主，其间散布着许多苗族寨子。这位首领害怕基督教的发展会影响到自己的统治力，因此一直不肯答应柏格理想要一块土地的请求。最后只好请人从中斡旋，柏格理认识一位诺苏领主，既欣赏基督教又是猫猫山领主的好朋友，便请他出面帮助自己达成心愿。柏格理把困难告诉陈先生，请他为之调解，陈先生同意了，还许诺如果罗家不答应的话，那么他愿意为柏格理提供土地并且送一

---

① 济慈（1795 ~ 1821），英国浪漫主义诗人。——译者

② 1 英里 =1.609 公里。——译者

③ 位于今云南省昭通市彝良县境内。——译者

些树给他们做建材用。谈判如期而至，过程一波三折，柏格理终于收到一份土地作为礼物——大约1.5英亩[①]——在咪哻沟[②]，意思是“大米和耳朵的山谷”，距离石门坎30英里，在东北方向，那里的群山延绵无际，像大海中的巨浪。

1906年5月7日柏格理前往咪哻沟，途中在苗族寨子拖姑梅[③]停留。虽然这里的苗族全体皈依了基督教，但是，曾经的过错不可避免地在他们身上留下痕迹，很多妇女的咽喉病都特别严重，给她们带来了巨大的痛苦。一个女孩得了麻风病；还有一个必须要送到昭通萨温医生那里去治疗。柏格理和寨子里的人相处时常常会表现出令人意想不到的宽宏大量。诺苏女领主像往年一样吩咐佃户去为她收割鸦片，而柏格理则机智大方地告诉拖姑梅的苗族人，说在命令之下他们去做这样的事情是没有罪过的，罪恶只会落在发号施令的人身上。

小教堂开工之前，苗族人平整了场地。修教堂雇用的是汉族工匠，但他们做工极差，施工过程中墙壁垮了五次。最后苗族人不耐烦起来，就自己动手建造完成。这里本是一个很小的地方，总共才60户居民，而现在却成为了周边100多个寨子的基督教活动中心。小教堂用红色的瓦作屋顶，很像一座大粮仓，里面可以坐800个人，站1500个人。柏格理还让苗族信徒盖了一栋有三个房间的小屋，这样他过来住的话就会方便些。这段时间柏格理和亚瑟·尼科尔斯先生就住在被他称之为“桃子先生”的教会干事陶洛乔家里。在苗族基督徒的第一批领袖当中，有一些人极具才能并个性鲜明，陶先生就是其中最有趣最可爱的一位。陶先生的幸福源于自家养蜂场的20个蜂箱。蜜蜂就是他的孩子和他的快乐，他爱它们，他还说它们也爱他。它们把周围乡村里所有的芳香都带进他的花园中来，连续数小时的嗡嗡低语，让陶先生觉得这就是世界上最甜

---

① 1 英亩 =6.07 亩。——译者

② 彝良县洛泽河镇献鸡村咪哻沟组。——译者

③ 彝语音译，即彝良县龙街苗族彝族乡窝铅村上寨组。（注：此处“铅”字的读音为“炎”。）——译者

柏格理在咪咡沟的第一座教堂门前，约翰 · 帕森斯先生提供。

咪咡沟的苗族教会干事

蜜的音乐。此次访问期间，陶先生给一个蜂箱里的蜜蜂搬了新家，把它们迁入树枝上梨子形状的新蜂房内。他拿了一个长约12英寸[①]的中空树干，打开一头，把它栓在两根树枝中间，用长柄木勺把蜜蜂舀进去。柏格理害怕蜜蜂夜里会跑来找他交朋友，就力劝主人家拿开了距离门口最近的蜂箱。陶先生于是就在石头上贴了两张白纸，指引蜜蜂去他放蜂箱的新位置。第二天清晨柏格理昏昏沉沉地睡着，梦见自己在萨温医生的诊所里追捕一只大蜜蜂；等他醒来的时候，整个房间里嗡嗡嗡的热闹非凡；有些蜜蜂就在传教士的床上爬着；还有一只蜜蜂的脾气比较大，把柏格理的同伴从梦中突然蜇醒。那天晚些时分，蜜蜂被大黄蜂攻击，大黄蜂抢走小蜜蜂去喂自己的孩子。陶先生拿着一个像板球棒那样的小木板打死了大黄蜂，发现大黄蜂的巢穴之后，夜里陶先生过去把草点燃，把大黄蜂统统闷死在窝里。陶先生告诉柏格理，大黄蜂第一次袭击时他正在有点远的地方干活，但蜜蜂们还是找到了他，并不停地轻轻叮他的脸，他马上意识到一定是遇见麻烦了，随后就立刻赶回去向入侵者宣战。痴迷的陶先生讲起他的蜜蜂来从不知疲倦。他告诉柏格理蜜蜂都依赖着雌蜂王；如果蜂王死了，蜂箱里就会混乱不堪；如果不能按照正确的方法及时建立新蜂房，蜜蜂们就会因为悲伤和饥饿，在一次性分泌完蜂蜡之后一个接一个地死去。作为一名虔诚的教会干事，陶先生随时随地准备着传教宣道，他说大黄蜂就好比魔鬼，如同蜜蜂没有他的帮助就无法赶走大黄蜂一样，他也不能独自赶走隐蔽的魔鬼，除非他闭上眼睛祈求耶稣的帮助。

柏格理和尼科尔斯于7月初为260名皈依者施洗，向1000多人传道。咪咡沟的建筑工程继续令人失望，发生了一次严重事故。大约在12月中旬有人送信到石门坎，说在给新房子挖地基的时候，山石垮了下来，有两个学生被严重压伤。柏格理立即出发，将两天的行程并作一天，于天黑后赶到目的地。当时一场礼拜刚刚结束，柏格理一进门，人群里就发出一阵欢呼：“坎对达较！[②]”柏格理得知一名受伤的学生已经被送回家中，而另外一名还在小教堂

---

① 1 英寸 =2.54 厘米。——译者

② 苗语音译，字面意思为“老师来到”，含眼巴巴等待了很久的情绪在内。——译者

内，他的大哥正在照顾他。小家伙看见老师后非常高兴，伸出他的双手似乎想拥抱柏格理。柏格理迅速安排人用担架把他送到昭通的医院。两个男孩都伤得很重，却拼命地忍着疼，就好像基督教的禁欲主义者；他们其中的一人在圣诞节时死去。

参加圣诞节庆典的苗族信徒从四面八方赶往咪哩沟，长长的队伍大踏步地走，形成了一道亮丽迷人的风景线。他们结队而来，有数十人一队的，也有数百人一队的：男人穿着白色的、蓝色的和颜色较深一点的衣服；妇女和姑娘们则穿着白色的、蓝色的、黑色的或绿色的上衣，配着蓝色或白色的百褶裙，裙子上绣着红色或巧克力色的小片装饰。小孩子被系在母亲的背上，吃着荞麦饼、啃着包谷棒子或长长的黄瓜。

“提起这个地方，”柏格理写道，“有三个人十分突出：李司提反，汉族布道员，一位牧师;张约翰和朱托马，两位苗族布道员……我热爱我的中国同工，并为我和他们之间的友谊而感到骄傲。李司提反和我同甘共苦，一起经历了各种各样的气候和环境，他对我敞开了心扉，当时应该还没有其他汉人能够做到这一步。”

“自教堂刚一落成起，在苗族信徒的眼中，上帝的圣餐就成为最神圣和最重要的礼拜仪式。经过长途跋涉，冒着酷暑严寒，顶着大雨大雪，走过湿滑的山路，穿越山间的激流，爬上险峻的大山，走下陡峭的小道，孩子们趴在背上，又累又饿，一次又一次地赶来，思念着耶稣并满怀对耶稣巨大的爱……现在，所有的非教会成员离开教堂：开始唱歌，一直唱到全部的人内心平静。主持人把桌子摆在一起围好，要求所有的人面向耶稣。干事们拿着装有荞麦面饼和茶杯的篮子轮流发放。开始倒茶，与此同时领圣餐的人唱起《耶稣爱我》、《洗罪之泉》、《耶稣受死》[①]。当每个杯子里都盛有茶水之后，全体人员弯腰祷告，忏悔自己的罪并感恩耶稣至高无上的牺牲。然后吃象征主身躯的饼，喝象征主血液的水……三年前这些人全是异教徒，放纵、酗酒、崇拜鬼神、迷信巫师——不会读书。现在他们

① 又名《流血歌》。——译者

却洋溢着对耶稣的爱。他们曾充满猜忌，如今却彼此信任互相帮助。他们读书，礼拜上帝，憎恨魔鬼，毁掉了进行有罪活动的房子以保护自己的女儿远离诱惑……他们已经走过死亡获得了新生，他们已经变成了真正的上帝的孩子。”

“晚上了，大部分人都已回家，即将举行今天的最后一场礼拜。这往往是最美的时刻，人比较少，大约只留下一百来人，会场也十分安静，很方便和在场的人近距离交流。九点钟礼拜结束。信徒们把缠裹好的长长的麻杆在传教士的蜡烛上点燃，教堂里一片沙沙作响，其它寨子里的信徒就举着麻杆做成的火把，沿着崎岖的山路回家，远望去就像一群一群的萤火虫在飞舞，直到他们隐入大山背后。现在的咪咡沟回归安宁，寂静的夜又被教堂留宿者的最后一首赞美歌打破，也或许他们还要再练习一个小时唱新歌。”

陶先生家并不是柏格理在咪咡沟唯一访问过的苗族人家，距离陶先生家不远处，刘先生也是最早接待过柏格理的苗族之一。可是如今，刘先生家里却只剩下了两个女儿，大女儿18岁，是虔诚的基督徒和优秀的歌手。柏格理很悲伤地埋葬了女孩的双亲，随后女孩也倒下了，由于饥饿而发着高烧，大家都很难过，一直为她祷告。等她康复之后，坎对[①]（牧师）就尽力安慰她，帮助她看见永恒生命里的真实希望。她邀请柏格理去了她最好的朋友家中：茅草搭成的一间小棚子，柏格理思忖着怎么可能还有人把这样的地方当作家。“住在这里的吴小姐嗓音清脆甜美，让人想起过去阿索拉的皮帕[②]的歌喉。两个好朋友经常一起上山薅包谷，守着庄稼不让野兽来偷吃，或者在山坡上放牧，她们干活的时候会像百灵鸟那样唱起欢快的歌。中国西部的大山深处突然响起动听的歌声，那是苗族姑娘在赞颂圣母玛利亚，这真的是一种很奇妙的体验。”

石门坎东南方60英里外的苗族慕道友十分期盼柏格理的访问，于是他

① 苗语音译：老师。——译者

② 阿索拉为意大利地名；皮帕为女子名。——译者

便动身赶往长海子[①]——“长长的海洋”——后来这里成为了一个新的传教中心。长海子位于贵州省境内，在从昭通到东川[②]的半路上。以长海子为传教中心，可以辐射周边50个苗族寨子。长海子的领主不仅为修建小教堂提供了一英亩半的土地，而且还承诺苗族基督徒可以去砍伐他们建教堂所需要的木材。不过在开工之前，柏格理认为最好还是要得到威宁地方官员的许可。前往威宁的途中，柏格理路过一些至今仍对基督教皈依运动持敌视态度的村寨，这促使他下定决心，若不能为基督赢得这些粗鄙和猜忌的村民，他将永不停歇。第二天他来到一个小寨子，寨子里的人属于最早对基督教产生激情的那一批，可是由于传教士从没有亲自来过，因此现在他们对基督教已经不感兴趣了。柏格理很清楚地认识到，要维持群众皈依运动的激情、创建一个生机勃勃的教会，唯一的有效办法就是盖教堂、建学校，并委派汉族和苗族布道员进行管理。用了一天的时间走完40英里路程之后，柏格理于礼拜五抵达威宁。他说：“用过茶后我去拜访地方官，他是位精明的年轻人，主张改革，他看上去很喜欢我们的来访。我们进行了一番长谈，最后他点着灯笼送我们，穿街过巷走了约一英里，直至我们投宿的旅店。我们走得很慢，边走边聊，就好像我们俩都是外国人，而不是一位官员和一名传教士。这样奇异的场景让我们会心地微笑，我告诉他之前我从来没有遇见过像他这样的中国官员。”或许，这正是已经启蒙了的积极乐观的中国青年，而他们正时刻准备着去面对注定将要发生改变的未来。

1905年12月11日，柏格理的结婚纪念日：“十四年前的今天我结婚了；感谢上帝赐予我许多年的欢乐与和平！”那天他们走了80里路，在干河沟[③]的张先生家中留宿，住进一个很好的用圆木搭建的房间里。主人家包括儿子孙子在内共计27口。第二天这里要举办一场婚礼，大约来了两百位客人——大多数是苗族人，也有少许的汉族人和彝族人，全部都穿着色彩鲜艳的衣服。

---

① 今贵州省毕节市威宁彝族回族苗族自治县黑石镇开厂村六组。——译者

② 今云南省曲靖市会泽县城所在地。——译者

③ 今黑石镇河坝村八组。——译者

柏格理却找不见新娘和新郎，经询问得知其实他们早在三年前就已经结婚了，而这次只是公开地庆祝他们的结合。柏格理没有遇到酗酒的人，但他怀疑客人们在看见他走近之后把酒藏进稻草里去了！主人恳求柏格理再多住一天，柏格理答应了，因为他想教大家一些有益的游戏。礼拜二早上，他把所有的男人和男孩召集在山脚下，组织了很多运动类型的游戏。比如射弩、长跑、双人三腿赛跑、跳高、跳远、跳绳、斗鸡、拔河等等。柏格理和随行的布道员都积极地参与了各项运动。这期间新娘和新郎路过，带着一头牛和一只羊去送给他们的父母作为礼物。游戏过后，大家就坐在一块正方形土地的三条边上，一起喝汤、吃包谷，还有一小块肉。然后给比赛的获胜者颁奖：柏格理为此赠送了34本福音书，想想可以帮助人们得到新的生活和前景，柏格理十分开心。

后来有一次他去长海子的时候，曾在距目的地10里的地方留宿，这是一个诺苏（黑彝）寡妇的家，她和儿子表示愿意加入教会。柏格理访问了所有的苗族佃户，并在晚上举行礼拜，这一带人全部聚集了过来。柏格理布道的讲坛是一个木头做的猪槽，有位苗族人说，可不要轻视，主耶稣就曾经安安稳稳地躺在一个马槽里。皓月当空，皎洁的月光照在人们的脸上。虽然很多人衣衫褴褛，但崇高的目标和理念让他们容光焕发。到最后柏格理过于疲惫，就站在一旁听讲并认真观察，在他的灵魂深处，从不曾预料过的纯洁和欢乐在内心里如浪潮般不断涌动。

他于1906年6月2日礼拜六抵达长海子，那天晚上被当地信徒用来做礼拜式的“演练”。大约有120名苗族人赶来，当时小教堂尚未完工，他们在旷野中做礼拜。礼拜后柏格理对受洗的候选人进行考察，在教义问答环节他很高兴地发现他们的进步非常大。

6月10日礼拜天，柏格理在完成了一半的小教堂内举行清晨祷告会，有150人参加。早餐后聚拢了1000人，分两批将小教堂挤满。柏格理为49人施洗，然后主持基督的圣餐。有五个不同的民族参加了这次礼拜：汉族、诺苏、仲家、苗族和英国人。先是传道，随之对候选人进行测试，总共用了大约五个小时。柏格理的日记中写道：“今天的礼拜式上有一个几乎什么都没有穿的小男孩跑到讲坛上站在我旁边。当我站起身讲道的时候，他也和我一起站在那里面对观众……我时不时地摸摸他的头。没有任何人笑。茶歇过后夜幕降临，我们举行了一场很浪漫的礼拜。小教堂里差不多挤满了五百人。还有很多人在外面围着篝火团团而坐。教堂的每扇窗户外面都有几张脸庞在晃动。总共只有两个中国式的灯笼，灯笼里面黯淡的蜡烛忽明忽暗，一个灯笼挂在讲坛的正上方，另一个则挂在对面小教堂的尽头……亮光只够让我们看到听众，却无法辨认出他们的面貌。二十七位受洗候选人站在前面，只有三位女性，其余的都是成年或未成年的男人。小教堂的墙壁只是部分完工。站在凳子上面，我的视线越过未完工的墙，透过西北方向云彩下面的余光，去追寻太阳躲藏的地方……整个仪式过程当中，亮丽的闪电时时划破远处东南方的上空。屋顶上的瓦也只铺了一部分，因此在教堂中间抬起头来就可以看见上帝的魅力夜空。昏暗的灯光下我们向候选人提问并为他们施洗。噢，真是欢欣无比！我竟能如此幸运地融入这样的场景！唱赞美歌时，男人先唱，女人后唱，最后大家合唱，数百人的声音汇集在傍晚的空气中，奇妙感人！这是喜悦和赞美的呼喊！大约晚上九点半，我们为一名可怜的悔过的女孩祈祷，她曾经做过女巫，在为她的祷告声中，我们结束了礼拜。她跪在耶稣面前，主听见了我们的祷告。”“离开长海子那天我们很难过，这个礼拜我度过了人生中最幸福的时光之一。真是一个非常美丽的地方！特别多的人赶过来送我们。我的《加拉太书》和《腓力比书》[①]！愿上帝保佑他们！”

要想完全搞懂苗族寨子里所涌动的浪潮是一件很困难的事情。山里的人从来没有像汉人那样被佛教的咒语纠缠住；但他们却被世界的光所吸引。释迦牟尼悲伤的平静和冷漠的温柔也没能抓住他们的思想；而耶稣自我牺牲的爱却占据了他们的心扉，让他们懂得了热情和奉献。一股神秘的力量进入他们的精神生活，激发各种新鲜事物，美妙地指引着苗族人生活中的方方面面。长海子的一个苗族人梦见发大洪水，自己一直飘在水面上，最终的结果是宁静与安全，而他的木筏就是耶稣的十字架。实际上没过几天做梦的这位男子就去世了，此事在整个地区引起轰动。误把迷信因素和全新的精神力量

① 见《新约圣经》。——译者

混淆在一起，对于质朴简单的山里孩子而言，也是一件很自然的事情；他们正在“塑造灵魂之谷”，他们之前的灵魂已经被损毁了，必须要建立一系列的全新体系，正是万众之父，为他们安排了这样一条特殊的全新之路。

长海子教堂，约翰 · 帕森斯先生提供。

典型的苗族房屋

第九章　惨遭毒打

创建了石门坎、咪呾沟、长海子的教会和学校之后，柏格理走访了昭通的北部和西北部，该地区至今仍处于被忽略的状态。从前人们也受到过皈依运动的影响，还曾经派代表去昭通找过传教士；可是却一直也没有传教士到他们中间来，所以他们就又回到了过去的生活状态当中。然而，柏格理的到来把他们的热情再次点燃。这一地区的领主送给传教团一英亩[①]半的土地用以建设学校和小教堂，当地的苗族人十分高兴，计划于第二年春天修建完工。柏格理建议他们先修一座茅草屋顶的房子，稍后再建一栋宽敞的够周边83个寨子3000人使用的教堂。待所有建筑全部竣工，柏格理还想在这一带的南部再建立一个传教中心。问及这些人为什么想拥有自己的学校和教堂，柏格理发现原来有一部分石门坎学生的家就在此处，他们所学到的基督教知识和品德给当地群众留下了良好印象。柏格理对此评论道："学习过基督教知识的学生所居住的寨子往往都是最有希望的地方。孩子们所做的传道工作非常棒，有许多次，我们遇见许多人，他们都是在石门坎苗族学生的引导下才相信了基督。走到这里需要五六天的时间，会耗费传教士的大量精力，因此，只有迅速培养出苗族布道员，才有可能在周边众多的苗族寨子里传教，当然了，布道员的培训必须得十分严格才行。"

但是威胁到传教士和运动本身的乌云正跟随着希望和繁荣悄悄逼近。柏格理曾面对过很多敌人，凭借他的劝说，根据条约对外国人的保护，或者朝廷法令中所许可的相关特权，针对那些公开的反对，迄今为止他基本上都是获胜的。虽然基督教的反对者被暂时压制了下去，不过，汉人和诺苏领主们依然在"不愠不火地培养着他们的愤怒"。虽然加害他的阴谋至今尚未得逞，不过，柏格理却已经有所预感，他将遭受和苗族皈依者一样的痛苦。可柏格理天生的根深蒂固的乐观主义精神，使他在潜意识里关闭了预知危险的大门。

从苗族寨子大坪子[②]——"巨大的平地"——到昭通约110里，柏格理在

---

① 1 英亩 =6.07 亩。——译者

② 云南省昭通市永善县茂林镇茂林村大坪子组。——译者

这里得到一块地基建教堂，他匆忙赶往80里外的永善，以得到永善官员的许可在此处建设一所学校兼教堂。然后柏格理返回昭通拜访行政官员，请他们签署转让契约并盖章。两个月后他听说工程受到了永善官员的阻碍。昭通的官员劝他亲自去看看并设法解决问题。柏格理在大坪子探听出事情的原委，有人恐吓了赠送土地给他的地主，为了讨好永善的官员，地主不准苗族人砍树为学校搭房梁，还劝其佃户不要相信基督教。

为了搞清楚究竟谁在背后捣鬼，柏格理来到永善，在那里听见了一则前所未闻的传言。好像是有一个姓张的苗族人，一个寨子的长老，十分仇恨基督教并一直迫害基督徒，他打着处罚的旗号掠夺信徒的钱财，还抢走了他们的酒、布、羊等等，最后还拖走了他们的母牛。“这个恶棍，”柏格理记载，“据说他现在正准备谋杀我，还说永善的县官同意他杀掉我。显然张曾经私下里找过官府，并大胆地说出了他的阴谋，可县官非但没有阻止他杀我，反倒承诺把我交给他，还说知道该怎么对付我。起初我无论如何都不相信会有这样的事，然而在场的人却说那是真的，反复地跟我讲了一遍又一遍。最后我决定，尽管已经十分疲惫了，但还是马上去找县官理论。我有点担心，害怕他是那种反对基督教到底的人，于是便带了一名布道员和我一起，假如有什么事情发生的话，就可以有个见证。衙门是打开的，我径直走进去，鞠躬行礼，直接告诉县官我把自己给他送过来了。他大吃一惊并再三否认传闻。我告诉他我所听到的故事，表明我不想牵连其他人，所以自愿送上门来……县官再次强调那则传闻纯属胡说八道，他根本不认识张苗子。不过我很快发现那只是个托词，我的突然现身让县官非常尴尬，他想赶快摆脱窘迫的处境。而后我占据主动并给了他台阶下。他说为了以防万一，请我当晚在衙门里休息。我拒绝了，建议他让张苗子歇在衙门里，那样会更保险一点。我们谈话的时候他派了四个衙役去监视张苗子。第二天早上，出乎我们的意料，县官很正式地带着一大帮随从，来到我留宿的简陋的苗族人家，很亲切地和我沟通并答应了我们所有的要求。”

“张苗子胁迫一些苗族人和他一起到衙门里控诉，说我仗着自己是一个外国人，强迫他们成为基督徒，而他们都不愿意信教，所以才决定如果我敢再来的话就杀掉我。我当即戳穿谎言，告诉县官那些被处罚的苗族人其实都心甘情愿地渴望成为基督徒。县官此时才发觉上了当，但他不太敢为难张，怕张出卖自己。不过他已经尽全力做到了最好，他命令张归还无辜者的全部财物，还撤了他的职……县官为我们发了布告，邀请我们赴宴，并派他的手下去诺苏地主那里协调，帮助我们得到盖教堂的木材。”

柏格理成功地争取了永善县官的支持，挫败了张苗子的阴谋，但却没有意识到被激怒的敌人才最危险。或许县官已经下命令不让张苗子再掌管寨子里的事务，然而县官并不能控制整个局面。其结果就是撤职的命令彻底惹恼了张苗子，而更不幸的则是他还控制着兵权。

柏格理在大坪子度过了一个十分美好的礼拜天，他向众人传教，为皈依者施洗，还挑选了领导人，制定了教会的发展规划。当天有人从苗族寨子杭利米①赶过来报信，说现在那里人心惶惶的，因为汉人和诺苏威胁说要同柏格理和与他有交往的苗族人对抗到底。柏格理毫不在意对他本人的威胁，三年来针对他的憎恨与阴谋很顽固地从来没有停止过，而且最近他刚刚才和永善的县官打过交道，很自然地认为自己能够再一次从敌人的手中逃脱。于是，4月8日礼拜一，他动身前往杭利米，下午5点钟左右到达，像往常一样受到了苗族人友好的欢迎。

当天晚上，柏格理向羞涩的慕道友传教并鼓励他们，在9点到10点之间，他听见来复枪射击的声音，房东告诉他寨子里有人生病了，所以开枪驱魔。事后柏格理得知房东骗了他，枪声其实是召集人的信号，也是抓捕他的指令。他并没有多想，假如他知道实情的话，当时就可以逃脱了，但他怀着一颗纯善的心相信了房东的话，和三位苗族布道员一起进卧室休息了。

柏格理于写给昆明领事馆威尔顿先生的一封信中叙述了接下来在那个可怕的夜晚里所发生的事情：“午夜时分，狗叫声把我们惊醒，很快在我们住的房子（实际上就是个窝棚）周围出现了很多火把。松松垮垮的竹栅栏门被一把推开，我看见一伙人打着火把，全副武装。他们冲着我大叫。我问我的

① 苗语地名，即茂林镇冷米村寨子社。——译者

苗族同伴他们在喊什么，我的同伴很平静，‘抓人，谋杀。’我匆忙穿上外衣，他们堵在门口，我们无路可逃，只好朝他们走过去，然后立刻就被大约60个带武器的男人给包围住了。那三位苗族人也是这伙人的抓捕目标，我们一同走了出去，到外面不一会儿，他们就开始打这三名苗族人。最小的那个年轻男孩逃脱了。他们想让我的一个同伴背我，我也搞不懂到底是为什么，他们一再敦促但终究没能得逞。一两分钟后我们来到河边，他们又开始打我的一位同伴，并把他打倒在河堤上。趁此混乱之机，我想我得跑了，于是便跳下去沿着小河跑。这伙人撇开我的苗族同伴赶忙来追我，而他们两个则趁机朝另外一个方向彻底逃脱了。没过多久我就被追上了，他们从前面把我拦截住，高喊着‘打、打！’‘杀、杀！’这帮人在河床上再次围住我，他们非常生气，很用力地打我。每一次重击我都希望能彻底解除我的痛苦，他们用棍棒形状的铁制武器打我。”

在给妻子的一封信中柏格理也谈到了此次遭遇：“我觉得自己马上要获得永生了，就在此时，有一位身穿羊皮夹克的男人弯下腰来，伸出双臂护住我，告诉他们不要再打了。”柏格理用了三年的时间才找到自己的救命恩人，他是汉族人，名叫杨世和，就住在杭利米附近，对苗族人一向都十分友善。在那个悲惨的夜晚杨世和曾尽力劝阻那伙人殴打柏格理，当他看见柏格理快要被打死的时候，就冒着生命危险扑在了传教士的身上。

在给威尔顿先生的信中柏格理接着叙述道：“后来三名男子架着我来到50或100码①远的一棵核桃树下，有三个头目正在这里等着。所有的人都拿着武器站成一排。有人拿来绳索，但没有使用，之后就开始审问我。这很像可怕的中世纪菲默法庭②再现。他们指控我的主要罪名是欺骗老百姓。刚才我尝试过用腿脚摆脱困境，而现在则要依靠舌头了，我想尽一切有价值的证据来为自己辩护。看来头目们被我说动了，给出了他们最终的判决。我得离

---

① 1 码 =0.914 米。——译者

② 中世纪德国西北部威斯特伐利亚的秘密法庭。——译者

开他们的领域并且永远不得再来。如果发现我再来的话，他们将毫不犹豫地杀掉我；如果我敢对今晚的事情采取任何报复行动的话，他们会杀死全寨子的苗族人。留宿我的房东也被叫过来，威胁说如果他敢再接待我的话，就要被罚100两银子，几头猪和50斤火药（给士兵用的）。头目们还告诉我，朝廷的官员管不了他们，他们会坚决地守护好自己的地盘不让任何外国人靠近。”

柏格理被抬回苗族人的小屋，忍受着极大的痛苦，奄奄一息，直到萨温医生赶来。一位苗族人张绍石，听说了这件事后立刻把消息传到卯比扫[①]，这里的一个人写了封信给萨温医生并送至昭通。L.M.丁格尔医生写道：“4月9日，礼拜二，我们被震惊了，有个苗族青年带信来说柏格理先生被袭击了，还差点被打死，伤得极其严重，此刻正在两天路程之外的地方……萨温医生立即去见首席行政长官，得到一支强壮的军队护送……队伍在薄暮中出发，连夜赶路，于次日到达杭利米……他们用担架把柏格理先生抬回医院，他只能脸朝下爬着，伤得太重，别的姿势都不行。”

在写给领事的书面报告中萨温医生说：“略微地动一动，柏格理先生都会非常地痛。初步检查过后，我发现他的身上有大量瘀伤，唯一没有受到伤害的是头部。进一步检查之后，我发现他有一叶肺受伤，空气已经进入了周围的肺泡组织；一根或多根肋骨受伤，甚至发生骨折。受伤的肺正好位于心脏下方。用了好几天的时间柏格理先生才脱离生命危险，受伤的肺部出现了感染的迹象。柏格理先生侥幸保住了性命。如果对肺部的打击再高一英寸[②]，那他就会当场毙命……此时，距离他遭受袭击已有三个礼拜，柏格理先生能从床上坐起来，但还不能向右侧转动。受伤的肺部还会痛很长时间。还需要一段时间柏格理才能够离开房间，也就是说，他遭受打击的神经系统才能慢慢地恢复过来。”

① 苗语地名，今贵州省毕节市威宁彝族回族苗族自治县石门乡荣和村中寨组。——译者

② 1 英寸 =2.54 厘米。——译者

于4月18日柏格理写给妻子的信中，他说："感谢上帝我觉得好一点了。医生们正在一点一点地把我修补起来。唯一让人担心的就是受伤的肺。不过，这个地方，好像也好点了，至少没有恶化。萨温医生对我的肺充满了希望，我也是。我们都非常感谢上帝。我能活下来简直就是一个奇迹。另外一个奇迹就是，如同人类想要杀死势不两立的蛇那样，当这帮人在动手置我于死地的时候，他们却一下都没有打到我的头上。右手也完好无损。双腿、两只胳膊、左肩、肋骨、胸、肚子、左大腿，他们都打到了，但就是打不到我的头。感谢上帝和我在一起。所有的人都好亲切。你都想象不到我可怜的苗族人有多难过……我想跟你说好多好多的话，可我没有力气了。一切都很好很顺利，上帝从来都不会出任何差错的。此时此刻，好想你！再见，我的女王。爱我们的孩子。"

他给母亲写道：——"我躺在小屋里不能翻身，一位苗族老人走进来——他有六英尺[①]多高，是我们最优秀的基督徒之一——他轻轻地理顺我的头发，我感觉到他的眼泪滴在了床上。然后他发自肺腑地说：'老师，你一定不能死。你就像我们的父亲，你告诉我们该怎么做，我们就去怎么做。如果你走了，那还能有谁来指引和教导我们呢？老师你一定不能死！让我替你去死吧！'而说这番话的老人几年前还是一个酒鬼，一个让家里人和同胞们都害怕的人。"

丁格尔医生写道："好几个礼拜柏格理先生都必须24小时护理，还要防备过分热心的苗族朋友干扰他的休息。他们会静静悄悄地爬到医院的楼梯上来找老师。他们带来许许多多的杜鹃花，有白色的、粉色的、红色的和黄色的，洁白的病房里山花烂漫，欢快而美丽。一个礼拜天早上我正在自己的书房里学习，忽然感觉有双眼睛在看我，等我抬起头，发现书房的门被慢慢推开，一个乱蓬蓬的脑袋伸进来，忽闪着一双黑眼睛。'你是谁？'我问道。'我叫所罗巴伯，'他回答说，'我能看看我们的老师吗？'就像这样，看来这苗

① 1英尺=30.48厘米。——译者

族人可真是无孔不入呢。”

大约在七月中旬，一份公告发往昭通及周边地区，说柏格理被殴打源于他和一个掸族男人的争吵。公告对事实进行了严重歪曲，还庇护了卑鄙的肇事头目免于惩处。这种不公平的做法把传教团陷入危险当中，一旦发布该公告，则意味着苗族基督徒在受到迫害时将得不到安全保障。柏格理和希克斯均写信表示强烈抗议，最终修改了这份公告。柏格理不是想报仇，只不过要让基督徒——汉族的和少数民族的——得到足够多的保护，为此他针对官府的公告写了一封措辞激烈的抗议书，经昆明的执行领事过目后，呈送给驻北京的英国公使。

在详细叙述了事件的原委并拆穿了公告中的谎言之后，柏格理说：“总督坚持要求外国人在旅行前后将行程报给地方官府备案，假如忽略备案而有不测发生，则官府就找到了不必承担责任的托词。地方官府在着手处罚犯罪的时候，全然忽略了朝廷所签署的关于袭击外国人的法令，反而像是仅仅只依据了处理中国人与中国人争斗的相关法令。这就完全破坏了至今在中国仍然有效的‘治外法权’原则。”他继续强调，假如同意了那份公告，其结果就相当于领事把基督教在中国发展的时钟往回拨了若干年，并且外国人在这一地区的形势将很不稳定。“如果中央政府，”他说，“想保证我们在这里的安全，其实也很容易做到，只要下一道综合命令给这个地区的全体官员即可，不论是大官还是小官。”

“在12个月的时间之内我遭遇了三次，民间武装来到我留宿的寨子里谋害我。我把第一次事件上报给领事，但对此他并没有做什么，那一次被烧毁两栋房屋，皈依者也受到了严重的迫害。我抗议并提出，这种放任自由的政策只会带来更多的麻烦，甚至还有暗杀。事情的发展证明我的预感并非毫无根据。昭通周边方圆约60英里[1]的范围内有三万名基督徒。如果中国政府能够坚持对这一地区的外国人和基督徒给予强有力的保护，那将

① 1 英里 =1.609 公里。——译者

是一种非常友善的行为。在我所提及的永善地区，事态完全不应该如此发展。最近几个礼拜内，又有一位皈依者被残忍杀害；很多人遭到毒打；要谋杀我的传言依然存在。而如果官府让老百姓知晓保护外国人和基督徒的政策，则整体情况就能立刻改观。我们已拥有了20年的和平。这里是中国最容易治理的地方之一，并且在政府的绝对控制之下……我写这封信的目的并非要求您重新审视案件。作为一个英国公民我诚心诚意地接受您的处理结果。然而考虑到将来的工作和有可能出现的麻烦，我不得不指出，我想云南的总领事大概是弄错了。”

在医院里住了两个月之后，柏格理开始艰难地尝试着走路。“他慢慢地有了力气，”他的一位医生说，“但他的神经系统还绝对没有完全恢复。”在一封写给夫人的信中柏格理说道：“前两天我可以走上几步了。我试图站直了身子走，不过我想，当这里的朋友们看见我像个醉汉一样蹒跚地摇摆时，心里一定会觉得很好笑……我常常想起你和四个儿子，在你的小屋子里，想你会做的各种事，去照顾他们，去教育他们……假如今天我们是在一起的话，那该有多好啊！”这段无法活动的时间里柏格理特别想念自己的四个儿子，他写给母亲的信中说，他希望，或许他的生命能够给孩子们带来巨大的鼓励和启发，一如记忆中父亲曾带给他的那样。

第十章 状况评估

到 1907 年初夏时分，在两位技术高明又无限热心的医生护理下，柏格理基本康复。萨温医生建议他尽快结束工作回国休假，这样才有利于身体的彻底恢复。但他负责的工作需要七个月的时间才能理出头绪，因为他下定决心要在不同的地方建立苗族传教点，以确保将来的发展有保障。再次来到石门坎，他深受鼓舞，三千人在端午节那天举行了盛大的基督教庆典。张道惠夫妇一直在石门坎中心协助工作，柏格理认定他们是接替自己工作的最佳人选。他离开的时候，来自不同寨子里的很多苗族人都哭了，因为他们已经知道老师很快就要返回英国。这种直白的表达方式触动了柏格理内心的柔情，他也舍不得离开汉族和苗族朋友，一想到离别就无法承受，他的心都碎了。然而他也思念家乡的朋友们。柏格理写给妻子的信中道："我一个人骑着马走在路上，我好想唱'汹涌的波涛诉说着什么'①？时时刻刻都在思念你。总有一天，我们会坐在桑当②海滩上，我要让你再次为我唱起这首歌，就像在昆明时那样，天堂的门刚刚对我打开，我们曾经共同度过美妙、开心和幸福的日子。我要再多一点耐心，上帝很快就会让我们团聚了。"

英国怀特岛上的桑当海滩，2017 年摄。

---

① 斯蒂芬·格洛弗（1813 ~ 1870）创作于 1850 年。——译者

② 英国地名，位于怀特岛。——译者

伤愈后柏格理单独主持的第一场礼拜是在石门坎，当时有两位苗族布道员，王继廷和张马太，将被派往大水井[①]去协助尼科尔斯先生（中华内地会传教士）。柏格理诵读了《使徒行传》中的“安提阿教会”[②]，把他们比喻为扫罗和巴拿巴。来自长海子的另外两位布道员同样也要被派去很重要的地方。柏格理和许多苗族人为他们送行，走出几里地之外。

八月初他前往咪咡沟[③]，约有一百人迎接他。星期天他为新进的皈依者施洗，并举行了圣餐礼拜。李约翰先生于礼拜一抵达，陪他度过了一个星期。接下来的那个礼拜天，8 月 11 日，七百人来到教堂，柏格理主持了一个追思礼拜，因为最近六个月内共有 114 个孩子去世，大多数是得了百日咳。而在那段时间里只有 60 名婴儿出生。

8 月 22 日他到卯里有[④]来为小教堂选择合适的地基。这个寨子隐蔽在一片核桃林中，有 11 座农舍，寨子的首领姓李。李先生曾经远离基督教运动，不过现在却转变了态度，还向柏格理承诺要盖一所小教堂，礼拜室要修得像新田村[⑤]的那样。周边有 12 个寨子，附近有一个重要的集市，一个正在开挖的锡矿，和一个停办的银矿。

柏格理在香樟树[⑥]举行了一场有五百人参加的露天礼拜，之后踏上前往威宁的旅程。李约翰先生提前出发，因此当柏格理抵达客店的时候，就已经有一群汉人、诺苏和苗族人在等候他了。李先生说威宁州有七万户人家。柏格理也想把这里发展成为一个传教中心，如此一来就可以向诺苏宣传福音了。彝族人自己搜集了两百首基督教赞美诗，还把赞美诗译成了彝族文字。有人建议他们把柏格理所创制的苗族文字运用到诺苏的赞美诗集上。四处考察时

---

① 位于云南省昆明市寻甸回族彝族自治县鸡街镇拖姑村。——译者

② 见《新约圣经 • 使徒行传 11:19 ～ 30》。——译者

③ 云南省昭通市彝良县洛泽河镇献鸡村咪咡沟组。——译者

④ 苗语地名，即彝良县奎香苗族彝族乡仙马村仙马组。——译者

⑤ 音译地名。——译者

⑥ 今香樟树丫口，即贵州省毕节市威宁彝族回族苗族自治县兔街乡砂坪村五组。——译者

柏格理被震惊了，王先生的儿子，一位麻风病患者，正带领着汉族人和彝族人高声齐唱《流血之泉》[①]。“我的心，”他说，“我的心在跳。”尽管此地的传教基础和前景非常好，但直到 1918 年之前，传教士都未能在威宁设点。

柏格理从威宁出发，西行来到长海子[②]，他检查了长海子学校的工作，很高兴地发现钟焕然把一切都安排得特别好。学生中有几个年轻的小伙子立志将来一定要成为有用的人。教会十分兴旺，在一次讨论如何制定教徒行为规范的管理人会议上，代表们均表现出了强烈的兴趣和强大的能力。柏格理就在会场上，支持干事们自主发挥为教会制定生活规则，他很欣慰地发现这些人已经能够独当一面了。他本人的主要目的则是找诺苏土目进行面谈，以争取对苗族基督徒的保护，并尽量减少苗族人的沉重赋税和因领主们打冤家而引起的过度负担。“真的很困难，”柏格理说，“不知道该怎么去对付这些强大的领主，他们的手里掌握着这么多苗族人的性命。”礼拜天，有44位皈依者接受了洗礼。

礼拜一，9月23日，柏格理和长海子的朋友告别，分手的时候都非常伤感，苗族人不知道何时才能再次见到自己心爱的老师。前往四十五户[③]的途中，有一条弯弯曲曲的河，弯曲得他们必须要过河60次。在水流湍急的地方，钟老师让和他们同行的学生抓住柏格理的辫子，柏格理很不服气，就奋力前进以示抗议，结果负责抓辫子的学生反而被他拖着走了，柏格理的举动逗乐了所有的人。他们走了80里路才来到借宿的地方。房东是一位彝族基督徒，每个星期都在自己的家中礼拜。四十五户有一百位黑彝（黑诺苏）和很多白彝，他们希望能在这里创建一座小教堂。柏格理认为四十五户可以成为一个新的传教中心。

次日继续赶路前往四方井[④]——“一股泉水流向四面八方”之意。在

① 亦名《赎罪之泉》。——译者

② 今威宁县黑石镇开厂村六组。——译者

③ 位于今威宁县观风海镇。——译者

④ 今威宁县龙街镇方井村。——译者

1907 年 9 月 29 日礼拜天给妻子的信中，柏格理写道："很有意思的是，我们这里的苗族学生讲起汉话和诺苏话来就像说母语一样流利。一个小姑娘教我们认识了很多诺苏文字……一直下雨，路况极差。尽管如此，仍然有三百位诺苏和一些苗族人来参加了礼拜。诺苏的皈依情况也有点类似于苗族，所以我们就采用了相同的方案。今天的礼拜式上使用了三种语言。我说相信耶稣的请举手，结果全场的听众，男人、女人，汉族人、苗族人、诺苏、阿乌[①]、民家，还有英国人，都举起了手。虽然道路泥泞不堪，但仍有许多妇女穿着长长的裙子带着大大的头饰赶过来。女人和男人一样虔诚，因此信仰上的持久性就可以得到保障。我们遇见几位很有趣的苗族人。一位优秀的失明老人非常热衷于劝说别人信奉耶稣，他已经成功地说服几十个家庭烧毁了神像。他说他了解得也不多，可他知道耶稣是真实存在的，并且为了所有的人而死在十字架上。他真是最有趣的老人，看来耶稣的精神就在他的身上。"

柏格理正畅想未来做长远规划，却在此时收到了下达传教委员会决议的来信，他在信的开头标注"始终如一"[②]："如果要启动针对诺苏部落的新工作，就涉及到撤销副官村[③]的传教点，又得增加开支，并且还面临着想家的弟兄回国休假所造成的工作人员临时性减少问题，所以目前我们尚不准备进入新的领域，对诺苏的工作将延迟数年再开展，也期待着正在培训学校里学习的诺苏青年能够尽快地回到他们的同胞当中去传教。"（1907 年 4 月 20 日）

柏格理一气之下说："我和这个委员会打了 20 年交道，曾经很少——假如有的话——看见他们在这片领域里有过像政治家那样的敏锐眼光。总是不思进取，总是担心害怕，从来就没有足够的激情。资金不足！……为什么总会这样？目光短浅。"不过，随之而来的休假给了他机会去了解委员会所面临

---

① 苗语音译，即蔡族，为早年移民贵州的汉族后裔，据考证南北朝后期就已经活动在黔中一带，明代典籍中出现"蔡家"一名，20 世纪末贵州省上报中央将该族划为彝族的一支，擅长篾活。——译者

② 英国女王伊丽莎白一世的座右铭。——译者

③ 昭通市绥江县老县城。因修向家坝水电站，已经整体搬迁。——译者

的难题，事实上只要英国的基督徒保持漠不关心的态度，或者半心半意地支持海外传教事业，那么，要批准拓展新领域的请求，于很长一段时间内都将是非常困难的。虽然直到最后，柏格理依旧满怀热情地珍惜每一次机会，渴望进入每一扇“打开的门”，但他也终于理解了家乡同工的难处，也明白了他们所肩负的重担。

重新回到柏格理的传教工作上，在一封写自石门坎的信中，他说：“上个礼拜一（11月11日）我们和71个寨子里的长老们一起召开了大会，会议的结果极其好。这些寨子中总共有1400多名受洗过的基督徒。过去两年里由于死亡的原因我们失去了16位成员；41人倒退回去。这是令我惊奇的数字。我们要对那41人进行追踪……当基督遗失了祂1%的羊，都会四处寻找。我们遗失了3%，就更应该做点什么了！”

再往后于 12 月 5 日或 6 日写的信中，柏格理描述了他在咪咡沟主持的三场婚礼。“回忆起数年前当地的婚礼，那时鬼神还至高无上地主宰着一切，就发自内心地感谢上帝为这里的人们所做的一切。有很多事情令人失望，但也有很多事情让人高兴。最近几天我听见了下列消息：猫猫山的土目承诺让我们在王色[①]管的寨子树木柯[②]建设一座小教堂，就在猫猫山背后。四个月之前他还断然拒绝过我……感谢上帝回应我的祷告。在永善找麻烦的那个姓张的坏蛋（注：柏格理被打时）现在对我们的布道员十分热情，上次布道员到他的寨子里去的时候，他说自己想成为一名基督徒。为此我由衷地感谢上帝……从咪咡沟至老鸦滩[③] 120 里，人们正在那一带建小教堂，这对我们的工作会有很大的帮助。到目前为止那里只有少量信徒。我从来没走访过这片地区，不过或许在回家的途中有经过。”

---

① 替土目管理苗族的苗族人称“卢巴”或“色”，据传，当时猫猫山彝族土目罗家的管事名叫王有赞。——译者

② 即洛泽河镇虎邱村树木柯组。苗语称为“卯吐露”，见第三卷第七章。——译者

③ 今昭通市盐津县城所在地。——译者

由于下个月柏格理就必须启程回国，因此不可避免地要进行一些工作上的人事安排。12月11日在昭通举行的年度会议上，针对人事调整的讨论暴露出传教士们在工作方式和目标上的各种不同看法。工作地点的调换要求传教士克服个人的喜好与偏见。会议不顾柏格理的反对把一名汉族布道员从贵州调往永善。长期的共事让柏格理和他的中国助手们感情深厚，他用强烈热切的方式表达自己的偏爱，提出会议的决定不明智。“我的中国助手，”他写道，“给了我巨大的宽慰。为此感谢上帝。年度会议上有三位本土布道员站出来支持我，认为我的观点是对的。十位布道员做了述职报告，并提出下一步的工作建议，我非常欣赏他们的观点。为我们的人骄傲。”

剩下不多的时间里柏格理飞速地巡访各地处理紧急事务。他为孩子们接种疫苗，为皈依者施洗。和各地的基督徒道别时，为了防止他们的《耶利米哀歌》[①]，柏格理就告诉他们：自己是要回远方的家看亲人，还要把妻子带回来，所以他们应该向他祝贺而不是流泪让他心碎。柏格理巧妙地把悲伤变作了欢乐，把哭泣的孩子们的注意力转移到愉快的游戏当中。

柏格理离开医院后，在他的伤疤和神经系统康复期的那几个月内，向心爱的群山和隐藏在大山深处数以百计的寨子里的居民道别，带走的是欢乐和希望。苗族群众的皈依运动仍然像湖水里的波纹一圈一圈地扩展，他期望有一天所有的苗族人都能成为基督徒。除了这个令人兴奋的趋势之外，他还看到高傲、阳刚的诺苏也开始参与思想上的觉醒运动。汉人已经渐渐接受佛教的世俗化，把乔达摩[②]放进了伟人祠里孔子和老子的旁边。好战的诺苏既不被令人遗憾的道德规范吸引，也对当下盛行的归属于偶像崇拜的佛教无动于衷，恰恰相反，他们正放下成见转向代表世界之光的上帝。柏格理认为他很有必要回家乡去讲这些故事，这些故事将震撼英国听众的心灵，并引导他们加大对中国西部传教事业的理解和支持。

① 《圣经》旧约中的一卷书，共五章。——译者

② 释迦摩尼之俗姓。——译者

第十一章　第二次休假

1908年2月初，柏格理和郜慕廉被昭通年度会议指派去参加在四川康定举行的中国华西传教士会议。柏格理带着他最亲密的汉族朋友李司提反和两位苗族基督徒离开火烧坝[①]，踏上通往宜宾的大路，在老鸦滩与郜慕廉会合。经过集市繁忙的镇子和有城墙环绕的小城时，他们惊讶于有传教士的地方少得可怜。成都，13世纪时马可·波罗所描述的“一座富有和高贵的城市”，在之后的七个世纪当中，依然是中国西部的文化、政治和社交中心。

来自中国西部地区九个传教团的190名传教士参加了会议，全体与会者决定不计派别差异而共同组建一个中国基督教会。会议决定成立联合委员会，并给所有的传教团下达倡议书，呼吁当其它教会的信徒来到他们所属的教区时，应当与本区教友一视同仁，而无需再举行仪式和进行考察。会议的焦点是传教士对待少数民族皈依运动的态度。大家都已经注意到这样的宗教现象往往只是一段时间的激情，而激情过后，留下的仅是许多空空如也的小教堂，如同运动失败的纪念碑。柏格理讲述了他在苗族地区的工作情况，并介绍了他的两位苗族布道员以作为例证。柏格理认为少数民族皈依运动的关键在于本土布道员的培训。“如果能够培养出足够多的本土布道员，”柏格理说，“那么，我们之前所遇到的问题就都不在话下了，我们就完全可以应对更大规模的皈依运动。”这一方法在云南和贵州的成功使其乐观主义更具感染力，在会议上产生了重要的影响。

J.泰勒牧师，1908年的华西委员会主席，在1915年11月的《华西传教新闻》中叙述了柏格理令他印象深刻的演讲之后感叹道：“他的宣道是最棒的：真挚、坦诚、欢快。他的讲话中没有一丝的气馁。他相信上帝，不知失败为何物……他和两个苗族人在一起，他的讲话把我们全部都带进了大山里，他和山里来的弟兄一起唱《流血之泉》。那一天灰蒙蒙的，他们刚开始唱歌时，下午的光线越来越暗，但就在他们唱到结尾的时候，基督的光照亮了我们的胸膛。”

---

① 今云南省昭通市彝良县龙安镇政府所在地。——译者

在云南和贵州荒野的大山里度过了若干年的柏格理深受会议精神的鼓舞，会议中的讨论也让他振奋不已。过去他曾经对某些派别持有保留意见，而现在则统统抛诸脑后；他认为《福音》把不同国籍的人焊接在一起成为精神上的兄弟。四川总督是最重要的与会嘉宾之一，总督的发言表明官府已经转变了态度，对基督教更加开明。A.H.史密斯博士被推选出来应答时说，鉴于用商业、外交以及军事等方法都没能解决中国的问题，那么现在是时候用基督教和博爱试试看了，这样做一定不会失败。

柏格理用各种方式表达着自己的兴奋——甚至在睡梦中。

“昨天夜里，”柏格理在日记中写道，“我梦见自己在塞姆[1]的学校里和麦卡锡先生谈话。考试刚刚结束。塞姆的总成绩排全校第七，不过数学却得了第一。他只考了第七名让我很失望。梦境十分真实。”而这个梦可不一般，好像是对现实的预测，当七个月后柏格理在家乡时，在牛津地区的初中考生当中，孩子的总成绩排全国第七，数学排第二，高等数学排第一，化学是第四名。

柏格理及时赶到伦敦，参加了循道公会联合传教团的五月会议。那天刚好是亨利 · 坎贝尔 · 班纳曼爵士[2]的葬礼。在那个阴沉沉的雨天，传教委员会秘书查尔斯 · 斯特德福德牧师遇见柏格理，带他去怀特霍尔[3]观看了送殡的队伍。晚上柏格理在城里的圣堂发表演讲，题为“耶稣基督及其在苗疆的业绩”。

1907年圣经基督教教会、新关系教会和循道公会自由联合会正式合并，现在柏格理就得到了机会，可以向成千上万的教徒讲述他们之前从未听到过的苗族人的故事。

柏格理于休假期间带着传教事业的血十字[4]访问了循道公会联合会的每一个分部。他用震撼的故事和激情的呼吁赢得了数千听众的关注和热爱。他

---

① 柏格理的长子。——译者

② 亨利 • 坎贝尔 • 班纳曼爵士（1836 ～ 1908），英国政治家。——译者

③ 伦敦的街道名称，以其为政府办公机构所在地著名。——译者

④ 古苏格兰高地人的氏族或部落聚众出战的信号。——译者

柏格理和他的同事邰慕廉（1909 年）

在诺丁汉[①]和布里斯托尔[②]的英国基督教奋进大会上发表演讲。从E.F.H.坎佩牧师的会议记录中可以看出柏格理作为传教士演讲家给人们留下来的鲜明生动的印象。

我第一次听柏格理先生演讲是 1908 年 6 月 9 日在诺丁汉机械大厅举行的第一次的全国联合会议上。事先我并不知道柏格理，所以对这次会议也没有什么期待，以为那只是普通的演讲，一般在这种场合下都会发表的那种。然而柏格理先生一开口就深深吸引了我，在他不同寻常的整个演讲过程中我的注意力无法有片刻的转移。

他别有用心，他说他需要传教士，他想找到教会里曾经宣过誓愿意服从基督任何召唤的年轻人，还说他相信能找到这样的年轻人。他严肃庄重地用很坚决的语气强调基督的话以提醒我们："去，""你们要到世界各地去。"有千百万人都没有听到过耶稣的名字——谁愿意去?

他为什么请求听众不要仅仅满足于只为传教事业祷告、捐款，而要亲自前去呢?

在中国他们隔壁家的小孩刚刚去世，可怜的妈妈喝下一碗酒支撑着自己，悲恸欲绝，抱着小孩的尸体走过死气沉沉的街道，出了东门，那时已经没有城墙了，来到静悄悄的山坡上，她把心爱孩子的尸体砍成块，喂食贪婪的狼和狗。她为什么会这样做? 因为她相信是一种恶鬼夺走了她心爱的孩子，而只有这样才能消灭恶鬼，于是她就用这样的方式处理了她作为母亲所深爱的自己的孩子的身体。

他请求年轻的先生和女士前去，难道就是因为中国母亲的悲哀吗?

不是。

他经常看见这样的场景，午夜时分的中国街道亮丽繁华得如同"天方

① 位于英格兰中部，诺丁汉郡首府。——译者

② 位于英格兰西南部的港口城市。——译者

夜谭”一般，迷人的小女孩，穿得就像仙女一样，高高地骑在别人的肩膀上——笑嘻嘻的孩子们，完全不懂得等待她们的命运是什么，那是比进坟墓还残酷的命运。[①]

他请求年轻的先生和女士前去，难道是为了这些受辱的悲惨的中国儿童吗?

不是。

在中国的知识界，读过书的人、学者、科学家，这些人会在一年的特定时节聚在一起组成壮观而肃穆的游行队伍。他们走出城门，齐刷刷地跪下，磕头碰地。他们在祭拜什么？一头母牛——一头用泥巴捏的母牛！

他请求听众们去中国，难道因为崇拜偶像和迷信的可怜人，不仅仅是普通群众，还有知识分子吗?

不是。

这才是他请求人们去的原因。许多许多年前——我真希望能有位画家把他发表这段演讲时的表情给画下来——许多许多年前，他的一个朋友遭到了残忍的背叛和出卖。祂那个年代的知识分子公开嘲笑祂，还采用了最卑鄙的方式使祂毁灭让祂死亡。他们煽动群众反对祂，他们传播流言蜚语中伤祂，然后，在暴徒的帮助下人们开始变得疯狂，他们把祂拖出了城门，钉在一棵树上。

为了祂的缘故柏格理请求年轻的听众前去。“千百万人包括你和我——为了唯一的救世主，为了祂——我们去。”

我们听见他的呼吁，如同风刮过树林，把圣灵的呼吸传递给我们。就是那天上午，1908年6月9日礼拜二，在诺丁汉的大厅里，产生了多少传教士！

第二年的联合会议在布里斯托尔的柯尔斯顿大厅举行，听众都被柏格理的演说深深感动，以至于下一位演讲者非但没有发言，反而提议大家召开传

① 参见第二卷第五章。——译者

教士会议，再次有很多年轻的先生和女士自愿加入了海外宣教事业。

柏格理的休假必要而短暂，主要在伯明翰和他老母亲居住的怀特岛上度过。虽然老柏格理太太已经年过八十，却依旧思维灵敏信仰虔诚。她蓝色的眼睛和容光焕发的白净肤色和谐地搭配在一起，完美地衬托出她活泼的天性，人们很容易就能看出来她儿子的许多天赋皆来自于母亲的遗传。柏格理和母亲之间的交流形式为：母亲一边疼惜儿子一边崇拜英雄，而柏格理则如骑士般对母亲敬重、顺从又满怀深情。在美丽的海岛上度过的几个礼拜让柏格理感觉十分幸福，不过大多数时间他都待在伯明翰，因为孩子们在那里上学。他在日记中十分感谢乔维特博士及其部门所提供的帮助。他也提及很荣幸能够听到伦德·哈里斯博士在伍德布鲁克举办的讲座和演说。

启程返回中国的前一夜，他在写给《传教士回声》的一封信中道别："再见了，上帝保佑所有的人。'为了远东！''为了基督出生和死亡的地方——亚洲！''为了祂至死也要拯救的伟大帝国！''为了那片让我学会爱的土地，为了那些曾经听过并且还要再听我传教的人们。''为了居住着如上帝心中花朵般的孩子们的群山！'"

1909年12月4日礼拜六，柏格理告别妻子和孩子，再次踏上前往中国的旅程。我们可以想象于他而言分别会是怎样的艰难，不要忘记，在已经适应了家的温馨和幸福之后，这是怎样的一种令人难以忍受的痛。此刻没有任何人能比他更加深刻地领悟爱的真谛，但他终究无法抵挡云南和贵州的人们对他的召唤。一路上H.王树德牧师的陪伴极大地安慰了他，王树德是一位年轻的传教士，他对传教事业的真挚热情令柏格理十分欣赏，他们日渐深厚的友谊点亮了随之而来的峥嵘岁月。他们设法来到彼得格勒[①]（当时称圣彼得堡），然后穿越西伯利亚，于12月21日到达上海。

两位旅行者从香港上船，乘凯旋号到海防[②]，1910年1月10日，柏格理给

① 位于俄罗斯西北部。其名称历经变换，于 1991 年改回圣彼得堡。——译者

② 越南北部的港口城市。——译者

远在英国的四个儿子写信：——

我亲爱的孩子们，——

在我的中国南部地图上，从巴黎往东108度20分的点上，有一个称为海南岛的地方；紧挨着的是一个海峡，叫做海南的雷州海峡。这是一张法国地图，所以不是从格林威治往东的经度，而是从巴黎往东。

昨天下午我们正在雷州海峡航行……然后起雾了。对于航海的人来说，雾比暴风雨更可怕。船长下令减速，隔不一会就用他的探测绳测测水深好判断我们的具体位置。后来他直接放弃，抛锚停船，我们就在原地不动。我们希望雾气赶快消散，因为这是中国沿海最危险的地方之一。海峡的通道非常狭窄，只有半英里①到一英里宽，而且通道两边都布满了礁石或沙洲，贸然通过的话会造成船只失事。我们停船后，雾铃每两分钟响一次，每次打铃人都要敲三四十下。一个小时又一个小时过去，天慢慢的黑下来，在夜里即使雾散了也不可以航行的。狭窄的航道里漂着三个浮标，但只有白天才能看得见。中国政府还没有在这个危险的地段点燃航灯。

不久雾散了，铃声也停止了，我们看见在北边还有一艘船像我们一样也抛锚了。可以看见南边岸上的土地，船长却很紧张。事后他告诉我们，他做了最大的努力让我们安全通过，当时假如我们再往前走一点点的话，就会撞上了。因此他再次命令抛锚，我们又要停在海上，为的是让我们和张牙舞爪的礁石、海岸之间的距离更大一些。我们找到一个安全的地方下锚，停下来过夜。今天清晨没有雾，待到能见度允许，船长即刻下令出发，我们沿着狭窄的通道前进，很快就看到了航道的浮标。我看海浪的时候瞧见锯齿般的岩石锋利得像一把大大的剃须刀，我特别庆幸船长及时停船了，没有冒险摸黑前进。我们旁边的那条船没有走过这条路，于是就停下来让我们先行带路。最后一直跟着我们的那条陌生的船，英国的船，也安全通过了。所以你们

---

① 1 英里 =1.609 公里。——译者

看，我们的船，是德国的船，竟然给一艘英国的船带路。这样才是对的，德国人和英国人应该是朋友要互相帮助，而那些企图让两个国家开战的人真的是在替魔鬼工作……

我希望你们能记住海南的雷州海峡和狭窄的航道。天亮以后便能看见航标，任何有蒸汽动力的船都能顺利通过。有时候你们会发现自己处在危险当中，那就必须要设法渡过。不要在黑暗中盲目地冲撞。我们的船长说如果要在夜里强行通过那个海峡的话，那么99%的船只都会失事。一定要留心看航标！耶稣在《圣经》里为我们树立了航标，指引我们应该走的道路。要时时地看航标，这样一来，无论多么狭窄和危险的道路，我们都能够平安通过……

我不知道沃利能不能理解雷州海峡的意义。伯特会不会用法语说“航标”这个词呢？如果他要说成“花园”的话，那我就希望妈妈把他给拎到壁炉前面的地毯上，让小弟弟在他身上坐60秒。

再见了，孩子们。记住“航标”。不要忘了这个“海峡”。要永远走在正确的道路上。

爱你们的父亲

第四卷

未竟的事业［1910～1915年］

晚年的柏格理

第一章　阵痛中的国家

数年来，革命者一直在密谋推翻衰弱无能的满清王朝——其主导力量有持理想主义的学生、持革新论的军队，以及心怀不满的各阶层人士。一场革命原本计划于1911年12月在八个不同省份同时举行，然而，10月10日发生在汉口俄国租界的炸弹爆炸事件，迫使革命者不得不即刻吹响了起义的号角。起义开始得措手不及，最初这场运动看似就要失败，不过，随着时间的推移，革命者重新制定方案，终于反败为胜[①]。满清地方统治者接二连三地被推翻，各省纷纷宣告建立临时共和政府。

既缺乏足够的领导才能，又没有强大的军事力量，满清统治者被迫放下架子向袁世凯求助。且不论这位大政治家的口碑如何，但满清政府和革命者都认为只有袁世凯才是唯一能够拯救帝国的人。可即便袁世凯愿意，要保全努尔哈赤家族的地位也并非易事。最终，袁世凯向清朝皇族保证了丰厚的优待条件，诱使清帝于1912年2月12日颁布退位诏书。

中国革命同盟会的孙中山先生做出最大牺牲，同意袁世凯担任南京临时政府总统。孙先生具有罕见的高尚情操和自我牺牲精神，他认为中国需要一个更强势更有经验的统治者，他提出辞职引退，并请求南京临时参议院选举袁世凯为总统。孙中山先生在辞去临时大总统之前，曾正式前往明太祖洪武皇帝（公元 1368 年）陵寝拜祭，以告慰汉人英雄的在天之灵：满人的侵占已被推翻，共和国已经建立[②]。在西方人看来这种行为颇具戏剧性，但在中国人的眼里，这表明新生的中国终于又能和她的英雄历史相一致，重新回归到汉人手中。就这样，年轻共和国的第一任总统，信奉基督教的孙中山先生，于新秩序肇始之初，身体力行，维护了祖先崇拜的遗风。

1912年3月10日，袁世凯宣誓如下：“民国建设造端，百凡待治，世凯深愿竭其能力，发扬共和之精神，涤荡专制之瑕秽，谨守宪法，依国民之

---

① 《满人的消逝》，P.H. 肯特著。

② 《慈禧统治下的中国》，第 460 页。

愿望，达国家于安全完固之域，俾五大民族同臻乐利。凡此志愿，率履勿渝。俟召集国会，选定第一期大总统，世凯即行辞职，谨掬诚悃，誓告同胞！”

这是道德理想主义的时期，除非道德观念能够得到明智有效地利用并真正发挥其功能，否则社会就很可能被各种渴求进步的愿望推进看不见的危险深渊。这一时期中国人在思想上的波动可以从社会改革协会的纲要中体现出来，如第36条提及“关于基督教道德观的某些元素，比如反对道德堕落，反对纳妾、贿赂、巫术和迷信等的劝诫。”针对这一内容柏格理认为：“有些人建议，改革必须冲击中国的古老传统。例如：让年轻人在达到一定年龄之后从家中独立并分得私有财产，这样就能打破兄弟们居住在一个大家庭内、妯娌们都听从婆婆的习俗，从而可以避免随之而来的许多束缚、痛苦和经常发生在年轻一代身上的悲剧。有人呼吁性别之间的充分平等，动摇了儒家伦理观的根本。还有人提出建造公共陵园，希望人们不要再找阴阳先生来看风水选墓地。婚姻应建立在自由恋爱的基础之上，不能依靠保媒拉纤和父母包办来组建家庭，也就是说，必须终止娃娃亲。‘不得纳妾’与儒家观念、敬奉祖先相违背：圣人教导说‘不孝有三，无后为大’——这里的‘后’指的是儿子，这就是男人纳妾的主要理由，而邪恶也随着这一夫多妻制来到他们家里，因此，任何妨碍传宗接代的提议，都将触动古老的儒家道德观的心脏。”

柏格理认为，这些方案就好比老生常谈的道德观和极端激进主义碎片的结合，只不过略强一点而已，被年轻没有经验的学生采用，而学生们对新方案将给社会生活所带来的影响却知之甚少。他觉得缺少健全的神学基础是新道德体系的弱点，并威胁到这一体系的整体结构。改革者在他们的政策中没有把上帝放到正确的位置上，这是相当失败的，尽管他们都是很好的人，但注定无法实现崇高的目标。“然而，”柏格理说道，“却有另外一个坚强的群体不停地在争取，要引领中国找到那无上的力，那唯一能指导中国进行最正确改革的力。黎明已经破晓，光明再次照耀东方。”

面对存在于中国社会各个层面的新观念和旧传统的奇异组合，人们既有理由担心，也有理由看见希望。很显然，中国军队借鉴了西方的训练模式，并使用西方的先进武器，这或许就是“黄祸”[1]的潜在威胁，同时也证明了中国人完全能够约束自己，适应与其传统格格不入的生活方式。道德英雄主义的充分展示点燃了希望，其中最让人惊叹的例子即政府以迅雷不及掩耳之势处理鸦片的行为。

柏格理描写过鸦片吸食者的宿习难改：“1908年初，我暂时告别了可爱的云南省……美丽致命的罂粟花正在肥沃的山谷中疯长。几乎路上所有行人的包袱里都有一根长长的用来吸鸦片的烟枪。我们每投宿于一家客栈，夜晚都能听到抽鸦片的人反复刮烟斗的单调声响，嚓、嚓、嚓，搅得人心神不宁。凝固的罂粟汁是乡村集市上的抢手货。当农民手里拿着一两碗毒药，在街上走来走去寻找买主时，他们会觉得自己马上要发大财了，因为一碗罂粟汁就可以换一车的包谷或好几车的炭……”

“两年过去了，地球上并没有发生什么深刻变化。一位名叫锡良[2]的满清官员，一位值得全世界人道主义热爱者去记住和尊敬的人，被任命为云贵总督，治理姐妹省份云南和贵州。他全力以赴地主持云南的禁烟工作。很多人认为这是天方夜谭，甚至还有人坚决反对他的工作方式。总督衙门里发出一条接一条的命令，弄得人们不知所措。人们原本以为这些命令和自古以来各级官员所发布的各种命令一样，当告示上的墨迹干掉的时候，当长长的官印在阳光下开始褪色的时候，老百姓就已经再次恢复了他们从前的生活习惯。但是，锡良做事极其认真，令出必行。很快，在他的铁腕政策下，人们学会了服从。我才走到东京[3]就深刻地体会到了新政策的影响力……巨大的恐慌笼罩着东京，因为云南已经停止了鸦片买卖……清政府在边境城镇河口[4]设有皇家海关分署，我从一位英国负责人那里获悉鸦片的确已经绝迹……云南省首府昆明

① 一种极端民族主义理论，宣扬黄种人对白种人的威胁。——译者

② 锡良（1853 ～ 1917）于 1907 年 3 月调任云贵总督，重点抓了整顿吏治、兴办学校、禁止鸦片等工作，并且都取得了显著成效。——译者

③ 越南首都河内的旧称。——译者

④ 云南省红河哈尼族彝族自治州河口瑶族自治县。——译者

的南门是中国所有省城中最好的城门之一，当我抵达那里准备进城之时，我看见城墙下长长的拱道两边堆放着数千杆烟枪，都是从抽鸦片的人手中收缴过来的。我随即意识到昆明六个城门的通道里情景大概都差不多。”

“接下来的三年时间里，旷野上白色的罂粟花消失了。曾经长鸦片的地方现在是一丘一丘美丽的田地，栽满了各种农作物如大豆、小麦、芥菜等；中国人从芥菜中榨出质量上乘的油。四月五月接踵而至，温暖的阳光普照大地，南边吹来飒飒的风，只不过再也看不见晒太阳的白色罂粟，高高的脑壳沉甸甸的罂粟花已不在风中摇摆。大片大片的芥菜花取而代之，像中世纪故事里描绘的那样，给旷野披上了金黄色的衣裳。”

当然，为废除鸦片交易，人们也付出了相当大的痛苦代价。“据了解，”柏格理说，“很多人告诉我他们吸鸦片是因为受不了疾病折磨，而只有鸦片才能暂时减轻疼痛。买不到鸦片之后，顽疾袭来，他们极度渴求缓解病痛的需要无法实现，恐惧益增之下，导致了许多病人过早死亡。有些事情令我久久难以忘记。我们曾在路边遇见一个穷困潦倒的男子，他抬头望着我们，脸上写满死亡之相，乞求道：‘先生，请您拿一点鸦片灰给我吃可以吗？’还有一次，我们在一个小村寨里投宿，却听见住在隔壁房间的可怜人异常痛苦地呻吟了一整夜，那可怕的呻吟声长时间地停留在了我的脑海中。诸如此类的故事还继续着。旷野上的罂粟消失了。市场中的鸦片不见了……毫无疑问，20世纪的世界此刻正迎来一次伟大的奇迹。”

可是有些改革却很难推动旧习惯的进步。不同的报告反映出中国人道德状况的真实走向。或许我们可以假设，在延续了太长时间之后，一个国家的民众形成了自己特有的体格和明确的健康标准，而要把这些观念从人们的思想意识里根除是几乎不可能的。观察家倾向于把大城市的生活模式作为整个国家的典范，但中国以农业人口为主导，各村寨大都通过老人和头人来实行自我管理。从孟子时代开始，中国就在家长制的管理下形成一套稳固健全的民主体系，并且在传统的教育实践中一直尊崇着“父父子子”的原则。因此我们能够理解，为什么会有那么多人对共和国的一些新生事物感到如此不安。1912年柏格理记录如下：“不少去过日本的留学生全盘接受了唯物主义观点，可想而知，他们回国后所主张的变革必将导致社会退步。云南府推行了一项令人震惊的举措，当局全力以赴支持妇女参与政府工作，并为她们留出部分职位。过去在中国内地这样的政策是几乎看不到的；如今却成为了一项启蒙计划的组成部分，是向西方理念看齐的标志之一。期盼着大量去美国和英国的留学生回家之后，对文明的真正涵义能有更好的诠释。”

返回云南途中，柏格理发现连接云南府和印度支那半岛的铁路即将完工，这个巨大的变化和成就源于法国人的野心。在1900年义和团运动爆发之前，中国人对这条铁路是心怀恐惧的，害怕法国军队会源源不断地从这里涌入，进而占领整个云南。工程施工期间，法国杂志上刊登了很多文章，对这条铁路的政治意义进行讨论；这些文章被翻译成汉语并通过无线电广为传播。广大学生号召民众起来反对。数年来群情激愤，工程师勘测工作的真实目的遭到质疑。南方终于揭竿而起，在反对修铁路的起义被彻底镇压之前，曾经有三个城市被起义军占领。

争夺到修建铁路的特许权之后，法国人稳扎稳打，渐渐完成这项庞大工程。“老街[①]，”柏格理道，“印度支那的边境城镇，海拔约 300 英尺[②]。昆明，铁路的终点站，海拔 6000 英尺有余。如此巨大的落差之间相距仅仅 100 英里[③]。在这 100 英里之内，施工队伍遭遇了整个工程中最困难、最严峻的路段。铁路伴随着南溪河[④]水蜿蜒前行，南溪河发源于云南高原，在老街与红河汇合。南溪河谷是中国西部最可怕的地方之一，这里是致命的热病乐园和鼠疫老巢，即便鼠疫的发源地不在南溪河谷，那也必在这附近。为了修建铁路，从中国各个省份调来大批大批的苦力，进驻这恐怖之谷。”

苦力的到来即悲剧的开始。苦力住在最粗糙、最原始的房子里，不久，热病蔓延，包工头束手无策。15000人在恐怖之谷丧生。从北边挑选来的6000健儿当中，只有不到100人活着返回家乡。一伙一伙的幸存者步履艰难地从云

---

① 越南西北部边境城市，隔南溪河与中国云南省河口县城相望。——译者

② 1 英尺 =30.48 厘米。——译者

③ 1 英里 =1.609 公里。——译者

④ 发源于红河州蒙自市鸣鹫苗族镇，属红河水系，在河口县汇入红河。——译者

南省的南部走回遥远的滇东北，一路走一路乞讨，把修铁路的故事讲给所有感兴趣的人听。这些流浪者经常在传教士的那里休息。

故事在不断地重复叙述中变得神乎其神，到后来就有人说小孩子都被拿来当祭品献给了铁路神。这些传言搞得人心惶惶，最后引发一场动乱，动乱危及到全体基督徒的生命。很多苗族村寨被捣毁，有四五十户基督徒家庭被害得无家可归、困窘不堪。下文将提及这场动乱给云贵两地循道公会所带来的影响。

1896年柏格理第一次休假结束，他用了五个月的时间从英国返回云南。但现在法国人修好了直达云南的铁路，走完这一路程就只需要五个礼拜。从海防[①]到老街有287英里，而从海边到昆明总共是535英里。

1912年革命胜利之后，中国的政治家们面临着一个更艰巨的任务，即创建能够代表并掌控新思想的政府机构。最初，曾受到基督教影响的改革家在为中国觉醒拟订新政策的工作中担任领袖。后来中国的民族主义浪潮再次高涨，为了让儒家学说重新成为全体国民的信仰，有人一直在北京坚持不懈地努力着。也有人嫉妒基督教的影响力。有一位柏格理的布道员，出于对道德改革的热心，曾公开谴责了某位权贵的人品。于是他被举报并逮捕了。柏格理和邰慕廉亲自找到衙门，用他们的滔滔雄辩来请求对该布道员的宽恕，当官的虽不情愿，但看在传教士的面子上，最后还是放人了。

民族观念渗入教会，中国人开始寻求基督教的社会联盟。“我们的目标是，”他们说，“让教会本土化，也就是说，要让教会明显中国化——任用中国人作为牧师和执事，并用中国人自己的钱来支撑教会。”1913 年在上海召开了基督教全国大会，中外代表一致同意把所有的基督教组织都命名为“中华基督教会”。时值中国政坛四分五裂、混乱不堪，爱国主义精神既带有一定的危险性，同时也是一种希望的源泉。这个国家正在阵痛中诞生一个新政体，中国人向世人展现了他们令人惊叹的道德英雄主义，一个伟大的未来正在向中国招手。

① 越南北部的港口城市。——译者

第二章　继续他的使命

1910年1月中旬，柏格理抵达昆明。当时循道公会干事查尔斯·斯特德福特牧师已经巡视完中国北方的传教团，定于六个礼拜之后来到云南，他要求陪同人员在阿迷州[①]接他。因此，柏格理改变了直接赶回昭通的原计划，决定对东川[②]一带进行访问，然后经由土著人的居住区域返回昆明，再及时南下前往东京边境，去迎接即将到来的巡视员。

2月2日，柏格理抵达东川，他看到埃文斯夫妇正在努力地向城里居民和周边村寨中的汉人、土著人传教。柏格理帮他们做了两个礼拜，然后，在埃文斯夫人的带领下，他和米尔恩前往落鹰山[③]。他们穿越平原，经过当地人洗澡的"温泉"，之后地势陡然下降直至一个山谷，柏格理称之为"荒芜谷"。当他们在山谷中跋涉的时候，感觉到了一种不明所以的恐怖。河水的沉淀物堆积成白色的条纹状，渲染出死一般的荒凉。有一边的河岸是数英尺高的泥墙。熟悉这个地方的中国人把它叫做"痢疾谷"。太阳烤着大地，他们像是在火炉中一样。早上南风刮来——愤怒、炙热、剧烈——把沙子吹进了嘴巴、耳朵、鼻子。风越来越使劲地吹着，其愤怒程度堪比龙卷风，冲着骑马的人横扫过去，人骑在马上拼命挣扎，如同正在冲杀可是却毫无抵御能力的骑兵，任由疾风伴着疯狂的尖叫和喧嚣，对准他们迎面痛击、肆意殴打。路上的行人渴极了，沮丧极了，神经就要崩溃了，当他们绕着陡峭的山坡蜿蜒前进的时候，在不到一英尺[④]宽的小路上，狡猾的泥土还把他们的马拖进了陷阱里。

第三天，路上的情况好了一点，终于在4点钟左右赶到落鹰山，大家都非常高兴。一行人住进小礼拜堂，在经历过客栈的肮脏之后，这里简直就是一个干净和平的圣殿。此处有两百多位苗族人，生活在周围零星分布的小寨子

---

① 今云南省红河哈尼族彝族自治州开远市。——译者

② 今云南省曲靖市会泽县城所在地。——译者

③ 位于云南省昆明市东川区红土地镇。——译者

④ 1 英尺 =30.48 厘米。——译者

里，埃文斯先生在这些人当中的传道特别成功。

柏格理于三日后来到大水井[①]，这是内地会的一处分堂。在他回国度假之前，曾派了一些苗族布道员到这里来协助亚瑟 · 尼科尔斯[②]先生。晚饭后寨子里的人带他们去教堂，适逢礼拜六晚上的祈祷会，有150个人参加。“他们自己选择赞美诗，自己领唱。第一首赞美诗用的是《你的堤岸和山腰，波尼度恩》[③]的调子……礼拜堂的照明方法原始且迷人：把一根枞树枝干插入泥巴地板里固定，树枝向上的那一端有四个分岔；在四个分岔中间放上一片弧形瓦，参加礼拜的人鱼贯而入，当他们经过竖立的枞树枝旁边，就会往瓦片上扔少许松树脂薄片。很快，松树脂片被点燃，变成一道闪亮的火焰，足够照亮所有人手中的书。每当火焰黯淡下来，信徒就会再次拿出好多松脂片来把它给喂饱。”[④]

在结束对内地会其它分堂的访问之后，他们来到洒普山[⑤]。关于这一地区，柏格理写道：“三四年前……有些接受了福音的苗族人开始把他们的故事讲给傈傈[⑥]人听。……苗族人的热心和真诚给傈傈听众留下深刻印象，不久以后，燃烧在一些人心中的火焰又点燃了另外一些人心中的火焰。数以千计的傈傈人前来寻找外国传教士，尽管这个传教士完全听不懂傈傈语，但他却想方设法地让傈傈人明白，他完全赞许他们的追求，并将竭尽所能地帮助他们实现愿望。星星之火从一个寨子传播到另一个寨子。新来的皈依者很快就建造起自己的礼拜堂，有的礼拜堂可以容纳七八百人。”

---

① 位于云南省昆明市寻甸回族彝族自治县鸡街镇拖姑村。——译者

② 中文名字郭秀峰。——译者

③ 苏格兰乐曲，《友谊地久天长》的作者罗伯特 • 伯恩斯创作于 1791 年。——译者

④《基督教世界》，1910 年 5 月 12 日。

⑤ 内地会的滇北苗族总堂，位于云南省楚雄彝族自治州武定县。——译者

⑥ 原书中的注释为“傈傈，诺苏的一个分支。”但原作者注释有误，诺苏为彝族，傈傈指的是傈傈族，并非彝族的分支。——译者

3月4日柏格理乘火车前往阿迷州，在那里接到斯特德福特先生并一直护送他抵达东川。但是，由于修铁路的悲剧引发起义，当局不允许他们再往北行进。刚好也就在这个时候，一位苗族布道员张约翰，被起义者在洒渔河[①]逮住并判处枪决，理由是他和外国人一伙。整个苗寨都被毁掉了，人们躲在山上的洞穴里。起义者告诉约翰他们想抓住柏格理。昭通的传教士被保护起来，他们希望斯特德福特先生能再多等上几个礼拜，直到中国当局把起义平息。最终由于东川的行政长官以及各级城市官员都不同意斯特德福特先生进入发生动乱的地区，因此他只好返回昆明，再乘火车到海防，他没能看到传教士在滇东北的工作情景，那里的工作既是重要的，也是最有趣的。

同朋友说完再见，柏格理回到他熟悉的老地方昆明。无论从哪个角度观察这个城市，他都能看见变化的痕迹。他看见一座寺庙里的菩萨被打碎了，沦为造砖的原材料。他还很惊讶地发现警察都穿上了制服。当他正在街上溜达闲逛，碰上一件很好玩的事情：有一所房子，房门上的裂缝中插着香；有一位警察，和平的守护者，顺手取下一支还在燃烧着的香，然后用这支香点燃了一支香烟。细微的变化看似并不重要，然而从某种程度上来讲，这的确是革新的清晰印记。柏格理重点记述了他对监狱的一次探访，这座监狱刚盖好没多久。尽管传教士在昆明城里只赢得了极少数的皈依者，但从基督精神对道德和社会改革的影响上就能够看出他们为工作所付出的努力。柏格理和欧文·史蒂文森，应监狱长之邀向犯人们传道。接下来的那个礼拜天，“下午1点过后不久，”柏格理道，“监狱长带我们来到现场，……我们很惊奇地发现，这里还有两位孔学先生，是监狱出钱请他们来当老师的，就好比我们那边的监狱牧师一样……这的确是一个全新的中国。”在中国的谈话往往都充满了称赞恭维的溢美之词，因此面对这些不同寻常的听众，让柏格理感觉十分棘手，不知道该怎样去发表演讲。“想象一下我当时的不知所措、进退两难，家乡的朋友们肯定会发笑……不过，我的混乱状态并没有持续太长时

① 位于云南省昭通市昭阳区洒渔乡。张约翰最终得以脱险。——译者

间，因为全体听众的目光深深地打动了我。无论如何，我们两个都下定决心要做好一件事，那就是告诉这些人，耶稣是怎样被宣告有罪，又是怎样被野蛮地处死的。当我们讲述这个发生在‘很久，很久以前的故事’的时候，所有人都聚精会神地听着，并用一种最急切的眼神望着我们。……布道即将结束，我们正准备离开，一名男子从众犯中间跨步出来，他给我的同伴跪下，说他是冤枉的，他求我的同伴帮他出去。这是一个戏剧性的小插曲，当然，我们什么忙也帮不了。”

柏格理回到东川，但地方官员依旧不批准他往更远的地方走，于是，接下来六个礼拜的时间里，他就用来教米尔恩和王树德汉语。直到 6 月 25 日，当局终于解禁。柏格理决定到长海子[①]去看看，并在前往石门坎途中，花五个礼拜的时间访问所有分堂。“我想，”他说，“如果可能的话，在‘长长的海洋’（长海子）过两个礼拜天，在四方井[②]过一个礼拜天并呆上一个星期的时间，在被称为‘中点站’的卯里有[③]过一个礼拜天，在‘大米和耳朵的山谷’（咪咀沟[④]）过一个礼拜天，然后就直接到石门坎了。”

在长海子，第一个礼拜天有200个人参加活动，第二个礼拜天增加至500人。柏格理注意到有些年轻姑娘从小不识字，很难通过测试，所以就给她们找了一位老师。这一天做礼拜，不但小教堂内人满为患，就连外面的山坡上也挤满了人。苗族布道员托马在露天布道时的场景，让柏格理联想起主在巴勒斯坦传教时的画面。听众中，除了汉族人和苗族人之外，还有诺苏和葛泼[⑤]。

四十五户[⑥]距长海子约 80 里，途经一个集市，柏格理说那是旅途中的

---

① 贵州省毕节市威宁彝族回族苗族自治县黑石镇开厂村六组。——译者

② 威宁县龙街镇方井村。——译者

③ 苗语地名，今昭通市彝良县奎香苗族彝族乡仙马村仙马组。——译者

④ 彝良县洛泽河镇献鸡村咪咀沟组。——译者

⑤ 彝族的一支。——译者

⑥ 位于今威宁县观风海镇。——译者

危险地带。好多的枪和剑就足以证明其危险程度，所幸那天时候特别早，男人们还来不及把自己灌醉，然后再进入一触即发的状态。柏格理下马和别人聊天，人们对他都很友好。在四十五户这个寨子里，诺苏花 200 两银子修建了小教堂。他们自力更生的能力如此之强，给柏格理留下了深刻印象。柏格理注意到这一带传教事业的潜力巨大，只要能有外国传教士来主持工作的话。

在诺苏的重要传教中心四方井，他们又看见一个小教堂，柏格理与张约翰及其他老朋友重逢。“晚上10点钟，苗族人约翰在诺苏的请求下向他们传教。想想看，骄傲的诺苏在听自己的苗族农奴布道。上帝创造了怎样一个奇迹？”礼拜天，有300名苗族人早早赶来，用诺苏的礼拜堂做第一场礼拜。很多人给老师带来鸡蛋和蜂蜜作为礼物。第二场礼拜在下午1点钟举行，是诺苏的礼拜，大概有150至180人参加。晚上米尔恩先生放幻灯片，来观看的有诺苏、阿乌[①]和汉人。

卯考[②]的礼拜堂摇摇欲坠，让柏格理感觉又苦恼又失望，直到人们来欢迎他的时候，他的情绪才逐渐好转起来。邻近寨子里的大人小孩都乘着月光赶来问候老师。不过，正如人们所预料的那样，最盛大的欢迎式，还是石门坎人为他准备的。

柏格理休假期间，张道惠夫妇负责苗族的工作。除了主持贵州所有分堂本地布道员和老师的日常活动之外，他们还在石门坎为外国传教士建造了一座很合适的房子。苗族基督徒的整体信心体现了他们的出色工作。有史以来第一次，有人教导这些颓废的部落民众说，道德是宗教信仰的一个基本组成部分。基督教在道德上的谆谆劝导代替了之前未开化时的随心所欲。也有一些令人伤心的倒退；虽然这些倒退少得令人惊讶，但当它实际发生的时候，柏格理还是会感到非常痛心。“各地苗族人中都会有一些不道德的行为发

---

① 苗语音译，即蔡族，黑彝的一支，人数较少，擅长篾活。——译者

② 苗语地名，今龙街镇银桥村。——译者

生，我们几乎不知道该怎么办。虽然说大多数人信仰坚定，但每当出现故态复萌的状况时，到底应该怎样才能指引他们继续坚持，真的是一件很困难的事情。”

柏格理十分珍惜苗族人对他的爱，自然而然地，他也想让自己在苗族人的情感世界里占据那最重要的一席之地。这项工作在他的关心下启动并顺利开展。他的不辞辛劳，他的自我牺牲，他承受着几乎从未停止过的艰难，他还面临着夜半袭击的惊吓，所有这些，都理所当然地会让柏格理认为这就是一项属于他个人的工作。他甚至还制定了远景规划。可以毫不犹豫地断言，柏格理是这一时期推动和引导苗族群众皈依基督教的最关键人物。他自己也认为只有他才是领导苗族传教团开展工作的最合适人选。假如他能够默许把苗族的传教事业分区，那他就不会有受伤的感觉，也会省掉很多痛苦和忧虑。但柏格理始终坚信，在两种截然不同、相去甚远的思维模式下，甚至在某些方面其观点和处理办法还是完全对立的情况下，把苗族的工作分成两个单独区域进行，将是一个致命的失误。强调这一点是因为若不了解柏格理的观念，我们将无法读懂他的有些信件。

区域会议于1910年7月26日召开，如柏格理所料，会议的主题和他的意见大相径庭，重点研究了关于传教士的最新任命。经过长时间讨论，会议决定把苗族工作分区。柏格理完全不同意这一决定，他的强烈不满从信中的字里行间流露出来，有封信提到了当时开会的情景。“我坚持自己的看法，不时说上几句。如果我全力维护自己的观点，或是去挑战某些观点，则会场上必将爆发激烈争论。好像是我自己在招惹他们来羞辱我。那真是非常痛苦的时刻，所有的人都孤立我……”

现在回过头来，再看看关于这些政策的分歧，我们已然明白了究竟是柏格理正确，还是他的同事正确。不过暂时的分工却推进了福音的翻译工作，因为分工拉长了柏格理走访各地的时间间隔，使他能够抽出空来把《新约圣经》译成苗文。四个月后，他的同事开始休假，其间整个区域的工作都交由柏格理负责，分区工作的决定宣告无效。

柏格理写给妻子的两封信中全面展示了他即将投入的工作。

大米和耳朵的山谷

1910年8月14日

礼拜天下午，我们做礼拜直到晚上才结束。上次我把写给你的信送出去之后，就离开寨子来到河边，在巍峨雄壮的猫猫山脚下摆渡过河。我在卯阿娄[①]过的夜，这里有好多基督徒。一大群人来看我，雅各和托马斯也在里边。那天晚上过得十分愉快。第二天我们来到咪吘沟，礼拜堂已经变成废墟，真是让我沮丧极了。本来就很“疲惫不堪的礼拜堂”在一次报复行动中彻底死掉了。今天我们在废墟上做礼拜，有几百人参加，一部分做礼拜的人看见我后异常高兴，有的人竟然兴奋得哭了。雅各、托马斯、约翰和王实（基甸）和我们在一起。我们度过了非常快乐的时光……让人难过的是，这里的人们被忽略了。把李先生派走是一个大错误，人们好想再请他回来，我希望区域会议能够帮他们实现愿望。以此为中心，周边有近100个寨子，这里的人极需关注。有些人悲哀地走上歧途，还有些人就像迷途的羔羊，徘徊在危险的地方，随时都有可能被狼吃掉。

如果可能的话，如果分区工作可以推迟执行的话，我愿意照料这个孤独的地方。好多工作等着人去做，让人苦恼的是竟不知道该从何处着手，真的特别遗憾。我正在写上面最后两个句子的时候，一名年轻女子给我送来一封她亲手写的信，就是这名女子，她父亲在我回家那阵子去世了。“王仁爱写这封信给老师。现在我父亲去了上帝的家里，那我该不该去卯可那[②]呢？老师您看呢？在您回家之前我就跟您说过，您当时告诉我不要去。那我现在要不要去呢？”信里就这样反复地询问。她被送给了一个不信教的男人。她父亲是让我们痛心的敌人。姑娘本人是很不情愿的。我不知道她是不是已经正式结婚。我又能够做些什么呢？一个人要万分小心才能正确处理事情而不被情绪左右。

① 苗语地名，即威宁县羊街镇兴隆厂村兴寨组。——译者

② 苗语地名，今威宁县牛棚镇政府所在地。——译者

一方面，女孩嫁给好酒贪杯、道德沦丧的异教徒简直就等于毁灭；不过话又说回来，她们也或许能成为其不信教丈夫的拯救者。任何人都应该深切体会到，真正的信仰必须是精神上的皈依，而不是对武力和强权的屈从。我常常会被震惊，因为这群人竟然如此贫穷落后，在许多方面也很愚昧，而他们的历史还那样地悲惨。可是，每当我看见彼德、约翰、雅各、菲利普和马太（苗族布道员）等人，他们又是那样出色，我意识到上帝真的很神奇，上帝甚至能够让这些愚昧无知的人发生改变。

咪咡沟

1910年8月21日

夜幕降临，迎来了今天的第一次宁静闲适。日程安排得比较紧，把我给累坏了。昨天去了卯提卡[①]，和郭先生度过一段愉快时光，赶回家来天色已晚，我们做了祷告，在 11 点左右上床睡觉。今天早晨我还没有起床他们就来了，在我吃早餐以前人就已经很多很多了。我们只好分两批做礼拜，在废墟里举行的。太阳太大了，当我站在台子中间的厚木板上时，毒辣辣的日头直射下来。做完第二场礼拜后，我们和陈四商量要重新盖一座教堂。接着，一对闹离婚的年轻夫妇来找我们，两个人都是基督徒，小伙子不想要他的妻子了，他妻子比他大五岁。尽管五年前就结了婚，但丈夫如今才只有 20 岁。一些爱管闲事的长辈挑起矛盾。女方已被送回娘家，男方赔了她家一头牛、两只羊和两升包谷。所幸男女双方都在现场。我把小伙子和寨子里的几位老人叫到我房间里叙说事情的来龙去脉。然后再派人把他的妻子叫进来，几经斡旋之下，两个人终于和好如初，然后我们为他们祷告，就好像他们是新娘新郎一样……那头牛会被送回来的，另外我也将送他们两只羊以补偿他们送走的那

① 苗语地名，即洛泽河镇簸箕寨。——译者

两只。我们都希望事情能有一个圆满的结局。处理好离婚事件后，我向100多个病人分发了药品。我一直手忙脚乱直到工作结束！真希望我没有发错药，比如说把奎宁[①]当成山道年[②]，或者是用凡士林来治牙疼，把通便的药片拿来治疗痱疮等。一整天持续作战，急急忙忙，既充实又疲惫。晚上在我的房间里还主持了一次礼拜，礼拜结束后他们想坐下来长谈。但我还是请他们离开了，因为只有这样才能得几分钟空闲和你共处，才能在明天把这封信发到石门坎去。今天集会的场面很壮观，大概有700人，或许更多。今晚的月色真美，一切事物都沉寂在安宁与和平中。

今天我收到了100个鸡蛋，真希望能分给你好多。明天会是相当平静的一天。差点被叛军拿来当祭品的那个约翰[③]也在这里，明天他会来给我讲故事，这样我就可以为编辑多写一章《中国历险记》了。好多喜欢我的孩子今天也在这里……今天真是太棒了。当我们在废墟里，伴着炙热的阳光，在第一场礼拜中祷告的时候，上帝距离我们如此贴近，并承诺了要给我们祝福。

如果我的信短了点，那是因为我实在太累了。礼拜二我去卯里有，重新开始异常繁忙的一周，然后我会休息几天。

昨天我看见悬崖上的那些山洞了，之前三月份动乱的时候，我们有些信徒就藏在那里。好可怜啊！他们被吓坏了。好多个夜晚他们就睡在悬崖上或者岩石上。

---

① 治疟疾的药。——译者

② 驱蛔虫的药。——译者

③ 指在洒渔河被捕的张约翰。——译者

第三章　穷乡僻壤

柏格理日复一日地在山区走访，为了避免重复，我们将挑选几个有代表性的典型场景进行叙述。1910 年爱德华 · J. 丁格尔先生花了一段时间陪伴柏格理在中国西部地区巡察。“他的工作，”丁格尔先生写道，“需要进入未开化的区域，在那些地方，最简单的旅行都会变得异常艰难……晚上睡觉的地方其实只是些草棚子，一连很多天我们都得穿着湿漉漉的衣服……但不管遇见什么样的情况，柏格理从来都不会情绪低落。吃过最简单的包谷饭，喝过浑浊的水之后，他就会钻到潮湿的床上去吹口琴，‘这里没有可以称之为家的地方。’”

这是一次柏格理对教会的周期性探访。他们于 1910 年 9 月 16 日出发，在幽暗的峡谷里走了一天之后，绕到山的尽头，再乘渡船到卯卡比扫①。他们抵达之后，人们立刻聚集起来做礼拜，约有 100 人参加，而其余的人则忙着为饥肠辘辘的行路人准备饭食。下面是一位苗族妇女的感恩祷告：“安慰所有失去孩子的人！为他们送上您的圣灵！请给予我们您的精神和您的荣耀！请拯救全中国！拯救我们，因为我们是愚昧的和蠢笨的，还一无所知！请帮助我们知道祂是为了我们而死去，让我们跟随祂，哦，天父，为了您！感谢您让传教士来到我们这里，感谢所有不知疲倦为我们的人！以芳香甜蜜的名字耶稣的名义，我们向您提出所有的请求。”

在对这里的人们进行描述时柏格理写道：“旁边一个寨子里的人过来说，杨应被一个女巫施了法术，可能快要死了。来人想知道他们可不可以把病人带去留在巫师的家里。我问他们有没有证据可以证明巫师对这个男人做过手脚。他们说没有。我说，如果有证据，他们就应该立刻报官。如果没有证据而这样做的话，则必将把自己陷入被动。这些人竟然认为自己的周边世界里全是恶魔，那种感觉一定非常奇怪可笑。……我问过一位之前曾做过巫师的朋友，问他现在是否还惧怕他的‘魔鬼’。我永远不会忘记他转向我的

---

① 苗语地名，今云南省昭通市彝良县龙街苗族彝族乡元宝村三家寨，柏格理渡洛泽河而来，河西为贵州，河东是云南。——译者

笑脸，及其精彩的回答。‘害怕！我怎么会害怕？我住在耶稣的心里，耶稣也活在我的心中。’这位朋友已经找到了保持平静的秘密。”

“礼拜一，9 月 19 日。——来了一群孩子，几乎待了一整天。太开心了！我的箱子被翻了个底朝天，他们一样一样地拿着看。我的红手帕最受欢迎——口琴、哨子、相片、图画！然后他们抓起我的镊子，现场简直是逗死了，因为前一天他们见过我给别人拔牙。我假装给自己拔牙，拿着一张大大的红手帕垫着，还故意地呻吟着……随后招惹得他们哄堂大笑，还有娃娃在尖叫！”

直到如今，两年前的遭遇仍然会常常绷紧了柏格理的神经。“一天早晨，”莉莲·丁格尔医生写道，“柏格理看起来恍恍惚惚的……他做了一个梦，梦见一些苗族人袭击了他们，他亲眼看见我的未婚夫被杀了。之前下了一整天的倾盆大雨，直到那天上午，在他的眼中丁格尔先生的‘气色非常不好’，因为他梦见他们两个人都被杀掉了。雨一直不停地下着。中午时分，一名男子从对面山上跑来报信，神情激动，不停地比划，说一帮坏人正在找他们，他们必须马上离开——不管下不下雨。丁格尔先生说，‘我明显感到了柏格理神经系统上的后遗症。他吩咐立刻备马出发，还慌慌张张地把我拖出了屋子……就这样我们很艰难地下山了，陡峭的山坡上泥巴齐腰深。我表示抗议，但柏格理却回答说：“如果你停下来，就会被他们抓住，他们就在那边山上。”那座山海拔约一万英尺[①]，柏格理说的那些人指的是一些反对外国人进入他们山中要塞的诺苏。’”当天晚上他们住进一个被比喻为“华尔道夫”[②]的简陋棚子里。“在我们的皇家套房内，九个男人睡在地板上，此外还有一匹马、三头母牛、九只山羊、五头猪、一只猫、一只萤火虫，另加两个外国人。萤火虫飞来飞去。山羊整晚都在打鼾。我的床太短了。空气里弥漫着一股酸酸的味道。”

10月8日返回昭通，五天后柏格理又动身前往长海子[③]，途中访问了四方

① 1 英尺 =30.48 厘米。——译者

② 酒店名称，位于英格兰西北部兰开夏郡的海滨度假胜地布莱克浦。——译者

③ 贵州省毕节市威宁彝族回族苗族自治县黑石镇开厂村六组。——译者

井[①]（“一股泉水流向四面八方”）。诺苏基督徒凭借自己的力量在“每个人的大井”的山坡上盖了一栋大房子，大房子里有小礼拜堂、学堂、祷告室、教室、宿舍和厨房等。每个礼拜天“黑血统”的诺苏都要聚集在这里崇拜耶稣。在这里蓝色血统[②]根本就算不得什么，黑色而非蓝色，是特权和贵族的象征。身材高大、体格健壮、自豪、火爆，这就是生活在城堡中和大山里的诺苏。战斗、谋杀、抢掠、纵火、嫉妒、死亡，是每一次集市上人们所谈论的必不可少的话题，其具体内容相当可怕。如果说有谁需要温柔又强大的耶稣福音的话，那一定就是这些西部大山深处的英勇战士。时刻准备着为自己而战斗的人，却执着地痴迷于基督教的弟兄情谊和永恒友谊，这实在是一件奇异的事情……

“阳光明媚的白天过后晚上开始下雨。两百人参加了礼拜，直到 9 点才结束。传教士们拖着疲惫的身躯回到房间里准备休息，但是……当我们做完一天的工作准备睡觉的时候，信徒们仍然在真挚地歌唱。这意味着什么？难道来参加礼拜的五六百人都真诚热切地崇拜着耶稣？难道所有的人都已经和异教决裂并摆脱了沉重的罪恶？对于这些问题，没有任何一个传教士敢回答说‘是’。然而，我们的主却看得最清楚，也爱得最真实，祂知道在很多山里人的心中，基督的真理已经深深扎根。受过教育的诺苏当中也有人崇拜耶稣。恭敬地拜服在‘人子’面前的第一批学者就是东方三博士[③]。在诺苏的领地同样也有东方三博士崇拜耶稣。当东方发现了耶稣的时候，世界将会看见些什么？[④]”柏格理和少数诺苏首领在四方井围着木炭火笼，讨论向诺苏传播基督教的最佳方法。安先生希望克莱门特 · 米尔恩牧师可以来这里工作。他说除非有传教士的指导，否则的话他们几位老人很难肩负起如此沉重的担子。

---

① 威宁县龙街镇方井村。——译者

② 蓝色血统，在欧洲指的是贵族血统。——译者

③ 参见《新约圣经 • 马太福音 2:1 ～ 12》。——译者

④《基督教世界》，1910 年 11 月 3 日。

大约就在这段时间，柏格理获悉他和龙先生曾经拜访过的朋友，惹特，已经罹患麻风病。惹特答应给萨温医生100两银子，如果能治好自己的话，他怎么也不相信医生救不了他。最后惹特绝望了，有一天晚上在留宿的客栈里，他借口另外两位客人吸鸦片但他不吸，劝说那两位到别的房间里去了。随后惹特上吊自尽，他宁愿死去，也不愿意作为一名麻风病人而活着。龙先生把尸体装进棺材运到河边；在河边诺苏把尸体从棺材中取出来摆成坐着的姿势，按照巴布的习俗将其烧成灰烬。

柏格理对孩子的热爱可以从韩梅的故事当中看出来，韩梅是一个小女孩，住在距长海子50多英里[①]的寨子里。柏格理正在韩梅家的火堆边烤干双脚，小姑娘进来了，伸出柔软、温暖的双臂搂住柏格理的脖子，在他的耳边悄悄讲述她的全部秘密。然后她还伙同自己的小朋友哄骗她的老师吹口琴。在道“晚安”之前韩梅告诉柏格理，她打算和大人一起去长海子，这样她就有希望被施洗并领到圣餐。那天晚上睡觉的时候，几头母牛在柏格理的头上，脚下是一堆火在冒着烟，而那可爱温馨的小女孩却让柏格理的心中充满了爱。第二天早晨，柏格理道别出发，韩梅冲着他喊：“我一定会去那里的，老师，我不会骗您的。”

在距离长海子还有100里的地方，柏格理很高兴遇见了王树德先生，并和他一同走完了剩余的路。环绕长海子的山没有石门坎的那样高，而是很多小山丘，就在其中的一座山丘上，在远离大路的一片松树林背后，矗立着一座新教堂。周边的乡村位于两省交界处，曾经是出了名的逃犯藏匿之所。柏格理和王树德在这里待了一个多礼拜。在和教会长老的协商过程中，柏格理竭尽全力地去终结嫁女儿像卖牲口一样的婚姻习俗。礼拜天，10月22日，500人一起做礼拜。柏格理为20名新教徒施洗，其中就有勇敢的小韩梅，她果真来实现了自己的诺言。有两百名教徒领取了圣餐。王树德先生用英语发表了演讲，由柏格理译成苗语。这是一个收获的节日，教徒们把自己的小教堂装扮

① 1 英里 =1.609 公里。——译者

得十分漂亮。

柏格理担心苗族人把教会看作是自己的而不是一个隶属于外国人的机构，因此便在石门坎创立了布道员季度会议制度。17 名布道员参加了首届会议，缺席人员有：杨雅各，他正在送张道惠先生和夫人回国休假的路上；杨芝，其父病危，处于弥留之际；朱约翰，在武定州，协助中华内地会的传教工作。会议决定：⑴布道员在某个中心传教点的每个任期为一年；⑵布道员进行常规学习并在年终参加考试；⑶每个季度召开一次布道员会议；⑷每个区的教徒都应该为驻扎在本地的布道员修建住房；⑸每个区的基督徒都有义务为该地的布道员及其家庭成员提供食物；⑹布道员的妻子前往大多数人都不信教的地方时，可以保留她们的传统发型（据说苗族人认为其“金字塔发型”只能在人死之后才能够把头发放下来，并且坚决抵制任何企图改变她们发型的行为。有的传教士试图改变这种尖尖的发型，“但我告诉他们，”柏格理说，“就随她们喜欢吧。”）；⑺如果遇到土目在礼拜天打冤家而强迫苗族基督徒服兵役的情况，则同意他们在服兵役期间不做礼拜。

“我们的（第一次）季度会议接连开了两天，直到第二天晚上9点钟才结束。我们在祷告声中散会，苗族布道员满怀欣喜，带着一种数年前他们还全然不知的力量离开了。”

1911 年元旦，柏格理第一次知道了那天晚上他惨遭毒打的时候，救了他性命的穿羊皮短上衣的人就是杭利米①的杨世和。他立即决定再次访问昭通的西北部，希望能找到恩人并感谢他勇敢地站出来救了自己。柏格理把计划告诉了昭通的地方官，地方官派了两名士兵一路随行以保护他的安全。他们一到大坪子②就看见了小教堂的废墟，这是在 10 个月前的叛乱中被毁掉的。柏格理尽了他最大的努力，尽可能地去消除人们脑海里对那段恐怖时期的记忆。

布道员钟焕然的工作收获颇丰，他赢得了穷苦百姓的信任与爱戴，并

① 苗语地名，即昭通市永善县茂林镇冷米村寨子社。——译者

② 茂林镇茂林村大坪子组。——译者

成功地签订了小教堂的重建契约。当时这一地区共有50个孩子在父母的带领下过来打了疫苗。在杭利米，柏格理站在那棵核桃树下，他曾在这里被那群人审判，他揭下了一块黑色的树皮，准备送给儿子们。“我又来到了这个地方，我曾经被一大群拿着刀枪棍棒的男人围着；我曾经站在这里为了活命而费劲唇舌；我们沿着这条路继续走，那伙人曾经抬着身受重伤、精疲力竭的我从这条路上走过；我下到河边，看着河水的对面他们殴打我的地方；那天晚上我的确是跳得很远，可惜却没有能够跑多远。然后我们来到那晚我留宿的寨子，来到我曾经睡过的屋子，这家的女儿出来招呼我进去。这里看上去依旧肮脏龌龊，出卖我的那个老男人看上去也还是和从前一样邪恶。四年过去了，我仍然站在这里，依旧还活着，感谢上帝！”柏格理在1911年3月写给夫人的一封信中说：“那个苗族叛徒和在杭利米打过我的人，如今都在读我们的书并信奉了基督。他们看上去很真诚。假如有一天，上帝会让我为那个出卖我的人施洗！”

三月初柏格理访问了卯考[①]，位于石门坎南边约70里处，距“天生桥”[②]不远。接下来的那个星期天有1000人赶来参加礼拜。有37个班在露天礼拜，有三个班在教堂内礼拜。托马用黑板教他的学生认字。圣餐仪式在山坡上举行，天空湛蓝湛蓝的，没有一片云朵。“一幅伟大的画面，一次伟大的礼拜。赞美歌唱了一首又一首，而接下来分发圣餐的时候却寂静无声。”苗族教会花费500两银子，建成了自己的小教堂。

第二天他动身前往卯居考[③]去主持一座新教堂的奠基仪式。“挖土、欢笑、说话、喊叫，四周的空气都是开心愉快的，让我想起在桑当[④]海滩上野餐的孩子们。我希望小教堂竣工时能给更多人带来更多的快乐。”那天晚上柏

① 苗语地名，今龙街镇银桥村。——译者

② 龙街镇天桥办事处。——译者

③ 苗语地名，即威宁县迤那镇仙马办事处。——译者

④ 英国地名，位于怀特岛。——译者

格理主持了一次月光礼拜。大约有100个人参加。站在新教堂的地基上，柏格理的喜悦溢于言表。“天狼星和老人星就在我的头顶上闪耀；金星挂在浩瀚的太空中，好似一颗光芒四射的宝石。”

这段时间，郤慕廉和米尔恩同柏格理一起来到四方井，会见中华内地会的党居仁和佩奇先生等人。华西会议为不同的传教团大致划分了各自的工作范围。但党居仁先生却有一块地方像楔子一样插进了循道公会的区域。通常情况下，两个传教团都应该喜欢这样的局面，因为这是一个开展合作的大好机会；然而，由于党居仁先生独特的神学观点，致使两个传教团的关系有所疏远。党居仁先生的某些布道员甚至不允许柏格理的人参加他们的圣餐礼拜。柏格理及其同事不赞成在本土布道员之间造成分歧和误会，并表示可以从特沟[①]撤出，不过要保留有彝族和汉族信徒的兔街子[②]。尽管谈判的结果令人很不满意，但柏格理从来都不曾忘记，七年之前是党居仁先生指点了苗族人去昭通找他。

1911年4月18日，柏格理在李司提反的陪同下去拜访一位大领主。“我的朋友昨天赶到，中午时分还精力充沛地主持了一场礼拜。等我们和土目的谈话结束之后，我就要去长海子。”据传闻这个地区有五只老虎。“去年有一只老虎叼走了一个苗族男孩，像猫玩老鼠一样玩着孩子，用一只爪子把孩子扔出去，再用另一只爪子把他抓回来。小孩子一直哭喊不停‘快来救我，我还活着。’最后老虎玩累了，就吃掉了那个不幸的孩子。”

土目正在重建自己的房屋。一眼看过去柏格理就断定他早已成为了鸦片的奴隶：衣衫不整，蓬头垢面。他轻声地说自己想加入教会，但前提是不得让他丢弃装有祖先灵魂的篾兜。当柏格理请求他戒掉鸦片的时候，他便找借口推脱。柏格理和李先生拒绝在他的家里停留，因为他的家里有很多江湖术士和一位汉族的巫师。

① 音译地名。——译者

② 今威宁县兔街乡政府所在地。——译者

柏格理于礼拜六抵达长海子，他写道："今天的夜特别平静安详。哦，所有的一切奇妙和谐！太阳似一个清晰明亮的圆盘，带着最后的微笑，似乎在说，走啦，我们很快还会再见面的，然后便慢慢地落下山去。过了一会儿，整个天空呈深蓝色，闪烁的繁星挂上苍穹，如一盏盏明灯。夜景美丽得无与伦比。金星在金牛座毕宿五右边的同一条水平线上，比毕宿五的红色光芒更亮，散发出耀眼的金色火焰，几乎遮盖了整个昴星团的光。没有月亮……白天经历了许多考验和艰辛，晚上躺在硬硬的木板床上，然而，太阳和星光，凉爽的风和户外的餐，再加上开心的同伴，这就是最丰厚的回报……我们幸福、健康、快乐如上帝的行吟诗人，我们先兴奋地谈论着长途跋涉中的趣闻，后来很快又转向了一个严肃的话题，开始认真地探讨上帝的博爱与仁慈。沐浴在明亮的宗教阳光中，我们的话如泉涌，不知不觉地就讨论了一个小时。苗家人喝过了清纯甘甜的水，便不会再饮用乏味污秽的水。"

柏格理在长海子待了一个礼拜，精神上获得了满满的丰收。礼拜天男人和小男孩共分成了四个班，女人分成了两个班——其中有一个班特别地能说会道。在礼拜式上，三位被派往武定州去协助中华内地会传教团工作的苗族布道员发表了告别演讲。柏格理在一封信中说："真正是一场精彩的礼拜，上帝与我们同在。共62个人受洗，约有半数是成年人，余者都是年轻人，没有婴儿。在加入教会之前他们全部通过了考试。在这个'长长的海洋'里，约有500名教会成员，还有近千名尚未受洗的信徒。这里有27个寨子。我很高兴李子沟[①]的男人正在修建小学校。建筑的质量很好——高大、时尚，可以容纳40名学生。"

柏格理有一项注定没能完成的雄心壮志就是在威宁创办一个传教点。1911年5月5日他在威宁写的信中说道："这座小城市依旧排外，下定决心不让我们的基督在此落户。不管是天主教还是新教都无法立足。从乡下的寨子里来到一座充满敌意的城镇，给人的感觉完全不一样。"圣路加记录下那位被

① 位于威宁县观风海镇李子村。——译者

巫鬼附身讲预言的使女在腓力比跟随使徒的事件[①]。在威宁则有一个年轻的疯子跟随着柏格理，并且很滑稽地模仿着他的演讲和手势，惹得围观群众哄堂大笑。一家店铺的主人邀请他进来躲避，柏格理很高兴地认为终于可以摆脱尴尬的处境了。然而疯子却一直等在门外，柏格理一出来就紧跟着他，于是所到之处,人们纷纷给“白大人”(阁下)让路。“你拉住他的手治愈他的疯病。”一名男子冲着柏格理喊道，当传教士回答说他做不到的时候，那名男子又说了一句，“哦，那我想耶稣能够做这样的事。”

返回石门坎的途中，柏格理在米尔恩先生那里待了几天，米尔恩先生已经被任命为诺苏的传教士。“直到今天，”柏格理写道，“我们依然可以看见山坡上简陋的神龛。这是彝族人供奉祖先的地方。长辈的灵位在家中供奉了几年过后，诺苏的后人就会举行盛大的祭祀仪式，并杀一头牲口献祭。然后将祖先的神灵放入一个小箩箩（篮子）里面，护送至山坡上的神龛内。”米尔恩先生在诺苏中开始的传教工作让柏格理深受鼓舞，并写信给国内的朋友予以了高度赞扬。

5 月 20 日柏格理抵达咪咡沟[②]，看见在原来的小教堂旁边已经新建了一座很好的大教堂。大约有 800 人前来领取了圣餐。次日小教堂里挤满了妇女和婴儿。柏格理戏称为“打疫苗的狂欢节”。“这是一个哭泣、大喊、尖叫和欢笑的集合。两位男子负责洗胳膊，三个人打针，一个人烧水，一个人打水，而我就负责送疫苗。”

崭新的精神面貌和价值观念在原始的大山里滋生，以下文关于小孩子的事情为例：“约翰的妻子背着一个孩子抱着一个孩子走过来，我笑着问她：‘有两个孩子的感觉怎么样啊？’她说自己手中抱着的那个孩子就是前段时间我们从坟地里抢回来的。我让约翰找户人家照料，可他没能找到合适的人，于是两个人就决定自己收养了这个孩子。约翰微笑着伸出双臂接过那个

---

① 见《新约圣经 • 使徒行传 16:16 ~ 18》。——译者

② 彝良县洛泽河镇献鸡村咪咡沟组。——译者

小女孩……真正的十分美丽的场景。举行圣餐的时候很多哺乳期的妇女都在给弃婴喂奶。小婴儿和喂养他们的妈妈非常地快乐和谐。我看见有人递了一个孩子给约翰。约翰笑笑对我解释说，礼拜天是弃婴们得到‘免费哺乳’的时间。”

苗族母亲和孩子

在一份40天的巡视日志中，他记录了所观察到的花草树木及其科属分类，以便推测鉴别气候土壤等“隐性因素”。向日葵、雏菊、毛茛科、草芙蓉、白色银莲花、蓝白黄色的堇菜、闻起来像白色野玫瑰的白色和红色的杜鹃花、粉色白色和深红色的杜鹃花属、白色和金黄色悬钩子花、紫色的和淡蓝色的樱草属和鸢尾属植物，还有圣约翰草。他所记录的树有橡树、高矮不同各种类型的枞树、漆树、核桃树、白腊虫树、梨树、桃树、杏树、苹果树、温柏树、栗子树、木兰、李子，以及别的他不认识的树种。柏格理热爱大山的绚丽多彩，他感觉到大自然是深沉且神秘的，回顾这片土地，山里人在最好的时候展开了最伟大的皈依运动。“上帝……让所有的事物在最妙的时机美丽绽放；也让祂成为人们心目中的永恒。”

第四章 阿辛顿信托基金

当读者们跟随着柏格理一步一步地深入了解华西传教事业的时候，就会慢慢地发现各个小传教团的时代已经结束。如果要继续推动基督教事业的发展，满足非基督教民族日益增长的需求，则必然要把所有的传教团体全都联合起来。云南和贵州的传教局面发展之迅速，远非中华内地会或循道公会所能够单独掌控。传教士的工作量之大，也远远超出了最早来云南传教的开拓者们的想象。柏格理敏锐地认识到宣讲福音仅仅只是多功能传教事业中的一个组成部分。如果没有一个组织良好且行之有效的教育体系为启蒙基督思想服务，并培养布道员和老师，那么，基督教将在日益觉醒的中国失去其重要意义，并且相对而言也会变得无足轻重。

柏格理于 1905 年获悉，“阿辛顿对传教事业的遗赠”——共计 13 万英镑被“指定”用于支持面向山地民族的宣教工作和那些还没有将福音书翻译成本民族文字的人们。阿辛顿[①]先生，一位利兹[②]的市民，把财富捐给了自己念念不忘的不同寻常的传教事业。柏格理意识到自己或许将有希望为苗族争取阿辛顿基金的赞助。他先写了封信给基金的托管人之一 S. 索夏尔先生，信中描述了苗族的皈依运动。于是便有了阿辛顿基金秘书爱德华 · 利特尔先生与圣经基督教传教委员会秘书查尔斯 · 斯特德福特牧师之间的通信。1906 年 8 月 23 日，基金的托管人会议通过了如下列决定：“第八点——关于卫理公会圣经基督教会驻云南传教团的宣教事宜，我们已经阅读过其代表 C. 斯特德福特牧师的几封来信。如果他们能够安排妥当并得到全体托管人的同意，工作人员将负责在连续五年的时间内每年拨付 250 英镑，以资助卫理公会圣经基督教教会派遣一名新的传教士到该地区，除协助必要的传教工作之外，在掌握了足够的相关知识的前提下，将其主要精力投入到把《圣经》翻译成当地文字的工作中。”

再后来的通信使阿辛顿基金的各位托管人确信，鉴于柏格理非同一般的优秀品质，他必将成为在土著部落中最出色的传教士。1908年休假期间，柏格理给利特尔先生写信说，“不知道您是否愿意像资助苗族那样来

① 即石门坎苗文《溯源碑》碑文中的“阿司多”老人。——译者

② 英国城市，位于英格兰西约克郡。——译者

帮助我们在诺苏地区开展工作？……我们一直渴望能从苗族皈依者当中选出100个人把他们培养成本土传教士。我们已经创办了一些走读学校，用以培养本土传教士的候选人。当我重返工作岗位的时候，上帝的安排，于1909年，我希望能够建立一所培训学校，或许更确切地说是传教士候选人的安置区。我们希望能够在学校的周围修建一些干净的小宿舍，这样学生和他们的妻子[①]住在这里就可以像住在自己的家里一样，此外还需要清洁设施和适当的卫生设备。如果无人赠送需要购买土地的话，其费用约在100英镑。建筑物的费用在500至700英镑之间……

“苗族没有医院或护理院，医生过来的时候，最痛苦的就是根本找不到一个合适的地方看病发药。很长的一段时间内，我的卧室被当作诊室，各种各样的人都来这里看病开药方。如果基金的托管人同意，行爱心与仁慈之义举，提供500或600英镑，就足以为他们修建一座小医院或护理院。”

阿辛顿基金托管人对上述诉求的回复是，将提供另外一笔连续五年每年250英镑的经费，用于指派一位传教士专门负责面向诺苏的宣道工作。请求资助修建培训学校的项目待议。柏格理在信中详细地叙述了传教工作的实际需求，深深地感动了托管人主席约翰·汤先生。柏格理指出当前的主要目标是首先为400个村庄约两万人提供老师、布道员和牧师；还有第二点，培养本土传教士，向尚未皈依的异教同胞传播福音。

“在每一个寨子里，”他写道，“如果有基督徒的话，我们将安排一两位男子，经过教会的培训后，在自己的寨子里发展信徒并指导晚上的礼拜，他们可以找一个单独的去处专门做礼拜用，也可以在每户人家里轮流进行。同时他们也参加农事生产以自理。将几个邻近的村寨组成一个小片区，我们希望能有一位受过训练的布道员，或者是牧师兼教师，在每个周末对孩子或成人进行初级教学工作，并主持星期日的礼拜式，诸如此类的传教工作主要由本土牧师负责。这些人（学生）主要来自于现存的初级传教学校。或许我们应该首先派遣25名至30名学生，随着工作的进一步开展而逐步增加人数。

① 当时的有些学生已经成家。——译者

课程：普通的科目如算术、地理、科学常识能够帮助他们认识生存环境；圣经、神学、教会简史；如何教学、布道、组织教会工作；传教方式等。当然了，课程一定会随着形势的发展而不断增加，并要求使用两种语言教学——苗语和汉语。”

1909年7月5日，阿辛顿基金的托管人决定为相关项目提供500英镑。这份珍贵的礼物让柏格理大喜过望。

现在让我们重新回到上一章的结尾处，柏格理完成了为期40天的巡视考察。两种不同的传教政策再次发生严重冲突。主张把传教重点放在汉族人身上的传教士建议重新开启昆明的传教点，但是他们忽略了一个基础性问题，即人员安排和财力投入，要重启昆明的传教点不是没有可能，不过眼下的时机却还不够成熟。柏格理认为同事们这样做是害怕石门坎成为整个传教团的实际中心。1911年6月召开的区域专题会议让柏格理十分恼怒，会议做出的各项决定大大地影响了他的工作。比如削减石门坎的建筑经费，把阿辛顿基金资助的部分费用转而投入到各个寨子里的学校去，并从这些学校中选拔优秀学生进入培训机构深造。虽然对其发展计划的修改令柏格理非常生气，可无论如何，他都不允许自己的负面情绪对工作产生丝毫影响。显而易见，通过数年的努力，柏格理在其特殊使命中取得了如此大的进展，所以他希望——自然而然地而并非不合理——能够全权主持自己在山里部落中的工作。1911年夏至的时候柏格理组织了一次规模盛大的节庆活动，他在写给妻子的信中说道：“人山人海，男孩们操练得相当的棒。我猜昭通的汉人会睁大了眼睛看我们的苗族男孩操练。他们穿着带红色花边的深蓝色校服，相当好看。在左肩下方的衣袖上有一个红色马耳他十字①形状——象征着苗族传统花衣服上的十字图案。我们有两面大校旗，孩子们的队列操练真是太棒了！大约80名男生有校服，其他的四五十人则没有。孩子们出布料钱，裁缝的费用由我来负责。从长海子②来了约20个学生，他们的队列操练也很棒。他们的操练方式不

---

① 由四个等长的似箭头的武器连在一点的十字架。——译者

② 贵州省毕节市威宁彝族回族苗族自治县黑石镇开厂村六组。——译者

同，但动作都一样的灵敏迅速。还有从卯考[1]来的学生，这些男孩的苗族老师都是从石门坎学校出去的，他们教得非常好。”

从柏格理的另外一则记录中我们了解到：“11点圣餐开始。这真是一场高原旷野中的圣餐礼……传教士和布道员都站在搭建好的高台上，1000名领圣餐的教徒排队站在旁边，男人站在右边，女人站在左边，而这两群人的中间还站着一群等待受洗的新教徒。在山坡上还有1000多名热心的围观者注视着典礼，适时地加入进来，唱赞美诗并祷告。这就是传教士的亲身经历。两千人和谐地唱起赞美诗，从《主耶稣我爱你》到《犹大的狮子》，声音的共鸣板是蓝色的天空，教堂的墙壁是大山的石灰岩，上帝的灵魂轻轻地抚过所有人，温柔的风从南方吹来，让外国的传教士们彻底忘记了对家乡的思念，孤独的日子已经永远过去，脑海中是主再次出现在温馨的加利利[2]山上……我不认为在场的还会有人想念过去山坡上的狂欢，那带给他们的只有悲伤和不安……

苗族班级里快乐的孩子们

③ 苗语地名，今威宁县龙街镇银桥村。——译者

③ 巴勒斯坦北部地区。——译者

“夜幕降临，大一点的礼拜堂内挤满了人，超出了设计容纳人数的两倍，他们来观看幻灯并参加礼拜。传教士离开的时候已近午夜。教堂变成了从前伦敦东区的廉价小客栈。男人们倒地便睡，人挨着人像一个大罐头里装满的沙丁鱼。当清晨的阳光照射进来，人群已然消失不见，于5点钟左右教堂就基本上恢复了正常。然后进入下一道程序，一件并不令人喜悦的事情。共130位病人蜂拥而至，传教士必须在早饭之前诊视完毕。压力之大可想而知，很快便让人筋疲力尽！他们讲着伤心的故事，打开了受罪的人生悲哀的窗。他们居住在贵州，有七百万人口没有西医……

“现在这 130 位病人也消失了。用完早餐。季度会议开始，各位布道员提交工作报告。基督仍与我们同在，人们正走向祂。爱驱走了恨，纯洁消灭了杂质。光明冲破了黑暗，小小的圣杯和小块荞麦面饼背后的故事并非虚构。①”

柏格理对他的乡村学校建设充满了希望，他写道：“10 所学校有 500 名在校生，今年要让我们教会学校的学生人数增加至 1000 名。”他在石门坎写道：“这个学校有 120 名孩子。我把从其它学校选出来的大男生集中在这里，我想应该有 50 多个超过 16 岁的小伙子了吧。钟的工作很优秀。陈梅带几个小姑娘和小男孩。你过来以后就可以抱抱这些小姑娘了，当然也可以抱别的小孩子，只要你喜欢。”

柏格理十分感激阿辛顿基金对传教团的资助，并视自己为一名阿辛顿传教士。托管人对他的辛劳和奉献给予高度认可，1911年9月8日，继续支持柏格理，不过其中做出了必要的调整，即未来五年每年资助的金额降至200英镑。

为了履行对托管人的诺言，柏格理设计出苗族建校方案，他经验老道地购买了木材，还在石门坎附近修建了一座砖窑。在1912年9月5日给斯特德福特先生的一封信中他写道：“这是修建苗族学校的方案。含教学设备在内，费用将不会超过阿辛顿基金托管人所赞助的500英镑。礼拜六我曾翻过山去看背

① 《基督教世界》，1911 年 8 月 10 日。

后那片树林，今天我用120个银元把它买了下来。在这片树林里可以找到建一所大一点的苗族学校要用的柱子。运送木材的时候很有趣，因为木材都是从山上扔下来的。很庆幸有一个恰到好处的斜坡，所以我们的柱子被滚下来的时候并没有摔坏。我特别高兴能有这些树。大部分树木还不够大也不能用，不过我们会让它们继续生长，这样的话再过几年就可以用了。我们估计这片树林里有2000棵树，而现在能用的只有150棵。”

1912年9月4日柏格理写给利特尔先生的信中：“自1909年启动以来，工作进展迅速，几个少数民族部落的皈依运动以惊人的速度朝着好的方向发展。最近两三年来我一直在准备创建培训学校，明年校舍建立好之后，假如我们的第一批学生招不满50人（1909年的计划中首批学生拟招25人）的话，我就会觉得非常失望。但实际上我们很可能会超过50人。目前在我们的校总部大约有140名男孩或小伙子，其中约有70人的年龄在15至22岁之间。

“我有10个石匠在打整石料，一个砖瓦窑从夏到秋不停地烧砖制瓦。窑虽小，但烧出来的砖瓦却足够我们施工用。还有就是切割树木，锯成板材，等等。希望到明年春天就可以顺利地开工建校，这将是阿辛顿基金恩德的见证，并将为今后数十年苗族的发展做出巨大贡献……”

为了全面了解在柏格理的领导下学校的发展进程，我们有必要对后来发生的事情提前做个介绍，并插入一篇日后信件里的文章。柏格理于1914年2月18日写给斯特德福特先生的一封信中说道：“重新负责之后我改组了整个工作，这一地区运转良好。数百人受洗，不断有新增的苗族信徒皈依。各地的布道员在各自的工作岗位上都很成功，新建了一批质量更好一点的小教堂，学校的面貌焕然一新，阿辛顿学校即将完工，几个月后就可以招生了，我们将招收100名学生。这所学校面临的困难是如何将我们自己的学生培养成教师。您应该还记得我们曾尝试送学生到北京去。那次失败不是我们的过错，而是由于在北京发生了动乱。为解决这一问题，现在我们正尝试着把他们送到离家较近的成都去。我们的校长钟先生、首席布道员杨雅各先生、四名学生和王树德先生，目前正在成都想办法。这次我们没有麻烦您，而是自己筹集资金。一位外界的朋友答应假如学生们上北京深造的话，他将提供赞助，如今我们把深造的地点改在了成都，也很希望他还愿意继续信守承诺。我们各所学校里共有800名学生，由此阿辛顿中心学校的生源将不成问题。所有的学校为一个整体，全部分校都要遵守石门坎学校的校规及培养方向。女学生的工作也按照同样的方式进行，我们希望能够在不麻烦您的前提下在这里建一所女子学校。女子学校中要开设教学、家政、烹调、清洁、育婴（上课时会借用真正的婴儿）、缝纫、主日学校教学、初级公共卫生，等等，等等课程，需要进行全方位地设计。”

本章对柏格理创建学校即苗族培训机构的简要叙述，可以用他的文章来结尾，这段文字描写了他于1915年6月17日在石门坎参加的最后一次节庆活动。参加的人数超过之前的任何一次活动，有人说大概来了3000人，还有人说或许更多。参加的人有汉族、诺苏、苗族、葛泼和穆斯林。“负责管理‘双星’[①]的官员表示想出席那天的活动，虽然他只不过以朋友的身份前来，但我们认为其实他也想看看这里的实际情况，并报告给省政府。我们确信这次访问会让他大吃一惊……三百名学生打着旗帜吹着四把短号去迎接他，欢迎他参观西南两省最大的传教中心。前去迎接的学生如此之多，完全出乎他的意料之外，这位官员惊讶不已……如若没有我们创建的这些学校，这一地区的孩子们将几乎无法得到任何正规教育。在石门坎所属的威宁地区，循道公会联合会的学校数倍于政府开办的学校。在一个拥有五万人口的行政区内，没有一所政府建立的学校，而循道公会联合会却建立了九所学校，并且只花费了传教团很少的钱。每一所学校都是一个传教中心，学校的目标不仅仅是将学生培养成基督徒，更是为了赢得周边的所有群众。”

早上的宣教在室外举行，先是F.J.郜慕廉牧师和一位苗族布道员用汉语讲；然后朱彼得使用苗语讲道，而郜慕廉的一位学生则用自己的民族语言向200名诺苏传道。

“下午两点，开始了苗族人史无前例的奇特体验。若干本证书已经为通过各科考试并达到一定分数的学生准备好……王树德先生请求官员为学生颁

① 指角奎，今云南省昭通市彝良县城所在地。——译者

发证书，他欣然同意。事实上一整天他都在帮我们做这做那，而且还做得相当的好。我们有三个操场，在海拔最低的操场上支起一顶质量很好的敞开的帐篷。帐篷的布是我们纺织部学生织的，并被染成了中国国旗的颜色。帐篷里坐着那天最尊贵的客人，前面的学生排成行。群众在山坡上热情地观望。短暂的宗教仪式过后，官员向前，为30名男生和1名女生颁发了证书。之后他发表讲话，谈吐十分亲切。让我们为所有的学生喝彩，他们曾被嘲笑，无知的人奚落他们读'外国'书。而现在官员却和蔼地同他们讲话，这正是对那些人的讽刺。为共和国、学校和伟大的基督教会三次欢呼过后，下午的时间主要用于操练和各类游戏当中。"

官员和传教士一起喝茶，真诚坦率地聊起他们的工作。他告诉学生，等将来有一天正规的学校教育成为国家主流的时候，他们会记住柏格理和邰慕廉两位先生的名字，就像现在他们熟知古代先贤那样。到了晚上，由于没有能够容纳上千人的房子，所以便在室外举行了灯笼礼拜。"我们还无法在数量上击败众多的偶像崇拜者，但我们已经掌握了一种可以影响陌生人的能力。3000人参加了教会在一座西南山坡上举办的庆典，而几年之前却还仅仅只有少数几群人懂得感谢上帝。上帝的花正在四处绽放。"

虽然向诺苏传教并不是柏格理生平的主要故事，但真正却是在他的激励和催促下开始的。针对柏格理的请求，阿辛顿基金托管人特意划拨出一笔资金，用来派遣传教士到诺苏地区工作。克莱门特·米尔恩牧师担负起该使命。从柏格理的几封信件中可以看出，这一做法是完全正确的，自此那个活泼智慧的民族便开启了一个充满希望的崭新篇章。

第五章　柏格理文字

阿辛顿基金的托管人为华西传教团提供资金支持的同时，要求柏格理抽出部分时间来负责圣经的翻译工作。道理很简单，福音传播的深入需要各少数民族了解更多更全面的知识。苗族皈依运动初期，柏格理教他们读汉文版的《马可福音》，但这仅仅只是权宜之计。他和李司提反两个人毅然地投入到苗语学习当中，并很快掌握了与传教工作相关的常用词汇。一个巨大的困难就是苗族没有文字。诺苏有用本民族文字写成的书籍，而苗族却没有属于自己的传统文字体系。

于是柏格理就面临着一个十分现实的难题。让山里人阅读《新约圣经》，有三种可行性解决方案：一是教他们汉字；二是教他们一种使用拉丁字母的《圣经》文本；第三，创制能代表苗语语音的文字符号，并使用这种文字翻译《圣经》。柏格理选择了最后一种方案。他首先排除了难学的汉字，因为他知道人们最开始学习文字的时候，必须要有足够的吸引力才能进入他们的内心，要符合他们的天性、心态和经历，就好像皮肤要适宜身体一样。他也拒绝了使用拉丁字母的文字，因为苗语的声调多变、差异细微，用拉丁字母很难确切表达。他赞同汉族学者对拉丁字母的不信任，认为那样会导致字面意思的模棱两可和难以理解，并由此影响对《新约圣经》的翻译，甚至还会造成遗憾。柏格理曾亲述苗族文字的创制过程："苗族群众在文字方面的理解尺度非常低，从来都不习惯于学习，这就使我们感觉到必须得尽可能地简单化，因此我们仔细寻找一种能够让这些质朴的人们迅速领会的符号系统。它必须是绝对语音化、容易理解的文字体系。正当我们冥思苦想如何解决难题时，我们记起一位在北美洲印第安人中的循道公会传教士运用音节主音的事例，并决定用他的方法去尝试。李司提反先生在这件事上以他特别的才干帮了我的忙，最后我们达到了创制一种文字系统的目的，到目前为止它一直广泛应用于我们的工作中。苗语是单音节语言，并且在几乎所有情况下单词都是以元音结尾。为了使该文字系统能够适合于速记的需要，就在辅音符号旁边的不同位置处加上各种元音标记，我们发现这种方法可以解决我们的难题。[①]"

---

① 《苗族纪实》，第 174 ～ 175 页。

据英国海外圣经公会的阿孟森先生描述，“柏格理文字”综合采用了盲文字符、皮特曼速记和拉丁字母；“它的出现，”他说，“带有一种临时的、非常有用的过渡性质。苗族人能够轻松迅速地掌握，他们从此拥有了可以表达本民族语言的书写形式，他们为拥有了自己的文字而感到自豪。”在李司提反的帮助下，柏格理首先用这种文字翻译了一些《圣经》片段、赞美诗以及简单的基督教教义，并在昭通进行木版印刷。之后又编写了一本苗文入门，印刷一千册，立即被抢购一空。

1907年柏格理写给妻子的信中说道：“礼拜六我们来到‘樟树’村[①]，一直待到今天。陈先生和我们一起，他请求我主持中午的礼拜，向赶来看望我们的500名群众布道。我们的礼拜很有趣，也很有指导意义。赞美诗唱得都特别好——不管是苗语的还是汉语的。女信徒们唱得尤其好。他们学习汉语赞美诗靠死记硬背，唱的时候身体随着歌声摆动；但李先生却说这好像在念经（注：指呆板地用不懂的语言念祈祷文），因为他们根本就不理解自己在唱些什么。李司提反、杨雅各和我用苗语传道，听众的注意力都很集中，回答问题时也很活跃。然后陈先生用汉语传道，听众的注意力马上就变得十分涣散，这是我之前未加留意的一种现象。妇女和姑娘们顺从地听着讲话人声音的高低起伏，却完全听不懂他在讲些什么……从陈先生处我了解到一些有意思的情况：从这里到安顺有很多苗族人，被称为水西苗；有时候他们也被叫做花苗。[②]在人口数量上他们是我们的10倍或更多。他们中间有少部分人已经皈依了基督教，据说他们的生活更为放纵。他们拥有自己的土地，其中有些人非常富有，但内部关系却相当混乱……陈先生会说他们的话，不会说花苗的话。陈先生讲了大量的水西苗语给我们听，和我们会的苗语约有90%是相通的……我希望只要在我们翻译福音时略作变动，就能够让他们也可以看懂。此前我从来都不知道水西苗和我们花苗之间的联系竟会如此密切。”

---

① 今香樟树丫口，即贵州省毕节市威宁彝族回族苗族自治县兔街乡砂坪村五组。——译者

② 此处原文有误，安顺有水西苗和小花苗，而柏格理所在之威宁、昭通等地的苗族为大花苗。——译者

柏格理采用的方法是首先注释原文，然后在汉族和苗族助手的帮助下，把文稿改写成苗族的口头语言，在用词尽可能准确、表达尽可能清晰的前提下，再用自己所创制的文字翻译出来。不久之后，在成都恩迪克特先生的帮助下，加拿大传教团的印刷厂愿意提供服务，柏格理于是准备了两本书《基督的生平》和《上帝的祈祷文》，以及一些赞美诗；这些书被印刷了上千册，并且销售一空。对相关书籍的需求促使柏格理下定决心翻译四部福音书。

早在1905年初，柏格理就开始考虑争取英国海外圣经公会的支持，他给驻上海办事处的负责人G.H.邦德菲尔德牧师写信求助。邦德菲尔德先生就此事上报公会："1905年3月我写信给柏格理先生，想知道我能否帮助他印刷苗文《圣经》。可是在他收到我的信之前，我先收到了他的来信。印刷五千册《福音》预计需要银子五六百两，即85至90英镑。"[①]"备注——3月26日，圣经出版社召开会议，和总编探讨后决定付给柏格理一张50英镑的支票。总编在会议上提交了邦德菲尔德和柏格理两个人所写的信件。他把信件留给了委员会，以便他们在决定是否继续资助柏格理时作为参考，并附上了另外一张40英镑的支票。"

邦德菲尔德先生鼓励柏格理请求委员会提供一套排版印刷用的苗文活字。他的观点是"柏格理先生在使用自己所创造的苗文时没有任何困难，还有……它刚好满足了最现实和最紧迫的需求。"邦德菲尔德先生还说："如此看来柏格理苗文一定可以推广流传下去。花苗学起来非常迅速，用起来也极其轻松自然。事实证明，如果中华内地会的传教士也愿意采用这套文字的话，这套文字将长期适用，可以满足很多人的需要。无论如何，我们一定要让成千上万的新教徒有《圣经》可读。"而圣经公会的负责人却不看好柏格理苗文，他们认为从长远出发，只有用拉丁字母创制出来的文字才能更好地帮助苗族人去拓宽知识学习各种不同的文化。在一封写于1906年7月4日的信中，柏格理道："如果今后能有一个比较好的方案来解决苗语声调问题的话[②]，那么把苗文拉

① 承蒙伦敦圣经出版社基尔戈博士的好意，允许我阅读柏格理先生的往来信件。

② 滇东北次方言（大花苗）的苗语共有 8 个声调，其中常用的声调有 6 个。——译者

丁化也是很可行的。”柏格理承认，或许将来有一天，苗族人都能够学会汉语，但是，多年的亲身经验很强烈地告诉他，苗族人“现在”就需要福音，而他的文字正是迎合了当前的这一需求。英国海外圣经公会遵循了一贯宽容的传统做法，不再坚持其专业意见，委员会同意印刷《马可福音》，并即刻电报告知了邦德菲尔德先生。

这段时期柏格理之所以十分热心于发行《圣经》，安先生的故事或多或少地激励了他。安先生是一位诺苏领主，在四方井①地区具有非常强的影响力。“他听说，”柏格理写道，“教会的耶稣对儒家提倡的‘五伦关系②’毫不在意，就开始阅读《圣经》。当看完罗得在山洞里的故事后③，他合上书说了一句：‘原来他们是这样讲的，这是真实的。’安先生下决心读完厚厚的《圣经》，不久便读到了《新约》，他相信故事是真实的并且也正是他想要的，因此他信了基督，成为一名教徒。有些人企图阻止他成为基督徒，他曾经告诉过我他是怎样去和那些人争论的。申卫④的地方官给他写信，说他相信得‘太多’了，劝他不要像这样不顾一切地去追随基督。安先生是这一区域的首领，方圆数英里⑤之内没有公开的异教徒。在长海子⑥地区必定有 1000 户家庭已经抛弃了偶像崇拜。”

那时候，中华内地会印刷了安顺党居仁先生用一种拉丁字母苗文翻译的《马可福音》，这件事再次引发关于柏格理苗文与拉丁字母苗文优缺点的争论。很快党居仁先生又用他的苗文印刷了《马太福音》和《约翰福音》以及《新约圣经》的其它部分。这似乎便证实了圣经公会委员会判断的正确性，因此他们就继续使用柏格理苗文是否明智做了进一步调查。亚瑟 · 尼科尔斯先生就此事答复委

---

① 今威宁县龙街镇方井村。——译者

② 即君臣、父子、兄弟、夫妇、朋友的五种关系。——译者

③ 参见《旧约•创世记》第 19 章，罗得和两个女儿住在山洞里，两个女儿为了存留父亲的后裔，将其灌醉后与他同寝，大女儿诞下摩押人的始祖，小女儿诞下亚扪人的始祖。——译者

④ 音译地名。——译者

⑤ 1 英里 =1.609 公里。——译者

⑥ 今威宁县黑石镇开厂村六组。——译者

员会道：“你们问我对柏格理苗文的看法，我对这种苗文非常熟悉，并且亲眼目睹了它的实际效果，它真正是最合适最有用的。”柏格理苗文的实用性极强，即便从来没有上过学的小姑娘们，也能够在短时间内很轻松地掌握。柏格理说：“用过的人都非常满意。作用极大。”

圣经公会的观点很明确，柏格理曾抄录在自己的日记中。“就使用该苗文一事委员会仍有疑问。我们提出质疑并不仅仅是由于党居仁先生用他的拉丁字母花苗文出版了福音书，或是去年我们在信里所考虑到的因素，而是重新审视了创造一种全新外国文字的总体原则。委员会虽然批准了用这种花苗文字去尝试印刷福音书，但我们依旧希望在不久的将来能有机会看见不同版本的文字。除了上面所叙述的原则性问题之外，您目前在制版和校对上所面临的困难也是我们担忧的重要因素之一。我们希望您能将我们的想法告诉尼科尔斯先生，请他再次全面考虑一下整个问题。假如说用拉丁字母创制苗文的可能性完全不存在（虽然不可能有完全不可能之事），那么，已经有人提出来是否可以用缅甸字母来创制苗文。后面这个建议是我们最权威的东方语言学专家格里尔森博士提出来的。我们希望您也能够关注一下这些意见……委员会之所以不赞成，是因为在我们看来，给这些人读书用的文字其实根本就不是他们自己的，而是一位外国传教士创制的，当然，我们并没有丝毫地怀疑这种文字的灵活与适用性，可我们的确认为，既然读者必须得学会一种全新的文字才能去阅读待出版之书籍，那么，何不选择一种相对而言更为变通的文字，以便帮助他们同时打开学习其它文献的大门。而事实上另有传教士也在同一个民族当中传教，他们就认为使用拉丁字母苗文很有必要，这恰好印证了我们的观点。[①]”

实际上并不必刻意地去比较柏格理苗文与贵州拉丁字母苗文之短长，只要将其付梓，观察它们的实用性和方便程度即可，于是英国海外圣经公会委员会果断决定，用柏格理为花苗创造的文字编辑印刷余下的《新约圣经》。毫无疑问，整一项工作全权交给柏格理负责，由他来考虑怎样做才能最大限

① 这封信 1912 年 1 月 18 日写于伦敦。

度地帮助苗族人。达到目的之后柏格理便紧抓不放；在讨论问题的过程中或许他会情绪激动，但对于不同的意见和批评，他是没有任何怨恨的。他也并不认为自己的发明就是一项多么伟大的功德，不过，如他所说，“这套文字的确有用”。因此，获悉英国海外圣经公会同意用自己创制的苗文印刷整部《新约圣经》，柏格理由衷地充满了感激之情，他写信给邦德菲尔德先生说：“我们所有的人特别是苗族的本土传教士深深地感激您，感激圣经公会为全体苗族人的巨大奉献。不久之前我们的人还生活在黑暗当中，书籍和图书馆对于他们而言是完全陌生的，很多人平生从未拿过纸和笔。他们的整个世界都非常狭小，如果说可以有那么一点点拓宽的话，那就是在他们的想象里，天上住着神仙，地下住着鬼怪。而如今，在很多未开化的贫穷人家中，从他们极其简陋的茅屋内，您可以发现一捆书或极小的图书室，而这一捆书的绝大部分，都是由我们的同胞伟大的圣经公会提供的……即将到来的《马太福音》满足了很多人的需求。他们第一次知道了在山上的奇妙训诫！还有奇妙的召唤，‘到我这里来，所有劳苦担重担的人！[①]’我们正在热烈地期盼着人们能够早日读到整部的《新约圣经》。”

柏格理苗文《圣经》，2017 年摄。

① 见《新约圣经·马太福音 11:28》。——译者

关于柏格理的翻译工作，让我们来看看他的日记。“1906 年 2 月 5 日，整个礼拜我都在翻译《马可福音》。杨雅各（詹姆斯）帮助我……这真的是一项很开心的工作。他在表述故事细节时非常有趣。他充分发挥想象力，如一座没屋顶的房子，让生病的人躺下来等。人们坚信自己将被治愈——没有丝毫怀疑。人们几乎是强迫耶稣去治疗病人的。他还感觉到了在众人的期盼下，耶稣所承受的压力及其全力以赴。很显然耶稣也想拥有片刻的安静，但人们如此急切地盼望着能接受治疗恢复健康，却不曾考虑过耶稣也同样需要休息。”

“1907 年 7 月 5 日，雅各和我翻译《约翰福音》的第 9 章和第 10 章。盲人的故事让我们特别愉快。那位盲人机智地反驳了所有盘问他的人，精彩的回答让雅各开心地笑个不停。希望以后当我讲到这个故事的时候，听众的反应也会像雅各这样。我的确很享受这项工作。”

“詹姆斯（雅各）和我每天都在努力地翻译《约翰福音》。今天译完了第 18 章。这项工作令我陶醉。有幅插图十分美妙，一个人正在认真而仔细地阅读《圣经》时，耶稣出现在读书人的身边。耶稣的荣耀时常让我的内心充满惊奇。祂是一位真正的绅士！一位英雄！又是那样的温柔！而对于祂所憎恨的敌人而言，祂又是那样的无敌！”

“在翻译的过程中，当叙述到耶稣抱起一个孩子，并以小孩为例教导门徒的时候，我的苗族助手坚持让我在译文中加上‘亲吻’这个词语。我解释说原文里面没有这样的动作。但我的朋友却说：‘一定有，耶稣肯定亲了那个小孩，他怎么可能不亲那个孩子呢。“于是耶稣把孩子抱在怀里并亲吻了他，说道，”’我的朋友就这样确定了译文的内容。”①

向苗族人传教的最初阶段，对圣经中比喻的改编常常给柏格理带来意想不到的快乐。1913 年 5 月 25 日，柏格理记录下这样一个例子：“雅各谈宝贝藏在地里②：这个故事，他说，对苗族人没有吸引力，因为这种事情不可能发

① 《苗族纪实》，第 117 页。

② 见《新约圣经 • 马太福音（13:44）》：“天国好像宝贝藏在地里，人遇见了就把它藏起来，欢欢喜喜地去变卖一切所有的，买这块地。”——译者

生，土目根本不允许他们购买土地。得把故事改一改……改成麝香鹿的比喻。一个苗族人外出时看见了一只麝香鹿，于是就不顾一切地去追逐捕获。他估算了一下，麝香鹿大概值20两银子。他准备好草鞋和食物离开家，放下田里的庄稼和活计，把全部精力都用去抓那只更有价值的麝香鹿。所以，为了耶稣的福音，我们应该放下所有的事情，只有福音才是我们最值钱的珍宝。”

有时候翻译者会茫然不知所措，找不到准确的苗语词汇来表达。“在翻译主祷文的时候，我们用‘你天上的家’代替‘你的天国’。没有任何苗族人记得他们的历史上曾有过国家，所以也没有人知道该怎样去用苗语来表达国家这个概念……还有一些难住我们的单词如‘安慰者’、‘安抚者’。后来有一天，雅各过来对我说他那天不能继续翻译了，因为山那边的一个寨子里有位妇女刚刚失去了小孩，他要赶到她家去‘让孩子的父母把心放回肚子里’。……这正是我们需要的问题与答案。终于找到了！……从我的苗族朋友那里，我领悟到‘安慰’用苗语来表达就是‘把心放回肚子里。’

“针对这些困难，有一种解决办法就是先缓一缓，要有足够多的耐心和足够长的时间去仔细琢磨，然后通常就会发现有很不错的与之相对应的表达方式。那人穿着光明的衣裳出现在哥尼流面前①，被翻译为那人穿的衣服‘闪亮闪亮的就好像从水里冒出来的泡泡’；保罗告诉提摩太要温温和和地待众人②，被译为‘要对所有的人面带微笑’；要常存无亏的良心③，则翻译成‘不要让你心灵里洁白的那一部分腐烂’。④”

1914年5月柏格理把《使徒行传》的手稿送往圣经公会驻上海办事处，他写道：“在我们最好的苗族老师的全力帮助下，参考希腊文、英文、以及汉文的修订本，我认真完成了全部译稿。随后仔细复制了一份送往武定州，交给尼科尔斯先生和他的苗族布道员修改。尼科尔斯先生返还译稿后，我和另外

① 见《新约圣经·使徒行传（10:30）》。——译者

② 见《新约圣经·提摩太后书（2:24）》。——译者

③ 见《新约圣经·提摩太前书（1:19）》。——译者

④《基督教世界》，1913年11月6日。

的苗族老师再次审读一遍。然后再仔细地复制了一份译稿，请了两位老师校对。校完之后我最后又看了一遍，现在把成稿交给您。像之前一样，每一段都插入了标题，不过没有添加任何说明性文字。”柏格理非常喜欢这项翻译工作，其间他曾写信给一位朋友道：“在这个小房间里，门窗敞开着，我们两三个人坐在一起研究那深沉而有趣的古老故事。今天的内容是扫罗前往大马士革及返回[①]。我们翻译得非常慢，只有这样才能把每个章节的精华美妙之处充分表现出来。一个个情节如一幅幅展开的画面栩栩如生，一位英雄，偏激的爱国主义情怀使他充满了憎恨和猜疑，他的口袋里揣着代表权力的文书，然而内心里却发生了奇妙的转向，在伟大的叙利亚城市[②]中他开始为耶稣工作。压倒一切的全能力量爆发，像一声惊雷，又如闪电般，带来庄严而美好的改变。路边的闪光！数日的失明！亚拿尼亚的胆怯！皈依的英雄！深更半夜藏在一个大筐子里，让门徒一边放哨一边把他从城墙上缒下去，悄无声息地从敌人的眼皮子底下溜走了，成功之后还得意地想想不知道那些守候着城门要杀他的人还会在那里等多久。之后他回到出发的地方，但并没有去令人沮丧的法利赛人的会堂，而是去了他曾经追杀过的人那里。对于满怀同情第一次听讲的人而言，这的确是一个非常美妙的故事，其中的情节足以写成一部伟大的小说。”

或许柏格理才第一次意识到，犹太人之所以能够轻松理解《新约圣经》中深刻的精神理念，是由于他们已经接受了若干世纪的道德与宗教熏陶。但苗族人却没有任何与之相关的基础，必须要在他们的意识里去创造基督的概念，选择最贴切的词语去引导他们认识耶稣的形象。柏格理全身心地投入于这项艰巨的任务当中，阅读的时候我们一次次地感受到他的热切期盼，为了完成对《新约圣经》的翻译，他挤出了自己的每分每秒。

柏格理写于 1915 年 9 月 5 日的信中，或许是他写的最后一封信，表达了收到《使徒行传》之后对英国海外圣经公会的感激之情：“一两天前，茫茫

---

① 参见《新约圣经•使徒行传》第 9 章。——译者

② 指大马士革，叙利亚的首都。——译者

群山里的我们收到了两包用花苗文印刷的《使徒行传》。贵公会在全世界范围内行博爱与仁慈之事，我们对此表示深深的感激。在一个全世界都如此需要贵公会的年份，当无数士兵为各自的祖国流血牺牲的时候，当无数人都在期盼着贵公会的帮助和支持以渡过难关的时候，贵公会依旧花费了宝贵的时间，用博大的胸怀和爱心来关注生活在中国西部大山里的少数民族，关注他们为了摆脱饥饿和疾病而进行的苦苦挣扎。在圣经公会的庇护下，不仅仅是俄罗斯人和加利西亚人、普鲁士人和波兰人找到了避难所，苗族人、葛泼人，傈僳人和拉卡[①]人均能感受到圣经公会对他们的关心与热爱。我们为公会对这些人所做的一切而深表感激。毫无疑问，苗文的《使徒行传》就是贵公会送给他们的最好的礼物，现在我们的信徒可以读到期盼已久的故事了。这难道不是一件很神奇的事情吗？这些人读到的第一本书就是关于耶稣的书。我非常高兴并感谢贵公会所做的一切，感谢站在伟大的圣经公会背后的主——不，不是在背后而是在心中。”

柏格理是将《圣经》翻译成苗文的第一人，这是他的真诚奉献。在他安息主怀之后，柏格理翻译出版苗文《新约圣经》的强烈愿望最终得以实现，他心爱的同事，W.H. 王树德牧师带着书稿来到圣经公会驻上海办事处，后来他年轻的学生和朋友去了横滨，勘校并付梓，似乎这才是怀念柏格理的最好方式。在柏格理的早期传教生涯中，曾认为所有的思想都可以转换成为另外一门语言，然而当他用苗文翻译福音时，才知道事实并非如此容易。虽然苗文版的《新约圣经》并没有“逐字逐句”地与原文相符，但依旧成功准确地向山里人传达了基督的精神。柏格理十分赞同德 · 昆西[②]的观点：“《圣经》里的伟大思想具有自我保护能力。天国的真理凭借着自己的不朽，当遭遇到某种语言的时候，便可以击败一切难题。”

---

① 音译名称。——译者

② 托马斯 • 德 • 昆西（1785 ～ 1859），英国散文家、文学批评家。——译者

从柏格理写于1911年的书信当中可以看出，他已经朦朦胧胧地意识到了整个帝国的政治气氛都十分紧张，但1911年9月12日他动身穿越云南去海防[①]迎接柏格理夫人时，却完全没有预料到很快会有重大事件发生。虽然早已迫不及待，可他还是再次访问了大坪子[②]，也就是他曾经惨遭毒打的地方。这里的基督徒正在建造“云南省最好的小教堂之一”。礼拜天有250名信徒聚集在尚未完工的教堂内做礼拜听福音，柏格理很开心地为23名新成员施洗。前来听讲的人里面有杭利米[③]首领的儿子和女儿，即四年前出卖柏格理的那个人。9月18日他来到昭通，并于次日早晨开始了长途旅行。柏格理沉浸在行将与妻子团聚的喜悦中，同时也为大儿子获得了学校的综合进步奖学金而感到高兴。

柏格理在坎洛[④]看见了当地苗族教会的迷你小教堂，教堂的墙壁是贫苦的人们在没有任何工具的情况下用自己的双手涂抹的泥灰。一共有四扇窗户，每扇窗户约一英尺[⑤]见方。他在“长海子”[⑥]度过了一个周末，然后来到岔司河[⑦]，被人们的真诚与热情所感动。在他休息的房间里，主人家的母牛占据了一部分空间，那场景让柏格理觉得十分搞笑；不过，他坦白承认，床架下面的公鸡精力充沛地打鸣，母鸡咯咯咯地相附和，才真的是把他给惹恼了。几天后他来到洪嘎[⑧]，遇见一位心神不宁的老妇人。老人把自家的一栋房子赠送给教会，并希望教会回赠丧葬用品。结果教会的人把两床被子装进一个红色的箱子里送给了她，意思是等她去世之后，一条被子用来铺在下面而另外一条则可以盖在身上。被面是天鹅绒的，里面是黄色的填充物。然而，老妇人很气恼，因为教会只送了被子却没有送寿衣给她。柏格理便安慰她，

---

① 越南北部的港口城市。——译者

② 云南省昭通市永善县茂林镇茂林村大坪子组。——译者

③ 苗语地名，即茂林镇冷米村寨子社。——译者

④⑦⑧ 音译地名。——译者

⑤ 1 英尺 =30.48 厘米。——译者

⑥ 贵州省毕节市威宁彝族回族苗族自治县黑石镇开厂村六组。——译者

并承诺去劝说教会送她想要的寿衣给她。

10月2日礼拜一，柏格理和王树德先生出发前往落鹰山[1]，并在那里为39名新教徒主持了洗礼。礼拜式后柏格理和葛泼信徒进行了一次长谈：他们当中有11个人来自60里外的一个寨子，寨子里的人都期盼着柏格理能够去看望他们；有一位葛泼信徒自豪地向大家展示了一本之前柏格理为皈依者写的苗文书籍。礼拜五，10月5日，柏格理和王树德道别，毫无任何预感，等到他们再次相聚，中国已经发生了一件惊天动地的大事情。

离开落鹰山，柏格理继续赶路，穿行在一座海拔将近12000英尺的大山里，不过他们走在略低的山坡上。一行人穿越丛林，在泥泞的山路上攀爬了两个小时。行进途中，他们看见数以百计的蚂蟥在树枝上和草丛里蠕动，长长的身躯不怀好意地扭来扭去，企图发动袭击，附在人们赤裸的腿上和脚上并咬住不放，所以苦力们不得不随时用手中的棍子敲打灌木和草丛。柏格理特别高兴，因为他看到了大量的雪绒花。“稚嫩的小花，”他说，“才长出来不久，这是中国西部茫茫群山里无数野花中最好看的花之一。盛开的花朵优雅美丽，而刚刚绽放的星形小花则精致得动人心弦。我从来没有见过这样好看的花，除了那次在蚂蟥山上。”

走出丛林，来到一个狭窄的山脊上，从这里可以俯瞰壮丽的山谷景色，他们在此歇息并用午餐。这个地区的人喜欢利用草来模仿小动物的叫声，然后把鹿引诱进入射程范围之内。杨芝怂恿大家设下圈套，吹响尖锐的音乐，突然间，四匹淡黄色的狼从山坡上冒出来。柏格理他们立即躲藏好，有人模仿羊叫，有人模仿鹿鸣，眼见着就要诱捕成功，可不一会儿四匹老狼却抬起了头，于是众人就明白这几匹狼已经嗅到危险，果不其然，片刻之间，它们便转身向山谷中逃去了。

当天晚上柏格理抵达干彝[2]，一户葛泼人家款待了他们。葛泼的语言与

① 位于云南省昆明市东川区红土地镇。——译者

② 位于云南省曲靖市会泽县马路乡傍官地村。——译者

黑彝的语言相近，黑彝是威宁诺苏的一个支系。主人家用荞麦面饼和切成薄片的甜瓜招待他们。房间里很快就挤满了前来看望老师和听老师传教的邻居。“除英语之外，我们共有三门语言外加一种方言……尽管如此，我们还是尽全力而为之，一会儿用这种语言布道，一会儿又用那门语言传教。我们一直讲道至11点，看来听众们打算熬一整夜了……我们面临着一个巨大难题——中国西部的少数民族均以酗酒闻名，而有人认为，在所有的酗酒者中，当属葛泼为最。此外，葛泼的不检点也是众所周知的。他们没有自己的书籍和文献。仅仅知道很少的汉语，酗酒、目不识丁、放纵！要拯救这样的人容易吗？”

次日的路途中，他们不断地受到一群群苗族和葛泼信徒的欢迎。苗族姑娘们看见苗族布道员杨芝，都热烈鼓掌并开心地跳起舞来。柏格理十分喜悦，他知道自己的学生已经赢得了这些淳朴人们的心。柏格理很成功的一点就是，他以身作则，用自己的魅力去感召别人把他当作榜样。关于杨芝，柏格理的评价如下：“他是一位优秀、坚韧、和善的弟兄，只要有他跟在我身边，我就会充满了幸福感和安全感。他会为了别人而牺牲自己，并且在做出牺牲的时候还面带微笑，好像反而是别人在帮他一样。”

他们来到大水井[①]，一路上已经聚集了约100人陪同柏格理。“最好的礼物，”他说，“是循道公会的澳大利亚传教士，A.尼科尔斯牧师带着兄弟般的微笑和我诚挚地握手。一如我上次看见他时那样，到处都有他奉献牺牲和辛勤工作的痕迹。假如我有机会告诉他的母亲，她的儿子是怎样奋不顾身地去为基督赢得这里的人，我想勇敢的妈妈一定会惊奇地睁大双眼。……大水井的讲道台像一个简陋的牛栏，传教士坐在里面，圣坛就在他们的面前——两块扁平的石头上点燃松树枝照亮教堂。这些人曾经沉溺于放纵不检点的生活，然而奇妙之处在于，如今他们最喜欢唱的一首赞美诗竟是《赎罪之泉》。圣餐用粗糙的荞麦面饼和茶水作为象征，让我们想起最早跟随耶稣的团队，把我们的思绪带回耶稣被出卖的那天晚上。多么神奇！这些人——其

① 位于云南省昆明市寻甸回族彝族自治县鸡街镇拖姑村。——译者

中很多人的前额和嘴唇上都有纹身，意在保佑自己死后不会变成猴子——现在正走过来凝视着圣杯！”

次日，柏格理认识了王福，她已经皈依了基督教，是一位年轻的未婚土著女子。健康漂亮的姑娘有一个接一个的追求者，可是所有的人都遭到拒绝，这令她的牧师感到十分奇怪，不过最后终于发现，原来姑娘心有所属，正等着一年之后嫁给一位18岁的小伙子呢。王福要去洒普山参加一个圣经学习班。走在泥泞崎岖的山路上，她既不穿鞋也不戴帽子，这就是那个民族整体生活的真实反映。“没有人，”柏格理说，“会感觉垂头丧气，因为有她走在前面给我们带路并和大家说话。她妙语连珠无人能敌；爽朗的笑声好似明亮的太阳光下瀑布溅起的水花；她的微笑就如同明尼哈哈瀑布[①]一般；她性情温柔，具有强烈的感染力，使男人们忘记了劳累，很快走出泥泞与光滑的道路。”

抵达洒普山之后，澳大利亚主人请柏格理沐浴，并为他准备了一套干净的汉族服装。同一天晚上，有 300 名信徒赶到这里，来参加教会一年一度的圣经培训。礼拜天，10 月 15 日，柏格理讲道并主持了圣餐礼。第二天晚上，一位苗族布道员，雅各做了告别演说。“一整天，”他说，“我都在和大家谈论十字架，今天晚上我还要提起十字架。月亮和星星在天空中闪烁，但那并不是它们自身所发出的光，它们的光来自太阳。我们也会发出小小的光，但这不是我们自身的光，是上帝的光照亮了我们。我们应该以十字架为标志（招牌）。我们必须把十字架放在头上让世人见到，还要放入我们的心中：我指的不是那木头十字架，它没有任何力量；我说的是基督十字架的行为标准——必须要永远放在心上。”

他们于10月11日[②]离开洒普山前往省会。到处都弥漫着关于中国革命和土耳其、意大利战争的传闻。柏格理观察到路边有几堆杉木枝，应该是准备用来点火发信号的。晚上他们留宿在一个寨子里，附近七个寨子共有八十个

---

① 位于美国明尼苏达州东部，其名称源于达科他语言，意为“欢笑的流水”。——译者

② 原文有误，据柏格理的日记记载，10 月 19 日启程前往省会，22 日抵达昆明。——译者

人赶来听他传教。这是一次奇特有趣的聚会：有位妇女显然把全部注意力都集中到怀里的孩子身上，根本就没有听柏格理讲话；然而随着柏格理演讲的深入，一个小不点的婴儿从那位妇女的怀中滑落，母亲把孩子放在一张羊皮上，孩子很快又睡着了。柏格理对此类事情早就习以为常，继续指导着渴望学习的人们。数年之前，该地区的傈僳人还处于一个相当糟糕的阶段，他们全部沉浸在异教当中，没有一个人认得字。可如今他们却在礼拜上帝、阅读福音。一位布道员，也是柏格理最早的皈依者之一，采用《我有一位奇妙救主》的曲调，创作了一首赞美诗教给他们。这位男子曾经是一名很厉害的猎手，而现在他却变成了猎人的高手。“只要给雅各一小点机会进入到不信教的寨子里去，他就不会放过任何机会。我想假如所有的基督徒，都能成为捕获人们灵魂的高手，都能不停地观察、追逐，热切地捕捉每一次机会，然后便不停地努力，永不放弃直到最后获得完美的成功，那么，这个世界会将变成什么样子呢？雅各和我每天都在努力地翻译《新约圣经》。”

他们于 10 月 21 日抵达昆明，连续的强降雨导致北门关闭。城内充斥着各种谣言，不过并没有对外国人不友好的迹象。柏格理再次被昆明的魅力折服，非常期盼着能够在这个城市里创建一个传教点。“如果循道公会可以重启昆明传教点的话，那将是一个多么重要的中心啊！在这里可以感知所有现代生活的伟大气息，也可以触摸到一些远古文明的积淀。昆明有许多机构可以学习西方科学——军事、农业、丝绸文化、师范学院……云南省的人才中心，省内数以千计的优秀青年聚集在此，但他们几乎从未接触过基督教。”

自从他离开之后，昆明发生了很大的变化——新建了一座很不错的邮局，修了一条铁路，安装了电报和电灯的线路。他去参观一所学校的博物馆，展览的物品有王室成员穿戴的长袍、鞋子、帽子、铠甲；吴三桂的大理石桌子和他妻子的照片；纸花、贵重的花瓶、呢绒鸟、一只很大的海龟、日本人拍的关于日俄战争的照片、少数民族的粗糙画作等；此外还有一个中国画画廊和一间阅览室。事实上，这些正是把古老的中国和现代的中国做了一个大胆的对比。

“我在南门外看见了另一件事情：很多士兵在空地上操练，他们穿着最新款式的炮兵制服，正在练习一种克虏伯[①]工厂生产的大型速射炮……假如这些士兵足够忠诚，并且有充足的军火供应，那他们就可以为革命奋不顾身，扫除大街上的全部动乱。但他们真的能够做到忠诚吗？……对于眼下而言，武装革命是很好的；可是，要到什么时候才能建立起足够多的教会，将觉醒的福音传遍整个世界？”

10月27日早上5点，柏格理准备动身，他习惯性地观察了恒星和行星的位置。“金星，”他说，“就像一颗小太阳；火星和土星灿烂明亮；天狼星和老人星十分清晰。朝西方看距离地平线不高的空中，在金星的下面有一颗彗星——去年我们就在同一位置上观测到了哈雷彗星。这对于革命者来说意义极其重大，或许都能够抵得上五路大军。每一位满族人看见哈雷彗星都会心惊胆战。……老百姓也相信彗星的出现预示着天朝的更换。每一颗彗星都是革命者反对清王朝的生力军。”

柏格理乘火车来到40里外的呈贡，到了呈贡之后就不得不下车，因为铁道尚未全线开通，于是他们就骑着马赶了几天的路。他曾经描述这段旅程说：“离开江川[②]，来到一个美丽的湖边，我们沿着湖走了好几个小时，那情景如同再次回到了家乡一般，温柔的波浪拍打着湖岸，太阳亲吻着水面，船夫不紧不慢不停地划着桨，小船被包围在一大群抓小鱼吃的水鸟中间。”

一行人抵达盘溪[③]火车站，听说礼拜一的下午4点钟，标统[④]蔡将军率领部队在昆明起义。柏格理前往阿迷州[⑤]，把两位苗族伙伴雅各和马可留在那里。“希望我回来的时候他们还在阿迷州，可是我不太确定，这种不确定因素让今天一大早的离别非常难受……愿上帝保佑我亲爱的伙伴们！希望还能

---

① 德国军火商（1812 ～ 1887）。——译者

② 位于今云南省玉溪市。——译者

③ 玉溪市华宁县盘溪镇。——译者

④ 原文有误，应是协统。清末军制，每镇（师）辖二协（旅），每协辖二标（团），协的长官称协统，标的长官称标统。蔡锷于 1911 年初调任云南新军第十九镇第三十七协协统，并于当年 10 月 30 日星期一在昆明率新军响应武昌起义。——译者

⑤ 今云南省红河州开远市。——译者

够再次见面……离开阿迷州以后，我们开始了从云南高原至红河岸边的伟大行程——世界上最精彩的旅途之一。下行再下行，受过训练的安南[①]人操纵着强有力的小火车头沿着蜿蜒曲折的道路前进。穿过峡谷我们看见了下面的火车站，这是我们即将停靠的地方，似乎只要扔一块石头就可以到达的距离，火车却整整开了30分钟，曲曲折折地迂回盘旋，还钻了一个隧道，好不容易才来到车站……暮色茫茫中火车缓慢下行至河口，一座边境城市。然后，火车喷着几许烟雾穿过一座桥梁，我们终于踏上了法国的领地……前面是宽阔的街道、电灯、稳定的政府、有礼貌的法国人、干净的旅馆、西方文明。后面是泥泞的道路、肮脏的客栈、愚昧的人民、动荡、革命。但是我的心却在后面，在那片已经远去的云南高原上！”

11月9日礼拜四，柏格理向同路从昆明到海防来的欧文·史蒂文森夫妇告别，不久之后，他开心地接到了自己的妻子和小儿子欧内斯特，还有传教士同工埃文斯先生。第二天他们搭乘前往盘溪的火车，于11月13日礼拜天抵达。三周之前的礼拜天，那时柏格理还在昆明，在去做礼拜的路上，他碰见了总督李经羲的行进队伍，李经羲手握大权，是已故的李鸿章的侄子。柏格理曾常常想，这位总督在中国西南几乎拥有帝王一般的权力，而正因为他的缘故，使昆明的传教工作艰难得就好比在君士坦丁堡或喀土穆那样。那时他就端坐在轿子里——平静得像埃及的狮身人面像，他的手中却掌握着数百万人的性命。可仅仅八天之后，10月30日礼拜一的下午，这位反对基督教的总督被判驱逐出境。

然后，现实如同情节多变的戏剧，上演着一幕幕的奇异：云南宣布共和，起义的首领蔡将军成为总督。那个阶段的革命形式似乎是每个省自己制定立法，就像美国那样，再由各个州联合起来组成一个国家。相距三周之后，柏格理又遇到了总督李经羲——一位被共和党人的军队礼送出境的囚犯，他正在盘溪火车站的旅馆中等候。“我看见，”柏格理说，“一个没有

① 越南的古称。——译者

辫子剃了半边头的小男孩和一个仆人走出来——他是曾经高高在上的总督家最小的儿子。李经羲的秘书沮丧地坐在桌子旁边，一群人看着他。总督坐在一顶破轿子里，他穿着一件没有夹克的普通长袍，就是一般文人的通常穿戴。他的辫子被剪掉了，锁链胡乱地套在脖子上。他走出破烂的轿子，进入被称之为'车站旅馆'的简陋房屋，没有任何人尊敬他……冷酷、沉默，年轻的革命军官，没有丝毫傲慢，履行着他们的职责。其中一位军官的面色特别刚毅，让人觉得只要有人拦住去路，他就会毫不犹豫地用自己的左轮手枪射击……不久火车要开了。李经羲走出来慢慢穿过铁路，没有人向他鞠躬或表示敬意，没有人祝他旅行愉快。我的一个同伴低声骂了一句，这就是当时的情景。被驱逐的总督及其家人坐在一个车厢内，旁边的车厢里坐着带左轮手枪的年轻军官。士兵们被安排在四等车厢。1900年这位总督怂恿了一场动乱，烧毁了住在昆明的外国人的房子，接着中国皇帝的客人被他派兵送往老街。当年他把外国人驱逐出境，今天他自己被驱逐出境——灰溜溜的，垂头丧气的。”

在盘溪，几乎每栋房子——不论是回族还是汉族的——都插着一面小旗，上面写有一个颇具深意的“汉”——这是中国历史上最兴盛的朝代名称，中国人总喜欢称他们自己为“汉人”。

柏格理雇了那些替前任总督搬行李的苦力帮自己运送要带去昆明的物品。和他们一路同行的有中华内地会的汉纳夫妇和卡蒂·格雷厄姆小姐。有的铁路段还需要修理，有的地方旅客必须下车，不过一路上所有的人都对他们非常友善。“这是一个全新的自由的中国，对外国人十分友好。”江川关闭了全部城门，以抓捕一个满怀仇恨的旧政府官员，因此他们没能进入江川城。11月18日礼拜六，他们抵达距离昆明13英里①的一个火车站，并赶上了早晨的班车。可是刚进昆明，英国领事处的信使就找到柏格理，传命令让他们即刻返回。柏格理等人的北上计划被打破，他们只能返回阿迷州，并且要随时做好准备，一旦有风吹草动就马上撤入法国的领地。有消息传来说叛乱者正在从蒙自

①1英里=1.609公里。——译者

赶往阿迷州的途中，虽然护送外国人的士兵有500名，可官员却害怕士兵会不服从命令，于是要求柏格理他们必须赶往老街，并从老街再到海防。柏格理在海防住了五天，然后他去多颂[①]找了一栋房子，距离海防13英里，是一个海滨小镇，他和朋友们在那里住了大约两个半月，期间一直朝思暮想地要回到苗族人当中继续工作。

---

① 位于越南海防市。——译者

第七章　黄金时期

柏格理一行人于1911年12月2日礼拜二抵达多颂，找了一所面临大海的房子住下。多颂有数英里的沙滩，宁静、干净，还有洗浴场所，是海防、河内法国居民的避暑胜地。海水浴场的对面就是著名的阿龙海湾，从水里冒出来许许多多各种各样奇形怪状的礁石。

1912年1月27日的日记中，柏格理记述如下："25年前弗兰克和我离开英国来到中国。仁慈的上帝赐予了我们四分之一个世纪！主给了我那样多，而我却只为祂做了一点点！中国太值得来了。假如让我重新选择，我还是会毫不犹豫地来中国。25年结束的时候，我们却被迫离开——再次流落到东京[①]的大海边上……布洛奇、罗素、达洛奇、福克、邰慕廉，还有柏格理。主保佑了我们。真诚地感谢主。"

柏格理在多颂收到了来自长子的好消息，虽然仅仅只有17岁，却已经获得了剑桥大学三一学院的奖学金。欣喜的父亲认为这是上帝对他无数次祷告的回应。

柏格理和邰慕廉于 2 月 28 日离开多颂，开始了为期 16 天的旅程，但领事不允许女士同行。他们抵达昆明的时候发现大街上挤满了兴奋的人群，时值元宵节，人们正在庆祝新共和国总统袁世凯就任。3 月 3 日礼拜天，柏格理和邰慕廉应邀参加省里的宴会，庆祝中国的第一个共和国成立。应邀出席的客人有法国人、日本人、英国人、美国人和挪威人。"云南省的总督蔡将军很年轻，没有胡子，个子不高，他会讲法语、日语和一小点英语。招待会在枞树林中露天举行。总督站在一个专门为他准备的华盖下。节目持续了两个小时，有乐队演奏和演讲。红十字会的女士也在那里。"下午他们在基督教青年会相聚，云南基督教青年会的工作刚刚起步，由蔡将军的秘书董先生负责。董先生是一位很有影响力的基督徒，柏格理认为他很可能是原住民，因为他会讲民家[②]的语言。他告诉柏格理，共和国新旗帜上的条纹象征了包括西藏人在内的所有民族。董先生在一次公开演讲中表示，他希望耶稣的精神——也就是

① 指以河内为中心的越南北部地区。——译者

② 白族。——译者

自我牺牲的精神——能够在全体年轻信徒的心里扎根。“晚上有一个大规模的学生游行，每个人手里都拿着一个小纸灯笼，纸灯笼上有五种颜色，就是旗帜上的那五种，看起来像一道长长的彩虹。随行的队伍中有乐队在演奏，有孩子们在唱歌。参加游行的还有带着阿拉伯徽章的穆斯林儿童。”

蔡将军喜爱基督教，他的秘书告诉各位传教士，说他正在考虑把文庙给基督教青年会用。“很多年前，”柏格理道，“我在那里，一群陌生人当中的陌生人，传教、卖书。究竟意味着什么？愿主纯净我们的心灵，让我们充满信心！前几天我们的中文报纸公开发表了一篇支持基督教的文章，结尾是这样的：‘如此看来我们可以断言，基督教教会正在走向繁荣！’”

那是破除神像的日子。柏格理和郃慕廉去阎王庙看过，泥巴做的神像被一伙犯人制成了砖块。“放供品的台子上什么都没有，原来摆神像的地方也空荡荡的，给人一种怪怪的感觉。”现在的柏格理已不再像当初那样谴责偶像崇拜时不留任何余地，他提出疑问：“难道他们不明白寺庙只不过是一种精神寄托？生活在悲哀和孤独当中的百姓来到这种地方只是为了寻求帮助与怜悯。如果仅仅除去这些神像而不能给生活带来任何实质性的改善，那么，人们的情况反而会比从前更糟糕。”

“我多么希望，”他于1912年2月22日写道，“我们能创建昆明传教点。昆明是中国西部最具优势的中心之一，也是这一地区最大的城市。……此地将汇集四条铁路干线：连接东京的铁路已经建成，还有一条通往缅甸，一条通往广州，第四条连接四川。这是一个教育中心，它所能够辐射的总面积超过不列颠群岛……这里的年轻人需要我们的传教团，没有任何其它的英国传教团能够比我们循道公会联合会做得更好。找不到比昆明更合适的传教中心了，并且它也是中国最需要传教的地方，我们有责任开启昆明的传教点。”

另外的一封信中，1912年3月10日写自昆明，柏格理道：“礼拜一我们抵达之后前去拜访了总领事，经过一番交谈，他同意让女士们也过来，但她们最远只能走到东川[①]……与此同时，我们租用了一个大厅，和基督教青年会

① 今云南省曲靖市会泽县城所在地。——译者

一起做日常的礼拜活动，这些礼拜活动都进行得非常顺利……今天在那个大厅里举办了一次大型聚会，大厅里挤满了人。两边的走廊上站满了女士，她们当中有些人身着半欧式服装，梳了日本发型，并没有缠足。总督蔡将军和他的主要随从也参加了活动，还有地方名流、编辑、军官，以及许多学生。总督第一个讲话，他在演说中反复提到基督教，非常友善并持完全赞同的态度。然后是一位陈先生讲话，他说了整整50分钟，言辞十分拙劣，对神学的理解严重歪曲，不过，他却表达了强烈的愿望，希望中国能够把上帝的宗教放在最重要的位置上，并且彻底抛弃从前的偶像崇拜……然后弗兰克开始演讲，听众们立刻精神起来，总督坐得离我很近，身体前倾，津津有味地听完他的全部发言。会议持续了三个小时。两位去过日本的女士表演了二重唱。在以往的日子里这些是绝对不可能发生的。

“街边的小庙全部都被推平了。……报纸上每天都在宣扬基督教。正是千载难逢的大好机会！艰难的日子已经过去！拆毁庙宇！推到神像！政府支持我们的工作！一位总督（或共和国政府高官）和两位传教士站在同一个讲台上，说着喜爱基督的话！……

“我们要做些什么？随之而来的必定是云南省各地区教会学校的快速发展。难道我们要在这个时候视而不见，让和我们同源的伊斯兰教趁虚而入吗？……

“除非现在就把基督教传播给这些群众，否则的话，可能很快就会有人反对销毁神像，而我们也会被强烈的应激反应淹没。”

在另外一封写于3月22日的信中，他说：“目前昆明的局面很让人兴奋和激动，这正是传教的最佳时机，并且十分紧迫。弗兰克是负责昆明工作的最佳人选……哦，您可以下达我们期盼已久的命令了！还有谁能比您的下属做得更好？弗兰克很熟悉云南省，50岁左右的传教士当中他的汉语是最好的，他善于倾听群众的心声，非常热爱自己的工作，所有人都会喜欢他的。在一个由本地基督教青年会举办的会议上，年轻人全体举手表决，期盼着弗兰克能够来昆明工作……我不认为温州、宁波、天津、永善、昭通或东川能像现在的昆明这样，出现如此壮观、迷人、令人惊异的机遇。为什么在这里的人最渴望基督教的时候国内的朋友却抛弃了我们？这里的人是那样地需要基督教，势在必得并且也一定会得到，而就在这样的一种环境下，为什么国内的朋友却失去了信心呢？”

在一次基督教青年会的会议上柏格理说：“以前是人向偶像磕头，如今偶像正在向人磕头。”他的汉族朋友李司提反说：“柏格理先生在演讲中总是能够运用最恰当的例子来引出最有魅力的观点。”他善于运用当下的事件来吸引人们的注意力，但他所传达的信息却适用于任何时期。听他讲话的人会因他的机智和聪慧而兴奋，在他演讲的时候不会有任何人打瞌睡……他公然抨击吸食鸦片的习惯，谴责说“人们以为是他们在吃鸦片，但实际上是鸦片在吃他们。”柏格理满脑子都想着在昆明创建传教点的事，并想象着今后的辉煌，如果可以任命郃慕廉来担此重任的话，他将非常高兴。

当柏格理和郃慕廉发现外国人不可以在省会参与传教团工作的时候，便派李司提反去帮助中国青年维持他们对基督教的学习兴趣。六个月之后柏格理写道：“李先生的努力无疑产生了良好的效果。这里没有在其位不谋其政的现象。我们全力帮助加拿大循道公会和基督教青年会进驻昆明。我们支持创建‘本土教会’。不管你们在国内的政策如何，我们依然渴望在昆明展开全面的传教工作。这是我们中国传教团所遇到过的最好机会，同时也存在着最大的困难，或许还要为此付出高昂的代价。”

柏格理夫人和他们最小的儿子欧内斯特于3月16日抵达昆明，但后面三周的旅程没有得到批准。4月1日他们获准前往东川，几天之后遇见来接他们的两位苗族布道员——还带来了牛奶和饼干，这次相逢让大家十分喜悦。他们在城外两英里的地方就看见很多迎接他们的汉族朋友，还打了四面旗帜。接下来的礼拜天，4月7日是复活节，250名教徒参加了礼拜并领取圣餐。在东川的传教团驻地柏格理写道：“埃文斯先生特别辛苦，他勇敢地挑起了所有的工作重担。信徒们善良虔诚。星期天来做礼拜的人很多，城外五个传教点做礼拜的人更多，感谢上帝。”

柏格理4月7日写于东川的一封信中说：“我们传教这么多年，从很多方面来看，我认为去年的成绩是最好的。假如能安排得更好一点并得到更多资助的话，我们的成就将远不止于此。有迹象显示目前我们正处在传教的黄金时期。从前对基督教漠不关心的人已经渐渐转变了态度，非常友好而且很感兴趣……

"传教工作的重点自然要放在汉族上面。虽然在少数民族中的传教取得了辉煌的成果，但这并不意味着我们可以放弃中国的主体民族。所以，当得知汉族地区传教工作的发展态势良好，比以往任何阶段都要健康时，我们大家非常欢喜。昭通城内参加礼拜的信徒特别多，哪怕把教堂的规模再扩大两倍，来做礼拜的人也都能挤得满满的……我们正规划修建一座更大的教堂，汉族教徒慷慨奉献，已经买下了隔壁的地皮。

"北边的汉族工作还像往常一样让人不满意，我觉得我们应该放弃那片区域，因为宜宾的传教团做起来会更方便一些……于我们而言，去做容易做的事情不失为一种明智的选择。随着昆明铁路的开工，我们的发展方向自然是在那里，而四川最南边和云南交界的地带，原本就有许多强大兴盛的传教团。"

"记得那年我有幸和米尔恩先生在诺苏的寨子里度过了两个礼拜，我比以往更加坚信，我们也赶上了向诺苏传教的最佳时机。数以千计的人需要我们，很快就能建立起许多小教堂……

"一年来苗族人修了一些新的小教堂，有两百多人接受了洗礼。就在他们的牧师被迫放逐期间，本土布道员做得极好，他们团结了所有人，全部工作平稳向前，并有效地防止了恐慌蔓延。"

"各教会学校的在校生人数大大超过以往……我们很快就会有 1000 名男女学生……所有的困难都已经过去，我们有优秀的教师。政府愿意出高薪，自然就吸引了许多出类拔萃的人才。"

稍后，当全部工作报告提交给年度会议，柏格理说："我们在学校的统一上迈进了重要一步。我们的学校正变得更为实用。今年或许就会有1500名学生在我们的全日制学校里就读。看来我们可能很快就会成为中国四大传教团之首。只要您开启昆明传教点，并派遣一位雷德芬或查普曼[①]过来创办一所

① 音译人名。——译者

学院，我们必将成为中国西部最具实力的传教团。”

“下个礼拜我们将派遣四位苗族布道员到东川的葛泼当中传教，还要派两位苗族布道员去武定帮助中华内地会传教。我正在做一项试验，派两位苗族人到我们那一带的汉族集市上去销售《圣经》。”

“执事会议进行得十分顺利，许多工作被安排得井井有条。教区会议相当成功，本地代表是外国人的三倍之多。本土布道员的增加预示了未来的光明前景。传教委员会由三名中国人和一名外国人组成，委员会提出的任免方案几乎全部都被真诚接受。相较于传统做法，这是一个很大的改进，本土布道员尤其喜欢。”

此时他特别担心无力阻止苗族教区的一分为二。他的观点非常明确，宁愿依靠自己的苗族助手，也不想把广阔的教区划开由他和另外一位外国传教士分别负责，因为在许多方面他们两位的策略和方法都存在着较大差异。他不是害怕竞争，而只是担心划分苗族教会后所产生的后果。传教团已经进入发展阶段，因此他认为，将来基督教皈依运动的巩固与拓展，取决于众望所归的首领能否成功拥有主事的权威。他感觉到自己正是苗族人心目中自然而然的首领，于是便反复地向委员会提出，请求让他来负责所有的苗族教会。

柏格理对自己培训的苗族布道员所取得的进步饶有兴趣。6月9日他在石门坎听张先生向450人布道，讲得是芥菜籽的比喻[①]。“我看他对此进行了两点创新……他先是说大家都知道种玉米时需要松土锄草，因为不这样玉米就长不好。可是又有谁会去为芥菜松土锄草呢？芥菜籽一旦生根，便有了冲破一切阻碍的力量。所以，年轻的苗族布道员说，不必焦急，也不用去干预，上帝的天国一旦扎根于人们的心田，就会成长起来，它本身就具有内在的生长力。

“第二点，只要芥菜籽真正进入了土壤，若再想把它们完全去除就是根本不可能的事情了。不管农作物发生何种更替，当适宜的季节来临，芥菜就会从这里或那里冒出来。无论用锄头挖还是用手拔，都不可能彻底清除芥

① 《新约圣经》中芥菜籽比喻信心，参见《马太福音（17:14 ~ 21）》。——译者

菜。所以，布道员说，我们遭受迫害，我们忍受烦恼，但却没有任何事物能够破坏我们心中的上帝和天国。”

又过了两个礼拜天，柏格理听杨雅各布道说，灵魂像元音，身体像辅音。如果没有小元音放在大辅音上，那么大辅音既不能发声也无从表达意思。所以身体就必须要与灵魂相结合，否则就没有意义。

九月和十月，柏格理花了许多时间在群山中的寨子里和集市上，其间接受了400名信徒加入教会。1912年11月11日他记载如下:“刚刚结束两次巡访，去了很多苗族教会和偏远村寨。其中有些路段是我骑马所走过的最艰难的路。还有些地方的路特别危险，必须得手脚并用才行。部分地区的布道员和基督徒遭受挫折非常气馁，但总体而言，传教局面令人十分欣喜。几乎每天都有新成员加入，第一次巡访下来大约就有两百人。在咪咡沟[①]获得丰收，那次来的人尤其多，布道员的工作相当出色。下一个礼拜天在石门坎也有丰收，邰慕廉先生出席……给13位新教徒施洗。再下一个礼拜天我来到‘天生桥’[②]，见证了又一次的丰收。照样很拥挤。我只能露天主持礼拜，所有的凳子都拿给通过考试准备受洗的信徒坐了。灿烂的阳光下，温柔的南风吹起，我在人群里走来走去，一个老传教士，心中装着满满的爱，真诚地重复了176次：‘我奉圣父圣子圣灵的名给你施洗，阿门。’荣耀的时刻！我们喜获丰收也只是近几年的事情。两天后在另外一个地方我们又接纳了38位新人。”

写于1912年12月31日的信中，柏格理道：“弗兰克来信，说圣诞节那天他给65个汉族人施洗，这样今年受洗的汉族人就达到了117位。对黑暗的云南而言这真的是太奇妙了！我们这里今年受洗的信徒已经接近千人，在三月份之前一定会突破这个数字的。明年的前景同样一片光明。不管您在什么时候见到老朋友，都请他们多多关注华西传教团，他们一定会欢欣鼓舞的。我感觉到我们正处于大拓展的前夕，其结果是不可估量的。”

---

① 今云南省昭通市彝良县洛泽河镇献鸡村咪咡沟组。——译者

② 今贵州省毕节市威宁彝族回族苗族自治县龙街镇天桥办事处。——译者

十月份柏格理举行传教士会议，有50名布道员参加。“经讨论，一致赞同取消童婚。如此一来，女孩的结婚年龄被定为17岁，男孩的19岁。”在一次季度会议上苗族人决定送四名成绩优秀的学生去北京的大学里读书。1912年12月31日的信中，柏格理告诉传教委员会秘书：“前几周我去函给北京的坎德林，看看我们的苗族学生是否能有机会进入他所在的联合学院。他的回复让苗族人着实地大大激动了一番。我们的学生可以入学，费用和北方的学生一样，每年大约100个银元（包括旅行费用），我们的苗族学生可以选择一所中国最好的学院去接受一年的培训。讨论过后我们决定立即送出四名学生，并设法筹集到资金。苗族人捐了120个银元，剩下的费用由王树德和我来负责。这样一来就用去了传教团四年的经费，但我们希望学校能够得到四位优秀的老师。我们选送的是最优秀的小伙子，尽管他们的水平还赶不上汉族学生，因为起步比较晚，并且所有的课程都用汉语教学，而汉语对于他们而言就是一门外语。不过他们像特洛伊人那样，坚持不懈、勤奋专注，最终超越了普通的汉族学生。”由于意外情况，送学生去北京上学的雄伟计划搁浅，取而代之的是送了一些苗族学生去成都的大学就读。

这一时期汉族人和土著人对待外国老师和基督教的态度发生了奇妙的转变，似乎从每一件事情上都能够表现出来。柏格理于11月来到昭通在已经扩建的教堂里主持汉族信徒的礼拜。走在城里的大街上“邰慕廉先生指给我看了一张布告，内容是关于一场火灾的，火灾烧毁了50户人家的房屋。人们首先想到要祭拜火神，但是另外一些人劝他们不要这样做。前任城台花了五块银元祭拜火神，新任城台则告诉他那只是把钱白白地扔掉。布告上宣称他们要在10个奇数的日子里忏悔自己的罪业,并且要在某某地方祈祷,向‘真正的神灵，真正的主，唯一的、全能的、永恒的上帝’祈祷。有谁能预料在昭通的城门上竟然贴着这样一张布告？现任城台是邰慕廉先生的好友，还送自己的女儿到斯奎尔小姐的学校里读书。”

石门坎的圣诞节庆典(1912年)有两千人参加。这是一个值得纪念的日子，柏格理在灿烂的阳光下于户外主持了新教徒的洗礼。其中有两位贵客是曾经迫害过苗族基督徒的土目。圣诞节前夕，各校学生来到山上，彩旗飘飘，欢迎约翰·葛兰姆先生和王树德先生。教堂内点了30盏灯笼。圣诞节早上是规模宏大的集体祷告。那天学校里的女生还销售了她们在柏格理夫人的指导下制作出来的产品。一位土目买了八件毛衣。晚上是中式晚餐，摆了 18 桌。圣诞节次日天气转变，第二天早晨他们发现下了 13 英寸[①]厚的雪。

年长的苗族基督徒喜欢回忆他们第一次访问昭通时的情景，如同恋爱里的人总喜欢提及第一次约会和第一印象，他们喜欢谈论那些最初皈依耶稣的早期岁月。“我们正聊到这些……他们说那时候每个寨子都蠢蠢欲动，人们开始四处奔走。没有人去特意传播消息，事情本身就在扩散。”王树德先生问约翰为什么人们要去寻访耶稣，他回答道：“当时‘天父’和‘兄弟’两个词传开了，正是这两个词奇妙地搅动了人们的心，使一个分散不和的民族变成了一个人。约翰接着说，当他第一次听说耶稣会治病的时候，他妹妹正病得很严重。他走到门外，因为在他的想象中，人必须要在旷野中祷告才行，于是他大声哭诉：‘如果真的有一位上帝耶稣，那就请祂把我妹妹治好吧。’突然间屋子里的呻吟声戛然而止，约翰想他的妹妹一定是死了，害怕得都不敢回去。可他一进屋便大吃了一惊，他的妹妹竟然有力气坐起来了。这件事把约翰的信仰转变成支配他生命的力量，自此之后他就把耶稣奉为神医和救世主。”

① 1 英寸 =2.54 厘米。——译者

第八章　太阳从东方升起

1913年是中国人在信仰上最重要的关键时期。柏格理和同事们意识到，在“长期、坚定、齐心协力的推动下”，循道公会各教会的联合可以使传教事业达到一种不可限量、持久永恒的美好局面。为此他制定了一系列计划，没有野心勃勃，但现实可行，也能够收获丰硕的成果。“下面，”他于2月4日写信给传教委员会秘书，“是我所期待的：——

“(一）请本土的循道公会派遣三位传教士到昆明工作，一位教育专家，一位医生，另外一位负责宣道，他们三位都应该和郃慕廉先生保持密切联系。传教团的中心培训学校设在昆明，并且从昭通、石门坎、诺苏区域和东川等地选拔人才。(二）再请他们派一位传教士到昭通，参与少数民族的传教事务，如此一来，本土循道公会便进入了这项伟大的工作，等他们找到感觉之后，就可以推动云南省其它少数民族地区的发展。如果能同样派一位传教士去东川[①]就更好了。(三）以同样的方式，在昆明的南方或西南方开启一个新的传教中心，这样的话，那边从未接触过基督的广阔乡村地带就能够得到恩泽……我们在昆明的中华内地会的传教士朋友、在东北部少数民族和汉族中的传教士都属于循道公会，有英国的卫斯理宗、澳大利亚循道公会和本土循道公会……渐渐地云南省就会出现一个强大的循道公会传教团，请上帝保佑，为了我们的纯洁和宣教的星火。”

复活节前夕，柏格理往长海子[②]方向进行了一次长途传教：王树德先生率几位本土布道员走一条路，而柏格理则带人走另外一条路。用四天时间走了五十英里[③]，访问了每一个有基督徒的寨子。十年前这个地区没有一座小教堂，没有一位信徒；现在路途中他们已经访问了十座教堂，其中有八所全日制学校和数百名学生。在卯思搞[④]他们遇上一群前来迎接老师的女孩。柏格理记下了看见她们之后的快乐和感动：“她们是充满乡野魅力的小精灵，比

① 今云南省曲靖市会泽县城所在地。——译者

② 今贵州省毕节市威宁彝族回族苗族自治县黑石镇开厂村六组。——译者

③ 1 英里 =1.609 公里。——译者

④ 苗语地名，今威宁县龙街镇营合村小别嘎组。——译者

在英国长大的大多数女孩都更熟悉绵羊、牛和旷野的气息。她们的笑容甜蜜蜜的，笑声感染着每一个人，她们一点儿都不怕生，很快就让我们有了一种‘见到家人’的感觉。夹在一群漂亮、捣蛋、穿着破衣服的女孩子中间，从长满枞树的小山上轻快地跑下，使人全然忘记了传教事务中所有的困难和麻烦，也忘记了我们一点都不喜欢的可是却正在悄悄生长的灰白色头发。这些小娃娃们让我感觉非常年轻非常快乐。”下面的山谷里，学校的男生正排成两列打着旗帜往山上爬。数年前他们还都只是一些没人教的野孩子，但如今却已经规规矩矩，懂得用军人的礼仪来欢迎期盼已久的客人。

“耶稣受难日[①]，”柏格理说：“天上一轮满月，夜空静谧美丽，气候温暖迷人，于是我们决定在操场上举行露天礼拜。凳子都搬了出来，百余人坐在那里，很快就唱起了古老的赞美歌。在室外做礼拜的感觉特别好，一点都不影响我们宣讲耶稣受难时的情景。这是第一次在山坡上讲述发生在旷野中的故事。”

礼拜天清晨，传教士尚未起床，就有两个小客人来到他们的卧室，还带着一打复活节彩蛋作为礼物。天气突变，阳光明媚的温暖春天里突然刮起了寒冷刺骨的北风。小教堂内拥挤不堪，有78名信徒接受洗礼加入了教会。严肃的晚礼拜上出了一点小插曲，因为有两位颇具影响力的人物前来参加礼拜，他们认为加入教会是一件很有价值的事情。他们两位坐在讲台上，其中一位告诉王树德先生“戏”[②]可以开始了。一名本土布道员捧着一盆施洗用的水走过来，吴先生却突然走上前去，先是闻了闻，然后端起盆就开始喝水。不过万幸的是，他并没有喝完，剩下的水也足够用，而他自己则回到座位上吸烟去了。那天的受洗者当中，有一位80多岁的老婆婆，还有一位五岁的仍在吃奶的小姑娘。

去长海子的旅途中柏格理有机会接触很多诺苏家庭。在日记里他评论道：“诺苏不喜欢汉人，汉人也不喜欢诺苏，但他们喜欢联合起来欺负苗族人。假如年长的哥哥去世了，又没能留下儿子，那么，他的土地却不可以全

---

① 复活节前的那个礼拜五。——译者

② “戏”和“洗”谐音。——译者

部留给弟弟，而是由土目直接没收一半。他们说龙街子[①]的全部土地都归诺苏领主所有，如果想继承土地，哪怕只是其中的一半，也必须要努力地讨好领主才行。很显然这些封建领主简直就是一个个小皇帝和暴君，现在是时候该结束他们的统治了。”柏格理另外还写道：“特沟[②]彝族的领袖（教会领袖）是安士南。他成为基督徒之后所有的彝族人都愿意皈依。”“在论子河[③]有很多的汉族人和彝族人到苗族教会来做礼拜。我告诉他们，如果不同民族的人可以在同一个教会的话，我会很高兴的。他们则说愿意在一起。”柏格理不仅担心会把苗族分区，他还提倡把苗族教会和诺苏教会统一，让信徒们在一起做礼拜。这个地区有很多不同的民族交错杂居，除非各民族能在同一个教会，否则的话，就会建立过多的小教堂，而传教士们就得对各民族的小规模教会逐一进行同样的察访。

要让诺苏和苗族融入同一个教会，事情自然不可能这么简单。诺苏在社会地位和受教育程度上都具有很大的优越性，而柏格理则主张基督教徒之间不可以存在任何民族和等级上的差异。他热爱苗族，苗族的风吹草动都使他敏感。其他人或许根本看不见处于社会最底层的苗族有哪些值得赞美的地方，充其量就把他们当成大孩子，很愚昧很不讲卫生。可柏格理却总能发现苗族的宝贵之处，每当谈及他们之时也总是欣喜快乐的。“在卯纳楚[④]，”他写道，“我见到一个女孩用彩色的羊毛线编东西。两边的式样相同，边上是红色的，底色是白色，图案是蓝色的。女孩在编织的时候，毛线的一头环绕在腰上打结固定，另一头则系在脚趾上，以此拉出长长的线来，好像一台织布机。用来做图案的毛线则被绕成了一个线圈举起。女孩一只手举着线圈，另外一只手则上下灵活地在毛线的中间穿梭，拨出足够大的空隙以便让线圈穿过。把线

---

① 今龙街镇政府所在地。——译者

② 音译地名。——译者

③ 位于威宁县哲觉镇论河村。——译者

④ 苗语地名，今云南省昭通市彝良县奎香苗族彝族乡寸田村大沟组。柏格理所见到的苗族姑娘正在制作传统礼服“花衣”中的一小部分，文中的毛线为苗家人自制自染的毛线。——译者

圈丢过去，拉紧，从反方向举起，再穿过来。用这种方法编出来的东西是拿来套在胳膊或腰上的。女孩子会编各种各样的图案，她们的确非常心灵手巧。”柏格理推断如此的灵巧是由于苗族太过缺乏机器设备而导致的绝妙成果。柏格理带着无比同情的心去观察苗族，他看见苗族的很多优点，在他的指导下，苗族已经取得了十分惊人的进步。

柏格理不仅仅坚持少数民族——比如诺苏和苗族——传教工作的统一性，而且认为汉族和少数民族的传教工作也是互相依赖的。他专心投入伟大的苗族传教事业的同时，也随时准备好去劝说汉族人皈依基督教，并愉快地和昭通的大传教团展开合作。

郃慕廉先生，昭通教会的负责人，认为当前正是加紧宣传进行拓展的好时机。他注意到大群大群的人一次又一次地挤在庙里看流行表演，于是便思考，如果能做一次史无前例的大型基督教展示，或许会收到意想不到的效果。通过政府商业部门的友好帮助，教会获准使用江西会馆八天时间。郃慕廉请柏格理进昭通城内帮忙，共同实施此次大胆的计划。“教会的目的不仅仅在于颂扬耶稣，还要尽可能地去努力争取更多的人皈依。为了这次活动，他们每天都在竭尽全力地散布消息，并记录下慕道友的姓名和住址。”

他们把凳子从教堂搬进江西会馆的礼堂中。写着大标语的横幅挂在阳台上。教堂的风琴也搬到这里来对唱诗班进行强化训练，唱诗班由100名学生组成——男孩站一边，女孩站在另一边。教会花了很多钱做广告，还特意制作了请柬送给地方长官、全体政府官员、名流、军官，以及学生、教师、警察和商人等。礼拜六安排了女士专场。

1913年4月13日礼拜天，传教士们强调了传教使命之后，把教徒分成10组，让他们分别到城市的各个地方去宣传即将在江西会馆举行的活动。礼拜一中午时分，约1500名市民前来参加公开礼拜。观众们都非常喜欢唱诗班，诺苏学生唱得气势恢宏感染力极强，而女孩子则声音甜美余音绕梁。柏格理说：“尽管绝大多数人都不知道基督，也从未听说过耶稣的故事，可是当唱诗班唱起圣歌的时候，却连门外的大批群众都安静了下来认真地听。我就站在院子里，站在听众的背后，听五音阶的《赞颂主耶稣的圣名》。那歌声震撼人心，周围一片庄重肃穆，几乎就是一个奇迹。会馆的屋檐下挂着长长的精美的木制匾额，黑色的底上刻着金色的字；还挂着许多大大的中国灯笼；旁边是图画，描绘了诗一般的经典语句或漂亮的自然风景。会馆的屋脊弯弯曲曲十分优雅，在深蓝色天空的映衬下，好似截取了一段绵延的山峰，屋顶上，南风刚刚吹走所有的云……很久远的从前，那些修建美丽庙宇屋顶和中国西部会馆①的工匠，他们必然极其热爱大山，为山之魂而心动，也一定喜欢眺望近山远山，看雨后的阳光洒落，或没有月亮繁星点点的冬季的夜。”

晚礼拜在灯光下举行。讲台上的灯笼“是比较常见的那种，很漂亮，六边形的，灯笼罩上有美丽的画。红色的蜡烛在灯笼里面发着亮光。三个阳台上点着一排红色的方形灯。讲台上的灯光足够亮，看起来有一点像东方的仙境。不时会有一名男子和一个男孩把茶水递给来做礼拜的客人和发言人……几乎邀请了昭通城内的全部名流，当这些尊贵的客人进来时，传教士便特意致辞表示欢迎，有些人则当场答复并道谢。商界的代表讲话，说如果市民都能有所改变，接纳且喜爱这两位许多年来一直在这个地区传播基督教新教的传教士，那样的话，将会是一件非常好的事情。

“在演讲者的前面悬挂着两面大大的五色旗②，寓意中国的各民族团结起来，建设充满希望的伟大共和国……黄龙旗③象征着专制和偶像崇拜。五色旗象征着全体国民的自由和公正。优雅的曲线屋顶上挂着几串小铃铛，铃铛中间的舌头是又宽又轻的金属片。一阵风过，金属片开始撞击铃铛，于是就从小山一样的屋脊上传来山坡上牲畜的欢叫声……

“一个接一个，本地的弟兄站起来请求听众加入教会，传教士打心底里感到欣慰。我还清楚地记得当年我曾来过这座庙宇，那时有很多人在看戏，趁着中场休息的间隙，我赶紧兜售《福音》和宣传基督的小册子，但所有的人都满怀敌意，我只好离开到别处去了，走出庙门后才大大地松了一口气。

① 昭通古城是会馆之都，江西会馆为雷神庙。——译者

② 中华民国国旗，又称五族共和旗。——译者

③ 清朝末年开始采用的中国国旗。——译者

郜慕廉先生负责学校和教会的工作，萨温医生负责医院的工作，斯奎尔女士主持女子学校的工作，可以看出昭通传教团所取得的巨大成功……

“活动的最终结果如何呢？八天的时间里来了13000人，有些人纯粹是因为好奇，但大多数人都停留了下来……认真听布道员宣讲。希望成为‘慕道友’的人留下了他们的姓名和推荐人的名字……

“唱诗班……已经离开了这座宏伟的大庙，铃铛却仍然还在向小山传送着风的讯息。白色的云依旧会飘过皎洁的月，上帝的天国离远东的远西[①]越来越近。”[②]

柏格理和他的老朋友全心全意地投入到向汉族人宣传福音的八天活动当中，实际上他随时都在准备着帮助郜慕廉，郜慕廉长期忠诚地坚守在昭通传教若干年，收获虽然来得晚了一些，但终于还是盼来了。柏格理和郜慕廉，各自来到昭通城内最繁华的街区，作为受尊敬的领袖，向围观的群众发表演讲。此刻让我们再回忆一下他们第一次进入昭通城时的情景，脚疼得厉害，疲惫不堪，不论是富人还是穷人，都对他们嗤之以鼻；四分之一个世纪以前的那天晚上，坐在萨姆·索恩的小破屋里，热血沸腾的青年怀抱着美好的期望憧憬未来，要在褐色的土地上愚昧的城市中建立上帝的天国，却几乎不曾去想在他们的愿望初步变成现实之前，他们要经历许多年的辛苦与徒劳，甚至还得伴随着悲哀。

1913年4月23日礼拜三，活动结束两天之后，一位特别的信使紧跟着柏格理来到石门坎，交给他一封来自中国政府的电报（这是郜慕廉收到的，随即派人转送过来），宣布4月27日已被定为新共和国政府和议会的祈祷日。

“当我打开信封，”柏格理写道，“一个词语‘电报’跃入眼帘，让我十分震惊，我开始读信，眼泪就忍不住流了下来，我都不知道该怎样向埃米来形容这件事情的意义了。”这封信是这样的：“路透社[③]电报，1913 年 4 月 18 日，北京。

---

① 指中国西部。——译者

② 《基督教世界》，1913 年 8 月 7 日。

③ 英国最大的通讯社。——译者

昨天下列建议被内阁采用，并电报告知所有省政府、高级官员和基督教会。‘要求你们为正在开会的国会祈祷，为新成立的政府祈祷，为即将当选的总统祈祷；为各国承认中国政府祈祷；为国家和平祈祷；为有能力品格高尚的人从政祈祷；为新政府建立在一个坚实的基础上祈祷。’祈祷的日子定于 4 月 27 日礼拜天。全国祈祷日由中国的全体基督教会执行：这是第一次在非基督教国家里提出此类呼吁，华北的基督教会为此十分欣喜。”

礼拜六，柏格理很激动，“明天就是伟大的全国祈祷日，政府都将参与在内。天国即将到来！太阳升起在东方！家乡同胞的祈祷得到了应验。”

现在我们必须得再次把目光从城里转移到山里，继续关注山里部落皈依运动的高涨态势。大花苗自己派出了布道员向葛泼传播福音，柏格理说葛泼是伟大诺苏的一个分支。在社会等级上，他们高于苗族，低于诺苏和汉族。“曾经，”张道惠先生说，“他们有一些土地……他们是更为强大的诺苏的农奴……比起苗族，葛泼对耶稣缺乏了几分真诚和敏感；但又比云南的汉人更容易领会基督……葛泼通常以 5 ～ 60 户不等的规模组成村庄与山寨，这种聚居形式便于互相保护，以提防野兽和更为恐怖的贼盗的侵害。他们的村寨生活以共产主义原则为基础……土地，以及诸如此类保留在葛泼手里的生产资料，在组成村寨的几个家族中予以分配。随着家族规模的扩大，农田再划分为若干小地块，以至于很难赖以维持生存，他们就会为富有的邻居工作……村寨之间的交往之少令人吃惊。人们生活在各自的寨子里，不同的寨子仅被一条深深的山谷隔开，就会造成老死不相往来的现象。这种疏离的结果，导致了葛泼在服饰、方言甚至外貌上的明显不同。”尽管他们并没有悔改，还在崇拜森林里的鬼神并用牲畜或家禽献祭，据张道惠先生说，他们已经承认有“一位至高的、全能的和永恒的神”存在。

“作为一个传教团体，我们通过一个苗族村寨的基督徒为媒介而被介绍给葛泼，那些苗族人居住在东川城的北方。葛泼曾前往那里参加礼拜式，受到了热情接待，并被邀请再来。他们看起来很乐意继续和苗族基督徒交往。于是皈依基督教的运动迅速扩展。一个又一个村寨对苗族布道员敞开了大门。来自石门坎地区受过训练的大花苗布道员做出了优秀的工作业绩。他们在葛泼当中巡行，住进他们的家里，逐日教他们唱圣歌和祷告。这种巡回布道一个礼拜又一个礼拜地持续着。工作日的晚上和周末的礼拜式规范地进行着，整个运动置于扎实的基础之上，这一切全靠苗族人从中完成。如果没有他们的帮助，我们恐怕还在进行这项工作的启动部分。小教堂不断修建起来——现在有20座了，全都由当地人自己建成，没有动用传教团的经费。说实话，这些用泥土筑成的小教堂耗费钱财不多，但它们却很有价值，象征着一种奉献和崇敬的精神。建立起好几所学校，到目前为止，八位有经验的苗族老师正在教授一群群聪明的葛泼学生。”

苗族布道员已经深刻地领悟了柏格理的精神。他们向柏格理学习如何捕获人心。他们夸耀说自己正在猎取云南猎人，因为葛泼以狩猎著称，是各民族当中最厉害的。甚至年轻的女子都会参与大型的狩猎活动——“眼神清澈，动作敏捷，飞毛腿戴安娜[①]”，柏格理是这样描述她们的。“他们最喜欢打野猪，因为各部落的人都喜欢野猪肉。男人们选择一个野猪经常出没的地点，安置好一张大网，然后就带上刀剑隐蔽起来静候猎物。”女人则担当“诱饵”，她们能熟练地把野猪带进网中。

“苗族布道员给我们讲了葛泼打猎的故事……说如今的葛泼就像喜欢追逐猎物那样喜欢追寻福音中的真理，并且还同样地获得了成功。有意思的是当苗族布道员到来时，有些葛泼寨子里的人很不情愿带他们到别的寨子里去……因为他们生怕布道员会在自己尚未完全学会基督教教义之前就到别处去。”

---

① 罗马神话中的狩猎女神和月亮女神。——译者

第九章　日记拾遗

如果不是传教事业占据了柏格理的全部精力，或许他会成为一名出色的小说家。诚如我们所知，他曾写过两本书《中国历险记》和《苗族纪实》，除此之外，柏格理就像慷慨的波阿斯[①]，掉下许多麦穗供后人拣拾。他敏锐地观察着世人，强烈的同情心使他得以深入探索人们的心灵深处。柏格理在日记中记录下各种各样的事件，他身边人的奇特生活从中可见一斑。当他从眼前的工作压力中解脱出来，兴致勃勃地和大家聊天的时候，和他在一起的人会感到十分快乐，就如同吃到了熟透的大个儿红色水果一般。生活的故事不会呈一条直线发展，写传记的人也不会“像赶着骡子径直从罗马走到洛瑞托的赶骡人那样”既不往左也不朝右地不偏离方向。“在他前行的路上，跟着这样或那样的不同团队，他将50次偏离轨道，这是不可避免的。”[②]所以，让我们随意翻翻柏格理的笔记本，无论多少，来了解一些他认为值得记录下来的奇特风俗。

虽然诺苏首领，也就是地主，经常迫害信仰基督的苗族佃户，可是，鉴于柏格理的影响力，他们也时常请他去调解土目之间的纷争，假如可能话，终止长期存在的世仇。有一个叫做坡黑的土目，惯于用各种借口把妇女诱骗进他的衙门，然后再卖给别人作妻子或奴隶。他对待苗族人残酷无情，却很害怕政府官员。坡黑冒犯了一位势力强大的官员，对方声称将要了他的命。惊慌失措的坡黑设法找到柏格理，请求柏格理利用外国人的影响力来解救他，并写信索取一些《新约圣经》的读本。柏格理送了几本《新约》给他，附信建议坡黑外出躲避一段时间，直到他的和平诉求得到政府的答复。然而政府并没有同意他的诉求，很快坡黑就逃跑了，躲进一个山洞里去。他在那里被包围抓捕，对方说只要他肯赔偿3000两白银就可以重获自由。坡黑支付了赔款与汉族官员讲和，但最终却遭到出卖和杀害，他的头颅被送往威宁。那位官员，即便在共和时期，也依旧没有抛弃旧中国的某些方式，为了除掉棘手的冒犯者，不惜背信弃义使出全部手段。

---

① 《旧约·路得记》中的人物，曾允许女子路得在他的田里捡麦穗。——译者

② 《项狄传》。

当满清王朝被推翻的时候，柏格理十分担心，害怕共和国政府在边远地区树立权威之前，土目会利用这个机会大肆屠杀苗族基督徒。不过或许是土目之间的争斗拯救了苗族。在坡黑事件中，抓捕坡黑的士兵也顺带打劫了其他一些诺苏，因此土目的仇恨立即转向了汉人。于是便引起了土目的小规模反叛。政府派兵镇压，但不知道是出于畏惧还是想抢劫百姓，派去镇压反叛的军队叛变了。接着又有报告来说，在边界地带有五百个土匪也加入了诺苏的反叛队伍。苗族基督徒陷入一片恐慌当中。有人告诉柏格理，说他每天晚上都做噩梦，梦见汉族士兵攻打他们的寨子，他拼命逃跑，士兵就在身后使劲地追；他被噩梦搅得很害怕很悲惨，有一天晚上他跪下来向上帝祷告，请求上帝保护他，自那以后他就再也没有做过噩梦，他也不再害怕了。

在一封写于1912年9月9日的信中，柏格理道："石门坎和安顺之间的诺苏领主已经采取了行动，当地一片混乱。我们在尽力劝说我们这里的诺苏不要参与叛乱，要继续效忠政府。希望他们能够做到。如果能保持好现在的发展趋势，那么几年之后，这里的基督徒应该就能够推动当地人忠诚于共和国。这一断言可以通过我们占绝对优势的信徒数量来证明。"让柏格理欣慰的是后来局势转向和平。诺苏领主们成立了一个联盟，并邀请所有的首领和家支加入，如此一来他们就可以采取一致的行动支持新政府，并终止内部争斗和残酷的世仇。

我们已经看到，让柏格理最头疼的日常事务之一，就是关于苗族人的婚姻问题，很多家庭纷争和离婚的结果都十分悲惨令人心碎。他讲了这样一个故事："一个男人和别人的妻子私奔了，躲到了当地一座小教堂的附近。赶来抓他们的人请求布道员给予协助，布道员就安排了一些信徒去帮助他们。他们成功地抓住了私奔的男女，并把私奔的男子押在女子的父亲和丈夫中间，其他五个人走在后面。突然，私奔的男子拔出一把刀来，刺向押他的两个人，然后再刺向了自己。三个人并排倒在地上，一个死亡，两个重伤，大家都认为那两个受重伤的人很难康复。"

在一个基督教寨子里有位寡妇遇到了很大的麻烦，因为公公强迫她嫁给小叔子作第二位妻子。季度会议上，教会执事们为了解决该问题，提出要卯里有[①]的一位男子迎娶这名寡妇，虽然这位男子从来没有见过她，但也表示愿意娶她。原本寡妇很开心可以从眼前的困境中脱身，不过，当准新郎出现在她面前的时候，她当即断然拒绝，说自己宁愿作卯及基[②]的寡妇也不要嫁给这个人。负责这件事情的布道员只好按照寡妇的意愿去给她找丈夫，然后再通知被选中的新郎。新郎寨子里的布道员听说后很高兴，并提议由他主持婚礼，新郎送来一头山羊作为礼物，以备婚宴之用。柏格理最关心的是寡妇的小女儿，祝福她能够在新家里得到幸福。

还有一件让教会执事们很棘手的事情：一个男人得了重病，他的妻子认为不可能治好了。他们既悲伤又手足无措，不知道该怎样才能让病人在最后的岁月里得到最好的照顾和最大的安慰。后来女子便去和另外一个男人结了婚，在相互理解的基础上达成一致，两个人要共同照顾好生病的男人直到他去世，他们忠实地履行了约定一直到最后。

还有一次，四位冷静的基督徒女干事在没有经过季度会议讨论的前提下，擅自做主处理了一件麻烦事。长老和布道员未能参与其中而被伤害了自尊心。杨雅各挖苦说“母鸡都正在打鸣了”，引起一阵哄笑。事态继续发展，当事人拒绝执行四位女干事的决定，于是就有另外一位布道员对杨雅各说，“母鸡打鸣了么天没有亮啊。”

还有一个寨子里发生了一起私奔的悲剧。寨子里的王姓青年对妻子不满，想把她赶走，但教会长老不同意。后来寨子里有个已婚女子回娘家探亲，她家就在王的隔壁，这两个人很快就打得火热。一个坏心肠的汉人瞅准了机会，要利用他们的感情挣钱，于是就诱导王姓青年去偷了30两银子，说愿意当向导带他们逃入邻省的安全地带。然后他们就逃走了，人们前去追赶，但已经来不及了，他们没有料到女孩穿了汉人的衣服作掩护，并且方向也追错了。两天后汉人向导拿着钱，杀死了王姓青年，把女孩卖给一个商人做奴隶。女孩的父亲最初还来找柏格理说这件事，等得知私奔者的结果后，

---

① 苗语地名，今云南省昭通市彝良县奎香彝族苗族乡仙马村仙马组。——译者

② 苗语地名，今彝良县龙街苗族彝族乡卓基村小寨组。——译者

就不再来了。柏格理便猜测女孩的父亲事先知道内情。

结婚前发生变故的案例比较少见，不过柏格理还是丢下了一颗这样的麦穗。朱玉云和杨光明订有婚约。一段时间之后，杨光明改变主意解除了婚约。但他还是害怕会被迫娶朱玉云，便想了一个奇怪的办法要让姑娘的朋友们都嫌弃他。一个礼拜天的早上，他装扮成乞丐来到姑娘的寨子里，头发乱蓬蓬的，穿着脏衣服，站在小教堂外面假装乞讨。他的做法收到了预期的效果，姑娘的朋友们都很高兴现在已经和他任何没有关系了。等他通过这种办法彻底从婚约中解脱出来之后，虚荣心促使他又想改变自己在人们眼中的形象，所以他再一次来到姑娘的寨子里，像汉人那样穿着华丽的绸缎衣服，好像是在说，“瞧瞧，这才是真正的我。”姑娘这才发现上当了，不过她也很开心，告诉朋友们说自己很幸运，从一个诡计多端的男人身边逃脱了。

柏格理经常说被人们引用过无数次的拉迪亚德·吉卜林[①]的诗句“噢，东方就是东方，西方就是西方，二者永不交汇”并不完全正确。他举出了一个又一个例子，有严肃的也有诙谐的，以证明无论是东方还是西方，人类的本性是相同的。

一户贫穷的苗族人家，冬季的寒风吹进简陋的茅草小屋，像一把把冰冷的剑，屋内躺着一个生病的孩子在发抖。四面透风的屋子中央，烧着一大笼火，火上烧着一大盆开水。十一月份夜里的寒风吹得小病人不由自主地靠近了燃烧的炭火。男孩的妈妈叮嘱他离火远一点，生怕下面的炭燃尽之后火堆会垮掉。而她担心的事情果然发生了，红红的火堆塌了下来。她立刻跳过去，用手抓住那盆滚烫的开水，不让水盆打翻烫到被吓坏了的儿子，同时一脚把孩子踢开。她的双手被严重烫伤，十分可怕，可是第二天柏格理来看她的时候她却什么都不说，在柏格理的再三坚持下，才同意让柏格理为她包扎伤口。柏格理说自己都不知道到底是哪一样更强烈地震撼了他——是那位女子深切的母爱还是她令人惊讶的从容淡定。

下面这个比较幽默：“前几天晚上我布道的题目是‘到我这里来……我将

① 英国小说家、诗人，获 1907 年诺贝尔文学奖。——译者

让你们得到平静’——在汉语里，平静有一个同义词是‘平安’。我告诉信徒我无法许诺给他们钱财或土地，因为即使我能给他们钱财或土地，这些东西也无法买到人们心灵上的需求。但耶稣许诺过平安。‘在世界上，’我说，‘没有什么比平安更好。’然后，我看见两个正在听讲的大男孩不怀好意地对视了一眼。我立刻反应过来，我所谈论的是精神和灵魂上的平安，而这两个坏小子却在想学校里那个长得很漂亮的叫做‘平安’的女孩。当时他们的恶作剧让我有点气，不过随后我就笑了，想起英国的大男孩，他们何其相似！”

无论是东方还是西方，爱情的疯狂程度是一样的。在神秘爱情的支配下，生活在中国的单纯的原住民，也会做出像西方罗密欧和朱丽叶那样的行为。苗族寨子卯阿列[①]有一位年轻女子，她的未婚夫刚刚去世。后来亲戚们安排她嫁给一个她不认识的男人，婚礼将在一个月之后举行。这段时间她就去住在卯竹[②]，并在那里认识了已婚的青年男子朱吉。按照教会历来的规定，是不会允许他们两个相结合的，尽管如此，可他们还是控制不住地陷入了热恋当中。起初两个人打算逃到一个没有人认识他们的地方生活，然而计划被发觉无法实施，于是他们想，与其不能活着在一起，那倒不如一起自杀以结束痛苦。且不论对错，如科尔里奇[③]所说，那“所有深沉的激情都是一种看不到未来的无神论”，也或许在那些走火入魔的灵魂里面藏着一种本能的希望，认为死亡可以把他们结合在一起，因此年轻的热恋者便走向了悲惨的死亡。他们离开寨子来到一个僻静的地方，用一条绳子系住两个人的脖子，把绳子套过一根树枝，然后同时蹬开了脚下的石头。他们的行为没有被发觉，经过一番找寻，人们才发现他们在同一根树枝上一起吊死了。雅各说他们必定是昏了头，才会决绝地去死掉。

让我们忘掉这种疯狂的爱情悲剧，从讲故事的柏格理那里找寻一点轻松和愉快。柏格理非常热爱苗族儿童，这是他生活中最快乐和美好的事情之一。

---

① 苗语地名，即彝良县龙街苗族彝族乡尖山村小河边组。——译者

② 苗语地名，即彝良县龙街苗族彝族乡衡底村三锅桩组。——译者

③ 科尔里奇（1772 ~ 1834），英国诗人、评论家。——译者

孩子们粘着他，他也粘着孩子们，分享他们每日里的游戏和工作。他为我们记录下了苗疆小牧羊女的风采，有一些内容十分精彩。“杨梅果每天都带着一个比她更小的女孩到山坡上放羊。寨子里的牲畜，什么牛呀、马呀、绵羊、山羊、猪等等都是一起被放出去的，还要带上几条狗去帮忙。下雨天小小的牧羊姑娘们就会披上一件用草编成的斗篷，戴上一顶用竹子编成的大大的帽子。如果雨来得很突然，抑或是阳光太强烈，她们便采摘橡树叶子，不一会的功夫就能编出一顶帽子来。午饭是玉米或燕麦炒面，放在一个小口袋里，如果中午不吃一点东西的话，她们很难坚持漫长的一天。有时孩子们会被淋湿。有一天我看见一个勇敢的小不点女孩赶着她的猪走过我窗外的坡，浑身都湿透了，可声音里还透着满满的自信，正在把哼哼乱叫的猪往家里撵。有些孩子从山上回来的时候，背上还背着一大捆木柴或蕨草。衣服淋湿后她们很少更换，就用自己的小身躯把湿衣服暖干。

“母亲们也会到山上去放牛。有一次我看见一位妇女赶着山羊、绵羊和牛往山上走，大约30岁左右，很开心的样子。她右手拿着一根长长的竹竿驱赶牲口，左胳膊下面夹着一把红纸伞以防下雨，左手拿着用来捆柴火的绳子，背上背着孩子，孩子被草编的小斗篷裹着，用一块白布遮住了头。傍晚赶牲口回家的时候她也碰见了我，背后背着一大捆柴，是她身体的两倍，小孩抱在怀中。我问她为什么不把孩子放在家里，她说放在家里就没办法喂奶了。风雨中，背上一大捆柴，牲口在前头走，她跋涉在大山上，从不为自己的艰辛而抱怨。”

他们所面临的最大难题就是迷信，甚至连一些苗族基督徒都会被巫师左右。他们相信鬼神，认为四周有邪灵出没，随时都会伺机伤人。很难让皈依者克服天生的迷信。有个寨子被巫师搅得很不安宁，柏格理就一家一家地走访，割断被巫师牵着鼻子走的线。巫师向失去孩子的父母描述小孩在另外一个世界里的恐怖遭遇，吓坏了这些父母。巫师对两户失去孩子的基督徒家庭说，小鬼扒光了孩子的衣服，让孩子光着身子受冻，讲话的时候他却挪到火塘边，试图用燃烧过的灰烬取暖，并声称自己有办法看望孩子，还说虫子正在吃孩子的肉，恶狗正在撕咬孩子等。被吓坏了的母亲痛哭流涕，心疼不已。然后巫师便和孩子的父母商量，要用一只绵羊献祭以拯救孩子，当然了，大部分的羊肉都被巫师据为己有。

有一户人家，柏格理在割断主妇被巫师牵着鼻子走的线之时遇到了巨大的困难。勇敢的女儿忠诚地皈依了新救世主耶稣，坚决不相信巫师的甜言蜜语和威胁哄骗，不肯随着巫师的意思走。于是母亲就特别生气，同时也陷入了极度的恐慌，害怕会因此而激怒鬼神招来报复。她把女儿的干净衣服丢进烂泥里揉搓，这样就没办法去教堂做礼拜了。柏格理在她家中费尽唇舌，经过了很长时间的交流和祷告，最终才把他们从巫师的迷惑中解救出来。柏格理委托张约翰和王可听追查恶棍巫师的行踪，以阻止他继续干坏事。

然而，且不论巫师的恶行与威胁，柏格理照样有足够多的证据来说明基督教使人们得到了精神上的救赎。一位苗族基督徒把清晨祷告词贴在自己房间的墙壁上，这祷告词便是他信仰启蒙的明证："仁慈的天父，您创造了神奇的天地万物。我要真诚地赞颂您的圣名。我要感谢您昨天夜晚的守护，感谢您让我见到今天早上的光明。现在我恳求您，天父，让我继续得到您的恩惠，让我不要掉进罪恶的深渊。让我永远和您在一起。庇护我做好今天该做的事情，让我待人和善忠诚。让我记住自己所有的行为、话语和思想，我将接受您的质询。所以我恳求您，尊敬的天父，让圣灵启迪我，凡做任何事，我将永远追随您。奉耶稣基督的圣名。阿门。"

虽然秉公办事是中国每个省份安宁稳固的基础，不过政府却从来没有让公平得到过完全彻底的保障。最为聪明干练的官员确实能做到公平地对待包括原住民在内的所有人，可也有些人却一心只想着如何去敲诈社会地位较为低下的土著人。柏格理曾多次提及一位喜欢为难苗族基督徒的蛮不讲理的官员，经常胡编乱造一些借口来迫害人，甚至连象征性的审讯都直接省略掉。这位官员没收了一位富有的诺苏寡妇的不动产，然后将土地卖给了佃户。数年前该女子花费巨资重建了新楼房，现在却被官员勒令推倒。诺苏女子不甘心被人欺负，便奔走于各城镇之间提起上诉。不知道是因为真心想寻求公正，还是害怕引起土著人的骚动，该省的总督从省会派来一位专员调查这个案子，结局是比较公正的，或许还有些偏向那个寡妇。专员查出了部分地方官的犯罪行为并把他们投入监狱，土地归还原来的主人。而这种做法对那些购买土地的佃户却十分不利，柏格理不知道他们能否得到补偿。所以，细节才是衡量政府是否真正公平的关键，因为一个细小的失误就会殃及很多无辜的受害者。不过总而言之，人们从新的共和国政府那里看到了希望，即所有的少数民族都将有机会获得真正的公平。

柏格理的首要任务是传教，然而，在传教的过程中他不知不觉地拓宽了工作范围，还传播了一系列与基督教文明相关的内容。他接受了各部落内部固有的社会制度，并在此基础上不断加以修正和教化，提高了社会公德。他经常和异教的生活行为作斗争，比如说堕落和冷酷。有一个被母亲和继父养大的年轻人，当时他同母异父的弟弟妹妹都还很小，而他已经结婚了，在妻子的挑唆之下，霸占了家里的房子，还自私无情地把母亲和继父还有弟妹们都赶了出去，让他们无家可归，只能寄住在邻居家的马厩里。可怜的母亲在马厩里生下一个孩子，而女人在别人家生孩子是一件很不光彩的事情。没过多久，柏格理来到这个寨子，听那位母亲亲口讲述亲身经历的遭遇和耻辱。同时柏格理也发现，自己的房东也曾怂恿不孝的儿子驱逐父母，他很愤怒，断然拒绝再次睡在这种人的屋檐下。义愤填膺的柏格理找到那个不孝子，狠狠地训斥了他。

晚礼拜后柏格理召集周边寨子的长老聚在一起商量这个事情。他向长老们描述了继父和母亲是怎样在可怕的饥荒岁月中养大了忘恩负义的儿子；还提起同样在那个饥荒的年代里，有个女人为了自己的孩子不被饿死而杀死了姐姐的儿子。然后柏格理要求长老们伸张正义以维护好教会的名誉。他们委托首席长老把被驱逐的家庭带回原来的住处，按照苗族的习俗，如果儿子反对的话，那么就请他离开并把家留给父母，或者允许他和妻子暂时住在父母家，直到盖好自己的房子为止。长老劝他们一起住到秋收，等那时候他们要分地的话，长老们会过来主持公道。考虑到该残酷行径的背后或许还有家庭内部的财务分配问题，柏格理给了他们两个半开银元[①]，这样双方都不至于没有食物。

① 半开银元，1907年清政府批准铸造，是近代云南流通中的主币，主要在辛亥革命后至抗日战争前这一历史时期使用。——译者

柏格理喜欢探索苗族人的思想内涵，愿意听他们讲述从远古时期流传下来的神话和奇妙故事。下面是几则民间传说。三个女人从河边背水回寨子，一只大乌鸦嘎嘎地叫着从天上飞过，乌鸦说走在中间的女人今天会得到一个蛋。走着走着那个女人的膝盖开始发痒，她忍不住去挠，挠着挠着那命中注定的蛋便滑落下来。她把蛋捡回家放在母鸡下面，过了一阵子从蛋里孵出一只青蛙。从那时起，女人便像待儿子一样照顾着青蛙。有一天阎王爷杀牛宴请宾客。得知此事后，青蛙脱掉褐色的皮，打扮成芦笙手去参加宴会。女人也去了，但她并不知道宴会上芦笙吹得最好的就是她的儿子。回到家后她笑话青蛙说："唉，青蛙，你没办法参加宴会，我们在宴会上看见了一个很可爱的芦笙手。"青蛙说："那个吹芦笙的就是你儿子。"于是女人便意识到她儿子应该不仅仅只是青蛙。有一天青蛙脱掉皮去吹芦笙，母亲看见青蛙皮放在角落里，就捡起来丢进火中。她的做法导致了青蛙儿子的死亡。背水的女人把青蛙埋葬在月亮中央，夜空很晴朗时就可以很清晰地看见他。

苗族人说如果小孩子用手指月亮的话，就会有鬼来割掉他们的耳朵。还有一种说法是，如果一个人要数星星，那么他就得把天上的星星都数完，而且必须得快，因为会不断有新的星星冒出来让他看得头昏眼花。某个夜晚有位牧羊人开始数星星，他数了好几个小时，最后也没能数清楚。为了惩罚他的愚蠢行为，一颗星星从天上滑落到地下变成一个没有头的男人，牧羊人看见这个可怕的怪物后慌忙逃走，躲进了羊圈里。无头男人追到羊圈门口，几只大公羊咩咩叫着把怪物拦在门外，并一次又一次地击退无头男人，天将破晓，无头男人消失了，牧羊人终于得救。

下面这个故事是雅各讲给柏格理听的。有个男人注意到一只老鹰每天都飞出去为小鹰觅食，于是便守在鹰巢附近，当老鹰觅食归来，他就开始扔石头并大喊大叫，直到受惊吓的老鹰丢下猎物，然后再捡起老鹰的猎物带回家。后来，老鹰飞到那个男人的家里，抓起他的小儿子往回飞。此刻那个男人正守在鹰巢附近，他很开心，因为老鹰的猎物很大，他认为这必定会是一头猪或一只羊。还像往常那样，他冲着老鹰扔石头喊叫，直到老鹰丢下猎物。男子跑向他的战利品，却吓得魂飞魄散，被摔烂的正是自己的儿子。他心碎欲裂，从此以后再也不去妨碍老鹰喂养小鹰了。

所有的神话、传说和古老习俗都是有意义的，哪怕它们只反映了人类的奇特想象和古怪行为。在有些事情上苗族人的行为方式就像大孩子一般既荒唐又明智。举个例子来说：从前的正月里或二月间，人们会拿着斧头去查看果树。如果两个人一起去的话，其中一人就会爬到树上，而另一位则站在树下问话："你今年结不结果子？如果你结果子，那就对了；但如果你不结果子，那我就要砍你。"在树上的男子就回答说："我正要结果子。"这样果树就不会挨斧头。如果只有一名男子来做这种仪式，那他就得自问自答。有时候树上的人会给出一个含糊不清的答案，然后另一位就砍果树一斧头，让树出一点"血"，意在促进果树高产。苗族人指着小教堂旁边的一棵树，上面有陈旧的疤痕，这就是从前警告果树所留下来的无聊证据。

这种古老的习俗让人想起了"不结实的无花果树"的比喻：果树的主人说："把它砍了吧，何必白占土地呢？"管园人便请求道："主啊，今年且留着。等我周围掘开土，加上粪，以后若结果子便罢，不然，再把它砍了。"[①]

① 参见《新约圣经·路加福音（13:6 ～ 9）》。——译者

第十章　疾病和医药

如果不提及柏格理于传教期间所面临的医疗困境，那我们就不可能完整地反映他生活中的方方面面。柏格理一直在和缠绕着人们的各种疾病抗争——肺炎、伤寒、麻风——不断地抗争，想减轻疾病带来的巨大痛苦。柏格理多次在信中谈起人们的疾病和大面积死亡，内心的痛充斥着字里行间。他写道："贵州省有 700 万人口，却没有一位西医。云南估计有 1200 万人，学医的传教士只有三位，而萨温医生正在休假，实际上我们就只有一位女医生，即莉莲 · 格兰丁，她超强度地担负着昭通及周边的医疗工作。"柏格理一直努力地去做，但他深知自己在医学领域的欠缺，因此并不敢去触碰重症病人，可不幸的是，重症患者却似乎总是非常多。作为一项惯例，萨温医生和莉莲 · 格兰丁医生会定期到石门坎为病人诊治——通常在举行圣餐礼拜的那一周——然而，不常来也不常在的医生诊断过后，照料患者的重担就落到了柏格理和张道惠的肩上。他们承受的辛劳和压力是无法用语言来描述的。柏格理把亲眼目睹的苦难和悲哀记录下来，在他的信件和日记中有大量的相关内容，我们随意选出少量片段，便足以叙述这痛苦的一章了。

柏格理匆匆记下：——"一个不信教的寨子里出现了天花。死了一位男子，有一个年轻的妇女正在患病。有一位基督徒劝他们接种疫苗，他们昨天晚上过来找我。我说我对疫苗的质量没有把握，但我愿意尽力去做。今天他们来了13个人打疫苗。孩子们都不认识我，对我很感兴趣，还说虽然他们从来没有见过我，但是却一点都不害怕。真心希望这些疫苗能起到作用，让他们不得天花，并让他们到我们这里来为基督服务。"

生活在中国的漫长岁月里，柏格理从不会让自己一个人扛下所有的工作，他教会许多人，培养他们参与传教。从某种程度上来说，很多苗族布道员似乎就是柏格理的翻版。鉴于前来求取药物的患者众多，柏格理便教布道员如何为普通的病例发放简单的药品。从下面的写实记录中可以看出人们对药品迫切而广泛的需求："礼拜三，1913 年 9 月 3 日。王太用的 51 天记录如下：发放奎宁 340 份；打蛔虫的散道宁 580 份；止腹泻的药物 490 包；消化不良药 130 剂；治头疼药 70 剂。——共计 1610 份药物，都送到了各分支教会。"

柏格理在谈到一位发放药品的布道员时说："有位苗族布道员前来寻求药物补给。他带来很多让我开心的好消息，可是也告诉了我一个悲哀的故事。

有一个不信教的寨子，数年来一直在顽固地抗拒着我们去宣传福音，最近寨子里伤寒病流行……有两个家庭得了伤寒，外人不敢来护理或帮助他们。这两家人一个接一个地死去，最后全部死光了。邻居甚至都不敢过去埋葬死者，唯一敢埋葬他们的就是野狗。寨子里的其他人很绝望，有些得病的人找基督徒寻求帮助。可是当然不会有医生照顾他们。据我所知，云南省的数百万人口当中只有一位学医的传教士。”

柏格理在另一处写道：“一位从卯凯车[①]来的苗族妇女带着三岁大的孩子找到我，请求我为孩子命名并祈祷。此前她已经失去三个孩子了。我给小孩起了名字并做了祷告。可是礼拜才刚结束不一会，就听说孩子去世了。可怜的女人！彼得（苗族布道员）是一个很冷静的人，他把这件事处理得非常好。那位妇女和她的婆婆正急着把孩子的尸体带回家，把悲哀的消息告诉孩子的爸爸。彼得派了四五名男子送她们回家。我十分欣赏彼得在遇见麻烦时所表现出来的信心。假如彼得是个英国人的话，必定会成为一名优秀的医生。”

1913年9月1日，柏格理的日记中记载：“昨天听说卯依上[②]有几个人感染伤寒病倒了，今天去看望他们。我和王义辰骑马走了大约45分钟。几乎每家都有病人。总共有20个人感染。其中一家人有八个孩子，三个生病的小女孩开始好转，可是妈妈又生病了，她正在给婴儿喂奶。另一户人家里儿子正在生病，两个女儿去世了，失去孩子的母亲悲恸欲绝。还有一家是母亲在患病，说来可怜，她看见几个男人抬着一个死人从门前经过，吓坏了，立刻就病倒了。”

“礼拜一，1912年9月23日。季度会议上，杨信说他的小教堂旁边有一户人家，妻子得了麻风病，他们都是很虔诚的基督徒，十分好客，经常来教堂，也经常带食物和饼给他吃。说真心话他也很害怕，可他却从来也不曾拒绝过他们送给他的食物，因为怕伤害到他们的感情。”无论这个苗族人的社会地位多么低下，在耶稣基督的学校里，杨信就是一位真正侠肝义胆的绅

---

① 音译地名。——译者

② 苗语地名，指贵州省毕节市威宁彝族回族苗族自治县石门乡荣和村新营上。——译者

士。柏格理说：“听闻塘房[①]有一名女子感染了麻风病，她的丈夫把她送回家，最后她自己在一个小屋子里悲惨地死去了。更远处在簸箕[②]还有一个例子，一位客栈的老板娘得了麻风病，她住在客栈内单独的一个房间里，客人们都住在另外一个区域，后来她的病情恶化，她担心把病传染给别人，就请求朋友们将她活埋，而那些人，竟然照办了。”

“1913年10月。我们在山中发现一户独居的苗族人家。父母患伤寒双双病亡。之后两个小女儿也得了这种病，由于无人照料，她们就去了一户汉族人家并死在那里。据说，那户汉族人把她们放进一个装包谷的大篮子里，没有人帮助她们也没有人给她们送食物，她们离世的时候仍旧躺在篮子里。”

“1913年11月6日。我去看望得了重病的杨苒惠，他正在好转。他妈妈向我形容她是怎样地像照看婴儿一样小心翼翼地照顾着杨苒惠，又告诉我她是怎样地哭泣和祷告。她本想出去祷告，但她的丈夫说：‘不要出去，上帝就在我们的家里，快进来把门关上。’于是他们就回到屋里关好门，在家里向上帝祷告。”

“在另外一家，弟弟照顾着生病的姐姐。她正躺在地上的一张山羊皮上。我用手理了理她没有梳过的头发，她有很多天没洗脸了，我轻轻地抚摸她的前额，试图让可怜的女孩感受到我们对她的爱。我告诉她我们在做礼拜的时候都非常想念她，告诉她耶稣很爱她，耶稣想要她赶快好起来。她太虚弱了，以至于无力微笑。我笑在脸上却痛在心里，十分愤怒。为什么，在 20 世纪，在一个 700 万人口的省份里，竟然没有一位仁慈的能救死扶伤的伟大医师。”

柏格理最早接触麻风病人是在 1900 年，那一年他访问了角奎[③]：“大街上，我们看见了很多麻风病人，有些病人正在乞讨。有人告诉我们这里得

① 官府所设置的驿站称为“塘房”，在云南有很多。——译者

② 指云南省昭通市彝良县洛泽河镇簸箕村，曾为交通要道和集市。——译者

③ 今彝良县城所在地。——译者

麻风病的人很多，社会对待麻风病人相当无情，或许我可以更直白一点讲，异教徒的社会里根本不存在救助体系，即便是高高在上的儒教也同样如此。我们去调查过，的确有很多麻风病人被家人和朋友赶出来，活得相当悲惨，那些原本应该最爱他们的人却嫌弃他们，看不起他们，并且十分害怕他们。有些甚至还采取了极端的行为，由于太害怕被传染，麻风病人的朋友会把他们活活烧死。而耶稣遇见麻风病人的时候，则会温柔地安慰他们，触摸他们，并且治好他们！我们渴望这些受难者能够知道耶稣的存在，只有耶稣才能给他们带来希望。我在大街上宣讲了耶稣从山上下来治愈麻风病人的故事，宣讲时我的内心里非常感动。来到另外一条街上，轮到李先生传道了，他立即打开《新约圣经 · 马太福音》第八章，诵读了这个美妙、精彩故事的原文，然后宣讲了我刚才关于麻风病人的内容，还引用了很多我举过的例子和语句。”

每当柏格理遇见遭受病痛折磨的人，无论是汉人还是土著人，他都会尽全力地给予帮助，只是有心无力，常常感到自己的帮助和病人的需求严重不成比例。1912年12月14日发生在广西的一件事情让他怒火中烧。该省政府对麻风病人采取了灭绝政策。一伙士兵遍省搜寻，把39位麻风病人驱逐到一起，这些得了可怕绝症的可怜受害者被集中在一片空地上，士兵开枪射杀了他们，然后把死者的尸体丢在一堆木柴上，浇上煤油焚毁了。

1913年7月2日。“雅各和我大约5点钟动身，前往卯吐露[①]，去看看我们能为那里的麻风病人做些什么……就在我曾经借宿过的人家前面，有一栋很普通的房子——麻风病人的家。我走进去，一开始听不见任何动静。于是我便叫道，老王，里间屋有人答应，让我到火边去，他正躺在那里，他的女儿王红拨弄着三块石头中间的木柴火。女孩点起火把，我可以瞧见一点点了。老人病得十分严重，身体状况比原来差了很多。我让女孩爬上梯子去拿了一根针，然后把她带到门口观察。她双眼肿胀，我用针刺她肿胀的皮肤，她说

① 苗语地名，即洛泽河镇虎邱村树木柯组。——译者

能感觉到疼。我还检查了她的背和胸部，她的背是干净健康的，但右边胸口的皮肤感染了。可怜的女孩哭得很厉害。我们尽力让她高兴起来，并承诺会帮助她，告诉她我们都很爱她，并为她感到特别难过。小妹妹站在门外的屋檐下避雨，我没有看到她的兄弟，但男孩正躺在外屋一个黑暗的小角落里休息，躲在一些篮子的后面，光线太暗了，只能看见一个模糊的影子。我向男孩问话的时候他会答复我，但他不想被我看见。悲惨的场景！真是一座充满了黑暗和死亡的房屋。回去的路上一直在讨论我们能够做些什么。王齐里，老人的另外一个儿子，也是异常焦虑，他的妻子快给逼疯了，很想逃离家人和父母，把所有的一切都抛在脑后。”

“我们认为麻风病人应该单独居住，但不要距离太远。我检查过的女孩要立刻去城里看医生。小妹妹认真洗澡后换上新衣服，去和她家庭条件还比较好的叔叔住在一起，她的叔叔已经决定在距离较远的安全地带为自己重新修房子了，他自私地把所有的负担都甩给了兄长。雅各很直接地去和他谈判，并威胁说假如他敢完全不顾兄长一家的死活，那我们就把麻风病人带到他的新家里去。最后他同意让小妹妹睡在他家的牛棚里，每两个礼拜去我们那里检查一次，以确认她没有感染麻风病。我们为麻风病人修的新家必须要分成两个区域，一个房间给王红（这家的女儿）住，由王红来为父亲和兄弟煮饭。雅各害怕王红被传染，很不想这样安排，尽了全力维护她。”三个月后给麻风病人居住的新房子建成了，王姓一家搬了进去。令人难以置信的是，有个汉人贪图便宜，竟然想购买王家原来住过的地方。柏格理从中插了一杠子，他花两个银元把房子买下来，随后一把火烧了，免得其他人被传染。

当柏格理想起麻风病问题的严重性与可怕程度时，会不由自主地发出痛苦的叹息。1913 年他在一个小镇上停留，因为这里的人渴望创办一所基督教学校。有一天，居民代表前来求助，向他请教对付周边麻风病人的办法。“四周的乡村里到处都有可怜的麻风病人流浪，他们麻木无情，威胁着众人的生活。他们知道人们害怕并嫌弃自己，于是就破罐子破摔。无论什么地方举行婚礼或葬礼，这些不受欢迎、让人害怕的乞丐都会趁着客人最多的时候结伙出现，得不到钱财就拒不离开。平时他们住在庙里，看来只有神仙不怕被传染。不时有新的地点爆发麻风病，而有些人则采取极端的方式来消灭它。比如我曾听说，他们拿鸦片给得了麻风病的丈夫在一间小屋子里吸，当病人吸食了过多鸦片失去知觉之后，人们便放了一把火，屋子瞬间变成了为受难者举行火葬的燃料……

“我们怎么样才能帮助这座小镇的人们消除可怕的瘟疫呢？假如有资金的话，我们愿意去做很多事情，也有能力去做很多事情；然而，从家乡传来的，只有冰冷冰冷的说辞，比从前的消息还更令人心寒。没有资源，没有资金，什么事情都无法开展！可是如论如何，我们总得想想办法帮助他们解决麻风病人的问题，要不然广西的悲剧就有可能重新上演……我们不想让可怕的悲剧在云南重现。”

柏格理就麻风病的情况向几家专门关注贫困弱势群体的机构呼吁，竭力主张要由他来负责修建一所麻风病院，不过，尽管他的呼吁赢得了很多同情，而冰冻三尺非一日之寒，流行了数世纪的冷漠既不是他本人也不是他的支持者所能够撼动的。令柏格理十分沮丧的是，竟然有一部分人强烈反对他的提议。或许，路易斯 · 萨温医生的死亡悲剧，以及 19 个月之后柏格理的离世，才使得反对者们重新审视柏格理修建麻风病院的计划；但是，任何反对柏格理的声音都丝毫不会减少我们对他的钦佩，柏格理向世人展现了真诚、热情和自我牺牲的精神。只要柏格理认定的事情，凡任何人告诉他那是不可能成功的，都不会起到任何作用；他会回答说他的主耶稣就一直在做旁人看来是不可能做到的事情。仁慈博爱的火焰在柏格理的灵魂里燃烧。在他的日记里，时常会有匆匆记录下来的只言片语，潦草的字迹中折射出他悲天悯人、激情似火的利他主义情怀。“买麻风病人的房子，三个病人搬到山上的小屋里去了，希望我能处理好这件事。”1914 年 5 月 7 日，他写道：“我们刚到家，便听说张武的儿子保罗死了。礼拜一带回安葬。另外两个孩子得了感冒和肺炎。虽然全力抢救，那个小一点的还是死了。剩下的小托马拼命与死神抗争，结果还是走了。他说的最后一句话是：‘我想睡觉。’这对他的父母打击太大了。我们也筋疲力尽。保罗和小姑娘去世后，张武特别害怕这最后一个孩子也会走掉，他说：‘哪怕上帝只留一个孩子给我，那将来也能有个指望啊！’可现实却非常残酷，小孩得的是肺炎。把孩子安排在我们的外间屋里，一整夜地照顾他。有一两次孩子哭得十分厉害，还咳嗽；天亮的时候他也死了。孩子的妈妈差点疯掉。小孩子就死在我的怀里……山顶上总共筑起了四座小坟。”另一段匆忙记录：“探望卯依上的伤寒病人，周边也看了，还没看完就崩溃了。”最后一句话似乎正是不详的预兆。“他救了别人，不能救自己。①”

心碎的经历无法释怀，柏格理于 1914 年 2 月 18 日在石门坎写信给循道公会联合会的秘书道：“或许您已经听说，我们上次的常务会议开得很不愉快。我们没有就重要事情达成一致，现在该交由委员会来决定了，我们将执行委员会的决议，目前这种悬而不决的局面对工作十分不利。传教士正面临着以往从未有过的最难得机会，然而，如果我们不能在政策上达成一致的话，就很可能会错过这些机会。请允许我解释，针对向麻风病人提供少许帮助一事，我们产生了严重分歧，这就是症结所在。我们当中有部分人乐意并且也有能力帮助这些可怜的人，从他们身上我们可以联想到耶稣曾经做过的伟大奇迹；国内的传教委员会秘书也赞同这件事；资金也是有的；要开展工作似乎并不存在困难。可是呢，对这些最不幸的人施以援手，很明显就是塞缪尔·柏格理在石门坎设立的另外一个由头，这样一来，要想把他从那个位置上赶下来就更不容易了，所以救济麻风病人的计划遭到了强烈反对。后来还是邰慕廉先生发表了热情洋溢的讲话，告诉大家昭通的‘士人阶层’听闻有一些耶稣的仆人准备救助麻风病患者之后深受感动，还说如果自己也不同意救助麻风病人的话，那么今后他将再也不敢正视任何麻风病人的脸，邰慕廉先生表达了他的意见之后，会议才通过了一个比较温和的决定。”

1914 年 11 月 22 日，柏格理写道：“附近有一个年轻的汉人得了麻风病。朋友们害怕传染，劝他自我了断。最后他同意了。他卖了牛买了棺材，如众人所愿安排好一切。坟墓挖好之后，到了议定的日子他自己躺进了棺材。他喝了很多酒，一直喝到人事不省，然后就被活埋了。”

很显然，规模如此巨大的苗族皈依运动需要很多医生和护士。柏格理主持苗族工作十年，并没有一位医学专业的传教士协助，这对他来说极不

① 见《新约圣经 • 马太福音（27:42）》。——译者

公平。不过，如果忘记了苗族运动原本就在华西传教团所规划的区域之外，那也是不公平的。柏格理是在开启了这项事业之后才去请求委员会批准的。即便让指责柏格理的人来评价他，这些人当中的大多数也都会称赞他的信心和不屈不挠的勇气。柏格理承受了各种环境的压力，在苗族人坚持不懈的请求面前，他无法放弃。他践行了 25 年前的誓言 :“如果耶稣说‘去’，我就会去。”

第十一章　十年之后

1914年，柏格理从年初就开始热切地盼望着7月的到来，因为那个月有苗族传教事业的第一个十周年纪念日。回顾过去十年的精彩岁月，他感慨万千。他经常提起第一次四位大花苗突然出现在昭通传教团驻地时的情景。柏格理验证了一句奇特的苗族谚语：一只蚂蚱抵得过一百名士兵；实际上在传教的过程中，他这只蚂蚱服务的何止几百人，乃是数千人。

柏格理在日记中写道："十年之前我们认识了石门坎。当时正在为刚刚开启的苗族传教工作寻找中心，我们相中的地方却得不到。尔后，有位善良友好的领主把我们领进了石门坎——位于从昭通至重庆的主干道上，一片荒野的山坡……十年前到过这里的人都会为它的巨大变化而深深感动。十英亩[①]的贫瘠山坡上布满了白色建筑，有些是用石头建的，有些是用砖和泥土建的。共 21 座各式房屋，阳光灿烂的日子里白色的房屋十分显眼，构成云贵两省交界处一道亮丽的风景线……之前这个山坡是放牧的场所，也会种植一些产量很低的小麦和燕麦，而在过去十年的大部分岁月中，近 300 人在山坡上忙忙碌碌。由于刚好在交通要道上，这个中心便成为了最精彩和最自然的广告牌，把基督教宣道工作传播得很远很广泛……感谢上帝让我们取得了一年又一年的进展，为我们提供了越来越好的基础设施。去年仁慈的上帝赐予了我们几年来最好的工作业绩。"柏格理打心底特别关心学校的工作。在苗族皈依运动的第十年，他自豪地宣称石门坎学校里的学生已经超过了两百名。"一部分是女生。"还有 17 所分校，大多数老师都是苗族人。柏格理不断努力，以求乡村学校的水平能够达到政府公办学校的同等水平。

柏格理成功地说服了一些苗族父母送女儿来上学，可谓一个不小的胜利，因为在贫苦的人家中，女孩充当的是牧羊女或背水人的角色，要留在家里干粗活。女子学校的教育成果令人惊讶，在有些科目上姑娘们的成绩和同年级的男生一样好，甚至还可以和高年级男生竞争。这一阶段的传教团工作报告中显示，威宁的地方长官参观了石门坎之后十分高兴，便选派了三位汉族妇女去苗族姑娘那里学习。数月后选送的成年学生返回，这位官员写信感

---

① 1 英亩 =6.07 亩。——译者

谢道：“我把三名妇女派往了我们的女子技术学校（位于威宁），将从贵校学来的知识和技能教给那里的学生。我们对此非常期待。今后无论我们的技术学校取得何等成就，都归功于您的帮助，我们会永远记得您的仁慈。”

1914 年 3 月 30 日在写给传教委员会秘书的信中，柏格理对苗族传教事业的持续发展作了精彩描述 :“昨天我们在天生桥[①]开启了一座精致的新教堂，为 125 人施洗。挤得满满的小教堂！在某些方面这是我们苗族最好的小教堂。今年我们总共为 600 多名苗族人施洗，这就意味着不包括正在接受考察的人在内我们增加了大约 500 名教徒。

“几天前王树德先生从成都回来，此行收获颇丰，得到许多传教士的帮助。成都的朋友很关心苗族传教事业。王树德留下三名学生在联合中学……王树德用汉语讲述了苗族的故事，感动了汉族听众，他们承诺负担苗族学生的全部费用……节约下来的经费有望再送两三个学生到那里去。我们将有机会看见获得学士学位的苗族毕业生，而他们的学位甚至能够获得西方大学的认可！我们的目标是把这些学生培养成苗族工作的领导者。王树德和我希望不久的将来我们可以送两三个人去接受系统的医学培训……一个人的培训费用大概需要 100 英镑左右。上帝会给我们提供经费的，我相信……”

三月里的一天，清晨 5 点柏格理出发赶往昭通，在那个充满春天气息的夜晚，柏格理就信徒对耶稣复活的质疑帮邰慕廉传道，强调只有牺牲才能向世人展示爱的伟大力量。他把耶稣的复活与大自然的万象更新相联系。在柏格理看来，耶稣的牺牲使基督得以在大地上蔓延，并注入一种新的精神。“是的，”他说，“爱的本身就是牺牲，只有牺牲，才能够得到再次复苏。”柏格理知道，这繁忙的十年，他把自己全部奉献给了苗族，接下来就是复苏，精神上的春天已经悄然而至，渗透了无数的城镇与乡村。

六个礼拜后邰慕廉回访，他说 :“每一次来这里（石门坎），都会发现有新建筑竣工或即将竣工。”第二天两位朋友动身前往角奎[②]。“我们走过了，”

---

① 今贵州省毕节市威宁彝族回族苗族自治县龙街镇天桥办事处。——译者

② 今云南省昭通市彝良县城所在地。——译者

邰慕廉写道，“森林茂密的峡谷，清新的雨后，各种各样美丽的杜鹃花绽放……有一个地方很适合修建麻风病院，此地去石门坎很方便，附近也有很好的水源。在小发路[①]，一些学生举着两面大旗出来迎接我们，由他们的老师李先生带队。他们的队列排得别具特色，牧师骑马经过时便敬礼，让人联想到上校视察军队时的情景。小发路的地理环境非常优美，背后是高高的悬崖，前面是漂亮的小山。一眼就能看见整洁的石灰粉刷的白色教堂和教堂前面的操场。第二天早晨我们走下陡峭的山坡来到河边，然后又在四月的春雨中沿着悬崖爬了好几英里[②]。经过一个被洪水冲掉一半的寨子，最后大约在下午两点来到‘双星’（角奎，柏格理曾预言想在这里建传教点，该愿望于苗族传教工作的第十年得以实现）。

“祝贺王树德先生的新教堂完工——很平坦，耗资少，除了地势有点低之外，位置也很好。到角奎的人都会来参观我们的小教堂。前面用常青植物做成了一个凯旋式拱门，每个角落里都飘扬着五族共和的中国国旗。角奎是这一带80万人的中心。赶场天挤满了人……旺季的时候很多人到这里谈生意，是一个很有名的地方。周围有很多苗族寨子，在这么重要的中心地带建成小教堂让苗族人很受鼓舞。”

国际劳动节那天中午，地方官到访以支持传教士的工作。他在讲话中列举了耶稣的三种品德，这三种品德构成了信奉基督的原则——仁慈、善良和博爱。他说，如果他辖区内的人都信奉基督的话，他会非常高兴，同时他也严重警告了加入教会但心怀不轨的人。

开启“天生桥”小教堂那天，庆祝活动中不仅有洗礼，还有宴会和户外运动。客人们自己筹钱，杀了两头牛来烧烤。“但最快乐的时刻，”柏格理写道，“还是在足球场上，毫无疑问，那个新奇的玩意儿就好像有生命一般占尽了风头，整个礼拜六都没有任何事物可以与之抗衡。刚开始看他们玩足球能把人笑翻。很多人从来都没有见过足球，当足球飞向他们的时候，他们

① 即彝良县洛泽河镇小发路村。——译者

② 1 英里 =1.609 公里。——译者

会尖叫着跑开，仿佛足球是个天外来客……礼拜天早上，我不知道会不会有哪个男孩希望今天依旧是礼拜六，假如有，他们也没有在我面前谈论，教堂里的人比足球场上的人还要多……共125名新教徒受洗加入教会，当中有一些年纪很大的老人；余者跟往常一样，都十分年轻非常可爱，传教士把手放在他们的前额上，告诉他们从今后要追随基督学会爱，其间还情不自禁地被少许人给迷住了。现在和过去相比真的是天差地别，从前处处都充满了猜忌和冷漠，孩子们遇到传教士就躲得远远的好像看见鬼一样！

“带短号的男孩是礼拜式中引人注目的亮点。他们把气氛搞得相当活跃。信徒们最喜欢看三位年轻的本地人用亮闪闪的乐器大声吹响‘赎罪之泉’。这是一首古老的歌曲，在当代的英国已经失去了它的大部分风格甚至还有它的含意，然而，对于生活在罪恶和不幸当中的山里人来说，这首歌却十分贴近他们的心灵和想象。①”

1914年6月柏格理记述：“上个礼拜的季度会议非常成功，就此结束了十年的工作。我们谈起了最初的那些岁月。托马斯说当年他去昭通的时候晚上待在二楼，太挤了根本躺不下，所以他就弯着腰蹲了一夜。早期的愉快时光深藏在这些人的心里。我问他们有没有想过要抛弃现在的信仰再回到从前。托马斯说：‘现在就是老师赶我们走，我们也不会走。’西拉说：‘我剩下的时间已经不多了，如果我不信耶稣的话，那我还能信谁呢？’他们都为基督做了良好的见证。”

“礼拜天，6月14日。早上有雨，不过小教堂里仍然挤满了人。礼拜很成功。下午我为汉族信徒主持了一场礼拜。晚上放映幻灯。杨梅和马可请求我不要再放他们的照片了，可我却觉得小淘气们看见自己被当众展示之后很自豪。《天路历程》②中图片的效果特别好，最让信徒们感兴趣的是魔王和绝望巨人。第二天一些苗族人过来请求再看一遍恶魔的图片。他们的想象力极强，这些图片对他们而言既奇怪又真实，他们喜欢基督徒绝不退缩、勇敢地站在敌人面

---

① 《基督教世界》，1914年8月13日。

② 英国作家约翰•班扬的长篇小说。——译者

前的感觉。”

柏格理在四处走访的过程中也曾遇到其它一些部落，他对仲家[1]有所记载，仲家是分布广泛的掸人的一支，汉人也称掸人为摆夷。柏格理说非汉族人口占了贵州总人口的一半，仲家的人口或许就是苗族和彝族的总合。“仲家妇女穿白色短上衣，长短就和我们苗族的差不多，纯蓝色的百褶裙也和苗族的相似。我见过三个仲家人，一个跟着另一个走。如果贵州的主体民族都有了信仰，那么他们也应该跟着相信。”他还提到了仡佬，据说仡佬在这里定居的时间比花苗还要早，他们都要快消失了，被融入了仲家或汉族，他们大概也源自掸人，和老挝与泰国北部的掸人一样。有的花苗皈依者受到柏格理传教热情的强烈感染，在向本民族同胞传教过后，还试探着去了红仡佬的寨子。柏格理激励他们到新的部落里去传教。

柏格理于1913年10月21日的日记中记载：“昨天晚上非常失望。我在给苗族学生上代数课的时候，朱唐过来告诉我在白苗那边的传教失败了。本来枫马坝[2]已经有人表示对基督教感兴趣，但很快就被卯场子[3]的王先生给破坏了。王先生在那一带很有威望，白苗的棘手事务多数由他负责处理。他跑去枫马坝告诉族人，说假如教会真的很好的话他早就加入了，并劝大家远离教会。还有一些人听说四川发生动乱后就特别紧张，没有心思做任何事情。他们对我们的人很热情，可就是不愿意读我们的书，也没有人买。看来我必须得先去搞定那个姓王的头领。”

柏格理对白苗的坚持得到了回报，在1914年12月3日的记录中：“今天下午有六七个白苗‘小家伙’来找我们玩。这些小机灵鬼喝光了我们一整壶茶，玩得十分开心……第二天早饭过后我们去小湾子[4]，那里住着五户白苗。熊先生非常欢迎我们，他家原来的房子相当好，可后来被蛮子给抢劫了。熊先生

---

① 今布依族。——译者

② 昭通市威信县双河苗族彝族乡偏岩村枫马坝组。——译者

③ 双河苗族彝族乡天池村场子组。——译者

④ 威信县水田镇水田村湾子苗寨组。——译者

最大的坏毛病就是爱抽鸦片，怎么样才能帮他戒掉呢？他有两个妻子，都穿着白苗的衣服，但其中有一位是花苗。他还有两个相隔九天出生的儿子，大约七岁，很活泼好动。白苗妇女的发型和花苗的不一样，不是‘圆锥’型的，她们用浅蓝色的布缠在头顶上，看上去像一只小桶……晚上我们一起唱了朱唐给的二十首赞美诗（白苗语）。我要尽快出版这些赞美诗，再看看还能为这些人做点什么。”

柏格理说白苗自己其实比较喜欢“河边苗”[①]这个称呼。“我们有幸看见一户白苗人家按照古老的习俗举办传统婚礼……新娘和送亲的人走了四天才到新郎的家……如果天气好的话，他们会在距离新郎家约四分之一英里的地方停下来点燃火堆。新娘在这里穿戴整齐，等候新郎家的人带食物过来。那样他们就可以进行野餐，还会喝很多的酒。可惜这次天公不作美，该程序被取消。我们格外惊喜，新娘及送亲团来到我们正在作客的人家，径直走入我隔壁的房间里开始穿衣打扮。……新娘的头饰非常精美，此外，她穿了三条短裙，六件上衣，并系了三条腰带，腰带一条是深红色，一条蓝色，还有一条黄色的。除了这些，新娘的胸前有一片深红色的饰带，裙子前面系着白色的围腰。穿着草鞋没有袜子，白色的绑腿大概裹了四五层……酒量惊人，他们喝酒就像我们苗族基督徒喝水一样。新郎家中准备了数百人的宴席，我们受到热情款待。芦笙手不停地吹，一直吹到他们感觉自己的的脸颊上似乎长了第二张嘴。这些人欢笑喊叫，尽情喝酒，闹腾不已！没有基督教的任何痕迹！要让这些人皈依基督究竟还需要多久？……于圣诞节前夕回到家中，即刻着手准备‘河边苗’语的赞美诗集。我们的人已经能很熟练地讲他们的话，我们送手稿去成都印刷，希望能够及时读到这本书，然后将两千册赞美诗集送到这些新朋友的手中。[②]”

---

① 威信县的苗族属白苗支系，根据居住地的不同与服饰上的细微差异，内部习惯上又有五种称谓，其中的“hmongbndosdlex”因居住在河边而得名，“ndosdlex”即“河边”的意思，他们集中居住在今水田镇香树村。——译者

② 《传教士回声》，1915 年 6 月。

不过，花苗和其它部族日益扩大、日渐高涨的对基督的向往，并不能消除柏格理的忧虑，他十分害怕委员会将原住民的传教工作一分为二。他给传教委员会秘书写信道："我们正面临着一次又一次前所未有的机遇，同时也面临着随时失去这些机遇的危险，究其原因，是由于一项我们无法赞同的政策。……您目前正面对着这个难题，而委员会必须得有个决定。我请求您三思而后行，让我们悬着的心早日安定下来。如果委员会认为，我已经完成了此项伟大事业的创建，并将其引入了朝气蓬勃的成功轨道，而现在则到了该离去的时候，那么，我愿意进行交接，不给您增添任何的麻烦。不过在您做出这一严肃决定之前，从苗族的角度出发，有些事情我还想有所交代。请一定要把数以千计的苗族基督徒和数以千计的苗族非基督徒的利益放在首位，因为没有任何民族会像他们那样信任我们。当汉人害怕、憎恨、蔑视我们的时候，苗族人却投入我们怀中，把自己的整个命运都交到基督使者的手里，卑微、羞涩、毫无保留地信任着我们。所以不能让他们因为外国人的意见不合而遭受不幸。我宁愿含笑交出全部事务，也不愿背叛相信我们的人。无论您做什么样的事情，都请站在苗族的立场上考虑——请多为这些贫穷的受苦受难的弟兄着想。

"下面是我所要陈述的事实。从一开始我就负责苗族教会的工作，接近十个年头了，那时并没有人关注对苗族的传教，它也打乱了我原本的工作形式，导致了我和家人的分离，常年像流浪汉一般，在大山深处的寨子中间来回奔波。这些年在阿辛顿基金的支持下，您拨给了我大量经费，且不细谈，如您所知，我得花一部分时间把圣经翻译成苗文，因此，假如您要让我到汉族地区传教，那就得重新再派人来完成这个任务。另外，我上次访问利兹过后，阿辛顿基金答应了我们的附加请求，追加五百英镑建设苗族学校，多年来我一直尽忠职守，严格遵循您与托管人和委员会之间的协议，不辜负基金会和信任我的人……

"整个教区被划分为若干个巡视区，由直接来自石门坎的苗族布道员负责巡视。每个季度都要举行会议，共同商讨并决定各项政策。借助石门坎这个小机构我们能够指挥整个区域，做出多达五倍的工作量。王树德先生和我在工作的各方面都配合得十分默契，能有这样的同事是一件非常幸运的事情。传教工作的关键在于赢得本地布道员的信任，使他们很用心地去执行所有季度会议的决定。借助苗族这一杠杆，我们的工作可以扩展到更远的地区，甚至可以到相当数量的汉人中间去传教。祈盼得到您的支持，让王树德先生和我能够带领更多的中国人皈依基督。

“至于翻译工作，我们原计划今年完成圣经《启示录》[①]，但如果您决定把我调离苗族教会的话，我希望是在我完成《新约圣经》的校对和印刷之后。

“如果苗族教会被划分为两个区，那就意味着在同等工作量的前提下，每年额外增加250英镑的支出，基金会是不会同意那样做的。两个教区之间可能还会发生摩擦，即花更多的钱来办更少的事……您需要做出决定。做出决定并果断执行，或许我们还可以继续工作，拯救他们，包括麻风病人和所有的人。”

随后的一封信中柏格理写道：“我们正在减少开支，筹划用最少的钱来办最多的事……我有一个想法，石门坎同样也可以成为诺苏传教工作的中心。事实上所有的原住民传教工作都应该合在一起，由同一个中心来指导。我们可以用很少的经费管理石门坎三四百名甚至是五百名学生，男女合校——联合起来的学校将十分有利于我们得到更好的本地教师和职工。这样一来还可以克服曾经发生在我们某些人中间的严重摩擦，内耗不止一次地破坏了我们的工作，甚至还引起了本地信徒的惊慌。如果能够统一所有原住民的传教工作，就可以长久避免类似事情再次发生……

“如果有必要，苗族和诺苏统一的区域工作会议至少得每季度召开一次。我相信这样做能取得非常好的效果并产生较大影响，而原住民的工作也不会因为传教士的休假而耽搁，可以保证教会的持续发展。费用也必将减少，学校高效率地运转，还可以提升当地基督徒的精神面貌，而目前石门坎学校的优良建筑就足以容纳更多的人。大多数诺苏和苗族都会喜欢这样的安排，而每个本土布道员也都能最大限度地去开展工作……

“从农历十月初六到二十，大概也就是您收到这封信的时间，我们会在

① 《新约圣经》的最后一部分。——译者

近三百个苗族寨子里举行一次为期两周的特别祈祷会。祈祷的主题就是上帝将把祂的精神传给我们所有人……一切事情都依然在朝着好的方向发展，只是我们的经费严重不足。粗略地估算了一下，追加的25000英镑被无情地削减掉33%。削减已经得到的经费是一件多么残酷的事情！太残忍了！难道让我们遣散正在培训的人员，让他们眼睁睁地看着教会怎样撕毁和他们签订的协议？太可怕了！”

然而更可怕的事情悄然而至，阴云从地平线上升起，危险的暴风雨即将来临——石门坎周边再次掀起了义和团浪潮。柏格理告诉英国领事有人扬言要攻击石门坎苗族教会，他还在高处设置了岗哨，如果有危险，放哨的人就吹响短号。若听见短号声，教徒们就立刻逃到其它寨子去避难。礼拜二，6月30日，短号吹响了，学校里报警的笛声也同时吹响了。

“这是一次错误的警报，但当时我们并不知情……我用最快的速度往家里跑，经过王树德的书房，大声叫喊提醒他……欧内斯特在床上睡觉，一瞬间我就把他抓起来，两分钟之内全体人员撤离，虽然袭击者并没有真的到来，但是假如他们真的来了，就会在极短的时间内结果我们。那时天已经黑了约一个小时，撤离的时间是在晚上八点半。我们一直走到凌晨两点，才来到一个山里的苗家小寨子。我们确定大家可以在这里安全地待上一天，到那时城里官员派来的人也差不多该抵达了。”他们在山里待了一两天后才回去，发现所有避难的苗族人都已经回家了。

可是王树德先生马上探知，就在几个小时之前，整个地区都发生了动乱。所以柏格理他们在回家两个小时之后被迫再次动身逃亡。“四点左右，”柏格理写道，“我们在去咪哖沟的路上，来到河边的渡口，下了一场暴雨，把我们浇得浑身湿透。刚刚赶在涨水之前过了河，非常幸运，因为涨大水后就无法过河了。我们像一群被大水淹了的老鼠，不过还是特别开心，因为这场大雨可以延缓他们对石门坎的攻击。走了两天来到咪哖沟。三天后收到角奎官员的信，催促我们去他的城里，说那天有一千多人准备起事，就在距离我们不远的地方。我们连夜赶路，破晓前全都躺在路边，实在太累，睡了一小会，……天亮后一个小时我们赶到角奎，官员欢迎了我们……

“如传闻所言，义和团在这一带起事，政府投入大量兵力进行了大规模屠杀，很快便打败了他们。他们自封为皇帝的首领被当场处决，夸口说自己的魔法扇子能够抵挡子弹的巫师们也在那天彻底清醒了过来。……一共有四五个不同地点图谋起事。有两处未能成功；有一处被镇压，死了很多人；在第四个地点也有很多参加叛乱的人被杀。昨天这里的官员处决了两个头目。其中一个是位姑娘，才18岁，很明显被人利用了，她曾宣称自己有神奇的法力，但那些法力根本救不了她。她被人拖着穿过大街，到达刑场时整个人都是昏迷的，她躺在地上被枪决了。郜慕廉和我都为她求情，想救她一命，但命令出自总部，他们只能执行。”

柏格理一直在角奎，待局势稍稍安定，他们就踏上了前往昭通的路程。7月11日他在日记中写道：“从苗族人第一次来昭通找我们到现在整整十年了，此时我却被调离了岗位。十年竟然以这种方式给结束了！”

不过后来，柏格理还是很快再次返回原本的工作岗位，任劳任怨地向苗族传教并翻译苗文圣经。柏格理的深远影响表现在很多方面，比如说在他的鼓励下，苗族基督徒于10月31日在河坝[①]创建了一个集市，当天就有大约600人前来赶场。这个集市最与众不同的地方在于，如果赶场天恰逢礼拜天，则提前一天在礼拜六赶场，礼拜天永远闭市，虔诚地遵循着“神圣的主日崇拜”原则。市场开业后的第三天，柏格理在那里为儿童主持了一场礼拜，有13个女孩38个男孩和4个成年男子参加，人们都很开心。

有位苗族布道员在做礼拜的时候强调经常祷告的重要性，并举大家所熟悉的牧师为例证。“不熟悉坎对格老[②]（柏格理先生）的汉人会害怕他，因为他是一个外国人。可是我们一直和老师在一起，知道他是我们的好朋友，所以就一点儿都不害怕他。同样的道理，祷告可以消除我们对上帝的恐惧。我们不了解上帝的时候就会紧张害怕，但如果我们不断地祷告，就会和亲爱的

---

① 位于石门坎“石房子”的左下方，那里有条干涸多年的河，故称河坝，石门坎建堂建校后在那里开辟了一个街子（集市）。——译者

② 苗语音译，对柏格理的尊称，意为最初的、最资深的老师。“坎对”指老师；“格”是对柏格理的简称；“老”为辈分最高、最受人尊敬之意。——译者

天父熟悉起来，所有的恐惧也会自然而然地全部消失，因为我们发现天父是我们最好的朋友。”

在一次由雅各指导的祈祷会上，有些精彩的话语给柏格理留下了深刻印象，他记录下一些句子。“罪恶和圣灵不能居住在一起。”“你们有看到，”雅各问，“水面上可以点起火来吗？”“假如教堂里堆满了脏东西和垃圾，那你能邀请穿得干干净净的客人住在教堂里吗？”“主啊，请您来到我们的心中，像发大水那样用深深的漩涡卷走我们所有的罪恶！”

1914 年 11 月 15 日柏格理写道：“在‘龙王的井’[①]，有一个仇视我们的大地主住在这里……王树德先生一天之内为 200 多人施洗……次日夜晚在另一个寨子里他给 80 个人施洗。又一天晚上，45 人，再后来，32 人。总共大约有 400 人受洗。他去到另外一个地区，最近几天在那里有超过 200 户汉族人家庭烧毁了自己的神像……我们准备了六大捆《圣经》，明天就送给这些人家。”

柏格理于 1914 年 8 月 21 日得知世界大战爆发。他十分震惊，在信中谴责了不讲道德、制造灾难的政治家。他无法理解为什么基督徒也能认可这样的罪行。每当柏格理听见苗族人的祷告，说要赶快停止战争，欧洲人应该遵守基督教教义的时候，总会觉得很没面子。在一封写给邰慕廉的信中他说：“我担心的日子还是来了。像你一样，我也认为英国是世界上最优秀的基督教国家，有很多善良的人。但我也记得朱迪亚[②]被摧毁之前出现了一批世界公认的最优秀的人……有些地方被德军残酷占领。我祈祷上帝大发仁慈之心，尽快让世界和平，让母亲的儿子们不再受伤或遭到凶狠的杀戮。”

辉煌的岁月就此告一段落，伴随着困惑与悲伤，苗族的第一个十年光彩灿烂。善良和邪恶在人们的精神里较劲，但柏格理知道上帝会用爱来拥抱所有的人，包括东方人和西方人。他给故乡的朋友们写信：“愿上帝给世人带来光明，并在黑暗的日子里抚慰你们！”

---

① 地名，即龙潭，今洛泽河镇龙潭村龙潭组。——译者

② 古代罗马所统治的巴勒斯坦南部，亦称犹太省，曾起义反对罗马人。——译者

第十二章　最后几个月的时光

1915 年初柏格理的身体状况越来越差，很难招架繁重紧张的工作，他有时会感到惴惴不安，仿佛看见死神正在招手。危险的信号在潜意识中传递，不祥之兆开始出现，柏格理常常表示他很想再多活几年以完成未竟的工作。“哦，我好想自己能够活到翻译完《新约》”，他呼喊道。

“你可怎么办呢，”他忧虑地问妻子，“假如我出了事的话？”他的问题很让人摸不着头脑，因为医生刚刚才说柏格理夫人的健康状况堪忧，并让柏格理尽快带她回英国去。

柏格理夫人笑着反问，“如果我和欧内斯特撞上了鱼雷，那你可怎么办呢？”“啊，”他说，“那我就回石门坎来做完这里的事情。”

当时的欧洲大战几乎成为了一个无法摆脱的话题——难以释怀的恐惧如恶魔般缠绕着人们。柏格理写信给好友郜慕廉道：“我担心这场战争离我们比想象得更近。愿上帝保佑我们的孩子！”“你注意到没有，好像很快就要征兵了？可叹英国最终也要成为一个征兵的国家！……真的是太令人遗憾了，而且还没有结束。国内的教会似乎都还没有意识到人们需要忏悔。有时候我真为将来担忧……作为教会我们还能够安然存在吗。哦，或许耶稣会再次眷顾理清世事！然而，假如耶稣真的再次降临，只怕人们很有可能还会再次审讯祂并把祂钉在十字架上。”

在写给大儿子的一封信中柏格理说道：“这里的基督徒都很困惑，问了我们许多问题，非常担心欧洲的战争。坦白说我十分憎恨战争，我认为这一定是魔鬼在从中作梗。我告诉他们，如果英国和德国的基督徒都轻易地被领入了歧途，那么我们就更应该多加小心才对，要充分意识到邪恶的力量有多么强大。我找不到任何可以为战争辩护的理由，只能坦白地说这场战争是彻底的错误行为。我们国家和其它国家的外交都建立在异教原则的基础上，统治者们并没有奉行基督的教义。愿上帝让英国根据基督教的原则来建立对外政策！或许这样做会给国家带来磨难，但是，也只有在基督的十字架下，才能看见整个世界的希望，所以磨难之后必将迎来可以改变一切的复苏。”

柏格理从来没有质疑过上帝的万能力量。从内心里，他一直深深地感激上帝，因为他的儿子们在英国得到了悉心照料，大儿子的前途十分光明。伯明翰语文小学的校长推荐柏格理长子上中学时预言：“我向您推荐一位未来的剑桥数学优等生。”1912年这位青年便获得了剑桥大学的奖学金。柏格理为儿子的成功感到自豪，并相信儿子必将成为对社会非常有用的人才。孩子是父母开心的源泉，每次读到儿子信中所描述的大学生活，远在中国西部大山里面的柏格理夫妇就快乐无比。柏格理回信的内容包括了自己于“传教途中”的所见所闻，比如说新建了多少小教堂为多少人施洗等等，不过，字里行间均饱含了对儿子的关爱。下面是从信件中随意摘录的几段。

“巴恩斯博士就你获得高级奖学金的讲话让我们觉得很自豪……千万别忘了，一定要多多注意身体，这几年切记不可太过劳累。制定一个终身计划，不要只顾眼前。”

在柏格理逝世前一个月的信中，他说道：“多为将来做打算！目前控制着欧洲的疯狂异教浪潮终究都会过去，到那时世界将需要能在疯狂中保持正直并真心热爱救世主耶稣的人。多为将来做打算！”

两个礼拜之后他写道：“昨天收到你的信，信中说你在大学的考试中拿了第一名，得知这个消息我们实在太高兴了！我好想明年能看着你拿学位，看着你继续努力学习，可是，只怕我不能得到这样的幸福了。或许我的另外一个儿子也将有机会进入剑桥。”

“妈妈正忙着为回家做准备。或许会有别人住进我们现在的房子……我将成为一个寄宿的人——再次搬入‘学生公寓’里。”

这似乎是柏格理写给儿子的最后一封信，从中可以看出，当他的妻子和小儿子即将返回英国的时候，这位英雄再次决定留下来。他离不开热爱他依赖他的苗族人，这些人需要他的帮助，需要他来引导他们进入新生活。

虽然妻子经常敦促他多休息，但方方面面的事务都需要柏格理亲力亲为，他无法拒绝来自各地教会的请求。三月份他写信给传教委员会秘书：“昨天我在这里的‘菲利普 · 格兰丁’学校用汉语主持礼拜，这所学校今年作‘小学’用，有一百多名男学生。参加礼拜的信徒超过两百人，男人、女人和孩子们把教堂挤得满满的，信徒中包括了汉人、葛泼、诺苏和苗族人。我主持的礼拜持续了一小时二十分钟；结束后我步行两分钟来到大礼拜堂，站在门口看苗族布道员托马斯向大约五百名信徒传教。托马斯传教的时候同我一样虔诚。我看见信徒们在默默地祷告，听见布道员在平静地祷告，还听见众人温柔地齐声歌唱耶稣，忽然间意识到所有这些都是在没有外国人的参与下进行的，于是我满怀欣喜，感恩上帝，并充满了勇气。这是一次令人震撼的经历。三英里[①]之外还有另外一场70人参加的汉语礼拜正在'河坝'[②]举行。尽管目前的欧洲人背叛了基督教，世界的整体形势也有违基督教的教义教规，然而，上帝终将击退一切敌人并赢得胜利。"

约莫又过了一周（3 月 25 日）左右，柏格理写道："昨天，等待了很久之后，美丽的阵雨洒落人间……正午的礼拜大概有 800 人参加，其中 200 人不是苗族。这是年度洗礼，礼拜结束的时候我们做了统计，发现共有 246 名信徒通过考核加入教会，他们沐浴在欢迎和祝福当中。或许您已经注意到在我们今年的报告里，有 276 名儿童接受了洗礼，其中没有婴儿，所有的孩子都做出了信仰声明并通过了测试。今天我一直在为秘书处统计数字，而这些数字的确震惊了我。报告显示我们共有 35 座小教堂和 7 个传教点。教会中有成年人 4861 名；少年 900 人；还有 5000 人正在接受考察——共计 10761 人。我们正在慢慢接近当初圣经基督教教会开创中国传教团时所期望的目标。据统计我们共有学校 23 所，学生 1000 名，大部分学生都是住校生，他们自己照顾自己。和去年相比，整体发展有较大提高。我们这里的具体情况很特殊，无法按照正规的教育分类来进行统计，真不知道该如何进行准确描述。例如，在石门坎我们有近 100 名学生超过了 17 岁，就年龄而言很难把他们当作是小学生。还有些学生超过了 20 岁，他们已经在此学习了 8 年甚至更久。"

"关于对石门坎学校的统计，目前我们有在校生323名。其中有80名学生不是苗族。即便把所有的苗族学生都去掉，我们仍然是一所大学校。实际上石门坎学校共由五所学校组成——高年级和低年级的男子学校、一所女子学校、一所技术培训学校以及一所纺织学校。学校共有教职员工13名——三位传教

---

① 1 英里 =1.609 公里。——译者

② 贵州省毕节市威宁彝族回族苗族自治县石门乡河坝村。——译者

士；三位汉族老师，其中有位举人；七位苗族老师，其中有两位年轻女士。我上三个班的算术课。王树德先生上一个班的自然课……事实证明，我们可以把不同民族的学生吸收进同一所学校，用较少的经费完成较好的培训。现在有30多名诺苏学生，假如没有反对意见的话”——此处柏格理指的是在传教政策和方法上的分歧——“我们的诺苏学生应该会立即增加至100名。此外我们还有30名汉族学生，两名回族学生，葛泼学生超过12人，以及一两位仲家学生，我还听说另有一个新的部落正打算送学生到我们这里来。”

柏格理夫人负责分配福音书——启发原住民进行精神革命的关键因素。作为送给苗族人的礼物，《新约圣经》的影响之巨大远非语言所能够形容，它带来了精神上的解放，并为苗族人的生活提供了一个全新的视野。在苗族人的意识中，光明不断闪现，想象的大门由此打开。为了送儿子去学校里读书，父亲甘愿包揽下所有的农活。母亲们则背着粮食不辞辛劳地在大山里跋涉，给寄宿在石门坎读书的孩子送去，只是为了让他能够把全部精力都投入到学习当中。

从柏格理的信件和日记中摘录一二，以展现他永恒的热情和敏锐的洞察力。

“礼拜三，6月2日。距铁桥[①]还有五里路，王特林带着很多学生打着校旗来迎接我……礼拜后我和安先生进行了长谈。安先生说自己在苗族人的影响下决定加入教会，他还见过辛先生和韩先生，并向他们询问基督徒寨子里的庙宇是什么样子的。安先生的佃户改变了原来的生活方式，促使他下决心接受这一新的宗教。在传教人员到来之前他还需要等待很长一段时间。当得知米尔恩先生被任命去向彝族人宣道时他说：‘只要是为了耶稣基督，我不在乎这个人是谁。’他并不想把传教区域划分开。看来安先生是个了不起的人。庙宇里的神像已经被他彻底清除，现在作礼拜堂用。他的六个孩子全部进入了学校。”

“晚上的小教堂里挤满了人。我放映了《格利佛游记》中的图片。朱有富担任解说，讲述了英国传教士格利佛在小人国中奇妙的旅行经历！这些图

① 音译地名。——译者

片为大家带来了巨大的欢乐。”

6 月 29 日柏格理给传教委员会秘书写道：“自上次给您写信过后我一直在长海子[①]周边巡访，所见所闻都相当令人满意。我在长海子为 90 人施洗。长海子的本土布道员做得非常好，很受当地人的拥戴。我还访问了一两个诺苏传教中心，情况同样令人高兴，我对那边潜在的伟大契机很感兴趣，许许多多各个方面的传教工作正等待着我们去做……回家途中我听说了柏格理夫人再次犯病的消息，到家之后发现萨温医生一家已经过来了。萨温医生全力以赴地给柏格理夫人治疗，不过医生说她不可能完全康复，除非她远渡重洋返回英国……我真的应该陪她一起回去，但是我离不开这里的工作，如果有必要，我会送她和欧内斯特最远走到香港。”

在此期间柏格理夫人曾经写道：“我的身体无法吸收足够的脂肪，因此病倒了，变得又瘦又弱……医生建议我多喝牛奶，这种饮食治疗对我很有效，可是却把我丈夫的身体给搞垮了，因为他把自己平日里吃的牛奶和黄油全都留给了我……我能下床之后便催促萨姆赶快回英国不要再等了。但他过于理想化了，不同意在此时离开……他认为如果我继续留在中国身体将会撑不住。而我却常常在想，如果委员会能够在国内提供一些有用的工作岗位，我觉得他应该选择留在国内，因为我明显感觉到他实在太累了，他只不过是在当地人面前伪装得很好。”

在一封写给 C. 斯特德福特牧师的信中，柏格理谈到了在成都读书的学生，他们各个方面的情况都非常好。据报告上说“我们有位苗族学生，在相同的科目考试中超过了来成都之前昭通学校里成绩最好的汉族学生。”邰慕廉先生就此事向成都的导师核实，并收到如下权威答复：“我最近和杨先生谈论过那几位苗族学生，问他们能否跟得上汉族学生的学习进度。杨先生明确告诉我说没有问题，而且很显然他们在学习上完全依靠自己，因为他们是苗族人，得不到任何偏爱和照顾。杨先生说他们比汉族学生更加勤奋，这也是他们在考试中获得好名次的根本原因。他给我看了他们最近的平均成绩，我记得在

① 今威宁县黑石镇开厂村六组。——译者

最后一次测验中有两个人的成绩超过了 85 分。基础这样差的孩子们能学得这样好，真令人惊讶！作为送他们来这里学习的资助人，您一定感到十分欣慰！”

最后的岁月中，柏格理和他的两位朋友郃慕廉、王树德之间的感情愈发深厚。在他的很多信件里，当提及后者时，柏格理会使用小儿子给王树德起的名字，亲切地称之为“威尔叔叔”。来到中国传教的 28 年间，郃慕廉和柏格理一直都是非常亲密的挚友，他们同舟共济渡过了许多危机。虽然柏格理十分热爱苗族，但实际上他是一个非常孤独的人，每当他脆弱疲惫的时候，他能“在当地人面前伪装得很好”，他也会自然而然地想念郃慕廉。

“现在归还《黄金链》[①]，”柏格理写道，“很荣幸能和那条链子有关系，成为众多真诚奉献的人们当中的一员。我希望能把他们的精神带到我们的特别会议上，因为正确处理一些有待解决的问题需要我们发扬他们的精神。目前战争正在家乡肆虐，蹂躏着我们热爱的人，如果此时我们能做出重大决定，一劳永逸地解决所有的困难与纷争（指传教团内部），那么，我们就可以向家乡的同胞证明，我们在努力减轻他们的负担，并且像他们一样的勇敢和忠诚，这将是一件了不起的事情。你和我是这里仅有的老卫士了，没有人知道我们还将在这里待多久。我希望我们两个能竭尽全力地把传教团引向正确的道路，并以此告知远在家乡的同胞，即便是巨大的压力很快就要降临，哪怕是黑暗日子中最黑暗的时刻很快就会到来，也请求他们千万不要退缩，千万不要抛弃华西传教团……

“诺苏学校的政策需要从根本上进行调整，否则就会十分麻烦，所以我们很有必要把改革提上日程。如果你愿意的话，也只有你才能让诺苏学校走上正轨。目前针对我的偏见实在太深，这件事我做不了但你却可以。从大局出发，制定一套最佳方案，合理安排好每一个细节。

“让我们尽自己的绵薄之力忠诚于天父的最高精神，以此保证基督教在我们这里的干净与纯洁，并且在尽量短的时间内赢得尽量多的灵魂……希望我谈的这一切不会让你过于忧心……”

---

① R. 派克牧师著。

在另外一封信中柏格理说：“王树德先生已经离开，去这个传教中心的北部和西部地区进行长途巡访。看见他能够欣然面对所有的事务——欢乐与痛苦并存的事务，我感到十分开心。很高兴也很幸运能和他一起共事，我俩志同道合非常默契，上帝也在保佑着我们的工作。他和我一样全心全意地赞成这件事情，我真心地希望我们还能够在一起工作许多年，在这片辉煌而又贫瘠的土地上创造更大的奇迹。”

柏格理已经下定决心要统一诺苏和苗族两个民族的传教工作。前些年之所以把它们划分开来是源于阿辛顿基金托管人的一个误会——即他们认为柏格理只愿意把自己的全部精力投入到苗族当中去，而经过询问之后才发现，托管人完全不反对苗族传教中心对其他民族进行帮助。虽然名义上划分成了两个教区，可就实际的地理位置而言，苗族人和诺苏是杂居在一起的。目前他们各自建立小教堂，除了允许传教士从他们的地盘上经过之外，完全没有任何合作；柏格理呼吁把两个民族的传教事务统一起来，这样的话，每个区域的负责人就可以同时协调两个民族的工作。“安排专人巡访，沿途他就能够帮助所有民族的小教会，不管是苗族、诺苏或者汉族，一个都不会落下。即使有他不会讲的语言，在本地弟兄的陪伴和翻译下，他也能够主持三种语言的礼拜式。这样一来，在巡访过程中他就可以完成双倍的工作量。当然，每次巡访的教会多了时间便会延长，但从总体上看所节省下来的劳动量却是巨大的……把学校的经费也合起来……您将看到非常好的前景，教学效率提高，竞争力增强，并且随时都有至少一名外国传教士负责整体工作，查漏补缺或提供帮助。”

然而英国的委员会坚持让在当地工作的传教士自己解决这个问题，于是他们召开了一次特别的区域会议专门就此展开讨论，同时也处理一些其它的重要事务。激烈的争辩令人很不愉快，疲惫的柏格理点燃了内心所有炽热的火焰来呼吁统一，最终赢得大多数人投赞成票。虽然他自己十分满意，但对于一个精疲力竭的人而言，这已经消耗掉他太多的生命力了。

关于这段时间，柏格理的日记中记载道：“我正在读奥利弗·洛奇爵士写的《人和宇宙》。洛奇似乎认为招魂术将为灵魂的永恒提供科学佐证——即人死之后灵魂依旧存在。这样的理论后人能接受吗？在那个耶稣曾经生存、死亡、复活过的年代里，是否也有科学家对复活，甚至是对耶稣本人的复活进行过认真的考证呢？他们有没有把自己的理论传给后代？当今的科学家赞同前人的观点吗？我宁愿相信自己所了解的耶稣，也不会去认可洛奇、华莱士和克鲁克斯等人所做的任何实验。”

“站在 50 里之外，远远地就看见了‘长海子’的新学校——白色的墙壁在阳光下闪闪发亮。我十分惬意地凝望着那些若隐若现的小教堂。今天晚上我们在面积最小的教堂里举行了一次完美的小小聚会。大约有 70 人参加。奥利弗 · 洛奇爵士的书就放在桌子上，但我完全不理会书中所叙述的新观点，仍然用自己的老方法传教。我坚持认为耶稣才是宇宙的秘密。”“当一位苗族妇女在教堂里看见幻灯所放映的耶稣图片时，竟激动地叫了起来：‘哦，假如我能有一个像这样的儿子该多好啊！’放映耶稣被钉在十字架上的图片时，我发现他们依旧被深深地打动了，变得十分沉默，空气中充满了敬畏。我越来越坚信，上帝就存在于每个人的心中，如果我们抛弃了祂，那就等于我们抛弃了一切。”

苗文《圣经》的翻译工作接近尾声，可是柏格理的身体却越来越虚弱，而那个时候他并不知道自己正在和死神赛跑。这让我们想起比德[1]于临终之前仍在努力把《约翰福音》翻译成英语时的情景。“最亲爱的老师，”他的学生说，“还有一章没翻译。”生命垂危的学者一边口述译文，一边和赶来的亲人们道别。年轻的学生插话：“亲爱的老师，还剩一个句子没写完。”再过了一会，学生满意地说：“现在这句话也写完了。”“太好了，”比德回答道，“你说得很对：真的写完了。”在修道院里的小路上，我们的圣徒比德唱着《荣归主颂》离开了人世。柏格理一次又一次地期盼着能在有生之年把《新约圣经》翻译成苗文。苗族布道员和他坐在一起，先一章一章地数然后是一节一节地数着那些还没有翻译完的部分。他们几乎不知道柏格理挣扎在虚脱的边缘。终于，他们总算是欣喜地完成了全部的任务。像比德一样，或许柏格理也会回答说：“太好了……结束了。”译文的校对和最后在日本的印刷是由柏格理年轻的朋友王树德来完成的。

---

① 比德（约 673 ~ 735），英国历史学家、神学家。——译者

石门坎学校的规模很大，柏格理已经预感到了危险，他竭尽全力地从各个方面来保证三百多名学生的健康。学校有一条规定，如果没有特殊原因，在一整个学期之内，都不允许学生回家，以防把传染病带回学校。柏格理还试图为学校配备基本的医疗设施，不过却没有成功。萨温医生应他的请求派来了一名护士，但年轻人很快就发现自己不适应这里的工作。然后来自英国的指示要求他们必须削减经费。柏格理夫人讲："萨姆写信抗议说宁愿撤回一名外国传教士，也不能让本土的传教组织受到困扰。"然而柏格理的抗议无效，他只好解雇了当时负责给学生做饭的汉族人，让苗族老师重新找人。似乎是一名来为男生做饭的妇女把伤寒带进了学校，并立即传染开来。王树德先生最近刚接种过疫苗，于是照顾病人的任务就交由他来负责。他们马上停课，可是已经来不及了。埃文斯夫人正好在石门坎休假，见此情景，她立即加入到照顾学生的队伍里。紧接着王树德被传染了，柏格理立刻去病房中看护。下面是他写给郃慕廉的消息，字迹很潦草："威尔叔叔[①]病得很厉害，他非常疲惫。我想他总会好起来的，会很快康复的。他十分难受，很煎熬。""今天早上王树德先生的情况还是很糟，发烧101度[②]，熬过了可怕的一天一夜。如果明天他还不见好，而我们也没有人来的话，我就必须待在这里照顾他……如果他不能很快好起来，我将请求萨温医生过来护理他。""王树德先生仍旧在病中，今天最高烧到104.5度，最低体温104度。不过他很放松很乐观，还睡了一小会儿。他的病情应该会很快发生转机，今天已经是第九天或第十天了。我希望他能赶快好起来……这段时间照顾病人让我觉得特别的累。"

正值石门坎逢此大难之际，两个报信的人带来了党居仁先生遭遇雷击去世的消息。"今天我派出两位布道员赶往葛布[③]出席追思礼拜，表达我们的哀悼并安慰他们。这些可怜的人一定会感到非常的孤独和迷茫。"

不久之后，病人的体温渐渐趋于正常，比他的护理者还要正常，因为护

---

① 指王树德。——译者

② 指华氏度，华氏 101 度为 38.3 摄氏度，华氏 104 度为 40 摄氏度。——译者

③ 毕节市赫章县辅处彝族苗族乡葛布村。——译者

理他的人病倒了。柏格理夫人立即把楼下的教室改作孩子的卧室，并安排了一个苗族女孩照顾欧内斯特，而自己则一直守在丈夫的病房里。第二天柏格理昏迷了两次，非常虚弱。他说："如果我也感染了伤寒的话，恐怕是好不了了，不过我真的希望，看在上帝的份上，我想好起来。"柏格理极度虚脱，沉睡了过去。萨温医生从昭通赶来，那个时候柏格理夫人还抱有希望。

那是传教团最艰难的时期！萨温医生操劳过度累垮了身体，过后不久也奉献出了自己的生命；他的妻子在城里等待分娩；米尔恩先生筋疲力尽不得不准备回国；王树德先生正处于伤寒后的恢复期；柏格理倒在同一种可怕的疾病中，医生嘱咐过必须要"赶快回英国"的妻子护理着他。

在煎熬中度过了一个礼拜，大多数的时间里病人只是安静地躺着。有一次他说想去签署一张支票，但柏格理夫人不允许他做任何事情。礼拜天他仍在留意："现在还没有到做礼拜的时间。"礼拜二他什么都没有说，只是有两次凝视着妻子的脸微笑。"他的笑容在我的脑海里萦绕了好几个月，"柏格理夫人说，"那是在向我道别。"他的老朋友郜慕廉赶来，垂危的男子微笑着问候他，"嗨，老伙计！"然后是长时间的沉默，他的眼睛只盯着一个方向。礼拜三陷入昏迷，他再也没有动弹，曾经洞察一切的双眼茫然地睁得大大的。到 9 月 15 日[①]，礼拜四下午四点钟，他的呼吸渐渐衰弱，脸色也灰白黯淡下来——最勇敢最高贵的一位传教士离开了人间。"他走的时候，"王树德先生说，"就好像他还活着。他是这样的无私，他是这样的爱别人，还付出了自己的生命……柏格理先生用心地照顾着我，可是 14 天之后他自己却病倒了，唉！这个打击对我来说太致命了，我承受不住，我和他竟然已经阴阳两隔。虽然我知道他生病了，但却完全没有预料到会是这样的结果。现在他永远地休息了，而我却在康复。"

灵柩在"五镑小屋"里停放了三天，人们从各地赶来悼念。柏格理全心全意地爱着这里的人。过去的 28 年里，他一直在不分昼夜地倾听着他们的呼唤。李司提反，中国西部认识柏格理时间较长的人，说道："老师总是很忙，他的

---

① 原文有误，应为 9 月 16 日。——译者

休息和睡眠从来得不到保证……只要能为我们的国家带来利益，他就不遗余力地去支持……别人委托他的事情，无论大小，他都会尽心尽力地去做好……甚至连天主教会都十分尊敬他，孤儿院的姐妹们把他看作是天主教的神父……他很爱小孩子，喜欢和他们玩'过家家'……和小伙子在一起他们就玩男人的游戏，比方说游泳、滑行、国际象棋等。在云南和贵州重重叠叠的大山里，许多人都非常熟悉他，一听见他打招呼的声音'科——伊——'[①]，就会急忙忙地跑上前来迎接……作为一名传教士他像天空一样清澈……他能让男人大笑或哭泣；有时候他发表讲话，听众虔诚地站在他面前就好像是站在基督面前一样，会不由自主地去向他忏悔。他就像一位妙手丹青，每一笔都画得特别认真，力求能够让所有的人都看得懂画中的真谛。……我发现他的数学知识很渊博，许多人前来求教，在他的指导下，有些人就走到了更高或更有影响力的位置上。他经常对我们说，如果人们愿意学习更多的知识，那么真理就会出现，而错误的旧习俗也将被抛弃。晴朗的夜晚里他喜欢看星星，并告诉我们要赞颂万物的创造者。有时他还说希望去世之后自己的灵魂能被送到一颗星星上去，这样他就可以在遥远的世界里继续探索宇宙的奥秘。"

山里人对柏格理的感激之情发自肺腑，他们说："他是我们的，让我们来安葬他吧。我们来为他置棺材、抬灵柩、筑坟头、立墓碑，因为我们爱他胜过爱自己的父亲，他对我们恩重如山。"他们把墓地选在了一座视野开阔的小山坡上。流着眼泪，唱着挽歌，走过一片包谷地，他们抬着柏格理上山，后面跟着1200名送葬的人，其中有400名是学生，来自他呕心沥血创建、经营的学校。他终身的朋友邰慕廉主持葬礼并描述了现场的情景："简短的讲话之后，人们开始唱赞美歌、祷告……过了一会儿，有位高个子苗族老人站到凳子上，他是一位领袖，属于最早追寻十字架的那批人。他只讲了几句话，然后就跳下来，蹲在离我不远的地方，不停地抽泣，好像把心都给哭碎了……祝福这位有天赋的安眠者，他赢得了山里人的真心爱戴！

---

① 一种澳大利亚土著人打招呼的方式。澳大利亚籍传教士亚瑟·尼科尔斯先生（即郭秀峰）在石门坎学习苗语时，把这种打招呼的方式教给了苗族的孩子们。——译者

“礼拜进行当中，一名男子风尘仆仆急匆匆地赶到尚未掩土的墓地旁，光脚穿着草鞋，一看就知道走了很远的路。他悲恸欲绝，根本就抑制不住自己，我过去带他穿过人群。可怜的李司提反！我知道，你也知道，那里躺着你最好的朋友……他撕心裂肺地痛哭，后来他站起身，为逝去的老师和朋友献上了他所能拿得出来的最好的祭品……

“那天晚上男人们就待在那个山坡上，看守着敞开的墓穴，接连几个夜晚都是如此，以防坟墓被盗。在苗族人坟墓的环绕下，柏格理躺在一片小橡树林当中。埃文斯先生为逝者竖起了一个十字架，萨姆·柏格理长眠在十字架下。”

疲劳的开拓者终于安眠了，在他还很年轻的51岁，这位上帝的仆人得到了奖赏。让那些尊敬他怀念他的人继续努力完成他未竟的事业：维持好学校的高效运转；为当地人创建一座医院并配备好人员；加强对汉族和少数民族传教点的培训，使其自身能够健康发展，不至于因传教士们劳累过度拖垮身体而随时陷入危险境地。尽管柏格理去世的时候只有51岁，但是他却在短暂的人生中做出了惊人的奉献。当初许下要为基督赢得数千灵魂的诺言已经超量兑现——虽然皈依者是苗族而不是汉族。他十分渴望能在土著人当中建立教会和学校，以帮助他们拓宽视野学到更多的理论知识和生活常识，在这一方面他也取得了卓越的成就。他再三表示希望能在上帝召唤他之前完成《新约圣经》的翻译工作也终于如愿以偿，如今用他创制的文字印刷出来的上帝的书已经为许许多多的山里人所拥有。

成千上万的山里人在这个世界上最珍贵的记忆就是，有一位小个子传教士在他们的大山里上上下下地奔波跋涉，为他们带来了光明和爱，为他们治愈了黑暗和压迫所造成的创伤。每当回忆起不屈不挠的开拓者的柔弱形象时，他们的心就会变得无比温柔，黑色的眼睛里充满了爱，湿润而闪亮。塞缪尔·柏格理是一个很有魅力的人，善良勇敢的小孩子喜欢和他一起玩耍，而大人们则能够通过和他的交谈来获得新生的力量和希望。他不是用语言传教，而是用自己的信仰传教，用神的怜悯和福音传教。他是上帝的行吟诗人，他所教授的快乐歌曲至今仍在中国西部的群山里回响。他的灵魂离开了

埋葬柏格理的山坡

敞开的墓穴：邰慕廉牧师主持追思礼拜。

疲惫不堪的躯体，双唇紧闭，他用沉默来强烈唤起我们对中国西部及那里各族人民的记忆。我们记忆中的塞缪尔 · 柏格理没有悲伤的色调。他快乐地生活；他拼命地工作；他为别人燃尽了自己的生命；如今带着他素有的魅力，柏格理激发了人们因他而产生的感悟——坚毅英勇地追随主，主必将战胜死亡，为所有爱和奉献的人打开永生的大门。

后记

大约在我14岁那年，父亲翻译了柏格理日记，因为工作忙的缘故，他让我帮着校对，于是，我就反反复复地读那本日记，过后数年，日记的大部分内容渐渐变得模糊，唯有柏格理初到中国受挫时之焦灼一直留在我的脑海中，挥之不去，而从那以后，在我的生活中，同样挥之不去的，是柏格理，他成了我生命里的影子，并进而决定了我的一生，直到将来，我想。

我和妹妹在父母的精心呵护下慢慢长大，父亲也继续着他的研究，小小的我并不十分关注，但也知道父亲和柏格理的儿子欧内斯特通信，和柏格理在美国的孙女通信，和甘铎理通信，和张道惠家的两个孪生兄弟张绍乔、张继乔通信，而他们又寄过来一些书，父亲就挤时间翻译。父亲每天都睡得很晚，但他每天睡觉之前都会小心翼翼地走进我和妹妹的房间，去看看窗户是否开着。我则时常假装睡熟；父亲轻轻地从书房起身，椅子吱呀的声响犹在耳边。

转眼间我考上大学，大二的时候，父亲拿出一封从英国寄来的信，说，好像是甘铎理女儿写的，好像甘铎理过世了，但字迹太潦草，我认不得，你拿去看看，若能认出来，就替我回一封信吧。我认出了那封信的内容，然后回信给艾莉森，说我是东人达的女儿，我父亲收到您的信很久了……。从那以后，和父亲差不多大的艾莉森成为了我的挚友，我的忘年交，她的出现，影响了我的一生，此乃后话。艾莉森是一个特别热情的人，当时她就接连回了三封信，关于信的内容，除了第一封信中道歉说她当时太难过太忙乱因此疏忽了自己的笔迹之外，别的也记不清了，那大概是在1997年。第二年，1998年，她寄了这本格里斯特的《塞缪尔·柏格理——在华传教士的开拓者》的复印件给我，到今天，这本书得以翻译出版，整整20年了。

继续我和传教士的故事。1996年我刚上大学，父亲让我和张绍乔牧师通信，我好傻，许多许多年以后才醒悟，张绍乔牧师那时已经80岁了。他教我如何学英语，还教我英文歌曲。我很清晰地记得他和我的最后一次通信，那一天早上我吃早餐的时候突然想念他，便发电子邮件告诉他说我想他了，我想去英国看望他。张绍乔牧师回信说：很好啊，你若能来，我会很高兴的；我今年97岁了；北京的雾霾很大，你要多注意身体。

我和张继乔牧师的通信往来，如果没有记错的话，应该始于2002年《在未知的中国》出版之后，他连续写了好几封信给我，我明显地有一种被他当作了历史传承人的感觉。当时的我由于年轻，还不能真正体会老人的迫切心情。后来，我知道了他是多么不顾一切地爱中国、爱石门坎、爱苗族。我很感恩，很珍惜，能和张道惠牧师的后代有着家人一般的缘分。

2000年，因为艾莉森的缘故，我第一次来到石门坎，住了很多天，跑了很多寨子，包括麻风村。第一次知道世界上还有那么艰苦和贫穷的地方，也第一次被苗族人的慷慨、善良、真诚和质朴搅乱了，心被偷去了，回不来了。这一群英国人，彻底改变了我的一生。

后面我和石门坎和苗族人和英国人的故事还很长，在这里就不慢慢讲了，故事的结局呢，就是我像那些傻子一样，比如说柏格理、安妮（张道惠的夫人）、张继乔，这几位在热爱石门坎和苗族人的外国人当中，我认为是最傻的，而我也不可救药地和他们一样，傻傻地爱着石门坎和苗族，当然了，我自然不敢跟他们比，也没有资格比，只不过偶尔想想，那种发自心底的爱，大概从本质上，也是稍微有一小点相似的吧?

所以我用了很长的时间，在我父亲和妹妹翻译的基础上，很用心很用心地反反复复地修改着这本柏格理的传记，很认真很仔细地考证着每一个小寨子和大人名。终于完成了，可以对柏格理说：今生，我总算对得起你了。

这一路走来，真心地感谢所有热爱和关注石门坎的人！

特别感谢艾莉森女士提供了英文原书的复印件！特别感谢约翰•帕森斯先生（张继乔牧师之子）提供了英文原书的电子版！特别感谢约翰•帕森斯先生为本书提供了许多珍贵的图片资料！特别感谢约翰•波拉德先生（柏格理之孙）提供了许多和柏格理相关的珍贵实物及老照片！特别感谢所有为本书提供资料和帮助的英国友人！

特别感谢深圳市石门坎教育公益基金会的赞助！感谢陈浩武先生！感谢基金会所有成员对石门坎的关心和热爱！

特别感谢云南省彝良县的王礼绍先生帮我考证地名并指导原文中苗语的精确翻译！王礼绍先生知道我经常晚上工作，还特意叮嘱我，若有需要，一天24小时我可以随时打电话问他。特别感谢贵州省威宁县的杨华忠先生，威宁的许多地名都是杨华忠先生帮助我考证的。另外，特别感谢杨世武先生、吴成学先生以及所有曾经帮助我考证地名的人！

特别感谢阿信先生专门从云南省昭通市炎山乡走到四川省凉山州金阳县去考证柏格理进入大凉山的路线！特别感谢唐亚平女士，使我能有机会赴英国寻访柏格理的踪迹！特别感谢曹琼德先生、敖谦先生和王丹丽女士在设计和排版上给予我的帮助！

特别感谢所有为石门坎默默付出的人！感谢所有关注这本书的人！

最后，感谢我的母亲刘彩女士！因为我无法忘记，我第一次去石门坎离开家的那天，母亲一晚上都睡不着，夜里起来好几次，痴痴地望着空空的床，总觉得自己的女儿还在那里。感谢我的父亲、母亲和妹妹是如此地爱我！

至于柏格理，我也还是很感谢他的，很真挚地感谢他！

东旻
2018年4月15日于北京